COLECCIÓN POPULAR

552

BREVE HISTORIA
CONTEMPORÁNEA DE GUATEMALA

JORGE LUJÁN MUÑOZ

BREVE HISTORIA CONTEMPORÁNEA DE GUATEMALA

Fondo de Cultura Económica
MÉXICO

Primera edición, 1998
   Primera reimpresión, 2000
Segunda edición, 2002

Se prohíbe la reproducción total o parcial de esta obra
—incluido el diseño tipográfico y de portada—,
sea cual fuere el medio, electrónico o mecánico,
sin el consentimiento por escrito del editor.

Comentarios y sugerencias: editor@fce.com.mx
Conozca nuestro catálogo: www.fce.com.mx

D. R. © 1998, Fondo de Cultura Económica
Carretera Picacho-Ajusco 227; 14200 México, D. F.

ISBN 968-16-6607-0 (segunda edición)
ISBN 968-16-5479-X (primera edición)

Impreso en México

Para Cristina, Jorge,
María Isabel y Jaime

INTRODUCCIÓN

En este resumen de la historia de Guatemala me propuse hacer, de acuerdo con los lineamientos de la colección de que forma parte, una reconstrucción de la evolución social de lo que hoy es Guatemala, desde la llegada de los españoles a la actualidad. Se trató pues de un esfuerzo de síntesis y simplificación de procesos complejos, y hasta contradictorios en muchos momentos, a fin de proporcionar una explicación coherente y amena, pero seria y objetiva en lo posible. Redacté la obra pensando primero en los guatemaltecos, que me parece carecen de una obra como ésta, en la que puedan conocer fácilmente las líneas generales de la transformación de su país, aunque también tuve en cuenta al público extranjero que desea enterarse, por muy diversas razones, del país que visitan o en el que van a trabajar y vivir.

La organización del material requiere de alguna explicación. La casa editorial me pidió una "historia contemporánea", lo cual podría entenderse que debería comenzar en el siglo xx o a partir de la emancipación. Sin embargo, me pareció imposible e inconveniente dejar fuera los fundamentos de lo que hoy es Guatemala, que se sentaron durante la Colonia. Lo que hice fue dedicar los primeros cuatro capítulos a dibujar la sociedad que se construyó y evolucionó a partir de la Conquista; tratar en otros dos la parte de la Independencia y de la República de Centro América y, luego, centrarme en la vida independiente hasta la actualidad. De esa manera conjugué el deseo de la editorial de dar especial importancia a la época contemporánea, pero sin dejar de tratar la parte de la dominación española. Termino con algunas reflexiones personales sobre las perspectivas que ahora se abren al país, al concluir más de 35 años de guerra civil y de violencia.

No me refiero a la época prehispánica porque ello me habría obligado a sacrificar espacio en los periodos posteriores. Además, hay otros factores adicionales para ello: no soy arqueólogo y habría tenido que efectuar una síntesis de materiales ajenos, y, sobre todo, porque el rompimiento que supuso la Conquista y la colonización fue de tal envergadura que es perfectamente factible tratar esa nueva etapa sin tener que aludir a lo precolombino. Además, existen buenas síntesis sobre la civilización maya que permiten a los interesados conocer adecuadamente lo que sucedió en lo que hoy es Guatemala antes de la llegada de los europeos.

Al final aparece una cronología en la que se ordenan por años los principales acontecimientos en el país desde la Conquista hasta 1996, la cual complementa el texto mismo, ya que comprende muchos hechos que no aparecen en él. Asimismo, hay una bibliografía que incluye tanto los trabajos citados como muchos otros, con la idea de orientar al lector interesado en ampliar sus conocimientos.

Es necesario dejar constancia de que esta obra la he terminado al mismo tiempo que culminó un importante esfuerzo editorial que ha estado bajo mi dirección, una *Historia general de Guatemala*, iniciada en 1986 bajo el patrocinio de la Asociación de Amigos del País, y que acaba de imprimirse. Se trata de una extraordinaria realización institucional y editorial, escrita por 156 autores especialistas, que en seis grandes tomos reúne los más recientes hallazgos y aportes acerca de la historia de Guatemala. No hay duda que ella simplificó y facilitó mi tarea, ya que me permitió tener a mano trabajos valiosos que resumieron puntos de vista que, de otra manera, habrían sido de difícil consulta y condensación. La influencia que esa obra tuvo en la mía se manifiesta de muchas maneras, una de las cuales es la cita de muchos artículos provenientes de ella. Afortunadamente, también ello me permitió incorporar nuevos datos y perspectivas.

En lo posible, siempre busqué hacer un libro equilibrado, aunque por la naturaleza de la colección de que forma parte tuve que priorizar la historia política, pero sin dejar de tener en cuenta lo social, lo económico y lo cultural. Me esforcé también por no hacer una historia de los grupos dominantes que se asientan en el centro urbano capitalino, sino en la que se reflejen los diversos grupos que componen Guatemala. Además, si bien en historia es común fijar la atención más en los conflictos y problemas, que en los "procesos normales", porque esos ciclos críticos son más configurantes que las etapas tranquilas, intenté en todo momento que se mostraran los "procesos normales" a la vez que los cambios y las transformaciones. Asimismo, me propuse escribir con un espíritu de tolerancia y de perspectivas amplias.

Aunque haya buscado la objetividad y la imparcialidad, estoy claro de que ellas son sólo aspiraciones, y que me encuentro impregnado por mis puntos de vista y mis experiencias, especialmente en los hechos que me ha tocado atestiguar. No obstante, traté de mostrar las varias perspectivas y de captar distintas interpretaciones de los acontecimientos. Espero que aunque sea en algo lo haya logrado, y que esta obra contribuya a dar a conocer y explicar mejor la historia de Guatemala, y a que las nuevas generaciones se interesen por conocer mejor su pasado.

I. INICIOS DE LA SOCIEDAD COLONIAL. LA CONQUISTA

Las sociedades del sur de Mesoamérica hacia 1500

El límite sur de Mesoamérica, según se ha establecido, corre desde la desembocadura de los ríos Chamelecón y Ulúa (noroeste de Honduras), en el Atlántico, por una línea transversal de norte a sur que va hasta el golfo de Nicoya, pasando por la ribera norte del lago de Nicaragua. Antes de la Conquista, Mesoamérica era una de las regiones americanas más densamente pobladas. Sin embargo, los cálculos varían notoriamente. Woodrow Borah y S. F. Cook suponen 25 millones sólo para la parte central y sur de México.[1]

Por ahora es prácticamente imposible hacer un cálculo aproximado, menos aún con alguna exactitud, de cuál era la población de Guatemala al momento de la llegada de los españoles. La zona más poblada desde la época prehispánica era el altiplano central y occidental, menos lo estaba el altiplano del oriente. En el litoral del Pacífico había alguna población, pero en menor número que en los altiplanos; mientras en el litoral del Atlántico la densidad era mínima.

La relativa concentración demográfica del área

[1] Woodrow W. Borah y Sherburne F. Cook, *The Aboriginal Population of Central Mexico on the Eve of the Spanish Conquest* (Iberoamericana 45, Berkeley: University of California Press, 1963).

mesoamericana se sostenía gracias a una agricultura desarrollada, suficientemente avanzada y antigua para haber domesticado una gran variedad de plantas. Cultivaban casi 90 especies diferentes, de las cuales unas 70 eran originarias del área y el resto provenientes de Sudamérica. Su alimentación se basaba principalmente en tres cultivos: maíz, frijol (diversas variedades) y calabaza, que proporcionaban una dieta relativamente bien balanceada.

De acuerdo con las características de cada región, usaban tres sistemas de labranza: el *migratorio de roza* (en las zonas menos fértiles o con más tierra libre), el de *barbecho* (en campos permanentes, con sistemas más avanzados, en los valles volcánicos de Chiapas y en el altiplano occidental de Guatemala) y el de *terrazas e irrigación* (sobre todo en zonas de México, pero también se dio en algunas regiones del altiplano de Guatemala) en laderas muy empinadas.

Los grupos indígenas estaban organizados en señoríos o "reinos" relativamente independientes entre sí, con una clase gobernante hereditaria a la cabeza de varios *calpulli* o *amaq*. Hubo rivalidades y guerras entre los diversos reinos; de ahí que los centros ceremoniales o capitales estuvieran ubicados preferentemente en lugares estratégicos y elevados de fácil defensa. A partir del siglo XII se había producido una situación sociopolítica muy dinámica, primero por invasiones llegadas del centro de México, entre las que destacan los pipiles, y después (siglos XIV y XV) por el expansionismo k'iche' a costa de sus vecinos, sobre todo mames, q'eqchi'es, poqomchi'es y poqomames. Finalmente, a finales del siglo XV los kaqchikeles rompieron su alianza con los k'iche's y entraron en una intensa rivalidad, que desembocó en guerras, las cuales tendieron a favorecer a los kaqchikeles. Toda esta situación bélica debió de afectar el crecimiento demográfico, tanto por las muertes que ocasionaron, como por los vacíos de población que había en las zonas fronterizas más disputadas y peligrosas.

Llegada de Colón y de las primeras expediciones

Cristóbal Colón costeó parte del territorio centroamericano en su cuarto viaje, después de que pasó por Guanaja, la más oriental de las islas de la Bahía, a fines de julio de 1502. Por primera vez los europeos vieron manifestaciones de las altas culturas indígenas americanas: una gran canoa "tan larga como una galera, de ocho pies de anchura, toda de un solo tronco", con indios bien vestidos. Fue tomada sin lucha y admiraron su contenido: mantas y camisas de algodón con diferentes colores y labores, espadas de madera con pedernal, hachuelas de cobre, cascabeles y crisoles, bebidas de maíz y cacao. Tomaron algunas muestras y liberaron a los navegantes. Al llegar a lo que hoy es la costa hondureña, Colón se dirigió a lo largo del litoral navegando hacia el este.[2]

Pasarían casi dos décadas antes de que se iniciara la verdadera conquista. La actividad que siguió al primer contacto colombino fue puramente exploratoria, en la

---

[2] Hernando Colón, *Vida del almirante don Cristóbal Colón* (edición de Ramón Iglesia, México: Fondo de Cultura Económica, 1947), 274.

que intervinieron navegantes como Juan Díaz de Solís y Vicente Yáñez Pinzón (1508).

Avanzadas de la Conquista

Dos hechos causaron graves efectos demográficos: las expediciones de cacería humana y las epidemias. Al desaparecer la población aborigen en las Antillas, los españoles encontraron un método para resolver la falta de mano de obra: hacer expediciones a la Tierra Firme a fin de capturar indios y llevarlos para venderlos como esclavos. La poca evidencia no permite determinar la magnitud de estas acciones, pero hay testimonios de expediciones hacia las costas de lo que hoy son Costa Rica y Nicaragua, así como a las Islas de la Bahía y Honduras. Así, Hernán Cortés, en 1526, al referirse a las Islas de la Bahía (llamadas por él Guanajos), escribió "…que algunas de ellas están despobladas a causa de las armadas que han hecho de las islas (Antillas) y llevado muchos naturales de ellas por esclavos…"[3]

Con el arribo de los primeros navegantes y náufragos llegaron también las enfermedades europeas, para las que los indígenas no tenían defensa biológica, las cuales ocasionaron epidemias devastadoras. Existen evidencias documentales en cuanto a los kaqchikeles, aunque es dable suponer que se propagaron a otras regiones. El *Memorial de Sololá* menciona la pandemia

---

[3] Hernán Cortés, *Cartas de relación* (Colección Sepan Cuantos…, 7, México: Editorial Porrúa, 1960), 228.

que debió comenzar en el último tercio de 1519 diciendo que "primero se enfermaban de tos, padecían de sangre de narices y de mal de orina. Fue verdaderamente terrible el número de muertes... Murió entonces el príncipe Vakaki Ahmak. Poco a poco grandes sombras y completa noche envolvieron a nuestros padres y abuelos y a nosotros también ¡oh hijos míos! cuando reinaba la peste".[4]

Murieron el rey Hunyg y el Ahpop Achí Balam con dos días de diferencia, en abril de 1521. Fueron tantos los muertos que los perros y los zopilotes devoraban los cadáveres, probablemente porque no hubo quien los enterrara. Hay discrepancias acerca de la identificación del mal. Félix W. McBryde supuso que fue "influenza"; Daniel Brinton pensó en sarampión; Carlos Martínez Durán concluyó que los síntomas mencionados eran insuficientes para hacer un diagnóstico exacto, prefirió no ser categórico, e hizo ver que la etimología de la palabra kaqchikel *chaac* indica erupción, lo que contradice que haya sido influenza, y aun piensa en la posibilidad de tifus exantemático o tabardillo; y Murdo J. MacLeod creyó que pudo haber sido viruela, mientras otros han opinado que se trató de un conjunto de enfermedades sucesivas: sarampión, tifus, viruela e influenza.[5] De acuerdo con la experiencia actual conocida,

---

[4] *Memorial de Sololá. Anales de los cakchiqueles* (traducción, edición y notas de Adrián Recinos, México: Fondo de Cultura Económica, 1950), 119-123.

[5] Félix W. McBryde, "Influenza in America During the Sixteenth Century (Guatemala, 1523, 1559-1562, 1596)", *Bulletin of the History of Medicine*, 8 (1946), 296-302; C. Martínez Durán, *Las ciencias médicas en Guatemala. Origen y evolución* (3ª ed., Guatemala: Editorial Universitaria, 1964), 107; Murdo J. MacLeod, *Spanish Central America*.

entre gente sin inmunidad previa, puede pensarse que murió hasta un tercio de la población del altiplano guatemalteco, y quedaron debilitados los sobrevivientes durante un año o más. Fue esa población de convalecientes la que se enfrentó a la expedición de Alvarado. Por otra parte, no hay que dejar de lado el impacto psicológico y social que debieron producir las mortandades.

La expedición de Pedro de Alvarado

Recién lograda la toma de Tenochtitlan, Hernán Cortés decidió ensanchar las conquistas hacia el Sur, "...así porque tengo mucha información que aquella tierra es muy rica, como porque hay opinión de muchos pilotos que por aquella bahía sale estrecho a la otra mar, que es la cosa que yo en este mundo más deseo topar..."[6] Para ello preparó dos expediciones, una terrestre, mandada por Pedro de Alvarado, y otra marítima a cargo de Cristóbal de Olid.

Los indios de lo que hoy es Guatemala habían recibido noticia de los castellanos. Parece que Moctezuma trató de obtener su apoyo contra los invasores; empero, la petición azteca no recibió mayor atención, probablemente por recelo, pues no olvidaban la reciente conquista de Soconusco y su política expansionista. Un texto indígena recoge el hecho. En los "Títulos de Ixquín-Nehaib" se indica que en 1512 *(sic)* llegó noticia, enviada por Moctezuma, del arribo de los castellanos,

---

A Socioeconomic History, 1520-1720 (Berkeley: University of California Press, 1973), 41.

[6] H. Cortés, 1960:154.

y que los caciques "levantaron sus banderas y empezaron a coger sus armas de todos, y mandaron tocar sus teponauastlis y todos sus instrumentos de guerra";[7] es decir, se aprestaron, pero no enviaron ayuda. Un tanto contradictoria es la versión de Cortés, quien dice que de las ciudades de "Uclaclán *(sic)* y Guatemala" se presentaron "hasta cien personas de los naturales..., por mandato de los señores..., ofreciéndose por vasallos y súbditos" de su majestad;[8] lo que supondría que tanto k'iche's como kaqchikeles aceptaron pacíficamente ser súbditos del rey español, lo cual no recoge ningún texto indígena guatemalteco. Al contrario, se habla siempre de una postura de oposición de los k'iche's y que sólo los kaqchikeles fueron aliados de los españoles, lo cual pudieron hacer cuando ya Alvarado se encontraba en Guatemala. Al menos es lo que se desprende tanto de lo que Alvarado escribió a Cortés (11 de abril de 1524) como del *Memorial de Sololá*.[9]

Según escribió Cortés, envió a Alvarado de México-Tenochtitlan el 6 de diciembre de 1523 con "ciento y sesenta caballos y trescientos peones, en que son los ciento y treinta ballesteros y escopeteros".[10] Llevaba cuatro tiros de artillería, así como numerosos indios auxiliares, tlaxcaltecos, cholulas y mexicanos. Siguieron la

[7] "Títulos de Ixquín-Nehaib", pp. 84-85, en Adrián Recinos, *Crónicas indígenas de Guatemala* (Guatemala: Editorial Universitaria, 1957).
[8] H. Cortés, 1960:154.
[9] Pedro de Alvarado, "Primera carta-relación a Hernán Cortés", pp. 271-274, en *Libro viejo de la fundación de Guatemala y papeles relativos a D. Pedro de Alvarado* (Biblioteca Goathemala 12, Guatemala: Sociedad de Geografía e Historia, 1934), y *Memorial de Sololá*, 1950: 124-125.
[10] H. Cortés, 1960:162.

ruta señalada por sus indios auxiliares, que era la seguida por los comerciantes, y se desplazaron por Tehuantepec y Soconusco a lo largo de la costa sur. Llegaron a la región llamada por los indios Xetulul (Zapotitlán), desde donde Alvarado despachó correos a los k'iche's para que se sometieran. Sin esperar respuesta continuó su marcha y tuvieron lugar los primeros encuentros, cerca del río Samalá. Después cambió rumbo, hacia el norte, iniciando el ascenso al altiplano.

Antes de llegar a Quezaltenango les salieron al encuentro "tres o cuatro mil hombres". Éstos hicieron retroceder la vanguardia de indios auxiliares, pero los castellanos lograron rehacerse, y cuando se reorganizaban vieron llegar "más de treinta mil hombres", y "plugo a Dios que allí hallamos unos llanos", pudiendo derrotarlos con la caballería. En esta batalla, dice el conquistador, "murió uno de los cuatro señores desta ciudad de Utatlán, que venía por capitán general de toda la tierra".[11]

Comentario específico merece lo anterior, dada la interpretación popular actual, que supone como nombre del jefe indio el de *Tecún Umán*, quien ha sido convertido en "héroe de la nacionalidad". Ninguna fuente contemporánea o cercana a la conquista indica el nombre del jefe fallecido. En cambio en el *Popol Vuh* se dice que los dos reyes principales, *Oxib-Queb* y *Beleheb-*

---

[11] Carta-relación de P. de Alvarado a H. Cortés, 1934:272. Es casi seguro que las cifras del adelantado sean muy exageradas. La batalla, según se estableció en un estudio llevado a cabo por la Sociedad de Geografía e Historia y el Ejército Nacional de Guatemala, ocurrió el 12 de febrero de 1524; véase *La muerte de Tecún Umán* (Guatemala: Editorial del Ejército, 1963).

Tzi (cargos que correspondían a los Cavec) "fueron ahorcados por los castellanos" después de que llegaron a la capital Gumarcaaj (Alvarado dice que los quemó, y en esto coincide con lo que expone el *Memorial de Sololá*).[12] Si los dos "reyes" de la casa Cavec no estuvieron en la batalla y murieron después, el caído en la batalla probablemente fue uno de los otros dos reyes, el *Ahau-Galel*, que correspondía a los *Nihaib*, o el *Ahtzic-Vinac-Ahau*, de los *Ahau-Quiché*. Esto parece confirmarse con lo que dice el anónimo autor de la *Isagoge histórica apologética*: "sólo se sabe que murió en ella un indio de sangre real, llamado Galel-Ahpop, que era capitán general".[13] Si esto fue así, y siguiendo la nómina de reyes del *Popol Vuh*, el muerto debió llamarse *Ahau-Cotuhé*; si no fue él, pudo ser el otro, de la casa *Ahau-Quiché*, el *Ahtzic-Vinac Ahau*, que según el *Popol Vuh* se llamaba *Vinao-Bam*.[14]

En los "Títulos de Ixquín-Nehaib" se narra poética y legendariamente dicha batalla, conocida como de *Pachah* o *El Pinar*, se dice que participaron 10 000 guerreros y el "capitán Tecún", "hecho águila", alzó el vuelo para intentar matar a Alvarado, *Tonatiúh* o *Tunadiú* en singular combate.[15] Si esto hubiera ocurrido es seguro que Alvarado lo habría mencionado a Cortés en su car-

---

[12] P. Alvarado, 1934:274, y *Memorial de Sololá*, 1950:125.

[13] *Isagoge histórica apologética de Indias Occidentales y especial de la provincia de San Vicente de Chiapa y Guatemala de la orden de Predicadores* (Biblioteca Goathemala 13, Guatemala: Sociedad de Geografía e Historia, 1935), 184.

[14] J. Daniel Contreras R., "Notas para la historia de la Conquista", *Estudios* (Guatemala), 4 (1971), 19-27.

[15] *Título de Ixquín-Nehaib*, 1957:89-90. Véase también *Título de los señores Coyoy* (traducción de A. Efraín Tzaquitzal Zapeta, Guatemala:

ta, en la cual simplemente escribió que murió un importante jefe, y no asigna a nadie dicha hazaña.

Al día siguiente llegaron a *Quezaltenango (Xelahub)*, distante una legua, que estaba desierto. Después de varios días apareció un nuevo ejército, que Alvarado menciona como de 12 000 hombres del propio Quezaltenango y de los pueblos de la comarca, "que no se pudieron contar".[16] La batalla fue menos difícil. Después de esa victoria los reyes k'iche's invitaron a los españoles a Gumarcaah (Utatlán). Desde el principio, según escribió Alvarado a Cortés, sospechó engaño y que el propósito era quemarlos dentro de la ciudad por lo que no quiso alojarse dentro; entonces asentó su real en las afueras. Alvarado invitó a los reyes a visitarlo en su propio campamento y los apresó; pero ni aun así dejaron de hostilizarlo, "por lo que viendo que con correrles de la tierra y quemársela yo los podía atraer al servicio de su majestad, determiné quemar a los señores [...] y mandé quemar la ciudad..." De acuerdo con el *Memorial de Sololá* esto ocurrió el 7 de marzo de 1524.[17]

Fue entonces cuando Alvarado pidió ayuda a los kaqchikeles, quienes enviaron "dos mil soldados" a la matanza de los k'iche's, según el *Memorial*, aunque Alvarado habla de 4 000. Con ellos hizo una "entrada", y después de la cual los k'iche's rogaron perdón, y Alvarado les dijo que "viniesen a sus casas y poblasen la tierra como antes". Un poco más adelante agregó fría-

Comisión Interuniversitaria Guatemalteca de Conmemoración del Quinto Centenario del Descubrimiento de América, 1993), 29.

[16] Carta-relación de P. de Alvarado a H. Cortés, 1934:273.

[17] *Memorial de Sololá*, 125.

mente en su carta: "En cuanto toca a esto de la guerra no hay más que decir al presente, sino que todos los que en esta guerra se tomaron, se herraron y se hicieron esclavos, de los cuales se dió el quinto de su majestad..."[18] Desde Utatlán escribió Alvarado a Cortés la carta que se ha venido citando. Después fue a Iximché, capital kaqchikel, donde fue bien recibido por los reyes *Belejé-Cat* y *Cahí-Ymox*.

La siguiente parte de la conquista la decidieron los kaqchikeles, pues al preguntárseles quiénes eran sus enemigos, dijeron que los tz'utujiles (sur de Atitlán) y los de *Panatacat (Izquintepeque,* Escuintla). Apenas a cinco días de su llegada a Iximché, Alvarado continuó la campaña. El 18 de abril derrotó a los tz'utujiles, y retornó a Iximché, donde llegaron "muchos señores de otras provincias de la Costa sur a dar la obediencia a sus majestades".[19] Después decidió ir a *Cuscatlán* (El Salvador) y de paso atacar a los de *Panatacat.*

Luego de ocho días en Izquintepeque continuó la hueste a lo largo de la costa sur, hasta penetrar en Cuscatlán. Los indios del camino desampararon sus poblados; sólo hubo un encuentro en Taxisco. En *Acaxual* (cerca del Acajutla actual) ocurrió una batalla, en la que según escribió Alvarado "hirieron muchos españoles y a mí con ellos, que me dieron un flechazo de que me pasaron la pierta... de la cual herida quedé lisiado, que me quedó la una pierna más corta que la otra bien cuatro dedos".[20] De Acajutla fueron a Tacuzcalco, Miaguaclán, Atehuán y finalmente a Cuscatlán, donde

[18] *Ibid.*
[19] *Ibid.*, 277.
[20] *Ibid.*, 279.

siendo bien recibidos al principio, fue después desamparado, contentándose Alvarado con instruirles proceso y condenarlos en ausencia.

Alvarado regresó a Iximché el 21 de julio. Procedió a fundar una villa (convertida días después en ciudad) bajo la advocación de Santiago, probablemente el 27 de julio de 1524, y no el 25 como usualmente se dice.[21] La llamó *Guatemala* por ser ese el nombre náhuatl de la capital kaqchikel. En siete meses y 21 días Alvarado había realizado una extensa campaña, sometiendo parcialmente los reinos k'iche', kaqchikel, tz'utujil y parte de la región pipil y xinca. Si bien todavía faltaba mucho por conquistar, había sentado las bases del dominio español.

Ampliación de la Conquista

La hueste de Alvarado se encontraba, a mediados de 1524, muy mermada de indios auxiliares por el regreso de algunos a su país. Entonces se inició la llamada rebelión kaqchikel. Alvarado no supo mantener su alianza con los kaqchikeles porque los obligó a que le entregaran fuertes cantidades de oro. El 26 de agosto se fugaron de Iximché hacia las montañas. A principios de septiembre inició Alvarado su campaña de castigo.[22] Los kaqchikeles, ya conocedores de las debilidades de los castellanos, se protegieron, abrieron pozos y sembraron estacas y siguieron un sistema que ahora se

---

[21] J. Daniel Contreras, "Fundación de la ciudad del Señor Santiago", *Humanidades*, 3:8 (1962).

[22] *Memorial de Sololá*, 1950:129.

llama de guerrilla, evitando el enfrentamiento en batallas, sólo hostigando y retirándose a las montañas. En esta campaña los españoles tuvieron la ayuda de sus antiguos enemigos, los k'iche's y tz'utujiles. Además, hacia fines de 1524 o principios de 1525, llegó un refuerzo de 200 españoles enviado por Cortés, antes de su salida para Honduras.

La campaña fue larga y difícil, pues Alvarado no se concentró sólo contra sus antiguos aliados, sino que quiso someter también a otros grupos y afirmar su presencia en Chiapas, Honduras y El Salvador. Así, a principios de 1525 se dirigió contra los poqomames de Mixco y Chinautla. Difícil fue la toma de Mixco (probablemente el actual sitio de Chinautla Viejo). Al mismo tiempo se hizo otra campaña en la región kaqchikel de Sacatepéquez y Chimaltenango. También, en julio de ese año, Gonzalo de Alvarado realizó una expedición contra la principal ciudad de los mames, Zaculeu, tomada tras largo asedio. Ese año se efectuó, parece ser, una entrada hacia la región del lacandón, al mando del propio don Pedro, sin mayores resultados.

A inicios de 1526 la situación se hizo difícil para Alvarado. Recibió noticias de la presencia de Cortés en Honduras y petición de que se le uniera; cuando preparaba la marcha, un grupo de unos 50 españoles se amotinó negándose a acompañarlo. El 7 de febrero incendiaron parte de Iximché, y escaparon hacia Nueva España, quemando pueblos a su paso. Con ellos iban dos artilleros que hicieron mucha falta. Es posible que esto obligara a Alvarado a abandonar la zona kaqchikel y trasladar su real a Xepau, quizás cerca del actual Olintepeque en Quezaltenango, es decir, en zona aliada k'iche'. En ese año, dice el *Memorial,* "tuvo algún descanso nuestro corazón… No nos sometimos a los castellanos…"[23] Alvarado debió viajar a Honduras, con lo que se despreocupó temporalmente de la rebelión. Además, después regresó sólo para seguir a México y a España. Durante su ausencia gobernó su hermano Jorge de Alvarado, quien reforzó la campaña contra los kaqchikeles, para lo cual asentó su real en Chijxot, no lejos de la actual Comalapa, en territorio kaqchikel.[24] A fines de marzo de 1527 inició las acciones bélicas, con relativo éxito. El 22 de noviembre estableció la ciudad de Guatemala en *Bulbuxyá* o *Almolonga,* en su primer asiento permanente con traza formal.[25] La rebelión aunque no dominada estaba en vías de serlo, pues sólo quedaban unos focos de resistencia en las montañas.

Quizá aprovechando la "rebelión" y la llegada del visitador Francisco de Orduña, quien sustituyó al hermano de don Pedro, tuvo lugar un levantamiento en la zona k'iche' de Uspantán. La primera fuerza punitiva cayó en una emboscada, resultando heridos muchos castellanos e indios auxiliares. Entonces Orduña emprendió personalmente la acción, aunque sólo llegó a Chichicastenango, donde enfermó. Continuó la campaña con éxito el tesorero Francisco de Castellanos. Los indios que no murieron fueron hechos esclavos.

También hubo "rebelión" en 1530 en la sierra de Chiquimula y Mictlán (Mita), al oriente del país, adonde fue una expedición con 60 castellanos e indios auxi-

[23] *Ibid.,* 131.
[24] *Ibid.*
[25] *Ibid.,* 132; *Libro viejo,* 1934:24-30.

liares, comandada por Hernando de Chávez y Pedro Amalín. Hallaron resistencia en *Mictlán*, que sometieron; entraron pacíficamente a Esquipulas, y tomaron Copán. El "rey" Galel huyó a la montaña, poco después se sometió. Asimismo, ese año se efectuó una expedición encabezada por Diego de Alvarado contra *Tezulutlán* (poqomchi'es), que tuvo éxito. Dicha región "la conquistó y pacificó durante casi un año y la tuvo poblada con cien españoles", pero fue desamparada cuando "sonó" el Perú.[26]

Desde su regreso de España tenía Alvarado intención de ir al Perú. En 1531 inició los preparativos y en septiembre de 1532 tenía listas las primeras embarcaciones. Ya con una capitulación del rey para ir a la Especiería salió con 12 navíos en enero de 1534 y despobló su gobernación no sólo de buen número de indígenas sino de españoles, lo que provocó el abandono de zonas ya dominadas. Alvarado volvió, después de su fracaso en Perú, sin los indios auxiliares y muchos de los conquistadores, en abril de 1535, y encontró alzamientos en varias regiones. Al año siguiente se fue don Pedro otra vez a España, de donde regresó a Guatemala hasta septiembre de 1539; casi de inmediato inició los preparativos de una nueva expedición a la Especiería.

Pronto ardía la región en trabajo y los indios andaban alborotados porque los usaban para el transporte, desde Puerto Caballos a Iztapa y Sonsonate, de todo el material para la flota. También se trasladó a lomo de

---

[26] Carta del obispo Marroquín, en Carmelo Sáenz de Santa María, *El licenciado don Francisco Marroquín, primer obispo de Guatemala (1499-1563). Su vida, sus escritos* (Madrid: Ediciones Cultura Hispánica, 1964), 207.

indio mucha artillería recogida en la gobernación. Otra vez despobló su territorio de españoles e indios. Para agravar la situación, una cédula concedía a cada español de su armada llevar dos indios esclavos. Con razón se dolió el obispo Marroquín ante el rey, en carta del 20 de noviembre de 1539: "...porque con esta armada veo los naturales y los españoles tan desosegados y al gobernador tan poco cuidado de mirar por ella, ni hacerle bien, ni aprovecharla que no sé en qué ha de parar; sus pensamientos están puestos en la armada y todo ha de ser a costa desta pobre gobernación..." Sobre lo de los dos esclavos escribió Marroquín: "es tan perjudicial que no lo puedo significar: y debajo destos llevarán mucha más cantidad de libres y esclavos".[27]

Por petición del ayuntamiento de Santiago, antes de partir se ejecutó a los "reyes" kaqchikeles *Ahpozotzil Cahí Ymox* y *Quiyavit Caok* (24 de mayo). Ya cuando se había marchado ejecutaron a *Chuuy Iziquinú*, *Chicbal* y *Nimabah Quehchún*, todos señores.[28]

Zarpó Alvarado en septiembre de 1540 y se dirigió a la Nueva España, donde se entrevistó con el virrey Mendoza para aclarar aspectos de jurisdicción en la conquista de las ciudades de Cíbola. Ya en camino de embarcar recibió solicitud de ayuda por parte del gobernador de Guadalajara, Cristóbal de Oñate, ante un alzamiento indio. El incansable adelantado acudió por última vez: en Nochistlán, al retirarse su columna en forma desordenada, cayó por una pendiente resultando malherido. Murió en Guadalajara el 4 de julio de 1541.

---

[27] F. Marroquín; C. Sáenz de Santa María, 1964:157-158.
[28] *Memorial*, 1950:136-138.

Sobre este tema se tejió desde el principio una leyenda que se sigue repitiendo a pesar de que diversos autores han demostrado que los frailes dominicos tergiversaron su labor, a lo cual contribuyó en especial fray Antonio de Remesal con su crónica de principios del siglo XVII.[29]

La primera distorsión fue afirmar que la región nunca había sido conquistada y que, al contrario, en tres oportunidades se habían rechazado intentos de los castellanos, ya que se trataba de los indios más aguerridos de Guatemala. En realidad no están bien documentados esos rechazos. Se sabe, aunque no con exactitud, que hacia 1526, bajo el mando de Alvarado o quizás siguiendo sus órdenes, se inició un avance hacia el Lacandón, que se vio interrumpido; pero no hay certeza si coincide con la región después llamada Verapaz. Diego de Alvarado conquistó Tezulutlán en 1530 y después de un año lo abandonó, cuando "sonó el Perú". Otro supuesto intento lo hizo en 1539 Alonso de Maldonado, entonces a cargo de la gobernación, luego de haber firmado con los dominicos su acuerdo

---

[29] Marcel Bataillon, "La Vera Paz Roman et Histoire", *Bulletin Hispanique*, 63 (1951), 235:300; Carmelo Sáenz de Santa María, "La fantasía lascasiana en el experimento de la Vera Paz", *Revista de Indias*, 73 (1958), 609-626; Juan Rodríguez Cabal, "Conquista de la Vera Paz", *Missionalia Hispánica*, 70 (1967), 53-116, y André Saint-Lu, *La Vera Paz, esprit evangelique et colonisation* (París: Institut d'Études Hispaniques-Centre de Recherches Historiques, 1968). También Antonio de Remesal, *Historia general de Indias Occidentales, y particular de la gobernación de Chiapa y Guatemala*, libro 3º, caps. X, XI, XV-XVIII, en cualquiera de sus ediciones.

sobre las bases en que se haría el intento de los frailes (1537), pero es probable que se haya dirigido a una región diferente, al oeste de Tezulutlán. Maldonado dice que fue a "Candón" (quizás Lacandón). De todas maneras tampoco hubo rechazo, ya que abandonó la empresa cuando supo la llegada de Alvarado a Puerto Caballos en 1539.

La segunda tergiversación se refiere a que los indios se mantenían en pie de guerra contra los españoles y que de ahí viene el nombre indígena que significa "tierra de guerra". En realidad la región sólo se hallaba sin dominar y, por lo tanto, como muchas otras en igual situación, recibió tal apelativo, que indicaba que los indígenas no estaban sometidos. Un tercer error fue situar la conquista pacífica en un corto periodo de 1538, con fray Luis de Cáncer en la empresa. La incorporación a la Corona no ocurrió sino hasta 1544-1545 (cuando sí actuó Cáncer), mientras que en 1538 sólo hubo contactos.

En la región hoy llamada Verapaz se hablaban al menos tres idiomas diferentes, que es probable hayan sido unidades políticas independientes. En la zona de Rabinal estaban los k'iche's, de reciente expansión. En Tezulutlán propiamente dicho (que ni los dominicos ni Remesal identifican exactamente y que Saint-Lu supone es el actual Tucurú) hablaban poqomchi'. Estas últimas dos regiones fueron las que sometieron los frailes, de las cuales la primera fue la que ocupó temporalmente Diego de Alvarado en 1530-1531. El intento original iba dirigido sólo hacia Tezulutlán; el éxito obtenido y la propia petición de los q'eqchi'es hizo que se extendiera al norte.

El proceso tuvo lugar entre 1538 y 1545, pudiendo distinguirse dos etapas: una primera, de preparativos y contactos (1538-1539), y una segunda, de acción (1544-1545), separadas por un periodo de inacción (1539-1544). Al principio se acercaron con fines informativos; demostrada la factibilidad del proyecto, los frailes se retiraron para concurrir a un capítulo de su orden en México. En esta etapa participaron los padres Las Casas, Angulo y Ladrada. Previamente (1537) habían obtenido el compromiso de Maldonado de reconocerles la exclusividad en la región y no permitir castellanos en ella. En 1539, luego del capítulo, acordó Las Casas ir a España a obtener reales cédulas, contando con la recomendación de Maldonado, el ayuntamiento de Guatemala, el obispo Marroquín, autoridades de Nueva España, e incluso de Alvarado.

Para ganarse la voluntad de caciques y naturales, los frailes usaron comerciantes e indios vecinos para darse a conocer, enviando con ellos cantos, oraciones y obsequios. Usaron la música, las prédicas en idiomas nativos, y la amistad. Hacia 1545 estaba terminada la parte más difícil. Las Casas, que no participó en ella, llegó desde su obispado de Chiapas, pues había logrado que estos territorios se reconocieran como pertenecientes a su jurisdicción y fue recibido apoteósicamente en Cobán. Marroquín, que consideraba a Tezulutlán como parte de su obispado, también acudió. Coincidieron ambos prelados en Tezulutlán (2 de julio de 1545) y fueron muy festejados. Ya entonces los dominicos exageraron su labor, pues el obispo de Guatemala, en su carta (dedicada precisamente a comunicar al monarca su visita de los nuevos territorios sometidos) escribió:

"Digo todo esto porque sé que el obispo de Chiapas y los religiosos [dominicos] han de escribir milagros, y no hay más destos que aquí digo".[30]

No era de extrañar la actitud de Las Casas y sus compañeros de orden: creían haber demostrado la validez de su tesis pacífica. Por otro lado, sabían que sus enemigos tratarían de disminuir su mérito y de arrebatarles lo logrado, poniendo a los indios en encomienda y cometiendo los abusos ya conocidos. De ahí que Las Casas hiciera levantar un testimonio para remitirlo al rey.

Balance de la Conquista

La conquista de Guatemala tuvo diferencias con la de otras regiones. Los pueblos mesoamericanos, sedentarios y con una tradición de guerra y conquista, aceptaron su derrota con todo lo que ella implicaba: no dejaron su tierra y acataron a los nuevos amos. Pero hubo contrastes con el centro de México, que explican por qué dicha conquista fue menos destructiva. Cortés encontró una unidad política, que una vez vencida pasó, con todos sus pueblos dominados, a los vencedores. En cambio en Guatemala existía gran subdivisión política, de manera que la derrota, incluso de los más poderosos, como k'iche's o kaqchikeles, no supuso el dominio de los demás. Hubo que ir logrando la sumisión señorío por señorío, en un proceso más trabajoso y destructivo. Se multiplicó el número de campañas y su duración se alargó. Los castellanos necesitaron poco

---

[30] F. Marroquín en 1545, en C. Sáenz de Santa María, 1964:208.

tiempo para dominar el altiplano, se puede decir que en menos de una década estaban sometidos los grupos principales, pero hubo grupos periféricos que se tardaron más en dominar (la Verapaz lo fue hasta 1545) y hubo otros que no pudieron serlo entonces. Hasta 1697 no se dominó Petén, y en lo que hoy es Belice no hubo presencia española, lo cual facilitó la presencia de los ingleses a partir de la segunda mitad del siglo XVII.

Por supuesto, la guerra causó mortandad, lo mismo que los abusos y la explotación, con todas sus consecuencias de desorganización social y desgano vital. Empero, todavía más graves fueron los efectos de los desplazamientos de indios y las nuevas enfermedades. Todas estas causas unidas provocaron una disminución tan grave que los mismos protagonistas de la conquista se alarmaron. El propio Pedro de Alvarado, en cita de Fuentes y Guzmán cuando se refiere a la ruina y desolación de los pueblos menciona, sin dar año, una "misericordiosa" ordenanza del adelantado en ocasión de una peste de sarampión (quizá la de 1532-1534), por la que mandó que todos los que tuvieren indios encomendados o en repartimiento, "pena de perdimiento" de ellos, "los cuiden y curen sin ocuparlos en servicio alguno; *por que se ha visto que con otras semejantes pestilencias se han despoblado muchas tierras...*"[31]

En resumen, la conquista de Guatemala fue un proceso prolongado y altamente destructivo. Se tardó varias

---

[31] Francisco Antonio de Fuentes y Guzmán, *Recordación Florida. Discurso historial y demostración natural, material, militar y política del reyno de Guatemala* (3 tomos, Biblioteca Goathemala 6-8, Guatemala: Sociedad de Geografía e Historia, 1932-1933), 1:338. El subrayado es nuestro.

décadas en ver emerger del desorden un sistema medianamente organizado, décadas de crisis permanente y en algunos momentos de verdadero caos y anarquía. A ello contribuyó el escaso afán colonizador de Alvarado, quien mantuvo siempre vivo el interés en ir a otras regiones. La labor constructiva les tocó cumplirla a los prelados, frailes y algunos funcionarios (reales y locales).

II. ORGANIZACIÓN DEL ORDEN COLONIAL. LA SOCIEDAD ESPAÑOLA-LADINA

La Audiencia

En las ordenanzas promulgadas por Carlos I el 20 de noviembre de 1542, en Barcelona (uno de los documentos básicos de la institucionalización indiana), las llamadas "Leyes Nuevas", en su capítulo 11, se creó una nueva Audiencia en los "confines" de las gobernaciones de Guatemala y Nicaragua, estableciéndose que ambas provincias y sus dependencias quedaban bajo el gobierno directo de la Audiencia, suprimiéndose el cargo de gobernador. La Audiencia se estableció primero en Gracias para pasar pocos años después (1548) a Santiago de Guatemala. Desde 1545 hasta 1560 el gobierno lo ejercieron en forma colegiada el presidente y los oidores. Por las continuas quejas y disensiones entre ellos, el rey decidió separar a los oidores de su participación en el gobierno y que sólo se ocuparan de administrar justicia.

En 1563 se suprimió la Audiencia de los Confines, quedando agregadas a la de México las provincias de Chiapas, Soconusco, Guatemala, Yucatán y Verapaz, y a la de Panamá, las de Honduras y Nicaragua-Costa Rica. En marzo de 1570 se reinstaló la Audiencia, pero ya como de Guatemala, en la ciudad de Santiago, asignándosele las provincias de Chiapas, Soconusco, Guatemala, Verapaz, Honduras, Nicaragua y Costa Rica; quedó a la de México, Tabasco y Yucatán, y a Panamá el distrito de Castilla de Oro. Era de carácter pretorial, por lo que no dependía de la de México.

La gobernación o provincia de Guatemala se dividía en 10 corregimientos proveídos por la Audiencia: Totonicapán y Huehuetenango, Tecpán-Atitlán, Quezaltenango, Suchitepéquez, Esquintepeque (Escuintla), Guazacapán, Casaguastlán (o Acasaguastlán), Chiquimula de la Sierra, Verapaz y el llamado Corregimiento del Valle, alrededor de la ciudad de Guatemala. En el siglo XVIII se incorporó Petén a la Verapaz y se unieron Acasaguastlán, Chiquimula, Escuintla y Guazacapán, y desapareció el Corregimiento del Valle, estableciéndose dos alcaldías mayores: Chimaltenango y Amatitanes y Sacatepéquez.

A finales del siglo XVIII se estableció en el reino de Guatemala el régimen de intendencias, y permaneció la gobernación de Guatemala bajo jurisdicción directa del presidente-gobernador y capitán general, dividida en nueve partidos (corregimientos o alcaldías mayores).

GOBIERNO ECLESIÁSTICO

En el territorio de la Audiencia se fundaron durante el siglo XVI cinco obispados: el de Chiapas, con sede en Ciudad Real (1538); el de Guatemala, en la ciudad de Santiago (1534); el de Honduras (1539), en Comayagua; el de Nicaragua, con sede en León (1531), y el de

Verapaz (1559), con sede en Cobán, el cual se incorporó al de Guatemala en 1608-1609.[1]

En cuanto a las órdenes religiosas, las que actuaron desde la conquista a todo lo largo del siglo XVI fueron los franciscanos, dominicos y mercedarios. Más tarde se establecieron los jesuitas (1582), los agustinos (1610) y la Congregación de San Felipe Neri (1664). Además, el beato hermano Pedro de Betancur (1626-1667) fundó en Guatemala la Orden Belemita, confirmada en 1672. En Guatemala no hubo Tribunal de la Inquisición, pero desde 1572 existió delegación o comisaría, dependiente de México. En la ciudad de Santiago se establecieron monasterios femeninos, primero el de monjas jerónimas de la Concepción, 1578; después el de Santa Catalina (1606), Santa Teresa (1667), Santa Clara (1700) y Capuchinas (1725). Hubo asimismo varios beaterios.

Fundación de poblados

Como ocurrió en otras regiones de Indias, el intenso proceso fundacional, tanto de poblados de españoles como de indios, ocurrió en el siglo XVI, especialmente en los años inmediatos a la Conquista. La reducción a pueblos se hizo a partir de la segunda mitad de la década de 1540 y se completó, en su mayor parte, alre-

---

[1] Jesús Ma. García Añoveros, "La Iglesia en el reino de Guatemala", en *Historia general de Guatemala*, Jorge Luján Muñoz, director general; tomo II: *Dominación española: Desde la Conquista hasta 1700*, Ernesto Chinchilla Aguilar, director del tomo (Guatemala: Asociación de Amigos del País-Fundación para la Cultura y el Desarrollo, 1993), 155-182.

dedor de 20 años después, si bien en algunas regiones, como la Verapaz, se prolongó hasta finales de siglo.

La mayor parte del proceso estuvo a cargo de las órdenes religiosas, que siguieron un procedimiento semejante y aplicaron el modelo urbano ajedrezado con plaza central. Las congregaciones se trataron de hacer en lugares llanos, no muy alejados de donde habitaban los indios, respetando, en lo posible, sus divisiones políticas y lingüísticas indígenas.[2] Después se hicieron pocos cambios, la mayoría provocados por el despoblamiento de algunas regiones (especialmente zonas bajas), que obligaron a reunir varios pueblos en uno, como ocurrió en la región de Guazacapán.

La encomienda

Al igual que en otras regiones americanas, en Guatemala la encomienda fue la base económica de los españoles, aún más por la escasez de metales preciosos. Hasta mediados del siglo XVI también fue importante la esclavitud indígena. En la gobernación de Guatemala había, hacia mediados de ese siglo, unos 83 encomenderos, que se distribuían alrededor de 21 000 tri-

---

[2] Fray Antonio de Remesal (edición de la Biblioteca Goathemala, 1932, II: 246 y ss.), y fray Francisco Vázquez, *Crónica de la provincia del Santísimo Nombre de Jesús de Guatemala* (4 tomos, Biblioteca Goathemala 14-17, Guatemala: Sociedad de Geografía e Historia, 1937-1944), I, 106 y ss., se refieren en sus crónicas, en forma similar, al sistema seguido por los frailes. Véase también "Reducción a pueblos", 297-327, en Jorge Luján Muñoz, comp., *Inicios del dominio español en Indias* (Guatemala: Universidad de San Carlos de Guatemala, 1968).

butarios (además había casi 3 000 indios "en cabeza" del rey), correspondientes a 144 pueblos. El reparto no era equitativo. El mayor encomendero tenía más de 2 000 tributarios, 10 tenían entre 500 y 1 000 y alrededor de 40 menos de 100 cada uno. Por su parte, Juan López de Velasco menciona, en 1575, para todo el distrito de la Audiencia, de 900 a 1 000 "repartimientos" (encomiendas), con 120 000 tributarios.[3]

La encomienda perpetua era fundamental para el sistema señorial que intentaban establecer los españoles en las Indias. La supresión de la perpetuidad y la disminución de los indios hizo perder importancia permanentemente al rendimiento de las encomiendas, lo cual se agravó para los conquistadores originales ("beneméritos") por el inicio del proceso de entrega de las vacantes a recién llegados de la península y a residentes en España. Los "beneméritos" guatemaltecos se quejaban de que las mejores encomiendas se hallaban en manos de peninsulares, quienes nunca habían estado en el país, ni sus ascendientes habían participado en la conquista. Así, Fuentes y Guzmán se refirió a la "rica" encomienda de Zacapa, que había pasado a beneficio de un convento de monjas en Colmenar.[4] Otro ejemplo ilustrativo fue el de Chimaltenango, una de las más ricas encomiendas del Corregimiento del Valle, en manos de Luis Nieto de Silva, que lo había recibido de su madre, doña María Magdalena Ruiz de Contreras, condesa de Alba de Yeltes. Gracias a una

---

[3] Juan López de Velasco, *Geografía y descripción universal de las Indias* (Biblioteca de Autores Españoles 248).

[4] F. A. Fuentes y Guzmán, *Recordación Florida*, primera parte, libro v, capítulo III (Madrid: Ediciones Atlas, 1991), 144-168.

cuenta que hizo en 1686, el administrador local, capitán José Aguilar Rebolledo, con motivo de la muerte de la condesa, se sabe que en 22 años (1664-86) la encomienda había producido más de 250 000 tostones (alrededor de 11 400 tostones al año).[5]

Otro factor que hizo disminuir la importancia de las encomiendas fue que se subdividieron, en parte como resultado del aumento de la población criolla. También hubo tendencia a otorgar las encomiendas con el carácter de pensión, especialmente a viudas, aunque esta ayuda resultaba muchas veces escasa. En resumen, a lo largo de los siglos XVII y XVIII la política real fue controlar y aun reducir el número de encomiendas. Para perjudicar aún más la estancada economía de la región, las rentas más jugosas quedaban fuera de su jurisdicción. A lo largo de esa época las encomiendas perdieron su importancia para los españoles y criollos residentes en Guatemala.

División sociopolítica: las dos repúblicas

Durante el siglo XVI se definió la división de las dos "repúblicas", la española y la indígena, idealmente separadas en la legislación, pero en diferentes grados de alejamiento, según las regiones. Cerca de los poblados españoles y las explotaciones agrícolas de éstos existió la convivencia, mientras que en las regiones más alejadas se produjo el aislamiento casi completo de los

---

[5] Lesley Byrd Simpson, "A Seventeenth-Century Encomienda: Chimaltenango, Guatemala", *The Americas*, 15:4 (1959), 393-402.

indios. Si bien el esquema de las "dos repúblicas" no es nítido, sí resulta adecuado como punto de partida para entender la situación de la población de Guatemala durante la Colonia. Los españoles se concentraron en la capital y en unos pocos poblados cercanos, no lejos de los cuales estaban sus haciendas. Junto a ellos estaban los negros y sus mezclas (nunca muy numerosos) y los mestizos. Por su parte, los indígenas vivían en sus pueblos, en los que legalmente no podían residir blancos, salvo los religiosos.

En el Corregimiento del Valle y en el área de haciendas cercanas de propietarios españoles, así como en las principales rutas comerciales o en los pueblos que eran cabeza de corregimiento o alcaldía mayor, poco a poco se mezclaron los dos grupos. En estas zonas se asentó, lentamente, una población no sólo española, sino también mestiza y de "castas", que creció con el tiempo. En general, puede decirse que los blancos y los mestizos buscaron los vacíos que dejó la población indígena para llevar a cabo su expansión. De ahí que las zonas más densamente indígenas quedaran más libres de blancos y mestizos, y que los lugares despoblados o menos poblados (especialmente de los altiplanos) fueran en los que se abrió paso la población rural no indígena.

Así pues, si bien la separación de las "dos repúblicas" pronto se vio desbordada por la realidad, siempre es útil para comprender la situación social. Para describirla se hace referencia a continuación a los españoles y criollos, a los mestizos y negros (y sus mezclas), y el siguiente capítulo se dedica a la sociedad indígena.

Los españoles

Quizá el fenómeno que más llama la atención en el sector español es que el grupo dominante fue el de los comerciantes, a través del control de la exportación-importación, el cual permanentemente se nutrió de recién llegados. Como ya se ha mencionado, durante el siglo XVII disminuyó la importancia económica de la encomienda como medio de sostenimiento del grupo español. Por una parte, el rendimiento de los tributos había bajado; por otra, muchas de las mejores encomiendas habían pasado a residentes en la península. De ahí la queja del empobrecimiento de muchas de las familias españolas originales, los llamados "beneméritos", tema sobre el que tanto insistió Fuentes y Guzmán.

La economía del reino de Guatemala, básicamente agrícola, con un frágil sistema de exportación y con capacidades muy limitadas, no podía permitir muchas grandes fortunas y éstas se concentraron en Santiago de Guatemala. Los españoles, en las zonas rurales, apenas podían mantener su nivel de vida, que tuvieron que simplificar y hacer autosuficiente.

La solución fue diversa. Unos la encontraron refugiándose en sus haciendas y explotaciones agrícolas. Así, Fuentes y Guzmán hizo referencia a una familia de "beneméritos", que se vio obligada "por la mísera fortuna en que se hallan, a vivir en el retiro de las montañas y pinares de los valles". Algunos se inclinaron a las carreras religiosas, que no siempre daban los resultados apetecidos. Otros buscaron un cargo remunerativo. En el siglo XVII crecieron las órdenes religiosas y la venta de oficios. Fueron los caminos que encontraban los criollos para sostener su posición en una sociedad cuya economía no permitía gran cosa. Sin embargo, para ambos casos las posibilidades eran limitadas. No había muchos pueblos en los que ser cura fuera suficientemente remunerador; a lo largo de la Colonia no aumentaron mayor cosa el número de cargos.

El blanco que no podía permanecer en la cúspide del sistema social tendía a mezclarse, a que sus descendientes fueran mestizos, a ocupar oficios y trabajos que ya, en parte, estaban en manos de mestizos y mulatos. Es el caso de las actividades artísticas, la mayoría de las artesanías, etcétera. La limitación de oportunidades y la constante llegada de españoles, algunos de los cuales se enriquecieron aprovechando las oportunidades del sistema, crearon un enfrentamiento entre los peninsulares (los recién llegados) y los criollos, que se manifestó en diversas formas, a lo que se hará referencia a continuación.

Relaciones entre peninsulares y criollos

Desde la segunda mitad del siglo XVI comenzó a manifestarse el enfrentamiento entre los españoles de viejo origen y los recién llegados. Los primeros consideraban a los otros advenedizos, aprovechados, y se resintieron de la "usurpación" de sus derechos. Por otra parte, los de nuevo arribo muchas veces manifestaban una postura de menosprecio hacia los antiguos vecinos, porque éstos se consideraban con más mérito por ser descendientes de conquistadores o "de los primeros habitantes".

Con cada nuevo presidente-capitán general llegaba un séquito de parientes, empleados y paniaguados que se repartía los mejores cargos, desplazando a los anteriores. Cuando el protector dejaba el puesto todavía conseguían recompensas adecuadas para después pasar a engrosar las filas de los "viejos vecinos", con los cuales usualmente habían emparentado por matrimonio. Entonces eran ellos los que se enfrentaban a los nuevos recién llegados, en una competencia cada vez más dura por la limitada cantidad de posibilidades, lo que hacía que se mantuviera constante la oferta de cargos, que pasaba a los recién llegados.

Además, no se trataba sólo de la jerarquía civil, también en las órdenes religiosas y en el cabildo eclesiástico los mejores cargos eran para "foráneos". De ahí que se desarrollara el esfuerzo de parte de los criollos para alcanzar los privilegios. La lucha se manifestó en muchos ámbitos. En ese contexto debe verse el esfuerzo de los criollos de Santiago de Guatemala por que se estableciera la universidad, que haría posible a sus hijos estudiar, obtener grados y poder competir por los mejores cargos y canonjías, a los que no tenían opción por carecer de los debidos grados académicos.

Uno de los más sonados "triunfos" de los criollos religiosos fue el obtener la "alternativa". Primero la lograron los frailes franciscanos en un capítulo general que tuvo lugar en Toledo, en 1633. El rey accedió a esta componenda, que consistía en que se rotarían los puestos principales (provincial) entre los frailes nacidos en España y los frailes criollos. Pronto se presentó el mismo afán en la orden dominica, que se aplicó a partir de 1647. Después la alternativa se extendió, por disposición real, a todas las congregaciones monásticas. Su aplicación aplacó a los criollos con tanto éxito que en 1670 el rey ordenó que se aplicara también en los cabildos seculares, en la santa hermandad y en otros cargos. De ahí en adelante, de los dos alcaldes de Santiago de Guatemala, uno sería peninsular y el otro criollo, alternándose sucesivamente un semestre cada uno en sus deberes como corregidor del Valle.

Sin embargo, ello no resolvió el problema. Los peninsulares continuaron acaparando los mejores cargos. Rara vez llegó un nacido en Indias a obispo y aun más raramente a presidente-capitán general. Precisamente Fuentes y Guzmán personificó, al fin del siglo XVII, mejor que ningún otro, ese criollismo reivindicador. A lo largo de toda la *Recordación Florida* argumentó por los "legítimos derechos y prerrogativas" de las familias antiguas, los "beneméritos", descendientes de conquistadores, muchos de los cuales se hallaban en la pobreza, lo cual, según él, era contra la justicia. Con minucioso cuidado reseñó Fuentes toda la documentación que favorecía a los criollos, sin dejar de mencionar ningún caso para mostrar las necesidades en que se encontraban muchos descendientes de conquistadores, aunque él en lo particular haya sido relativamente acomodado. Según dicho autor la falta de recompensa a quienes la merecían era la mayor injusticia que había en el reino.

Uno de los aspectos en que se manifestó la lucha entre los peninsulares y los criollos fue por asegurarse cargos con buenos ingresos y prestigio en la sociedad. El ayuntamiento de Santiago de Guatemala buscó tener bajo su competencia el otorgamiento de cargos. Lo mismo deseaban los presidentes y gobernadores, los oidores, etcétera. Como contraste estaba la política de la Corona de reducir el número de nombramientos de las autoridades indianas, a la vez que buscaba que el mayor número fuera de su designación o que salieran a venta.

Con la llegada de la Ilustración, en las últimas dos décadas del siglo XVIII, se afirmó el espíritu criollista, que tomó un sentido de conciencia americana, en la cual influyó asimismo la llamada "polémica del Nuevo Mundo", que en Europa denigraba a América y a sus habitantes a través de los escritos de autores como Buffon y Cornelio de Pauw. También en Guatemala se levantaron voces indignadas contra los ataques de aquellos autores.

La pequeña élite ilustrada se organizó en la Sociedad Económica de Amigos del País para buscar medidas que reforzaran la reforma y el mejoramiento de la sociedad. La supresión de la entidad, que sólo duró de 1794 a 1800, reforzó el sentido antiespañol de los ilustrados guatemaltecos.

Ya para terminar la dominación española continuaba, con más vigor que nunca, la rivalidad que venía separando desde hacía dos siglos a los "blancos" de Guatemala. De la dureza de tal antagonismo dio testimonio un artículo en la *Gazeta de Guatemala*; se refirió a las consecuencias negativas para la prosperidad del país:

> Una de las causas de que no prospere este país, de que ningún pensamiento útil florezca, de que ninguna empresa patriótica surta los efectos favorables que surtiría en otra parte, es el espíritu de partido que reyna entre euro-

peos y criollos... Hay pandillas, hay bandos, hay secretas parcialidades, no menos funestas al bien público que las de los antiguos Güelfos y Gibelinos en la Italia.[6]

La crisis española a partir de 1808 provocó en Guatemala, como en muchas partes de Hispanoamérica, manifestaciones de fidelidad a Fernando VII. Sin embargo, en enero de 1809, el ayuntamiento de la capital se dirigió a la Junta Suprema Central para denunciar con un especial sentido criollista la insoportable tiranía del sistema colonial:

Se ha creído, ¡y con cuanta injusticia! degradado en estas partes del espíritu español y como si nuestros padres, al pisar estos reinos se hubiesen desnaturalizado, se han visto en desprecio subsiguientes generaciones y se han excluido del gobierno... Guatemala entre otros [reinos americanos] ha caminado lenta pero continuamente a su ruina, no ha aprovechado sus inmensas riquezas y exquisitas producciones y ha venido a ser una carga positiva para el Estado. ¡Qué funestas, señor, las consecuencias que ha traído tal sistema! Él ha sido causa que la España europea haya vivido hasta ahora persuadida que para mantener y conservar la España americana, es preciso regirla con un cetro de hierro, que conviene mantenerla en la ignorancia, y que es debido exaltar la reputación de las autoridades públicas en estas remotidades hasta el extremo de no escuchar las sentidas quexas que desde el fondo de la opresión lanzan los pueblos del nuevo mundo. Pero, gracias mil sean dadas a Dios que después de tan larga noche ha amanecido el día de nuestra consolación. Reunidos los reynos todos por medio de sus escogidos diputados, en el

---

[6] *Gazeta de Guatemala*, 3 de abril de 1797.

Congreso más respetable y celebrado que ha visto la nación...[7]

Por otra parte, en las instrucciones que se dieron al diputado de Guatemala ante las Cortes de Cádiz, doctor Antonio Larrazábal, se incluyó una 'Declaración de los derechos del ciudadano', en la cual los principios de libertad e igualdad aparecían conjuntamente con los de seguridad y prosperidad. A pesar de todo, no se manifestaban todavía ideas emancipadoras, aunque sí, en cambio, una variedad de reivindicaciones inmediatas, que reflejaban el descontento de la élite.

Los ladinos

El sector étnico que más creció proporcionalmente durante la Colonia fue el mestizo, que no fue simplemente mezcla indio-español. Ahí se ubicaron españoles pobres, hijos de indios y españoles, y también los provenientes de las mezclas del negro. Mestizo vino a ser el que no es ni español ni indio. De ahí que en Guatemala se elaborara un vocablo para referirse a ellos: *ladino*, que permanece hasta la actualidad. Originalmente se usó dicho término para referirse a los indios españolizados, sobre todo a aquellos que hablaban la lengua española: eran los *indios ladinos*. Cuando un indio dejaba de usar su vestido distintivo y era hábil en el manejo del español se le llamaba "indio muy ladino". Empero, en el correr del tiempo el vocablo se fue modificando hasta ser equivalente a "mestizo general",

---

[7] Citado en J. Antonio Villacorta C., *Historia de la capitanía general de Guatemala* (Guatemala: Tipografía Nacional, 1942), 459.

mezcla racial que no es ni indígena ni blanco. En Fuentes y Guzmán, por ejemplo, se encuentran ambos usos. Así, refiriéndose al pueblo de San Miguel Petapa, escribió que tenía "fuera de indios", vecindad de "españoles, mulatos, mestizos, y negros", y amplía, poco más adelante, que para la feligresía de los "ladinos" había cura secular que les servía en lengua castellana.[8] En otra parte, hablando del "Barrio de San Marcos", dijo que era "de ladinos", de origen español, que por la "injuria de los tiempos" cayeron en pobreza, que criados en lo agreste, "sin policía ni buena escuela", se mezclaron con los indios, siendo entonces 38 familias de mestizos, "gente sencilla y humilde a la manera de aldeanos".[9]

Así pues, los ladinos eran campesinos no indígenas y, según dicho autor, a veces de conducta no recomendable y sin educación. Era corriente que vivieran dispersos en las zonas rurales, sin control religioso ni legal. En parte por ello tuvieron mala fama. En la *Descripción geográfico-moral* del arzobispo Cortés y Larraz se hacen constantemente referencias a su condición de población no sujeta a Dios ni a la autoridad civil. El problema de su aparente inadaptación provenía, al menos en parte, de no tener un lugar claro en la sociedad. El sistema no les permitía estar tranquilamente en ningún lugar. No podían vivir en forma legal entre los indios, y los españoles los despreciaban y explotaban. A pesar de su notorio aumento no hubo una política de fundación de villas para ellos. En el último tercio del siglo XVIII se fundaron una cuantas "villas" (por ejemplo Villa Nue-

[8] F. A. Fuentes y Guzmán, *Recordación Florida*, primera parte, libro IX, capítulo II.
[9] *Ibid.*, segunda parte, libro IX, capítulo XII.

va, Salcajá y Sija), pero obviamente insuficientes para todos ellos. Los que vivían en las zonas indígenas se puede decir que se encontraban al margen de la ley, ya fuera que habitaran en pueblos de indios o dispersos en sus parcelas. Al final de la Colonia los ladinos eran alrededor de un tercio de la población, en un número de entre 180 000 y 200 000 personas.

Los negros

En general, nunca fue el reino de Guatemala región de gran inmigración esclava de origen africano, por la existencia de suficiente mano de obra. Sin embargo, hay que hacer distinciones. Su presencia fue más necesaria donde la despoblación indígena fue más grave, o bien en aquellos oficios (minas, obrajes) en que la legislación prohibía el trabajo de los indios. Además, parece que hubo fluctuaciones en la importación. Fue proporcionalmente numerosa en el siglo XVI, en la etapa más grave de la catástrofe demográfica, cuando las autoridades protegieron más al aborigen. En el siglo XVII se redujo su importación (e incluso hubo varias oposiciones del ayuntamiento de Santiago a permitir su ingreso), lo cual se acentuó a partir del inicio de la década de 1630, al entrar en crisis la economía. Para entonces ya había alguna población negra cimarrona en las zonas bajas de Izabal y del Pacífico. Se puede generalizar que la presencia de esclavos se limitaba a empleados urbanos de confianza y ostentación, y unos cuantos en las explotaciones agrícolas de los españoles, incluso como capataces.

En el siglo XVIII aumentó un poco la importación y se incrementó la "producción" local de esclavos, si bien parte de la población de origen africano ya era libre.

Estratificación social[10]

España trasladó en el siglo XVI la concepción estamental que caracterizaba a su sistema social, con la diferencia de que en las Indias los aborígenes y los negros ocuparon los niveles inferiores de la sociedad, y fue común que los peninsulares detentaran las posiciones más elevadas. Así, pues, los españoles más ricos tendieron a conformar las primeras clases altas, y los indios y los negros los niveles más bajos. Sin embargo, con el tiempo se fue complicando la estratificación social, ya que hubo mezcla racial incluso en los sectores más altos y fueron surgiendo capas indefinidas en su reconocimiento y ubicación.

A finales de la Colonia se puede decir que en Guatemala existían por lo menos tres niveles sociales: el alto, que constituía una clase subdividida tanto para la capital como para los principales centros urbanos del país. Después estaba una capa media, mejor estructurada en la capital que en las provincias. En la ciudad de Guatemala se puede subdividir entre un sector

---

[10] Sobre este tema véase Jorge Luján Muñoz, "Estratificación social", en *Historia general de Guatemala*, Jorge Luján Muñoz, director general; tomo III: *Siglo XVIII hasta la Independencia*, Cristina Zilbermann de Luján, directora del tomo (Guatemala: Asociación de Amigos del País-Fundación para la Cultura y el Desarrollo, 1994), 235-246.

medio ilustrado y otro medio general o común. En los centros urbanos regionales se confundía el grupo ilustrado con la clase alta, ya que ésta era la única que podía alcanzar los más altos niveles de educación. Finalmente vendría una masa baja o popular, entre la que había que distinguir a los ladinos o mestizos, más incorporados al sistema urbano de la estratificación, y a los indios, que fundamentalmente vivían en las zonas rurales incorporados a sus comunidades.

La clase alta era la que estaba mejor estructurada. Se hallaba constituida por las familias blancas ricas, generalmente comerciantes o mercaderes y grandes propietarios agrícolas, a los que se incorporaban socialmente los "primeros empleados" de la burocracia peninsular. El grupo de comerciantes y latifundistas agrícolas controlaba el ayuntamiento de la capital. El sector mercantil era más moderno, de fortalecimiento reciente y más vinculado a la Península, constituido por españoles relacionados comercialmente con Cádiz.

Como ya se dijo, y lo mismo que en toda Hispanoamérica, había una tensión o rivalidad entre lo que entonces se llamaba "españoles peninsulares" y "españoles americanos" (españoles y criollos). Empero, este antagonismo, muy vigoroso en muchos casos, no impidió que conformaran una sola clase, ya que en el fondo tenían comunidad de intereses económicos, compartían el control de los medios de producción y del sistema político y ocupaban un lugar semejante en la estructura social casándose entre sí. Los que quizá podrían verse como ajenos eran los más altos dignatarios civiles y eclesiásticos, españoles peninsulares, que quedaban fuera de (y a veces enfrentados a) la estructura social. Hay que reconocer, por supuesto, que en los primeros años del siglo XIX, conforme se afirmaba el proceso de independencia, se enconaba el resentimiento entre los españoles peninsulares y los americanos, y entre la oligarquía agrícola, que se manifestaba por medio del ayuntamiento de la ciudad de Guatemala, y la oligarquía mercantil, que lo hacía a través del Consulado de Comercio. Los criollos se sentían menospreciados y los españoles se enfrentaban a lo que consideraban una traición al sistema y al rey.

La capa media se encontraba estructurada relativamente sólo en la ciudad de Guatemala; en los otros centros urbanos apenas se diferenciaba y tenía poca importancia. De cualquier forma, todavía no puede hablarse de una clase social; su origen disímil, su variado acceso a los medios de producción, su falta de identidad, de intereses bien definidos y de tipos de vida social propia, así como sus papeles tan diversos en la estructura social, lo impedían. En muchos casos apenas se distinguían de los pobres por unos ingresos superiores. Sin embargo, hay que destacar que ya había un grupo de "intelectuales" con una educación mediana y alta. Este estrato era menos importante en los centros urbanos de provincia, en los cuales la distancia entre la clase alta y estas capas medias las hacía más cercanas y confusas.

La masa popular o baja era la inmensa mayoría de la población; estaba constituida por el elemento humano que carecía de acceso al poder económico y político; eran explotados y no participaban de la riqueza; carecían de una organización que les permitiera reivindicar sus derechos cuando lo deseaban, y la mayoría de las veces vivían en tal situación de ignorancia que no tenían conciencia de su situación.

Puede distinguirse un sector bajo urbano, ladino o mestizo, y otro rural, del que habría que separar a los ladinos o mestizos más vinculados a la vida urbana y al sistema económico general, y a los indios, que vivían en situación autárquica, cada grupo en su comunidad. Esta masa, aunque numéricamente importante, careció de significación, salvo casos muy aislados y de corta duración, cuando hubo algunos "motines" o protestas.

Sumario

El sistema político-administrativo español era altamente centralizado y legalista, lo cual también se reflejó en la organización colonial hispanoamericana. Además, se caracterizaba por una extremada desconfianza hacia los residentes en América, lo cual produjo un sistema fundamentalmente manejado desde España y con los más altos funcionarios residentes en América, también peninsulares.

El sistema partió de una separación étnica-cultural que al final de la Colonia ya no tenía sentido. La "república de españoles" se había transformado, siendo sustituida por una división entre españoles peninsulares y americanos o criollos, los cuales eran, en Guatemala, unos 20 000. Entre ellos existía una fuerte rivalidad. La mayoría criolla deseaba más participación en el gobierno y en la economía. Asimismo, se había constituido un sector de ladinos, también llamados en algunas regiones "mulatos, pardos o castas". Además, el sistema de estratificación había sustituido el antiguo sistema estamental, y ya se podía hablar de clases sociales, especialmente alta y de niveles medios emergentes. La mayoría seguía siendo la población aborigen, de la que tratará el siguiente capítulo.

III. LA SOCIEDAD INDÍGENA DURANTE LA COLONIA

La CULTURA indígena (en realidad hispano-indígena) resultó relativamente diferente de la cultura precolombina. La destrucción social, la disminución demográfica y la aculturación impuesta fueron demasiado radicales para permitir una vuelta a lo anterior. Esta elaboración o construcción ocurrió a partir de la segunda mitad del siglo XVI y se prolongó buena parte del siguiente. Su base fue cada pueblo o comunidad, que alrededor de su propio culto religioso, organización municipal y social desarrolló su identidad local. En la mayoría de los casos se dio la presencia vigilante del cura párroco, que presionó en los elementos básicos de la religión y el modelo sociopolítico. Por ello la nueva cultura fue un acomodamiento, una síntesis de elementos aborígenes y españoles. Por supuesto, el resultado varió de una región a otra, pero relativamente poco; lo que llama la atención es la similitud, incluso entre regiones distantes, lo cual hace suponer que los curas y las autoridades políticas manejaron un patrón o modelo común.

EL PUEBLO DE INDIOS

El eje y la base de la vida social, política, económica y cultural indígena fue el municipio. Como ya se vio, los pueblos se fundaron a partir de 1548, lo cual se hizo tomando en cuenta en lo posible la realidad previa, al congregar en cada uno a la población del mismo idioma y del mismo origen comunal, si bien hubo casos en los que se reunieron parcialidades rivales.

El modelo que se siguió fue similar. La mayoría de las cabeceras tuvo traza reticular, a cada pueblo se le dio su santo patrono y tuvo sus festividades religiosas (tradicionales y católicas), vida ritual con fechas específicas, traje propio (diferente), tanto para el hombre como para la mujer, etcétera. Cada pueblo de indios fue tratado como una unidad separada y se constituyó como tal. A lo largo del siglo XVII acentuaron su identidad; entonces se definieron los llamados trajes "típicos" que permiten distinguir a simple vista a los indígenas de cada pueblo. Ahora bien, debe reconocerse que la síntesis resultante no fue muchas veces del agrado ni de las autoridades religiosas ni de las civiles, especialmente en cuanto afloraban aspectos encubiertos de tipo religioso. Cada comunidad se fue constituyendo en una zona de refugio para sus miembros, en la que predominaba una serie de instituciones o actitudes defensivas para aparentar lo que las autoridades deseaban. Es abundante la serie de testimonios en los que se hace referencia a la resistencia de los indios a adoptar formas de la cultura española, a sus prácticas paganas mezcladas con catolicismo, a la serie de "ocultamientos" y el rechazo a aceptar el idioma español o la ortodoxia religiosa, así como su secular desconfianza. Fueron varias las instituciones españolas que los indígenas adaptaron en su esfuerzo defensivo. Por un lado, la organización municipal castellana (alcaldes, regidores, alguaciles), que convivía con los "principales" o nobles.

Generalmente, los caciques y sus descendientes tendieron a ocupar los cargos más importantes del ayuntamiento (alcaldes), junto con el de "gobernadores" locales. Fueron los intermediarios con el gobierno español; ellos se encargaban del cobro del tributo y de la disciplina. En muchos casos existió una especie de jerarquía paralela al ayuntamiento, basada en la edad, el respeto local y los cargos servidos. Otras instituciones fueron las cofradías. Organizadas alrededor del culto religioso se desbordaban en sus funciones, ya que también cumplían atribuciones económicas (vinculadas a las fiestas locales), funerarias (entierros y lugares de enterramiento), etcétera. Llegaron a prosperar tanto (hubo pueblos que tuvieron más de 10) que se dieron disposiciones para restringirlas, o bien para controlar los festejos y los gastos que se efectuaban. Ellas realizaban mucha de la vida ceremonial (procesiones, bailes o danzas, etcétera).

Estaban también las llamadas "cajas de comunidad", que los españoles establecieron como fondos de emergencia para auxilio en casos excepcionales. Sin embargo, funcionaron como medio para pagar los impuestos e incluso para recaudar los tributos. Muchas veces fueron el medio que permitió a la comunidad pagar los gastos legales a fin de defender sus intereses frente a los embates del exterior.

En cuanto a prosperidad y desarrollo de los pueblos de indios, la impresión que se obtiene de la documentación es que la situación varió de una región a otra. Así como los hubo relativamente acomodados, existieron otros muy pobres. Al principio tuvieron tierra suficiente, sobre todo por el poco crecimiento de la población, pero en el siglo XVIII se dieron casos en que ésta se hizo escasa o insuficiente.

Uno de los mayores problemas de los pueblos de indios vecinos a las ciudades y villas de españoles fue el de la provisión de mano de obra forzada. Cada poblado debía proporcionar, por una semana, la cuarta parte de su fuerza laboral masculina, lo cual afectaba su capacidad productiva interna. El intento del fiscal de la Audiencia por suprimir estos servicios personales (repartimientos) de indios alrededor de 1661 muestra el problema. Ante las quejas presentadas, el fiscal, con base en que los trabajos forzados habían sido prohibidos en otras regiones de las Indias, pidió su supresión. Bastó que los indios supieran de la propuesta para que se negaran a prestarlos. La reacción de los miembros del ayuntamiento de la capital fue fulminante, dirigieron una serie de escritos en defensa de su mantenimiento. El hecho fue que los repartimientos continuaron con unas pocas recomendaciones para aliviar los abusos.

Es decir, que la presión (social, económica y cultural) sobre los pueblos de indios varió. Los más cercanos a la vida española la recibieron más directamente; en los más alejados a ésta fue menor. Estos últimos pudieron elaborar mejor una nueva cultura, con diversas instituciones protectoras, que se perpetuaron en las regiones más densamente indígenas y más alejadas.

Evolución demográfica

Generalmente se acepta que la guerra y la esclavitud fueron factores de efecto limitado en el proceso inicial de crisis demográfica, a la que también contribuyeron, en un principio, la desorganización social y el llamado *desgano vital*, que por algún tiempo (quizás una o dos generaciones) existió entre los indios, provocando una baja de la tasa de natalidad. En la actualidad se acepta que, en general, el principal factor fue la presencia de nuevas enfermedades para las cuales los indígenas no tenían defensas. Y, por supuesto, estas enfermedades continuaron siendo la causa esencial que limitó el desarrollo de toda la población (europea, mestiza y, sobre todo, indígena) durante los primeros dos siglos. Falta mucho todavía por investigar en ese sentido, por lo que es difícil llegar a establecer hasta qué nivel disminuyó la población luego del contacto europeo y en qué fecha comenzó a recuperarse; de ahí que haya tan poco acuerdo entre los autores sobre estos puntos.

Ya se vio cómo la primera gran pandemia atacó a los kaqchikeles de Iximché en 1519, cinco años antes de la conquista. Es probable que también afectara a otros señoríos indígenas de Guatemala. Tras ésta, ya bajo dominio español, llegaron otras pandemias que afectaron a la población aborigen de toda la provincia y aún más allá. Son dignas de mención durante el siglo XVI la de sarampión o viruela de 1533, la de tabardillo o tifus de 1545-1548, la de sarampión, viruela o tabardillo (?) de 1558 a 1563, y la de viruela, "tabardete", sarampión y "bubas" de 1576-1578. Llama la atención la poca certeza en cuanto a la identificación de cada enfermedad, lo cual era porque se aplicaban diferentes nombres según los poblados, los síntomas no quedaron bien establecidos e incluso parecen contradictorios, o bien pudo ser que fueran varias enfermedades simultáneamente, como reconoce la siguiente rima popular de la época: "Sarampión toca la puerta / Viruela dice: ¿Quién es? / y Escarlatina contesta: / ¡Aquí estamos los tres!"[1]

Estas epidemias siempre afectaban más a la población indígena, tanto en morbilidad como en mortalidad, porque contaban con menores defensas. En los cuadros III.1 y III.2 se resumen las principales pandemias y epidemias de efecto local que ha sido posible documentar. Cada una, aunque unas más que otras, influyeron negativamente en la recuperación y el crecimiento de la población aborigen. Nótese que no aparecen menciones de malaria y fiebre amarilla, que desde finales del siglo XVI estuvieron presentes, lo cual sin duda fue porque se trataba de enfermedades endémicas y no epidémicas, limitadas a las zonas bajas de ambos litorales, que casi quedaron despoblados.

Aunque existen discrepancias entre los autores, se puede aceptar que en algunas regiones la población indígena llegó a su descenso máximo alrededor de las primeras décadas del siglo XVII (probablemente no después de 1630), y los inicios de la segunda mitad del siglo para otras. El número menor de indígenas puede situarse entre 1590 y 1650 en unos 150 000. Las décadas de disminución más pronunciada fueron 1520-1550. Todavía entre 1550 y 1580 la disminución fue grande, aliviándose a continuación. Por supuesto, ello varió de un lugar a otro, lo mismo que el grado de despoblamiento.

---

[1] Horacio Figueroa Marroquín, *Enfermedades de los conquistadores* (San Salvador: Ministerio de Cultura, 1957), 50.

CUADRO III.1. *Pandemias y epidemias locales en la provincia de Guatemala, 1519-1600*

Año	Localización	Enfermedades y síntomas	Fuentes
1519-1521	Región kaqchikel y tz'utujil*	Viruela o sarampión (?); tos; sangre de narices y de mal de orina	*Memorial*, 119-120; D/San Bartolomé, 216
1533	Toda la gobernación*	Sarampión, viruela	AGI, AG 9A y 50; FG-BG, I:338
1545-1548	Toda la gobernación*	Tabardillo; fríos y calentura; enfermedades y pestes	FG-BG, III:425-426; *Isagoge*, 290
c 1555	Samayac y sus estancias*	Muertes y enfermedades	AGI-AG 111
1558-1564	Toda la gobernación*	Sarampión, viruela o tabardillo (?); frío intenso y fiebre; sangre de la nariz; tos; llagas pequeñas y grandes; han muerto muchos indios	FV-BG, I:154; AGI, AG 9 y Patronato 59-3-92; *Memorial*, 146-147 y 149
c 1571	Pueblos de Chiapas cercanos a Guatemala	Grandes enfermedades y muertes	AGI, Patronato 76-2-2
1572	Varios pueblos de indios	Pestes	AGCA, A1 1512, fol. 416

1576-1578	Toda la gobernación*	Viruela, tabardete, sarampión; sangre de narices; bubas; catarros; enfermedades y pestes; murieron muchos naturales	AGI, AG 10, 51 y 156; *Isagoge*, 290; *Memorial*: 155
Antes de 1585	Santiago Atitlán	Mucha disminución; viruelas y sarampión e tabardete e sangre de las narizes; otras pestelencias	R/S. Atitlán, 95
1585	Quezaltenango	Grande enfermedad	AGI, Contaduría 968
1588	Zona kaqchikel	El día 3 de enero comenzó una enfermedad de tos, fríos y calentura de que moría la gente	*Memorial*: 171
1600	Verapaz	Viruela; mueren en tres días	AGCA A3.16 40493, 2801
1600	Pueblos de Chiapas cercanos a Guatemala	Enfermedades prolixas y largas que [se] han llevado mucha gente; son muchos los que se han muerto; ha habido hambres	AGI, AG 161

* Pandemias de efecto más amplio.
Según M. MacLeod, 1970, F. de Solano, 1974, y G. Lovell, 1993, corregido y ampliado.

CUADRO III.2. *Pandemias y epidemias locales en la provincia de Guatemala, 1601-1700*

Año	Lugar	Enfermedades y síntomas	Fuentes
1600-1601	General	Esquelencia, tabardillo, anginas; mueren en dos días, ataca la garganta de mujeres y hombres	*Memorial*, 193; Bancroft II, 656; Asturias 87; Vázquez IV, 220
Antes de 1604	Pueblos de la encomienda de Juan de Aguilar	A muchos años que con enfermedades y pestilencias se han consumido los naturales	AGI, Patronato 64-1-1
1607-1608	Toda la gobernación*	Tabardillo; sangre de narices; enfermedad general, peor en los altos de Guatemala	AGI, AG 12, 111 y 419; y Patronato 64-1-1
Antes de 1610	Mixco, Nejapa, Parramos y Tejutla, de la encomienda de Álvaro de Paz	Los indios se han disminuido y muerto	AGI, Patronato 85-3-3
c 1610	Valle de Guatemala	Pestes; mortandad entre los indios	AGI, AG 13
1612	Varios pueblos	Peste; estado de emergencia para que los indios no mueran en tiempo de hambre	AGI, AG 13
c 1613	Todos Santos Cuchumatán	Falta de tributarios; indios viejos y enfermos	AGI, Patronato 58-1-4

1614	General	Peste general entre los indios; viruela, tabardillo y sarampión	AGCA, A1.23 1514, 237; A1, 1772, 11766; AGI AG 13 y 121
1617-1618	San Martín Cuchumatán y pueblos de Chiapas cercanos a Guatemala	Indios enfermos; disminuciones por enfermedad y muertes de los naturales; falta de indios	AGI, Patronato 58-1-4, y AG 161
1620 y ss.	Toda la gobernación*	Viruela (?); peste general	AGI, AG 867
1631-1632	Toda la gobernación*	Tabardillo/tifus	T. Gage, 1946:239-240; Molina, *Memorias*: 24-25
1647-1648	Santiago de Guatemala	Peste; más de mil muertos huyen al campo	Pardo, 45; F. G, I, 151; Molina, *Memorias*, 44
1650	Toda la gobernación	Cumatz, peste bubónica; gran mortandad, desaparecen poblados	FG-BG III, 401-402; Vázquez, IV, 309
1660	Santiago de Guatemala	Viruela; con plaga de langosta	Molina, *Memorias*, 106
1666	Altos de Guatemala	Peste, tabardillo, tifus (?), y muchos muertos	Pardo, 57; AGCA A3.16 26390 1600 (1670), y A1.1 50569 56911 (1667)
1676	Santiago de Guatemala	Peste; murió mucha gente	Molina, *Memorias*, 132

[65]

CUADRO III.2. *Pandemias y epidemias locales en la provincia de Guatemala, 1601-1700* (continúa)

Año	Lugar	Enfermedades y síntomas	Fuentes
1678	Santiago de Guatemala	Viruela	Pardo, 69
1680	General	Viruela	Vázquez IV, 313
1686	General	Tifus o plaga de neumonía; sequía previa; murió una décima parte de Santiago	Vázquez IV, 253; F.G. I, 151; Juarros I, 162
1693-1694	General	Sarampión, viruela, tabardillo; gran mortandad	Pardo, 90; AGCA A1.6-7 30980 4026
1696	Santiago de Guatemala	Viruela	Pardo, 93

* Pandemias de efecto más amplio.
Según M. MacLeod, 1970, F. de Solano, 1974, y G. Lovell, 1993, corregido y ampliado.

Se puede afirmar, en general, que las regiones del altiplano más alejadas de los centros urbanos españoles y de las rutas de comercio y viaje fueron las menos afectadas, y en las que más pronto se inició la recuperación. En cambio, las regiones bajas del sur, ya menos pobladas con anterioridad, no sólo quedaron sin habitantes, sino que se repoblaron hasta este siglo, con los adelantos para combatir las enfermedades que en ellas se habían hecho endémicas. Los sobrevivientes de las zonas bajas se trasladaron al altiplano cercano o al interior, donde fueron a reforzar la recuperación, especialmente en las zonas de ocupación española (centros urbanos y explotaciones agrícolas de sus cercanías).

Se puede conjeturar que en torno a 1600 el total de la población de la provincia de Guatemala era de unos 200 000 habitantes, de los cuales entre 150 000 y 180 000 eran indios, no menos de 5 000 españoles y criollos, y el resto mestizos, negros y mulatos. En las primeras dos décadas del siglo XVII no hubo epidemia grave entre los europeos y la única pandemia entre los indios fue la de "tabardillo" o tifus, de 1607-1608. Otras pandemias fuertes ocurrieron en 1620-1622 y en 1631-1632. Fueron graves las epidemias de 1647-1648 ("peste"), 1650 (peste bubónica), 1666 (tifus), 1676 ("peste"), 1686 (tifus y/o neumonía) y 1693-1694 (sarampión, viruela y tifus).

En el cuadro III.3 se resumen las epidemias del siglo XVIII, durante el cual fue lento el crecimiento en todas las regiones indígenas donde se habían mantenido como grupo mayoritario. Las epidemias seguían afectándolos pero cada vez menos. Sin embargo, en 1780-1781

CUADRO III.3. *Pandemias y epidemias locales en la provincia de Guatemala, 1701-1821*

Año	Localización	Enfermedades y síntomas	Fuentes*
1706-1707	Santiago de Guatemala	Viruela, previamente hubo plaga de langosta	Pardo, 106
1708-1709	Altos de Guatemala	"Peste" sin identificar, afectó más a los indígenas	Pardo, 107; AGCA A1.23 leg. 4597, f. 50
1710	Santiago de Guatemala	Infección de rabia	Pardo, 108
1710-1711	Altos de Guatemala	"Peste", extinción de aldeas pequeñas	*Isagoge*, 291
1716	Valle de Guatemala	"Peste"	Pardo, 113
1723-1725	Santiago de Guatemala y Altos de Guatemala	Viruela y plaga de langosta	Pardo, 123 y 127
1728	Santiago de Guatemala	Sarampión, afectó más a los indios	Pardo, 132
1733	Altos de Guatemala	"Peste", viruela, tifoidea, "alfombrillas", "blancas" y "negras". El año anterior hubo plaga de langosta	Pardo, 141; Asturias, 88
1741	Altos de Guatemala	"Tabardillo" (¿tifus?), muertos por dolor de costado	Pardo, 153

1746-1747	Altos de Guatemala, probablemente general	"Tabardillo" (¿tifus?), hubo escasez de alimentos por falta de lluvias	Pardo, 160
1752	Valle de Guatemala	Peste de viruela	Pardo, 168
1761	Barrios de Santiago	Viruela	Pardo, 178
1769	Altos de Guatemala	Sarampión y otras diversas enfermedades	Pardo, 194
1770	Altos de Guatemala	Tifus, hubo plaga de langosta	Pardo, 195
1780-1781	General*	Viruela, castigó especialmente el altiplano occidental	AGCA
1789	Altos de Guatemala	Viruela, localización en algunos pueblos	AGCA
1791	Altos de Guatemala	Viruela, pudo ser continuación de la anterior	AGCA
1794-1795	General	Viruela, por primera vez se usó la vacuna	AGCA
1796-1798	General*	"Tabardillo" (¿tifus?)	AGCA
1800	Quezaltenango	"Tos pútrida" (¿tosferina?)	AGCA

CUADRO III.3. *Pandemias y epidemias locales en la provincia de Guatemala, 1701-1821*
(continúa)

Año	Localización	Enfermedades y síntomas	Fuentes*
1802-1803	Chiapas, pueblos	Viruela, ¿también sarampión?	AGCA A1.11, leg. 6106, exps. 55859 y 60 A1.4.7 3922, 192
1804	General, especialmente Altos de Guatemala	Sarampión y "tabardillo", ese año y el siguiente primera gran vacunación	AGCA
1811-1812	General	Tabardillo y fiebres	AGCA
1814-1815	General	Viruela, nueva campaña de vacunación	AGCA A1.2 15741, 2191
1816-1817	Altos de Guatemala	Tabardillo	AGCA
1820	General	Viruela	AGCA

* Especialmente a partir de 1780 es muy abundante la documentación e información en el AGCA, por lo que no se pueden citar documentos específicos; a partir de 1805 se repitieron las vacunaciones contra la viruela.
FUENTES: M. MacLeod, 1970 (hasta 1746); F. de Solano, 1974, y AGCA.

hubo una pandemia de viruela, y en 1796-1798 otra de tifus que detuvieron la recuperación y en algunas regiones hasta la hicieron retroceder. A partir de 1805 se incrementaron las campañas de vacunación contra la viruela, las cuales lograron aminorar los efectos de la enfermedad, a pesar de que en muchos pueblos los indígenas se opusieron a ser vacunados.

En resumen, la evolución demográfica de los indios en el país definió qué regiones fueron mayoritariamente indígenas, cuáles se hicieron ladinas y en cuáles convivieron ambos grupos. Más o menos en 1800 la población de la provincia de Guatemala (sin incluir Petén, muy poco poblado) alcanzaba unas 370 000 personas y una densidad de 6.9 habitantes por km^2 (véase cuadro III.4); de los cuales 250 000 eran indígenas, de 100 a 110 ladinos y el resto, blancos (criollos y españoles).

Defensa y resistencia

Uno de los temas menos conocidos acerca de los indígenas de Guatemala es el de los mecanismos y procesos de resistencia y defensa de las comunidades frente a las agresiones provenientes del exterior. Se tiene la impresión de que a partir de la segunda mitad del siglo XVI se hubiera borrado la existencia de una oposición, y que los aborígenes recibían de manera pasiva la evangelización y aceptaban la congregación en pueblos con todas sus consecuencias. Algunos testigos de la época pensaron que la oposición de los indios se limitaba a "huir a los montes" para escapar de las crueldades y abusos, según denunció fray Bartolomé de las

Cuadro III.4. *Densidad de la población en la provincia de Guatemala hacia 1800 (por partidos, sin incluir Petén)*

Partido	Área (km²)	Población	Densidad (habs./km²)
Sacatepéquez y Amatitanes	2 593	78 321	30.20
Totonicapán	1 062	31 358	29.53
Chimaltenango	1 979	37 358	19.01
Atitlán	708	8 106	11.45
Sololá	3 147	20 659	6.56
Quezaltenango	5 092	28 757	5.65
Guazacapán	4 002	18 866	4.71
Chiquimula	6 586	29 664	4.50
Verapaz	11 810	45 945	3.89
Acasaguastlán	4 613	19 079	3.49
Huehuetenango	7 400	25 687	3.47
Suchitepéquez	5 018	16 780	3.34
Escuintla	4 385	6 833	1.56
Total	58 395	367 413	

Fuente: A. van Oss, 1981:306.

Casas.[2] Algo parecido escribió a principios del siglo XVII Thomas Gage, quien opinó que los indios no eran de temer porque habían "sido incapacitados para la lucha por los españoles". Un poco más adelante el mismo autor señaló que estaban "acobardados, oprimidos, desarmados y atemorizados" apenas oían el rui-

[2] AGI, Patronato, leg. 252-9. Citado por Elías Zamora Acosta, "Resistencia maya a la colonización: levantamientos indígenas en Guatemala durante el siglo XVI", en *Los mayas de los tiempos tardíos*, M. Rivera y A. Ciudad, comps. (Madrid: Sociedad Española de Estudios Mayas-Instituto de Cooperación Iberoamericana, 1986), 201.

do de un mosquete, "asustados incluso de la mirada de los españoles".[3] Otras personas, en cambio, opinaron de forma diferente, como el alcalde mayor de Zapotitlán y Suchitepéquez, Diego Garcés, quien en 1569 se quejó del "desacato" de los indígenas con los funcionarios reales, de su "desvergüenza y atrevimiento", y de los "malos tratamientos" a los sacerdotes de parte de algunos, ya que hirieron a varios religiosos: a uno con tijeras, a otro con palos y piedras, mientras que otro finalmente tuvo que salir huyendo.[4]

Probablemente ambos puntos de vista tenían su fundamento. Si bien es cierto que en general hubo sometimiento, resignación y aceptación del nuevo estado de cosas, también existieron casos específicos de comunidades que se rebelaron cuando los abusos fueron excesivos o los frailes no supieron ganarse el apoyo de los indios. Por otra parte, salvo las situaciones más graves o aquellas en que por alguna circunstancia especial quedó una mención documental, pudieron suceder otros muchos casos de enfrentamientos o rechazos más o menos violentos, no registrados en los documentos de la época. Las pocas muestras que quedan y el conocimiento que se tiene de los abusos y necesidades a los que se enfrentaron generalmente las comunidades indígenas hacen pensar que estos ejemplos de estallido social pudieron haber ocurrido o haber estado a punto de ocurrir con alguna frecuencia.

[3] Thomas Gage, *Viajes por la Nueva España y Guatemala*, edición de Dionisia Tejera (Crónicas de América 30, Madrid-Historia 16, 1987), 324-325.
[4] Residencia al licenciado F. Briceño, primer volumen (1570), AGI, leg. 316. Citado por E. Zamora, 1986:202.

Varios autores han llamado recientemente la atención sobre la necesidad de un cambio de actitud crítica frente al proceso de la resistencia indígena, la cual se dirija a buscar evidencias para conocer mejor los casos existentes. En ese sentido, cabe mencionar a los principales representantes de esta corriente: Severo Martínez Peláez, Carlos Navarrete, Elías Zamora y Magda L. González,[5] en cuya información se basa lo que a continuación se resume.

Martínez Peláez considera que los motines fueron producto del propio régimen colonial, porque "...se trató de reacciones violentas contra la explotación legal y contra las exacciones ilegales vinculadas a la misma".[6] Las principales fuentes de riqueza en Guatemala para los particulares eran la agricultura y el trabajo de los indios para hacerla posible. Cuando los mecanismos utilizados para extraer el tributo y el trabajo resultaban excesivos hubo casos en que los indígenas se rebelaron. Navarrete ha indicado que los movimientos de resistencia indígena no deben verse como "hechos históricos aislados sino como verdaderos movimientos sociales... que apuntan al problema de los

---

[5] Severo Martínez Peláez, *Motines de indios (La violencia colonial en Centroamérica y Chiapas* (Cuadernos de la Casa Presno, 3, Puebla: Universidad Autónoma de Puebla, 1985); Carlos Navarrete, "Documentos guatemaltecos, I: Un fichero sobre revoluciones, asonadas y motines en Guatemala y Chiapas, en el Archivo General de Centroamérica, Guatemala", *Tlalocan*, 9 (1982), 313-338; E. Zamora, 1986, y Magda Leticia González, "Revueltas indígenas (1712-1820)", en *Historia general de Guatemala*, Jorge Luján Muñoz, director general; tomo III: *Siglo XVIII hasta la Independencia*, M. Cristina Zilbermann de Luján, directora del tomo (Guatemala: Asociación de Amigos del País-Fundación para la Cultura y el Desarrollo, 1994), 163-176.

[6] S. Martínez Peláez, 1985:23.

tributos y diezmos, de los despojos de las tierras comunales y de tantos vejámenes y cargas soportados por los naturales".[7] Sin duda, el tributo, los repartimientos, la competencia por la tierra y la persecución de las prácticas religiosas fueron las causas más corrientes de los estallidos violentos.

Una de las consecuencias de la invasión napoleónica a España fue la convocatoria a las Cortes de Cádiz, en cuya Constitución se abolieron los tributos y se otorgó a los indios la calidad de ciudadanos. Sin embargo, en 1814 Fernando VII derogó la Carta Magna y restableció los tributos. En 1820, después del pronunciamiento de Rafael del Riego, el monarca se vio obligado a aceptar otra vez la Constitución. Los tributos, pues, se vieron afectados por la promulgación, la derogación y el restablecimiento de la Constitución. Estos vaivenes en el cobro de los tributos sirvieron de trasfondo a las revueltas ocurridas entre 1812 y 1820.

También el repartimiento provocó levantamientos, tanto el laboral como el de algodón y mercancías. Éste fue uno de los grandes negocios de los alcaldes mayores y corregidores, y se realizaba con la colaboración de algunos principales que, como intermediarios, se procuraban algún beneficio. Otro factor en las revueltas fue religioso, por la actitud muy estricta de algunos curas contra ciertas prácticas religiosas indígenas, además de que a veces los párrocos colaboraron con las autoridades regionales en las exacciones abusivas o las hacían en su propio provecho. Asimismo, se produjeron enfrentamientos por la tenencia de la tierra

[7] C. Navarrete, 1982:313.

CUADRO III.5. *Rebeliones indígenas en la Gobernación de Guatemala, 1569-1821*

Año	Localización	Motivos aparentes	Fuentes
1569	Quezaltenango	Derrama de 5 reales y sustitución del doctrinero	AGI-JU 317, en Zamora, 1986
c 1600	San Juan Atitán	Represión del culto pagano	FG-BAE, III:26:27
c 1663	Mixco	Supresión del culto de San Pascual Bailón	FG-BAE, I:278
1679	San Miguel Totonicapán	Abusos del corregidor, excesos de los repartimientos	AGCA A3.12 2897 42997
1693	Tuxtla (Chiapas)*	Abusos del alcalde mayor	FX, 1930-II:409-10
1696-1697	San Francisco El Alto	Pago del tributo	AGCA A1.1 6071, 54708
1712	Indios tzentales (Chiapas)*	Pago del tributo, abusos de las autoridades, represión de prácticas religiosas	FX, 1930-II:186; A. Saint-Lu, 1981; S. Martínez, 1985
1726	Haciendas Anís y La Compañía	Sublevación de los esclavos negros	Pardo, 128
1734	Salamá	Tributos y otros cobros	AGI-EC leg. 358A

1735	San Juan Chamelco y San Pedro Carchá	Contra el tributo	AGI-EC, leg. 358A
1743	Santa Catarina Ixtahuacán	Por abusos de los principales y contra el alcalde mayor	AGCA A1.21, 5506 47536/7
1751	Rabinal	Contra el cura fray Bernardo Ceballos	AGCA A1.21.6, 5452, 46781
1759	San Francisco Tecpán	Crisis interna de autoridad 15247	AGCA A1.21.3, 2141
1774	San Juan Comalapa	Un cura acusado de causar peste	AGCA A1.23.3, 163, 3289
1775	San Cristóbal y San Miguel Totonicapán	Conflicto de tierras	AGCA A1.6047 53385
1786	Quezaltenango	Contra el estanco de aguardiente	AGCA A1.21 5485, 47193 y otros
1793	Santa María Nebaj	Abusos del gobierno indio	AGCA A1.21.8, 5472 47005 y otros
1802	Santa María Chiquimula	Tributo y abusos de un indio	AGCA A3.12, 2561 37590 y otros
1803	Verapaz	Motín en varios pueblos contra los ladinos	AGCA A1.21.6, 2797, 24563 y otros

CUADRO III.5. *Rebeliones indígenas en la Gobernación de Guatemala, 1569-1821 (continúa)*

Año	Localización	Motivos aparentes	Fuentes
1811	Patzicía	Tributo y fraude en elecciones municipales	AGCA A1.23.3, 166, 3357
1811	Comalapa	Cobro del tributo	AGCA A1.23.3 6076, 54928
1813	Totonicapán-Chichicastenango	Litigio de tierras	AGCA A1.21.6, 5527, 47749
1818	Santa María Chiquimula	Pago del tributo	AGCA A3.16, 2901, 43268 y otros
1820	Totonicapán	Cobro del tributo	J. D. Contreras, 1951
1821	Santo Domingo Xenacoj	Contra el tributo	AGCA A3.16, 2569, 37714
1821	Salamá	Contra el tributo, incluyó a pardos	AGCA B3.6, 48, 1121, 1123 y 1067 *et al.*

* Se incluyen estos levantamientos de Chiapas por su importancia y sus repercusiones en Guatemala.
FUENTES: F. de Solano, 1974; C. Navarrete, 1982; S. Martínez, 1985; E. Zamora, 1986; J. Luján Muñoz y M. L. González, 1993; M. L. González, 1994, y AGCA.

entre poblaciones cuyos ejidos eran limítrofes, y entre grupos o parcialidades en el seno de un pueblo. No hay datos de motines o revueltas en la Colonia, provocados por la usurpación de tierras hechas por ladinos o españoles.

En el cuadro III.5 se muestra un listado de rebeliones, revueltas y motines, desde 1569 hasta 1821. No se pretende que sea exhaustivo, pues todavía falta investigar más a fondo. Se basa sobre todo en el fichero del Archivo General de Centro América (AGCA) y en algunos autores que han estudiado el tema. Se han tratado de poner sólo los más importantes, ya que en el AGCA existe información sobre muchos otros "tumultos", "disturbios", "alborotos" y "conmociones populares", así como prevención de estallidos porque los indios estaban "soliviantados" o "alborotados".

Llama la atención que conforme avanzó la Colonia aumentó este tipo de estallidos populares. Hubo pocos casos en los siglos XVI y XVII, y se incrementó su número a lo largo del siglo XVIII. Un factor puede haber sido que con el aumento de la población creció la demanda por la tierra y la necesidad de alimentos, lo cual hizo más pesada la carga del tributo y de los repartimientos.

La comprensión de estos fenómenos debe verse en el contexto completo del sistema colonial, que a veces rompía su equilibrio por abusos excesivos, por fenómenos naturales o cuestiones circunstanciales. Rara vez duró el estallido más de unos pocos días, y siempre el sistema pudo restaurar el "orden". De cualquier manera, la población española y ladina vivía temerosa de una gran sublevación, sobre todo cuando se encontraba en regiones mayoritariamente indígenas.

IV. LA ECONOMÍA DURANTE LA COLONIA

La ECONOMÍA colonial del reino de Guatemala siempre se basó en la agricultura, ya que la región nunca fue rica en metales preciosos, salvo la región hondureña, y eso limitadamente.

Haciendo uso de conceptos modernos es posible distinguir dos "sistemas" agropecuarios, no separados sino interdependientes: el comercial o especulativo, y el de consumo interno o no especulativo. El primero incluyó la agricultura de exportación y unos pocos productos de consumo mayoritario entre la población española (por ejemplo el azúcar, el trigo, el ganado mayor), que requerían una cierta inversión, y explotaciones agropecuarias de algún tamaño, que eran propiedad de los españoles y criollos. El segundo estaba en manos de los indígenas e incluía tanto productos de origen americano (por ejemplo maíz y frijol), como traídos de Europa (por ejemplo trigo y azúcar a partir del siglo XVII, cerdos, ovejas, gallinas, etcétera).

Agricultura comercial

La agricultura de exportación dependió siempre de un producto principal, que era el que "movía" la economía al otorgar el efectivo que permitía efectuar las importaciones de España. En la primera época de la

Colonia ese producto fue el cacao, pero ya a finales del siglo XVI entró en crisis, al competir desfavorablemente con el que los propios españoles producían en Ecuador (Guayaquil) a menor precio. Si bien el cultivo de cacao no desapareció de Guatemala, sí dejó de ser el producto "motor" de la economía.

En sustitución llegó el añil, que se convirtió desde los inicios del XVII en la base de la economía del reino. Sin embargo, después de 1630 entró en crisis como resultado de la imposibilidad de exportarlo en las cantidades que se había venido produciendo. Durante el resto de ese siglo las exportaciones se estancaron una vez que bajaron al nivel que se podía exportar. Sólo en el último tercio de esa centuria aumentaron un poco, pero la producción creció de verdad sólo hasta después de 1750, y alcanzó sus cifras más altas en la última década del siglo. A partir de entonces hubo altibajos y se dieron años en que no se pudo exportar la cosecha por problemas con las flotas. En los mejores años del siglo XVIII se habían exportado un millón de libras (en años excepcionales se llegó a sobrepasar el 1 300 000), pero a partir de 1811 la exportación se estancó en alrededor de 450 000 libras, no pasando de 350 000 después de 1817.[1] Es probable que una parte de la producción haya salido de contrabando por Belice.

La exportación del añil estaba controlada por las

---

[1] Robert S. Smith, "La producción y el comercio del añil en el reino de Guatemala", en Jorge Luján Muñoz, *Economía de Guatemala 1750-1940. Antología de lecturas y materiales* (2 tomos, Guatemala: Sección de Publicaciones, Facultad de Humanidades-USAC, 1980), I:240-242, y Troy S. Floyd, *Salvadorean Indigo and the Guatemalan Merchants: A Study in Central American Socio-Economic History 1750-1700*, tesis doctoral, University of California, Berkeley, 1959.

grandes casas comerciales (generalmente de peninsulares) de Guatemala, que a su vez se encontraban relacionadas con casas comerciales de Cádiz. Estos grandes comerciantes tenían el completo monopolio de la exportación y establecían las calidades y sus precios; compraban a los grandes cosecheros, que a su vez lo hacían a los pequeños productores ("poquiteros"). Debían de llevar su producción a Guatemala, donde se efectuaban las transacciones. Después, ya en propiedad de los exportadores, el añil salía hacia Cádiz. Si bien en un principio hubo una distinción más o menos nítida entre productores y exportadores, conforme pasó el tiempo muchos de los exportadores se convirtieron en productores, generalmente por haberse quedado con plantaciones que les habían dado en garantía por los préstamos. Los grandes comerciantes eran también prestamistas, adelantaban dinero a los productores sobre la siguiente cosecha, parte del cual les entregaban en mercancías que los comerciantes importaban de Europa. Al producirse la falta de pago, algunas grandes plantaciones pasaron a manos de los comerciantes capitalinos. Así, el marqués de Aycinena llegó a tener fincas añileras de El Salvador y a poseer barcos con los que efectuaba la exportación.

El gobierno español intentó, sin éxito, romper este sistema monopolista. Por una parte, buscó evitar las manipulaciones de las calidades y de los precios a través de una feria controlada, en San Vicente (El Salvador), por otra, fundó el Montepío de Cosecheros de Añil (1782) para que se encargara de los préstamos. Ambos esfuerzos fracasaron, pero provocaron tensiones y descontentos en el proceso, tanto de parte de los productores de las provincias como de los grandes comerciantes de la capital. El Montepío aumentó año con año sus préstamos, que nunca eran de verdad amortizados, pues sólo se pagaban los intereses y los productores solicitaban nuevos préstamos, que aumentaron de 434 861 pesos en 1800 a 666 352 en 1820. Además, no se permitió prestar al principal cosechero, la familia Aycinena.[2]

Las grandes casas comerciales de la capital también controlaban (aunque en este comercio había más criollos que peninsulares) el tráfico de ganado para el abasto de la ciudad de Guatemala. El ganado venía de haciendas de Honduras y Nicaragua, aunque cerca de la capital había tierras aptas para esta producción. Los grandes ganaderos provincianos compraban su ganado a los pequeños ("pegujaleros"), para después constituir con el suyo grandes hatos, que conducían a las cercanías de la ciudad de Guatemala, a la hacienda Cerro-Redondo, donde tenía lugar la feria con unas 40 000 a 50 000 cabezas. Los hacendados guatemaltecos, vinculados económica y familiarmente a los grandes comerciantes, controlaban el abasto de carne a la ciudad, adquirían el ganado para repastarlo en sus haciendas y, a lo largo del año, beneficiarlo conforme se necesitaba.

Se puede considerar que al principio el trigo y el azúcar fueron asimismo parte de la producción agropecuaria comercial o especulativa. El primero se sembraba en terrenos propiedad de españoles, llamados "labores de pan llevar", por trabajadores indígenas cuyo trabajo, según ya se explicó, se pagaba a menor

[2] Troy S. Floyd, "Los comerciantes guatemaltecos, el gobierno y los provincianos, 1750-1700", en J. Luján Muñoz, *Economía de Guatemala 1750-1940*, I:289-317.

precio que el del operario voluntario (un real diario, en lugar de dos).

A pesar de que este sistema favorecía a la población de origen español, y que también ellos eran los dueños de los molinos de trigo, con el aumento de la demanda, poco a poco, a lo largo del siglo XVII, los indígenas pasaron a cultivar trigo e incluso a procesarlo. Así, escribió Fuentes y Guzmán, refiriéndose al pueblo de Comalapa, pero indicaba que igual era para los demás del Corregimiento del Valle, que tenía

> larguísimas siembras y cosechas de trigo, de que no pagando diezmo, ni teniendo el costo que acá nos tiene a los dueños [él lo era de una labor en la zona de Petapa] de semejantes haciendas; porque ellos por sus personas y las de su *Calpul*, al corto gasto de una fanega de maíz, y diez o doce reales de carne de vaca para sus convidados de aquel *tequio*, o trabajo, lo benefician: con que pueden dar cada fanega por cualquier precio que les ofrezcan con conocida ganancia, siendo causa de haberse disipado y perdido muchas labores de pan llevar, cuyo valor era de veinte mil pesos, hasta ocho mil la más inferior en precio, quedando sus dueños españoles destruidos, las fincas arruinadas, y los censos de obras pías perdidos.

Según este autor, ello había producido que los indios abandonaran "los tratos de su estirpe", encareciéndose el maíz, frijol, garbanzos, gallinas, raja (ocote) y carbón.[3] Es probable que Fuentes exagerara tanto en lo que respecta a la decadencia y daño a las labores de

---

[3] F. A. Fuentes y Guzmán, *Recordación Florida*, primera parte, libro XVI, capítulo II.

españoles, como en que los indígenas lo vendieran a cualquier precio, y que ello fuera la causa de escasez de otros productos. Lo cierto es que el trigo pasó, en parte, a ser sembrado directamente por indios en sus propias parcelas, y que, para el área de la capital, la zona de cultivo se fue ampliando y llegó a cultivarse a partir del siglo XVIII, también en Totonicapán y Quezaltenango.

Un proceso semejante debió producirse con el azúcar, cuyo uso además se fue generalizando entre los indígenas. Así, escribió de nuevo Fuentes y Guzmán, refiriéndose a la región de San Martín Jilotepeque, en donde los indígenas tenían

> grande numerosidad de trapichuelos de cañas de azúcar, que aunque cada uno no llega a lo que pueden ocupar y rendir cuatro suertes [labores o parcelas] de ley, la muchedumbre dellos hace tan sobrado y superabundante el género que basta a descaecer la reputación y estima del precio del azúcar, mieles y otros géneros que della se fabrican; resultando deste gravisimo incoveniente notable ruina á los ingenios de azúcar de españoles, cuyas fundaciones exceden al costo de trescientos, cuatrocientos y quinientos mil pesos cada uno.[4]

De nuevo en este caso el autor era parte afectada, pues era el dueño de un ingenio y como tal exageraba el efecto de la introducción en este comercio de los indígenas.

Eran también productos de exportación, aunque de menor importancia y en zonas muy localizadas, el ta-

---

[4] *Ibid.*, primera parte, libro XIV, capítulo I.

baco y el cacao. Finalmente, como parte del "sistema" agrícola comercial estaba un incipiente cultivo de algodón, que había prosperado gracias al desarrollo de la industria de telares, establecida sobre todo en Guatemala y en La Antigua. Sin embargo, como consecuencia del contrabando, a partir de 1809 habían decaído los telares cerrándose en gran cantidad, con la consecuente crisis y desocupación en el sector.

Agricultura de consumo interno

Este tipo de agricultura (maíz, frijol, verduras, etcétera) estuvo al principio en manos sólo de los indígenas, pero con el tiempo también la realizaban los ladinos rurales. Asimismo, pasó a ella la producción de trigo y panela, que al principio era exclusiva para consumo español, cuando se generalizó el consumo de esos productos.

Los *Apuntamientos sobre la agricultura y comercio* describen las actividades productoras de los indios con palabras difíciles de mejorar:

> Su agricultura se reduce a sus milpas, trigales, frixoleras y hortalizas en terrenos para ellos precarios aunque propios... pagan su tributo, ocurren á los capitales de sus cofradías religiosas y caxas de comunidades. Proveen con dichos esquilmos y frutas la plaza de la capital y cabeceras de partido donde se compran por las otras clases para su sustento y regalo.[5]

---

[5] "Apuntamientos sobre la agricultura y comercio", en J. Luján Muñoz, *Economía de Guatemala 1750-1940*, 1:40.

Los indígenas tenían (y después también los ladinos) una cierta especialización agrícola y de artesanías. Ellos eran, además, la mano de obra principal a través de los sistemas de trabajo semiforzado (repartimientos) y asalariado: cultivaban el añil, trabajaban en las haciendas, hacían los caminos, erigían los edificios, llevaban la carga. Como se decía en los *Apuntamientos* recién citados: "Ellos son el descanso de las demás clases sin exclusión; ellos son los que nos alimentan surtiéndonos de lo necesario y de regalo..." [6]

En cuanto a las manufacturas, habría que distinguir entre los centros urbanos españoles y ladinos, y los pueblos de indios. En los primeros se daban las artesanías de origen europeo. Al principio las tuvieron sólo españoles pero en el correr del siglo XVIII habían pasado a manos de los mestizos, por haberlas ido abandonando los peninsulares. Por supuesto, no todos los oficios ni todos los artesanos se encontraban en igual nivel económico; algunos maestros llegaron a obtener suficiente reconocimiento e ingresos como para convertirse en propietarios medianos, pero hubo otros oficios que reportaban menos ingresos y que gozaban de menor prestigio social.

Mención especial merecen los textiles. En el siglo XVIII había prosperado la producción de telas de algodón del país en talleres de tipo familiar. A fines de ese siglo y principios del XIX, en el barrio de San Sebastián de la Nueva Guatemala y en la Antigua había gran número de talleres (se afirma que llegaron a ser más de mil), que habían tenido que cerrar por la importación (legal o ilegal), dejando desocupados a muchos.

[6] *Ibid.*, I:41.

Finalmente, habría que mencionar a las llamadas "profesiones liberales" y los "oficios de letras", ubicados en las ciudades, servidos por mestizos y blancos de nivel medio.

Evolución de la propiedad de la tierra

El sistema de tenencia de la tierra durante la Colonia muestra una clara dicotomía entre los españoles y los indígenas. Entre los primeros predominó desde el principio la propiedad privada. Las parcelas no eran muy grandes, pero con el tiempo algunas explotaciones agropecuarias cercanas a Santiago de Guatemala crecieron conforme lo permitió la prosperidad del propietario. La explotación, como ya se dijo, dependió de la mano de obra forcivoluntaria indígena, que obtenían a través de los repartimientos. Sin embargo, en cada labor o hacienda había algunos trabajadores permanentes o residentes, tanto de origen indígena, como mestizo y africano. En el siglo XVI la explotación típica fue la labor, dedicada a la siembra de trigo, algo de maíz y un poco de ganado. A finales del siglo XVI existieron algunas explotaciones que pueden llamarse haciendas o estancias. Las más importantes, grandes y prósperas estaban en manos de las órdenes religiosas.

Cada pueblo de indios recibió, al momento de la reducción, unas tierras o ejidos de alrededor de cinco o seis leguas a la redonda, y tenían otras tierras que quedaban como bosque o reserva forestal, un poco más alejadas. El sistema indígena de uso de la tierra era comunal: cada matrimonio recibía una parcela que debía trabajar y hacer producir, para su consumo familiar y el pago del tributo, pero no tenían propiedad sobre la tierra, sino una especie de usufructo. Durante el siglo XVI y principios del XVII hubo dos factores que hicieron que el sistema funcionara adecuadamente: la disminución de la población indígena y la poca cantidad de población española y mestiza, que fundamentalmente se concentró en Santiago de Guatemala y sus alrededores, así como en una que otra cabecera de jurisdicción.

En el siglo XVII empezó a dispersarse la población española y ladina, en parte como resultado de la crisis a partir de la década de 1630. Entonces es cuando algunos pueblos de indios comenzaron a sentir la usurpación de algunas de sus tierras comunales; sin embargo, todavía había espacio para el acomodo, y los pueblos de indios más alejados no se vieron afectados. Además, hubo regiones en las que desapareció o disminuyó la población aborigen (por ejemplo la bocacosta y algunas zonas del altiplano oriental), donde se ubicaron cada vez más españoles y ladinos, aunque todavía sin poder regularizar su derecho de propiedad.

En la primera mitad del siglo XVIII se emitieron reales cédulas que buscaban facilitar a los españoles y ladinos la legalización de las propiedades que ya tuvieran, o bien denunciar tierras baldías y yermas, para lo cual pagarían "moderada composición" a la Corona, necesitada de fondos. Aunque se estableció que ello debería de ser sin afectar las tierras comunales de los pueblos de indios, hay evidencia de que en algunos casos no fue así, y se produjeron despojos en violación de lo establecido. A lo largo del resto del siglo y sobre todo en el XIX el problema de la tierra se fue agudizando en casi todas partes, tanto por el crecimiento de la población nativa en muchas regiones, como por la dispersión de los ladinos. Esto se refleja en el número de "composiciones", la inmensa mayoría de las cuales fueron hechas por españoles y ladinos, y muy pocas por comunidades aborígenes o indígenas individualmente;[7] y por el aumento de los conflictos de tierras y las revueltas. Llama la atención la presencia entre quienes compusieron tierras de funcionarios civiles y eclesiásticos.

En opinión de W. George Lovell, en Guatemala, durante la Colonia, no se constituyó un sistema socioeconómico basado en la hacienda latifundista como en el centro y norte de Nueva España, donde ésta surgió paralelamente a la disminución demográfica nativa; ni tampoco se dio el modelo de Oaxaca, donde al lado de unas pocas haciendas de españoles los indios mantuvieron sus tierras comunales.[8] Pareciera que en Guatemala, durante la Colonia, hubo varios patrones: la mayor expansión española y ladina fue en el Corregimiento del Valle y hacia el sur y al oriente de la capital, y apenas se dio en la zona al norte o al occidente de Santiago, donde los indígenas conservaron relativamente sus tierras hasta después de la independencia. La presencia de la gran hacienda fue en casos aislados

[7] Francisco de Solano, *Tierra y sociedad en el reino de Guatemala* (Colección Realidad Nuestra 6, Guatemala: Editorial Universitaria, 1977), 116-156, y Bernardo Belzunegui O., *Pensamiento económico y reforma agraria en el reino de Guatemala, 1797-1812* (Guatemala: Comisión Interuniversitaria Guatemalteca de Conmemoración del Quinto Centenario del Descubrimiento de América, 1992), cap. IV.

[8] W. George Lovell, "La tenencia de tierra en la América Central española: modelos de propiedad y actividad en las tierras altas de los Cuchumatanes de Guatemala, 1563-1821", *Anales de la Academia de Geografía e Historia de Guatemala*, 59 (1985), 87-101.

notoriamente controlada por las órdenes religiosas. Entre éstas destacaron los dominicos, las grandes haciendas de azúcar de Anís (San Juan Amatitlán), Nuestra Señora del Rosario (Petapa), Palencia (al oriente del Valle de Guatemala), y San Jerónimo (en Salamá/Verapaz); Cerro Redondo (al oriente de la Sierra de Canales) y Llano Grande (Cubulco), de ganado y San Bautista Chiché (Quiché), de trigo y maíz. Los jesuitas tuvieron las haciendas de azúcar de la Santísima Trinidad y Nuestra Señora de los Dolores entre Amatitlán y Palín, y siembras de trigo y maíz en la Sierra de Canales. Los agustinos fueron dueños de la hacienda de azúcar San Nicolás, en Petapa, y los mercedarios de La Vega y San Ramón, también de azúcar en Petapa, y de otra hacienda en San Martín Jilotepeque. En estas enormes haciendas, que contaban con muchos indios de repartimiento y numerosos esclavos negros, producían la mayor parte del azúcar que se consumía en Guatemala y en las regiones vecinas, así como con amplios hatos de ganado y gran acopio de trigo (que ellos mismos molían) y maíz.[9]

COMERCIO Y TRANSPORTE

El sistema terrestre de comunicaciones del reino de Guatemala era bastante sencillo y, en consonancia con

[9] Jorge Luján Muñoz, *Agricultura, mercado y sociedad en el Corregimiento del Valle de Guatemala 1670-1680* (Guatemala: Dirección General de Investigación, Universidad de San Carlos de Guatemala, 1988), cap. VII, y Julio C. Pinto S., *El Valle Central de Guatemala (1524-1821). Un análisis del origen histórico-económico del regionalismo en Centroamérica* (Colección Estudios Universitarios, Guatemala: Editorial Universitaria, 1988).

la ubicación de la población y de la realidad geográfica, fue paralelo al Pacífico. Es decir, que mientras el contacto con España tenía que ser por el Atlántico, el sistema de comunicaciones terrestres "veía" al Pacífico. El centro de ese sistema era la ciudad de Guatemala. De ella partían las rutas hacia el norte y al suroriente, simples caminos para mulas. A Nueva España se iba por Chiapas y Soconusco, y después a Puebla pasando por Oaxaca. Desde Puebla se dividía la ruta, una iba hacia la ciudad de México, mientras otra iba al puerto de Veracruz. Debe hacerse notar que los contactos entre Puebla de Los Ángeles y Santiago de Guatemala fueron, a partir de la década de 1630, bastante intensos y estrechos.

Las comunicaciones terrestres a larga distancia se hacían en recuas de mulas y a caballo para las personas. La carreta de bueyes sólo se usó en las haciendas y en las cercanías de los centros urbanos. Los arrieros eran básicamente mestizos y mulatos. En general, los indios no adoptaron los nuevos medios de transporte europeos. Aunque el burro y la mula fueron parte (no muy importante) de su cultura, no los usaron como medio de transporte, manteniéndose (de hecho hasta el siglo actual) el sistema de carga a la espalda sostenida por mecapal.

El reino de Guatemala ocupaba un lugar secundario en el comercio ultramarino español. La comunicación era indirecta, a través de La Habana, desde los puertos centroamericanos del Caribe, o por tierra a Veracruz. El flujo se interrumpió muchas veces, con los graves resultados consiguientes para la economía del reino.

Durante las reformas borbónicas de la segunda mitad del siglo XVIII hubo el intento de incrementar el comercio aumentando la frecuencia de la navegación y estableciendo cierta libertad mercantil. Esta política tuvo buenos resultados al principio, pero fracasó después, a raíz de la guerra con Inglaterra a fines del XVIII.

Mención especial requiere el contrabando, claramente relacionado con las limitaciones del sistema de transporte marítimo español y la presencia inglesa en la región. Existían variantes en su ejecución. Por un lado estaba la declaración fraudulenta de la mercadería, indicando menos cantidad o simplemente no pagando los impuestos a la salida. En estos casos había participación de los funcionarios aduanales, y en más de uno estuvieron implicados altos funcionarios, incluso los presidentes-capitanes generales.

Con las reformas borbónicas España trató de combatir mejor el contrabando, especialmente el que se efectuaba a través de Belice, al mismo tiempo que se mejoraban las vías terrestres y se ponían mayores controles en los caminos. Sin embargo, el esfuerzo fracasó. Existen indicios de que el contrabando se incrementó en los últimos años del siglo XVIII. Salía plata hondureña y añil, y llegaban telas inglesas. Este tráfico que se hacía por Belice creció después del Tratado de Londres (1809), todo lo cual afectó muy negativamente, según ya se dijo, a la industria textil guatemalteca.

El problema monetario

La situación monetaria del reino de Guatemala hasta 1733 fluctuó entre dos valores negativos: la escasez y la mala calidad. Como hasta esa fecha no se contó con Casa de Moneda, hubo de depenerse de la que llegaba de España, México y el Perú, cuando no se recurría al trueque y a los metales sin acuñar, o a la moneda prehispánica, el cacao.

La moneda hispanoamericana del siglo XVII era de muy variable calidad. Sobre todo a principios de ese siglo se acuñaron toscas monedas de formas y pesos irregulares, los famosos macacos o moneda macuquina. Si bien en la Nueva España se superó pronto esta situación, en el Perú perduró durante más de 150 años, a pesar de reiteradas disposiciones reales. A partir de 1630, conforme se prolongó el estancamiento económico, primero, y la depresión de mitad de siglo, después, comenzó a manifestarse el permanente problema, el abastecimiento de suficiente moneda acuñada. Cada vez más hubo de recurrirse a sustitutos, que usualmente no eran suficientes para llenar el vacío. El problema se agravó por la exportación de moneda y metales preciosos. Al igual que otras regiones indianas, se remitieron a España grandes cantidades de moneda y el poco metal producido. Además, los funcionarios reales que amasaban fortunas las enviaban en diversas formas a la península, tan rápidamente como podían. A mediados de siglo se tuvo que recurrir a medidas desesperadas: improvisar moneda o falsificarla. El problema se hizo tan grave que tuvieron que intervenir la Audiencia y los oficiales de la Real Hacienda. La solución fue devaluar la moneda. El valor del tostón perulero se rebajó de cuatro a tres reales y el peso de ocho a seis. Esta devaluación se aplicó en 1653.

Según MacLeod, el periodo de más aguda escasez de moneda acuñada fue, más o menos, de 1655 a 1670. En 1663 se acordó que la moneda más usada, la de dos reales del Perú, se suspendiera en su uso hasta probarse su calidad. La situación se alivió cuando en 1677 se permitió que en las remisiones a España pudiera ir moneda peruana.[10]

Con la lenta mejoría económica y comercial de fin de siglo la cuestión monetaria del reino se suavizó, a lo cual también contribuyó el establecimiento de una Casa de Moneda en la ciudad de Guatemala a partir de 1731. Sin embargo, por escasez de metal la acuñación nunca fue suficiente y siempre hubo escasez de moneda fraccionaria, que sólo se acuñó al final de la Colonia.

Real Hacienda

Durante casi toda la Colonia los ramos más productivos de la hacienda fueron los tributos, las alcabalas (que se pagaban en las importaciones y exportaciones) y, ya en el siglo XVIII, la renta de tabacos (que se producía sobre todo en Honduras y en Costa Rica). Dentro del esfuerzo del reformismo borbón de la segunda mitad del siglo XVIII se aplicaron cambios hacendarios que buscaban generalizar y ampliar los impuestos. En ese sentido se trató de que los pagaran todos y que algunos de ellos, cuyo cobro se había encargado al ayuntamiento de la capital, pasaran a cobrarse directamente por la Real Hacienda. Por ejem-

---

[10] Murdo J. MacLeod, 1973, cap. 15.

plo, la alcabala, cuyo cobro había tenido arrendado la ciudad de Guatemala, pasó en 1766 a la Corona, con el resultado de que su monto se cuadruplicó. Entre 1787 y 1794 se consiguió un crecimiento de las rentas de alrededor de un 700 por ciento.[11]

A principios del siglo XIX la situación se fue haciendo más difícil. Según ya se indicó, el tributo fue suprimido por la Constitución de Cádiz, y aunque se volvió a cobrar en 1815 y hasta 1820 ya no rindió lo mismo, por la resistencia de los indios a pagarlo. Las alcabalas habían disminuido mucho por las interrupciones comerciales, producto de las guerras, a partir de la década de 1790, así como por el contrabando. En el tabaco había cierto descontrol por las reformas administrativas.

En las últimas décadas de la dominación española la situación de la Real Hacienda era deficitaria en el reino de Guatemala, que sólo había podido sostenerse con el llamado "situado" que se remitía de Nueva España. De acuerdo con el *Informe* del ministro-tesorero de las Reales Cajas, Manuel Vela (1824), el déficit anual había sido, en los últimos tiempos previos a la Independencia, de 92 743 pesos, y la hacienda tenía "la enorme carga de 2 040 546 pesos tres reales" de capitales diversos, y la deuda de la tesorería general de Guatemala alcanzaba 2 655 599 pesos.[12]

---

[11] Miles L. Wortman, "Government Revenue in Central America, 1750-1786", *The Americas* 32 (1975), 233, y *Government and Society in Central America 1680-1840* (Nueva York: Columbia University Press, 1982), 150.
[12] Manuel Vela, "Informe del ministro tesorero de las Reales Cajas de Guatemala", en J. Luján Muñoz, *Economía de Guatemala, 1750-1940*, I:86.

Sumario

Guatemala fue una región de limitados recursos que siempre dependió de su agricultura, tanto para sus exportaciones como para su consumo interno. En cierta medida desarrolló un sistema autosuficiente, especialmente en el siglo XVII y parte del XVIII, que se mantuvo hasta la emancipación para muchas regiones. La única economía vinculada al exterior era la comercial especulativa, dependiente del añil, que controlaban los grandes comerciantes de la ciudad de Guatemala.

Las reformas borbónicas de mediados del siglo XVIII en adelante pretendieron aumentar la productividad y obtener, a la vez, mayores ingresos fiscales, para lo cual se trató de incentivar la producción, limitar los controles monopolísticos y mejorar las comunicaciones, tanto marítimas como terrestres.

La liberación comercial, que se inició después de la Guerra de los Siete Años (1756-1763), coincidió con la prosperidad del añil, lo cual permitió aumentar la recaudación fiscal y despertar grandes esperanzas entre la oligarquía mercantil. Sin embargo, a finales del siglo comenzó la crisis, tanto del añil como del sistema comercial de importación-exportación. Todo ello llevó a la baja en los ingresos de la Real Hacienda, y a hacer deficitario todo el reino, a lo cual también contribuyó un floreciente contrabando.

Guatemala llegó a la emancipación en un clima de crisis y de pesimismo. Se había interrumpido la prosperidad de la segunda mitad del siglo XVIII y no había forma de superar las dificultades. Las élites comercial, social y política locales culpaban a España de los problemas y creían que era posible superarlos sin tener que supeditarse a las iniciativas o soluciones dadas desde España, sin el agravante de comprometer la economía del país en las aventuras bélicas españolas.

V. LA INDEPENDENCIA Y LA UNIÓN A MÉXICO

El clima ideológico y su evolución

Las nuevas ideas de la Ilustración llegaron al reino de Guatemala más o menos sumultáneamente que al resto de Hispanoamérica. La élite intelectual las adoptó con entusiasmo. Poco a poco estos pensadores pusieron en duda aspectos del sistema establecido y concibieron algunas reformas. La Sociedad Económica de Amigos del País fue el centro de estas inquietudes. Allí se discutió sobre las medidas para reformar la sociedad, ayudar a los indígenas, superar los problemas sociales, mejorar la economía, buscar la elevación moral y material de la población, etcétera. Se trató de mejorar el añil e introducir nuevos cultivos y manufacturas como el lino, la seda y, el café. En el seno de la sociedad se discutió sobre el sistema político representantivo y la libertad económica.

Exponentes de estos intereses fueron el fraile franciscano Antonio José de Liendo y Goicoechea (nacido en Costa Rica), los médicos José de Flores (nacido en Chiapas) y Narciso Esparragosa y Gallardo (nacido en Venezuela), el abogado José del Valle (nacido en Honduras) y funcionarios como Alejandro Ramírez y Jacobo de Villa-Urrutia (promotor de la Sociedad Económica), Ignacio Beteta, editor de la *Gazeta de Guate-*

mala o Antonio García Redondo, peninsular, deán del cabildo eclesiástico.

Las abdicaciones de Bayona y la invasión de España por Napoleón fueron los catalizadores que permitieron expresar y formular mejor las inquietudes que preocupaban a los diversos grupos. Si bien hubo muestras de fidelidad hacia Fernando VII, también se denunciaron los vicios del sistema y se pidió un gobierno más representativo.

Para hacer frente al clima de novedades y exigencias que se dio a partir de 1809, en mayo de 1810 el presidente Antonio González Saravia estableció un "Tribunal de Fidelidad", formado por tres peninsulares. Inmediatamente el cabildo de Guatemala gestionó (ante el propio presidente y aun ante la Junta de Regencia) que se ampliaran los miembros, para que tuviera igual número de americanos y peninsulares.

Entonces llegó al reino la convocatoria para elegir diputados a las cortes españolas. Por primera vez se participaría con representantes americanos electos aquí en un cuerpo constituyente en la Península. Con entusiasmo se procedió a elegir a los diputados. Lo más importante no fue tanto la elección como el esfuerzo que se desarrolló para instruirlos debidamente. Los instrumentos preparados en la ciudad de Guatemala demuestran que la élite tenía ideales liberales. El pensamiento ilustrado guatemalteco quedó plasmado en importantes documentos como las *Instrucciones para la constitución fundamental de la monarquía española y su gobierno*, que en nombre del ayuntamiento de Guatemala preparó su regidor decano José María Peinado (1810). En ellas se planteó como cuestión fundamental la existencia de una Constitución "que prevenga el despotismo del jefe de la nación"; que hiciera del monarca "un padre y un ciudadano" y del magistrado "un simple ejecutor de la ley"; que "establezca unas leyes consultadas", equitativas, justas y bondadosas, con límites a los derechos; una administración "sencilla y cimentada en los principios de propiedad, libertad y seguridad"; un sistema económico que auxilie esos mismos "tres sagrados principios", y una instrucción pública "que disipe la ignorancia de los pueblos" y difunda las luces promoviendo la utilidad general.[1]

El real consulado expresó sus criterios en los *Apuntamientos sobre la agricultura y comercio*, que es una descripción socioeconómica del reino, con propuestas para reformar la economía, acabar con los latifundios incultos; medidas específicas para reformar el comercio, etcétera.[2]

El diputado electo, Antonio Larrazábal, llegó a Cádiz sólo con tiempo para participar en la última parte de los debates y firmar la Constitución, que fue promulgada el 19 de marzo de 1812 y cuya aplicación despertó grandes esperanzas en el seno de la élite guatemalteca y en muchos grupos ilustrados de las ciudades centroamericanas.

---

[1] *Instrucciones para la constitución fundamental de la monarquía española y su gobierno que ha de tratarse en las próximas cortes generales de la nación*, dadas por el ayuntamiento de Guatemala a su diputado señor doctor don Antonio Larrazábal, formadas por el señor doctor José María Peinado, 1810.

[2] *Apuntamientos sobre la agricultura y comercio del reino de Guatemala* (Guatemala: Imprenta de Manuel Arévalo, 1811).

En la ciudad de Guatemala no se llevó a cabo el establecimiento de una junta que sustituyera al gobierno español, con motivo de los sucesos de 1808 en España, aunque parece que sí se planteó tímidamente esa posibilidad. Después de esa etapa no se produjo ninguna alteración del orden. Sólo hasta finales de 1811 ocurrieron estallidos populares, primero en San Salvador (5 de noviembre) y después en Nicaragua, tanto en León (del 13 al 25 de diciembre), como en Granada (del 22 de diciembre a abril de 1812). No hay evidencias de que haya habido relación entre los acontecimientos de San Salvador y de Nicaragua. En todo caso, parece que fueron insurrecciones que carecieron de mayor planificación y que en buena parte sólo buscaban la sustitución de los intendentes españoles, con cada uno de los cuales había habido enfrentamientos. Además, existen indicios de que hubo cierta participación popular (de sectores medios y bajos), la cual fue neutralizada por el grupo alto de cada una de las ciudades.

En el caso de San Salvador, el presidente José Bustamante y Guerra (quien había asumido el cargo en 1811) se mostró conciliador y utilizó a representantes de la élite capitalina para establecer un gobierno aceptable para los sansalvadoreños. En cambio, con los granadinos, sin duda por las actitudes asumidas por éstos y lo prolongado del conflicto, su postura fue más intransigente, ya que no aceptó los términos pactados en la pacificación. El juicio fue muy severo y hasta hubo condenas a muerte, si bien no llegaron a ejecutarse.

En diciembre de 1813 se develó en la ciudad de

Guatemala la llamada Conjuración de Belén. Infortunadamente no se le conoce debidamente y parece que el presidente Bustamante y sus partidarios tuvieron interés en exagerar sus propósitos, incluyendo la liberación de los presos de Granada, a fin de castigar ejemplarmente a los implicados. Asimismo, hubo otra insurrección en San Salvador en enero de 1814, que fue castigada con rigor. Además, existen informes sobre alborotos y conmociones en otras regiones de las provincias, pero que no pasaron a más. Entre 1814, cuando Fernando VII derogó la Constitución, y 1820, en que fue promulgada de nuevo, todo estuvo en calma en el reino de Guatemala, si bien encubiertamente se formaban grupos, se discutían los acontecimientos del resto de Hispanoamérica y evolucionaban las posiciones personales y de partido.

La última etapa, 1820-1821

Es interesante observar cómo se verificó el retorno a la constitucionalidad en la ciudad de Guatemala, ya que muestra que se había alcanzado cierto convencimiento emancipador. Cuando en mayo llegó la noticia hubo intentos para que de inmediato entrara en vigor la Constitución. Mariano de Aycinena promovió sin éxito esta postura en el Ayuntamiento. Una vez que arribó la orden oficial se efectuaron los festejos.

Poco tiempo atrás (1818) Bustamante había cesado en su cargo. Quienes más sufrieron su rigor fueron los miembros de "las familias" capitalinas, algunos de los cuales habían participado activamente en la elaboración de las *Instrucciones* al diputado Larrazábal. A partir de 1814, derogada la Constitución, Bustamante se alió con los grandes comerciantes peninsulares y con un pequeño grupo de asesores del sector medio ilustrado para controlar la situación.

El nuevo presidente, Carlos Urrutia y Montoya, aunque militar y con la misma graduación que su antecesor, era un hombre de edad que trató de hacer un gobierno más conciliador. Las "familias", ya restituidas en sus derechos por la amnistía de 1817, se acercaron al nuevo presidente y pudieron neutralizar en parte el poder de los comerciantes peninsulares y mejorar su situación a través de la liberalización del comercio con Belice.

Con la vigencia de la Constitución se activó la vida política y se perfilaron dos grupos o "partidos" similares en su origen y composición: en ambos hubo tanto miembros de la capa media (grupo ilustrado) como de la clase alta. El primero que salió a luz fue el que componían los partidarios de la independencia, formado por miembros de la nobleza americana ("las familias") y distinguidos intelectuales de la capa media entre los que destacaban Pedro Molina y José Francisco Barrundia. Pronto decidieron la publicación de un periódico, llamado significativamente *El Editor Constitucional*, que apareció el 24 de julio de 1820. Este grupo se llamó a sí mismo "constitucionalista" o liberal, y sus miembros fueron apodados como "fiebres" o "cacos" (porque se les acusaba a algunos de radicales y de poco honestos).

El otro grupo estaba formado por personas de la capa media ilustrada, que se dice "tenían aversión a las familias tituladas nobles" (entre los que se menciona a

Mariano Larrave, Antonio Robles, Ignacio Foronda y, sobre todo, a su dirigente José del Valle), y muchos ricos negociantes peninsulares. Este grupo era cercano al gobierno, y sacó también un periódico, *El Amigo de la Patria* (que se comenzó a imprimir el 6 de octubre de 1820). Este partido "anticonstitucionalista" y antiindependentista fue apodado de los "serviles" o "gases" (por su vinculación gubernamental y porque a algunos de sus miembros se les tildaba de borrachos). Del Valle se había significado como cercano colaborador de Bustamante no sólo como auditor de Guerra, sino como asesor privado. Ahora, unido al gobierno y a los grandes comerciantes peninsulares, se convirtió en el ideólogo de este partido.

Con la publicación de los dos periódicos y la lucha política abierta con motivo de las elecciones constitucionales, la ciudad de Guatemala se sumió en un inusitado ambiente de polémica, al que también contribuían esporádicos pasquines. Si bien los periódicos publicaban temas educativos, de ciencia e interés general, en lo que se centraba la principal discusión era sobre el libre comercio. Los del *Editor* abogaban por su liberación, mientras en *El Amigo se* defendía cierto control, argumentando que la llegada de telas inglesas había dejado desocupados a los trabajadores de los telares guatemaltecos. Poco a poco se enconaron los argumentos en los periódicos. Por ejemplo, en *El Amigo de la Patria* se atacó a la familia Aycinena al publicar una lista en la que aparecía el "Estado de los empleos provistos en individuos que por sus enlaces forman una familia", en la que se enlistaban 64 empleos y sus remuneraciones, que detentaban miembros o parientes de esa familia, y que sólo pudo haberse elaborado con ayuda de fuentes oficiales.[3]

Según Alejandro Marure, los gases se hicieron más fuertes porque tenían el auxilio del gobierno, "lisonjeaban" a los artesanos con la prohibición del comercio con Belice, y "prodigaban oro" entre "la clase ignorante y miserable, que arrastrada por la necesidad se presentó tumultuariamente en los actos electorales a dar sus vendidos votos".[4] La elección pareció favorecer a los gases cercanos al gobierno, aunque no fue una victoria completa, pues quedaron electos candidatos no comprometidos con los partidos. Del Valle logró ser electo alcalde primero de la capital, y los del otro grupo obtuvieron una pequeña mayoría en la Diputación Provincial.

El Plan de Iguala y el Plan Pacífico de Independencia

Los acontecimientos de la Nueva España fueron los que aceleraron el proceso hacia la emancipación. En marzo de 1821 se conoció en Guatemala el Plan de Iguala, firmado por el coronel realista Agustín de Iturbide y el jefe rebelde Vicente Guerrero, que declaraba la independencia de aquel virreinato y establecía el imperio mexicano (cuya corona sería presentada a Fernando VII, sin aceptar a otros miembros de la casa real española), y a principios de abril se vio obligado el nuevo jefe

---

[3] *El Amigo de la Patria*, núm. 2, fol. 11, 29 de octubre de 1820.

[4] Alejandro Marure, *Bosquejo histórico de las revoluciones de Centroamérica desde 1811 hasta 1834* (2 tomos, París: Librería de la Vda. de Ch. Bouret, 1913), I:11-12.

político superior, brigadier Gabino Gaínza, quien había asumido el mando el mes anterior, por enfermedad de Urrutia, a publicar un manifiesto en que atacaba duramente la "traición" del "ingrato" Iturbide. El Plan de Iguala hizo posible, para algunos, pensar en una emancipación uniéndose a México. Para ellos era atractiva la idea de un sistema monárquico constitucional, con un Borbón ciñendo la corona.

Conforme los acontecimientos en la Nueva España iban debilitando la posición de los realistas, en Guatemala se fortalecía la de los independentistas. Las noticias llenaban de temor a las autoridades, especialmente a Gaínza, y los miembros de "las familias", que querían la unión a México, vieron la forma de ganarse al jefe político. La corriente era tan fuerte que el 28 de agosto, día de San Agustín, "se pusieron, según M. Vela, con atrevimiento y desembarazo iluminaciones en unas cuantas casas… en obsequio de Iturbide".[5]

Por esos días se estaba dando forma al llamado "Plan Pacífico de Independencia", preparado por Juan José y Mariano de Aycinena, Pedro Molina, Mariano Beltranena y José Francisco Barrundia, en el cual se trazaban los pasos para lograr la emancipación. Se proponía la jefatura del nuevo gobierno a Gaínza (artículo 1); obtenida su colaboración, debía efectuarse una "Junta Generalísima" (artículo 2), estableciéndose cómo debía desarrollarse ésta y qué acuerdos tomar, incluyendo no innovar al gobierno.[6]

---

[5] Manuel Vela, "Informe del ministro tesorero de las Reales Cajas de Guatemala", en Jorge Luján Muñoz, comp., *Economía de Guatemala, 1750-1840*, 1:96.

[6] Enrique del Cid Fernández, "Plan Pacífico para la Independen-

El 14 de septiembre se presentó la oportunidad para realizar la junta general, al llegar el informe de Chiapas de que varios poblados se habían incorporado al Plan de Iguala y al Tratado de Córdoba. Se citó para una sesión al día siguiente a las ocho de la mañana. Se inició la reunión sin saber qué se iba a resolver. Los peninsulares todavía trataron de posponer la decisión mientras que la mayoría se inclinaba por declarar la independencia; sólo se discrepó si se hacía uniéndose o no a México. Del Valle argumentó que jurídicamente la junta no estaba en capacidad para decidir en definitiva, lo cual debería hacer un congreso constituyente. De ahí que lo resuelto fuera una transacción: se declaró la independencia, pero sujeta a lo que en definitiva resolviera un congreso ulterior (artículos 1 y 2); no se hizo novedad en las autoridades, incluyendo al jefe político (artículos 7 y 8); se creó una Junta Provisional Consultiva con atribuciones no bien definidas, en la que había más partidarios por la anexión (artículos 8 y 10), y se logró que en el mismo acto jurara la independencia Gaínza (artículo 14). En fin, se declaró la independencia sin definirla, como dice el documento, para "prevenir las consecuencias que serían terribles en el caso que la proclamase de hecho el mismo pueblo..."[7]

En un bando, dos días después, Gaínza declaró, entre otras cosas, que quien se opusiera a la independencia "con discursos o con obras", o tratare de restablecer

cia de la Provincia de Guatemala", *El Imparcial*, 14 de septiembre de 1963.

[7] Jorge Luján Muñoz, *Aportaciones al estudio social de la Independencia de Centroamérica* (Guatemala: Ministerio de Cultura y Deportes, 1991), 29.

"el gobierno español", sería "tratado, perseguido y castigado como conspirador y se le impondría la pena de muerte", y cualquiera que supiera de alguna conspiración "debía denunciarla a la autoridad legítima".

La unión a México

Casi inmediatamente que se proclamó la independencia se produjo en la capital el realineamiento de los grupos políticos. El partido independentista se escindió: por un lado estuvieron los partidarios de la independencia sin unión a México (Molina, Barrundia, Córdova) y, por el otro, "las familias", que se convirtieron en los dirigentes del esfuerzo anexionista. La mayoría de los "moderados" del sector medio ilustrado, hasta hacía poco opuestos a la emancipación, y muchos españolistas de su facción, pasaron a constituir las filas "imperiales", que con el apoyo del jefe político y del gobierno dominaron la situación. Fueron escasos los españoles, todos funcionarios reales, que se negaron a jurar la independencia; incluso lo hizo el arzobispo Casaus, el cual, en unión de la mayoría del alto clero, se había opuesto frontalmente a la emancipación, incluso en la sesión del 15 de septiembre.

Los antianexionistas eran pocos y carecían de recursos económicos e influencia: su principal medio de acción fue *El Genio de la Libertad* (el anterior *Editor Constitucional*, cuyo nombre se cambió a partir del 27 de agosto de 1821), que se publicó hasta el 19 de noviembre. Su lucha más vigorosa se dio entre septiembre y noviembre, argumentando en favor de un sistema republicano federal que permitiera cierta autonomía provincial.

Desde un principio se inclinó la balanza a favor de la unión a México. Por un lado, tuvieron el apoyo de Gaínza y, por otro, contaban con mayoría en la Junta Provisional Consultiva y con el ayuntamiento de la capital. Los jefes de la oposición trataron de acudir a las sesiones públicas de la junta y presentar sus puntos de vista. Como tuvieron algún éxito, la junta determinó sesionar en forma reservada a partir del 29 de septiembre.

La situación en las provincias favoreció la unión a México. Chiapas mantuvo su adhesión al Plan de Iguala, y Quezaltenango se declaró en favor de la unión, desde noviembre de 1821. En ambos casos se aprecia que deseaban obtener alguna autonomía de las autoridades centrales establecidas en la ciudad de Guatemala, y pensaron que la unión al imperio se los garantizaría mediante un poder central mucho más alejado. En el resto de las provincias también hubo manifestaciones en favor de la anexión, pero sin relación unas con otras y por motivos diferentes.

Al irse recibiendo la noticia en las provincias sobre lo resuelto en la ciudad de Guatemala en la reunión del 15 de septiembre, se manifestaron diversas reacciones. Fuerzas que hasta ese momento se habían mantenido bajo control ahora se desbordaban y comenzaron a aflorar intereses, descontentos, odios, resentimientos, desconfianzas, rivalidades locales, ideas, etcétera.

En casi toda ciudad importante del reino existían sentimientos de recelo y odio de parte de los sectores económico-sociales dominantes, que se sentían explotados y tiranizados desde la capital. Para ellos, la nueva situación debía suponer una modificación que evitara la posición privilegiada de la ciudad de Guatemala. Por otra parte, no existía en cada provincia una ciudad dominante, sino dos o más, con rivalidades económicas, sociales e ideológicas. No fue extraño, pues, que cada una tratara de capitalizar la situación a su favor y tomar una postura diferente a la de su vecina rival. Además, unas ciudades (las capitales de provincia) estaban controladas por sectores reaccionarios. De ahí el enfrentamiento entre ciudades de una misma provincia: San Salvador y Santa Ana, Comayagua y Tegucigalpa, León y Granada, Cartago y San José, Guatemala y Quezaltenango.

San Salvador se opuso abiertamente a unirse a México, mientras Santa Ana se inclinaba por lo contrario; Comayagua declaró la independencia uniéndose al imperio; en León el intendente Miguel González Saravia, junto con el obispo García Xerez y el coronel de Milicias, declararon en octubre que se separaban de Guatemala "hasta tanto se aclarasen los nublados del día y pudiesen obrar con arreglo a lo que exigieran sus empeños religiosos y verdaderos intereses"; posteriormente se adhirieron al Plan de Iguala. En cambio, Tegucigalpa y Granada se mantuvieron dentro de lo decretado en Guatemala.

Declaración de la anexión

La estrategia de los anexionistas de la ciudad de Guatemala consistió en precipitar la unión al imperio sin esperar a que se reuniera el congreso, convocado en el acta del 15 de septiembre para marzo de 1822, a la vez que hacían propaganda en favor de una monarquía que garantizaba más seguridad. Con la situación todavía dudosa, pero inclinándose en favor de la anexión, Gaínza presentó en la sesión de la Junta Provisional, del 28 de noviembre, un oficio de Agustín de Iturbide (que desde septiembre había aceptado el trono), quien invitaba a Guatemala (esto es, el antiguo reino) a unirse a México en "un grande imperio bajo el plan de Iguala y tratados de Córdova", y anunciaba el envío de un ejército con el fin de proteger el deseo de aquellas provincias (en ese momento sobre todo Chiapas y Quezaltenango), que ya se habían unido a México.[8] Esto precipitó la decisión, el 30 de noviembre, de efectuar la consulta directa a los municipios, los cuales debían responder en el corto plazo de 30 días.

La consulta resultó favorable a la anexión. La mayoría de los ayuntamientos se pronunciaron a favor. La aceptaron llanamente 104, 11 lo hicieron con condiciones, 32 se sometieron a lo que dispusiera la Junta, y 21 por lo que decidiera el Congreso; sólo dos (San Salvador y San Vicente) se manifestaron en contra. Aproximadamente 71 no habían contestado cuando se decretó la unión el 5 de enero de 1822. En Quezaltenango, cuando supieron de la unión al imperio declararon, el 29 de enero de 1822, "que de ninguna manera ni en ningún caso quiere reconocer al gobierno de Guatemala", y que revocaba cualquier expresión en ese sentido, siendo "su única voluntad ahora y siempre reconocer al supremo gobierno del imperio mexicano..."

---

[8] Jorge Luján Muñoz, "Algunas apreciaciones sobre la anexión de Centroamérica a México", *Latinoamérica. Anuario de Estudios Latinoamericanos*, 7 (1974), 238-239.

A ese extremo llegaba el encono de la élite quezalteca hacia Guatemala; para ellos la anexión era una forma de separarse de la capital. Pronto se desengañarían, sobre todo después de las decisiones tomadas en México en relación con las divisiones territoriales. Tuvo razón Manuel Montúfar y Coronado, contemporáneo de los hechos, cuando escribió: "... y todos creyeron encontrar en México la tranquilidad y estabilidad que comenzaban a perderse; todos eran nuevos en revolución, y cada uno por su parte cometía errores".[9]

OPOSICIÓN A LA ANEXIÓN

Decretada la unión al imperio, la Junta Provisional Consultiva se disolvió el 21 de febrero de 1822, siendo sustituida por la nueva diputación que se instaló en Guatemala el 29 de marzo. Pero si la mayoría de las regiones estaban por la anexión, en la provincia de El Salvador la situación era diferente: sólo la mayor parte de los pueblos de los partidos de Santa Ana y San Miguel la aceptaban; otras regiones, bajo el liderazgo de los miembros de la clase alta de San Salvador, sostenían la independencia absoluta y la república, aprestándose a defenderla por las armas bajo la dirección de Manuel José Arce y José Matías Delgado.

Mientras se apresuraba a la columna imperial al mando de Vicente Filísola, Gaínza ordenó al coronel Manuel Arzú que fuera con tropas contra San Salva-

[9] Manuel Montúfar y Coronado, *Memorias para la historia de la Revolución de Centro América*. "*Memorias de Jalapa*" (Guatemala: Tipografía Sánchez & de Gusse, 1934), 51.

dor. Más de dos meses empleó Arzú en preparar su contingente. Inició el ataque a aquella ciudad en los primeros días de junio, y si bien en un principio tuvo éxito, luego fue derrotado.

Entre tanto, Filísola ingresó con sus tropas a la capital el 12 de junio, y al poco tiempo sustituyó a Gaínza en el gobierno. Uno de sus primeros pasos fue tratar de hacer un arreglo con los salvadoreños, que se firmó en la ciudad de Guatemala el 10 de septiembre: el gobierno de San Salvador debía entenderse directamente con el congreso y gobierno de México sobre su demarcación territorial y otros puntos que defendían. Sin embargo, el acuerdo no fue aceptado por el emperador, quien había disuelto el Congreso.

A principios de diciembre inició Filísola las acciones contra San Salvador, que culminaron hasta el 9 de febrero de 1823. Filísola se comportó magnánimamente con los salvadoreños. Estaba terminando la pacificación de la provincia y pensando en la forma de llevar la tranquilidad a Nicaragua, cuando recibió las noticias del pronunciamiento de Casa-Mata y el desmoramiento del imperio. Inmediatamente apresuró su regreso a Guatemala.

Los acontecimientos en México volvieron a ser determinantes para Centroamérica. La caída del imperio cambió radicalmente la situación. Quienes habían estado en favor de la anexión lo habían hecho atraídos por un régimen monárquico y ahora en México había una república. Incluso se cuestionaba la validez misma de la unión, no sólo por el procedimiento sino porque muchos ayuntamientos se habían adherido específicamente al imperio.

Filísola decidió convocar a un Congreso Constituyente, conforme lo establecía el acta del 15 de septiembre de 1821. El primer objeto de la asamblea sería cumplir lo que disponía el artículo segundo del acta del 15 de septiembre y "examinar el pacto de 5 de enero de 1822, las actuales circunstancias de la nación y el partido que en ellas convenga tomar a estas provincias".

Interpretación social de la Independencia y la anexión

Al no haberse desarrollado una campaña militar, el proceso fue eminentemente urbano. Sólo en las ciudades se daba el ambiente necesario, ya que en ellas se concentraban las gentes con mayor educación; ahí estaban los sectores que tenían el poder político y económico o que aspiraban a él; en resumen, en ellas estaba la población que, descontenta con la situación, podía organizarse y actuar en favor de una emancipación política. Como escribió por esos años José del Valle, las nuevas ideas y sentimientos encontraban "su mayor exaltación en las capitales de América, donde hay más ilustración y pasiones que en los pueblos subalternos".[10]

Por otra parte, hay que decir que es inadecuada la terminología *criollo-mestizo* aplicada a la comprensión de la independencia. La explicación del proceso desborda esos conceptos, que son insuficientes a pesar del sentido de estamentos sociales que se les quiere dar. La realidad se evade; no se trata de una cuestión

[10] Carta de José del Valle a José Bustamante y Guerra, 28 de mayo de 1815, "Documentos de la Independencia", Louis E. Bumgartner, *Antropología e historia de Guatemala*, 13:2 (julio, 1961), 59.

puramente semántica, sino de penuria conceptual. En Guatemala ha sido tradicional caracterizar el movimiento independentista como algo que realizaron y dominaron los criollos. Pero resulta preferible una explicación de la independencia teniendo en cuenta la estratificación social, y entender los propósitos e intereses diferentes, según las clases sociales y las regiones geográficas. Con tal propósito hay que distinguir entre la clase alta de la ciudad de Guatemala, las clases altas de las ciudades provinciales, las capas medias (especialmente en la capital), separando los del sector "medio ilustrado" de las capas media y baja no ilustradas.

Para la oligarquía capitalina (especialmente la americana), la emancipación suponía, sobre todo, mantener y afirmar su poder económico a través de un mayor control que evitara que las ganancias fueran a España, y —esto es lo más importante— obtener el poder político central. Sus procedimientos fueron cautelosos y su convencimiento tardío, los medios tímidos y solapados con el menor riesgo posible. Al principio se inclinaron por mantenerse unidos a España dentro de una monarquía constitucional; sólo después de 1820 se decidieron por la independencia, siendo a partir de mediados de 1821 partidarios de la unión a México. Querían una emancipación con un régimen moderado que no cambiara las cosas, en el que simplemente saliera España y que ellos ocuparan su lugar. En 1821-1822 dominaron los acontecimientos, pero perdieron la hegemonía en 1823, una vez terminada la unión a México. Como parte de la clase alta de la capital hubo un poderoso grupo de comerciantes españoles peninsulares que se opuso a la independencia entre

1820-1821, y que luego se plegó al bando "imperial" como "mal menor".

En cuanto a las oligarquías provincianas, cada una buscaba, igual que la capitalina, consolidar su poder económico y alcanzar el poder político. Deseaban no sólo liberarse del dominio español, sino del control económico de la oligarquía de la capital, y tener ellos exclusivamente el poder político de su provincia. Se manifestaron más tempranamente que la clase alta de la ciudad de Guatemala, haciéndolo con moderación, recelando de las acciones más violentas de los grupos bajos. Querían un gobierno que garantizara la autonomía provincial, así como la descentralización política y administrativa, que evitara la hegemonía de la ciudad de Guatemala.

En el estrato o capa media de la capital hubo tanto líderes independentistas como realistas. Los primeros fueron de los más definidos independientes, corrieron más riesgos que los "nobles", al desempeñar papeles más evidentes, escribiendo y trabajando abiertamente. Deseaban un sistema republicano constitucional, y se mostraron favorables a la postura de las provincias que querían mayor descentralización. En este estrato hubo también opuestos a la independencia, fueron consejeros y aliados inmediatos del presidente-capitán general. Tenían miedo a la emancipación, que consideraban debía alcanzarse gradualmente, sin correr riesgos. Obtenida la independencia, este segundo grupo se desbandó, yéndose unos hacia el sector republicano y otros al "imperial"; después unos pasaron a ser liberales "fiebres" o federalistas, mientras otros fueron "moderados", "serviles" o unitarios; es decir, que la capa media ilustrada de la capital tuvo una participación muy variada y disímil, sin una actuación uniforme. En algunos casos su definición fue temprana, aunque en general siguieron la tendencia común de primero aceptar la monarquía española constitucional y sólo en la etapa final preferir la emancipación completa, en el caso de los más radicales. En cuanto a las ciudades provinciales, los grupos medios no se distinguían de la clase alta, y en general coincidieron con ella en cuanto a actuación, contraria o en favor de la emancipación, según se tratara de capitales de provincia o ciudades de segundo orden.

Los estratos medios no ilustrados y la masa baja o popular, salvo casos aislados de personas un poco más preparadas, tuvieron concepciones muy poco claras acerca de la emancipación. Su actuación fue más bien por descontento socioeconómico a causa de los graves problemas de desocupación que había. Se trató de "estallidos" tan momentáneos y sin concatenación, que algunos hablan de "espontaneidad". Hubo falta de organización y de líderes propios, y como nunca se produjo una campaña militar prolongada, no hubo ocasión de que representantes de estos sectores se incorporaran en la lucha emancipadora.

En relación con la participación indígena, hay que distinguir dos situaciones distintas. De una parte la participación individual de algunos indios (por ejemplo Manuel Tot, Tomás Ruiz, religiosos), que, aunque étnicamente indígenas, vivían dentro del sistema blanco: se trataba de personas incorporadas a las capas medias, generalmente indios acomodados o "principales". No actuaron como miembros del sector indígena, aunque alguna vez se trató de aprovechar su condición étnica para acercarse a ellos y ganarlos a su causa. De otra, estaban los indígenas que mantenían su identidad socio-cultural en sus comunidades, alejados en mayor o menor grado del proceso emancipador de las ciudades. Esto que se acaba de decir para los indios entendidos socioculturalmente es válido en general para la inmensa mayoría de los campesinos ladinos o mestizos dispersos por todo el reino.

Las rebeliones indígenas que hubo, y en especial la de Totonicapán, Guatemala (1820), no tuvieron que ver con el proceso emancipador urbano, sino que fueron separados, con reivindicaciones de independencia pero propias, comunales o regionales. No intentaban liberar o dirigirse a todos los indios. El ejemplo de Totonicapán fue exclusivamente regional (sin siquiera incluir a todos los de idioma k'iche'). Es un error ver esa rebelión como parte del proceso independentista de la capital y de los centros urbanos provinciales.

VI. LA REPÚBLICA FEDERAL DE CENTRO AMÉRICA

La Asamblea Nacional Constituyente

El primer núcleo de lucha y construcción política, una vez separada Centroamérica del imperio mexicano, fue la Asamblea Nacional Constituyente, que se reunió en la ciudad de Guatemala entre finales de junio de 1823 y enero de 1825. Uno de sus primeros decretos fue declarar la independencia absoluta de España y de México el 1º de julio de 1823.[1] En esos 19 meses realizó una amplia labor legislativa y tomó forma la República de Centro América, ya que también se reunieron las asambleas constituyentes estatales que aprobaron las constituciones de los estados. En ese periodo se llevó a cabo la gran contienda ideológica, jurídica y política sobre el sistema de gobierno. Se plantearon dos propuestas: un sistema federal o uno unitario. Si bien la mayoría de la asamblea era de tendencia conservadora, cuyos líderes preferían un gobierno unitario, triunfó el federalismo, gracias a una singular alianza compuesta por los liberales capitalinos (encabezados por José Francisco

---

[1] La presencia de diputados, sólo de Guatemala y El Salvador, hizo que el 1º de octubre se emitiera un nuevo decreto para ratificar lo aprobado el 1º de julio. Véase Jorge Luján Muñoz, "La Asamblea Nacional Constituyente", *Revista de Historia de América*, 94 (julio-diciembre 1982), 43.

Barrundia y Mariano Gálvez), y los diputados provincianos, especialmente de El Salvador y Costa Rica. Los más distinguidos partidarios del centralismo fueron los constituyentes José Francisco Córdova, José María Castilla y Fernando Dávila. La contienda se dilucidó el 17 de diciembre de 1823, cuando se aprobaron las Bases de la Constitución Federal. Aunque todavía se tardó un año en aprobar el texto total, ya estaba definido que el sistema político de la república sería federal. La desconfianza hacia el centralismo capitalino y el afán autonomista de las élites provincianas hizo que la mayoría de los constituyentes se inclinara por un sistema federado.

Según afirmó Alejandro Marure, al principio de la Asamblea Constituyente "todos se confundieron, todos formaron una sola masa; pero no para olvidar sus antiguos resentimientos, sino para reproducirse en nuevos y más fuertes partidos".[2] Éstos, de nuevo, fueron dos: los liberales, "febricilantes o exaltados", y los moderados, conservadores o "serviles". Sin embargo, el predominio de los primeros fue por el apoyo que recibieron de algunos provincianos que sin ser liberales se dejaron convencer por la argumentación de éstos en favor de un sistema que, aunque complicado y costoso, consideraron que sería funcional y que limitaría el posible peso excesivo de la ciudad de Guatemala. De ahí que la Constitución resultara una transacción favorable al federalismo. Además, como se desconfiaba de un presidente demasiado poderoso se concibió un ejecutivo débil, controlado por la Cámara de Diputados; se deja-

[2] Alejandro Marure, 1913-I:49.

ron abiertas las puertas para formar nuevos estados (quizás pensando en el caso de Chiapas y Soconusco y de Los Altos), y un organismo judicial electivo.

El esquema era muy complicado si se piensa que se repetía, de nuevo con el sistema bicameral en cada uno de los estados, con periodos anuales y sin reelección. Era imposible que por entonces Centroamérica pudiera tener suficientes personas preparadas para llenar todos los cargos de la república y de los estados sin que hubiera reelecciones, y sostener un costoso sistema electoral que se repetía anualmente.

Sin embargo, no puede negarse que la labor de la Asamblea Constituyente fue bien intencionada. Inició sus sesiones en un ambiente de crisis, desacuerdo y desunión, cuando varias provincias se resistían a acudir a la asamblea; trabajó bajo las presiones de los enfrentamientos armados (especialmente en Nicaragua) y en medio de una gran debilidad financiera. Sin embargo, al terminar, el clima era de optimismo y esperanza y se había alcanzado la paz. Como escribió Manuel Montúfar y Coronado, testigo de aquellos hechos y crítico de la Constitución:

> Si la asamblea nacional cometió errores, y si incurrió en desaciertos de grandes trascendencias, sus errores mismos son respetables por su objeto: transigía para evitar la guerra civil y conservar la paz interior, cedía al torrente impetuoso e irresistible de los intereses con influjo y de las circunstancias infaustas.[3]

---

[3] M. Montúfar y Coronado, 1934:77.

El caso de Chiapas y Soconusco

Chiapas fue la única región del antiguo reino de Guatemala que no participó en la Asamblea Nacional Constituyente centroamericana, siendo durante estos años cuando pasó a formar parte definitivamente de México.

Con base en que Chiapas se unió al imperio mexicano antes que el resto de las regiones de Centroamérica, México consideró que se trataba de un caso aparte, no incluido en el decreto de unión del 5 de febrero de 1822. Cuando Filísola hizo la convocatoria del Congreso Constituyente, sí incluyó a Chiapas, pero el 8 de abril de 1823 tuvo lugar en Ciudad Real una junta popular en la que se acordó convocar a su propia junta general, formada por un representante de cada uno de los 12 partidos de Chiapas. Al instalarse esa junta, el 4 de junio, se hizo una declaración de libertad e independencia; posteriormente debía decidirse en cuanto a su incorporación a México, a Centroamérica "o a las otras limítrofes". Por otra parte, el nuevo Congreso mexicano acordó el 17 de junio que todas "las provincias de Guatemala" [el antiguo reino] quedaban en libertad de mantener o romper su unión a México". Este punto lo defendieron en México los diputados centroamericanos, especialmente José del Valle.[4]

En junio hubo de parte del secretario de Relaciones Exteriores mexicano, Lucas Alamán, un doble juego. Si bien informó a la junta chiapaneca que estaba en li-

---

[4] Jorge Luján Muñoz, 1982:73. Véase también José Rodríguez Cerna, *Nuestro derecho internacional* (Guatemala: Tipografía Nacional, 1938), 652, y Rafael Heliodoro Valle, *La anexión de Centro América a México* (México: Secretaría de Relaciones Exteriores, 1946), IV:226-239.

bertad de declarar su separación de México, en carta del 30 de ese mes ordenó a Vicente Filísola que al pasar por Chiapas, al retornar con sus fuerzas, disolviera la junta general y reinstalara la Diputación Provincial, lo cual cumplió éste el 4 de septiembre. Pronto siguió Filísola hacia Tehuantepec, pero en cumplimiento de lo que se le pidió desde México dejó una guarnición en Ciudad Real al mando de su segundo, Felipe Codallos. Entonces se dirigieron tropas de Comitán a Ciudad Real con auxilio de otros pueblos para restablecer la junta, lo que se efectuó el 30 de octubre. Mientras tanto, el Congreso mexicano había decretado dos días antes que todos los representantes de las provincias guatemaltecas podían regresar, pero haciendo excepción con los de Chiapas, "por ser provincia de las que componen la nación mexicana"; lo cual suponía un viraje que coincidía con la política del secretario Alamán.[5]

La junta chiapaneca inició preparativos, desde diciembre de 1823, para llevar a cabo un plebiscito, que hubo de retrasarse por el requerimiento de que salieran las tropas dejadas por Filísola. En mayo de 1824, el secretario de Guerra mexicano, Manuel Mier y Terán, ordenó al comandante de las tropas que no interviniera en los actos del Congreso y que saliera o disolviera la fuerza. El 26 de mayo declaró el Congreso mexicano que Chiapas "debía de estar en absoluta libertad para pronunciar su unión con México o Guatemala" [esto es, Centroamérica].[6]

Sin esperar al resto de la provincia, Soconusco se

[5] R. H. Valle, 1946-v:239-246.
[6] J. Rodríguez Cerna, 1938:657.

pronunció el 24 de junio uniéndose a Centroamérica y separándose del gobierno de Ciudad Real, con la condición de volverse a unir si el resto de la provincia se agregaba a Centroamérica. Precisamente en virtud de tal determinación el Constituyente centroamericano acordó la incorporación de Soconusco a Centroamérica el 18 de agosto de 1824.

De todas maneras, el 12 de septiembre se llevó a cabo en Ciudad Real la votación sobre la agregación a México o Centroamérica, en la que participó Soconusco. El resultado favoreció a México, basándose en la población, ya que por simple número hubo empate. El día 14 se hizo el pronunciamiento de la unión a México.[7] El 4 de octubre se promulgó en la ciudad de México la Constitución, que comprendía a Chiapas como parte de aquella república.

Aunque hubo reclamos de algunos poblados de Chiapas y argumentaciones de parte de Centroamérica porque la consulta no se había efectuado en forma adecuada, el destino de Chiapas como parte de México estaba decidido. Quedaba todavía el caso de Soconusco. El punto de vista de México era que debía incluirse con el resto de Chiapas. A principios de 1825 llegó a ponerse tensa la situación diplomática y militar. En agosto de ese año el representante centroamericano en México, Juan de Dios Mayorga, ofreció un arreglo que México aceptó, por el cual el tema sería conocido por la Dieta Panamericana, o bien se negociaría un tratado basado en la evacuación militar del territorio por ambas

---

[7] Los resultados y su interpretación difieren según los autores; véase A. Marure, 1913-I:72; Jorge Luján Muñoz, 1982:76.

partes, regreso de los emigrados, no cobrar impuestos ninguno de los estados y que el sistema gubernamental se limitara a las autoridades municipales, como se hizo. Soconusco quedó en situación indefinida por algún tiempo. La guerra civil y los diversos problemas de Centroamérica desviaron su atención del tema, lo cual aprovechó México, cuya posición se fortaleció con el rompimiento de la federación, efectuándose la incorporación definitiva de Soconusco en 1842. Esta cuestión sería origen de tensiones con Guatemala, que sólo se resolvieron después del tratado de límites de 1882.

Las primeras autoridades

Apenas iniciado el camino de la joven república, se hicieron evidentes los obstáculos que la harían inviable: el exacerbado localismo en las minorías urbanas dirigentes, lo cual provocaba desconfianza y rivalidades entre los estados, y de éstos con la capital; la difícil situación económica; la inexperiencia de los políticos; un exagerado caudillismo, y ejércitos en cada estado, así como la inexistencia de un verdadero sentimiento nacional.

Los problemas se iniciaron con la designación del presidente nacional en 1825. Hubo dos candidatos, el liberal salvadoreño Manuel José Arce, y el hondureño José del Valle, apoyado por los conservadores. Eran dos personalidades muy diferentes, aunque los dos de origen provinciano: sin formación universitaria el primero, y con duras experiencias frente al gobierno español; mientras que el otro era un "sabio" de larga trayectoria burocrática cercana al poder, y con experiencias totalmente disímiles: sin ninguna actitud militar, Del Valle; Arce, al contrario, basaba precisamente su prestigio en sus logros en el campo de las armas.

En la primera elección (por compromisarios o electores) Del Valle obtuvo la mayoría, pero se decidió que no la tenía si no sólo se tomaban como base los votos emitidos sino aun los de los ausentes; por lo que se pasó la designación al Congreso, que se decidió por Arce, quien asumió el cargo el 29 de abril de 1825.[8]

El nuevo presidente tuvo dificultades para integrar su gabinete porque las personas relevantes de su partido tenían ya otros cargos que no quisieron dejar. Ante esto recurrió a personalidades del partido contrario, lo que provocó recelos entre los liberales. Además, tuvo problemas con las autoridades del estado de Guatemala, también liberales, con las que compartía la capital.

Las divergencias entre Arce y el ejecutivo del estado de Guatemala llegaron al enfrentamiento y culminaron con la destitución y prisión del jefe del estado, Juan Barrundia. Arce se encontró completamente enfrentado con su partido original y se apoyó en los conservadores de la capital. Al mismo tiempo se planteó otro enfrentamiento en lo eclesiástico, que también se enfocaba como de la capital en contra de San Salvador. José Matías Delgado había sido designado obispo por la asamblea estatal de El Salvador, nombramiento y diócesis que legalmente no reconoció el arzobispo Ramón Casaus y Torres, lo cual ratificó el Papa.[9]

---

[8] A. Marure, 1913-I:118.
[9] A. Marure, 1913-I:110 y ss., y Jorge Luján Muñoz, "Las iglesias y

El Congreso y el Senado federales no aprobaron la actuación de Arce frente a Barrundia y se declararon disueltos. Éste asumió poderes dictatoriales y ordenó la elección de un Congreso extraordinario que debía reunirse en Cojutepeque. Por su parte, los salvadoreños decidieron defender la legalidad con las armas, prepararon un ejército y se dirigieron contra la ciudad de Guatemala. El presidente Arce los derrotó en las cercanías de la capital, el 23 de marzo de 1827, en la batalla de Arrazola. La derrota no fue decisiva y los salvadoreños continuaron en su postura, lo que obligó a Arce a marchar contra ellos. Después de algunos intentos de conciliación los provincianos derrotaron a las fuerzas federales en la batalla de Milingo. Entonces llegó desde Honduras un ejército al mando de un joven e improvisado militar que por varios años dominaría la escena centroamericana, Francisco Morazán. Tras meses de combates y aprovechando la división del ejército federal para combatir en dos frentes, los derrotó en Mejicanos, en las afueras de San Salvador, y en Gualcho, ya sin la presencia del presidente federal, que meses atrás había retornado a la ciudad de Guatemala y renunciado al cargo.

Morazán avanzó sobre la ciudad de Guatemala al frente del llamado "Ejército Aliado Protector de la Ley". Después de una nueva derrota de los conservadores, se firmó la capitulación a principios de abril de 1829. Ello supuso el triunfo indiscutible de los liberales.

Los nuevos dueños de la situación llegaron con áni-

los procesos políticos centroamericanos con especial atención en Guatemala", en *Relaciones del Estado con las iglesias* (México: Editorial Porrúa-Universidad Nacional Autónoma de México, 1992), 149.

mos vindicativos, que se centraron en contra de los líderes de las "familias" capitalinas y de la Iglesia, a quienes consideraban principales apoyos y reductos del partido enemigo.[10]

Provisionalmente asumió la presidencia de la federación el líder liberal radical, José Francisco Barrundia, quien había desempeñado un importante papel en la oposición en contra de Arce. El doctor Pedro Molina fue nombrado jefe del estado de Guatemala. Los más significativos representantes del conservadurismo guatemalteco fueron encarcelados o salieron al exilio. Por primera vez se persiguió a la Iglesia. Se expropiaron los bienes eclesiásticos y se exclaustró a las órdenes regulares. Pronto se expulsaría también al arzobispo Casaus y Torres.

En 1830 se celebraron elecciones que ratificaron el triunfo liberal. Francisco Morazán fue electo presidente de la República (cargo que asumió el 16 de septiembre de ese año) y el doctor Mariano Gálvez, jefe del estado de Guatemala, en 1831.

La situación económica era grave, pero casi toda la atención del presidente Morazán se dirigió a tratar de alcanzar la pacificación total. En 1832 hubo un intento de invasión de los conservadores desde México y Cuba. El ex presidente Arce dirigió un grupo que atacó desde Chiapas, mientras que otro lo hizo en Omoa, por mar, con el apoyo solapado de las autoridades españolas de Cuba, donde se hallaba exiliado el arzobispo Casaus. Ambas expediciones, que contaban con fuerzas limita-

[10] M. Montúfar y Coronado, 1934:168 y ss., y Pedro Joaquín Chamorro, *Historia de la federación de la América Central 1823-1840* (Madrid: Ediciones de Cultura Hispánica, 1951), lib. III, cap. V.

das, esperaban encontrar poca resistencia o que los apoyaran en el interior, y fracasaron estrepitosamente.

En 1834 se llevaron a cabo elecciones para la presidencia federal, en las que participaron José del Valle y Morazán, resultando con mayoría el primero, pero no pudo tomar posesión, pues falleció el 3 de marzo de 1834, antes de que se le declarara electo. Fue necesario hacer nueva convocatoria, y al año siguiente resultó ganador Morazán.[11]

Después de que las autoridades del estado de El Salvador aceptaron que la ciudad de San Salvador se convirtiera en Distrito Federal, la capital de la República se trasladó a dicha ciudad a principios de 1835.

El gobierno de Mariano Gálvez

El abogado liberal doctor Mariano Gálvez fue jefe de estado de Guatemala de 1831 a 1838. Trató de realizar una política de concordia, a la vez que iniciaba ambiciosos esfuerzos de modernización de la sociedad. Tuvo éxito al principio, aunque poco a poco sus planes de reforma produjeron resistencias. Su deseo de otorgar libertad de comercio generó oposición, ya que afectaba intereses establecidos. Afortunadamente, tuvo efectos positivos momentáneos, que unidos a la paz lograda después del fracaso de la intentona de Arce en 1832, produjo un ambiente favorable que contribuyó a su reelección en 1834. En su segundo periodo aumentaron las dificultades provenientes tanto de la resistencia que

---

[11] P. J. Chamorro, 1951, lib. III, cap. IX.

provocaron sus medidas de reforma, como por las divisiones y enfrentamientos en las filas liberales y la rebelión rural. Su plan de reforma tenía un carácter excesivamente europeo, sin tomar en cuenta las realidades locales. Sus programas suponían la pérdida del poder y de la influencia de los grupos tradicionales, que se opusieron a ellos tenazmente. Las élites liberales no comprendieron que era imposible emular a otras naciones con una situación social muy diferente. Tras la expropiación de los bienes eclesiásticos y la exclaustración, vino la abolición del diezmo, el establecimiento del matrimonio civil y el divorcio. La Iglesia católica se defendió con todos los medios a su alcance. Argumentó en contra de un sistema que en su opinión "socavaba los valores propios del país", traería al protestantismo y copiaba modelos extranjeros. Los curas fueron los más eficientes aliados de la Rebelión de la Montaña.

La reforma educativa suponía no sólo generalizar la enseñanza primaria, sino hacerla laica. Los párrocos, que tradicionalmente habían desempeñado un papel esencial en ella, se opusieron a ser excluidos. Igual sucedió cuando se quiso convertir a la universidad tradicional en una academia de estudios secularizada, que sería la entidad rectora del sistema educativo del país.

Otro programa que ilustra el sentido de las reformas es el de la colonización de las regiones deshabitadas. Gálvez decidió desarrollarlas por medio de planes de colonización con población europea (ingleses primero y belgas después). Se otorgaron inmensas concesiones en los departamentos de Chiquimula, Izabal y Petén, que afectaron a habitantes y municipios. Semejante generosidad con extranjeros, que además en muchos casos no eran católicos, generó resistencia entre la población local, que aprovecharon los curas. Los proyectos fracasaron por su mala planificación y peor ejecución, e indican el alejamiento que existía entre la élite liberal capitalina y la realidad rural.[12]

Una de las medidas más impopulares fue el restablecimiento del tributo colonial, que no se cobraba desde que fue abolido por las Cortes de Cádiz, pues fue suprimido por la Asamblea Nacional Constituyente en 1823. Ante la escasez de fondos, ya que el estado de Guatemala era el que financiaba al gobierno federal, Gálvez lo reimplantó en 1831, a la vez que se suprimió el diezmo en 1832. En 1836, en un esfuerzo por simplificar el sistema fiscal, se estableció un impuesto personal anual de dos pesos. Los campesinos se resistieron y apoyaron más la rebelión.

En esos momentos de oposición y crisis hizo su aparición, en los últimos meses de 1836, una epidemia de *colera morbus*. Los religiosos presentaron la epidemia (lo mismo que otros fenómenos naturales) como castigo divino por la persecución religiosa, a la vez que alarmaban a la gente por no efectuarse los entierros en los templos.[13] Hasta se llegó a difundir el rumor de que la

[12] William J. Griffith, *Empires in the Wilderness. Foreign Colonization and Development in Guatemala, 1834-1944* (Chapel Hill: University of North Carolina Press, 1965), y *Attitudes Toward Foreign Colonization. The Evolution of Nineteenth-Century Guatemala Immigration Policy* (Publicación 23, Nueva Orleans: Tulane University, Middle American Research Institute, 1974).

[13] En 1837 ocurrieron varios fenómenos naturales impresionantes en Centroamérica, además de la epidemia de cólera, entre los que destaca la gran erupción-explosión del volcán Cosigüina (Nicaragua), que se escuchó a mucha distancia y cuyas cenizas llegaron hasta Guatemala.

propagación era porque el gobierno había envenenado las aguas.

Otro aspecto del afán innovador fue la modificación del sistema legal y judicial. Los liberales decidieron realizarla con los códigos redactados en 1826 por Edward Livingston para Luisiana, donde por cierto no llegaron a aplicarse. Su gran impulsor y traductor fue José Francisco Barrundia. Incluía los juicios penales por jurado, lo cual fue criticado por la oposición, que señalaba su inconveniencia en un país casi analfabeto. Esta reforma fue primero aprobada en San Salvador en 1832, y se adoptó en Guatemala y en Nicaragua en 1835. El sistema de jurados fue un fracaso. Lo mismo sucedió con el esfuerzo por construir cárceles con celdas separadas, lo cual se hizo con trabajo forzado, que incrementó el descontento. Los códigos de Livingston entraron en vigor en Guatemala el 1º de enero de 1837. Ante la viva polémica y los problemas internos provocados por la rebelión popular, el gobierno federal convenció a Gálvez de que suspendiera su aplicación, lo cual provocó el enfrentamiento con Barrundia, que se consideró traicionado por abandonarse lo que él consideraba la base de todo el programa de reforma social, lo cual se unió a la forma autoritaria como Gálvez combatió el cólera, que Barrundia consideró violatoria de la ley. Barrundia, con toda su capacidad polémica, pasó a combatir a Gálvez.[14] En ese momento de dificultad, el jefe del estado trató de fortalecer su gobierno y

---

[14] David Vela, *Barrundia ante el espejo de su tiempo* (2 tomos, Guatemala: Editorial Universitaria, 1957), II:74, y Mario Rodríguez, *The Livingston Codes in the Guatemalan Crisis of 1837-1838* (Nueva Orleans: Tulane University, Middle American Research Institute, 1955).

aislar a Barrundia aliándose con algunos conservadores moderados, entre los que destacaba Juan José de Aycinena, recién retornado de su exilio en los Estados Unidos.

La rebelión campesina, que se había iniciado débilmente en Chiquimula a fines de 1835, se fue ampliando por toda la región oriental. Encontró un líder eficiente y carismático en el joven ladino Rafael Carrera, quien apenas pasaba de los 20 años. En 1837 existían brotes rebeldes en varias regiones, incluyendo Quezaltenango, aunque su núcleo estaba en el oriente, en la región llamada "La Montaña". Se trataba de un auténtico movimiento campesino popular que no fue como en otras ocasiones un simple estallido pasajero. A ello contribuyeron el descontento general de los campesinos por los años de guerra e inseguridad, y el ambiente creado por los cambios que amenazaban lo tradicional, especialmente la religión católica. Rafael Carrera supo conducir su campaña guerrillera con gran habilidad, ganando adeptos y admiración, aunque sufriera varias derrotas. Logró captar el descontento de los pequeños y medianos propietarios ladinos que anhelaban volver a un régimen de orden basado en las formas tradicionales de la Colonia. La Iglesia católica, al igual que la aristocracia capitalina, lo apoyaron y quisieron controlarlo, pero su desconfianza y perspicacia le hicieron no comprometerse y dedicarse con fidelidad a "sus" montañeses.

Gálvez pidió ayuda al presidente de la República, Morazán, pero éste no se la otorgó oportunamente, probablemente tanto por su rivalidad con el jefe del estado de Guatemala, como por no dar importancia a la revuelta. Los montañeses triunfaron, por lo que Gálvez tuvo que dejar el gobierno el 31 de enero de 1838. Su renuncia definitiva la presentó el 24 de febrero, cuando asumió el vicejefe del estado, Pedro José Valenzuela. Sin embargo, no hubo paz. Carrera, quien había sido designado comandante militar de Mita, volvió a alzarse. Por fin Morazán se decidió a actuar y llegó a Guatemala el 14 de abril, desde San Salvador, para dirigir la defensa, pero pronto tuvo que volver a El Salvador, dejando a un lugarteniente a cargo de la campaña.

La situación en la capital y la renuncia de Gálvez fueron aprovechadas por el liderazgo criollo-ladino de Los Altos para formar el sexto estado de la República (aspiración que venía desde 1823), lo cual solicitaron en febrero de 1838, dentro de las regulaciones que establecía la Constitución federal, como se verá más adelante.

El vicejefe Valenzuela presentó su renuncia a fines de julio, siendo sustituido por el presidente del Consejo de Estado, Mariano Rivera Paz. En agosto parecía que las fuerzas de Carrera tomarían la capital, pero el 10 de septiembre fueron derrotadas en Villa Nueva por un ejército al mando del general Carlos Salazar. El agotamiento de las tropas y la falta de previsión impidieron aprovechar la ocasión para perseguir a Carrera y capturarlo. Todavía en esa etapa los líderes conservadores, y en general la población de la ciudad de Guatemala, temían a Carrera y a sus huestes por los desmanes que habían cometido en diversos lugares.

Carrera se sublevó otra vez con el pretexto de las declaraciones de independencia hechas por Honduras y Nicaragua, que se ligaron por un pacto contra el gobierno de El Salvador el 18 de enero de 1839. Carrera lanzó un pronunciamiento el 24 de marzo y el 13 de abril ocupó la ciudad de Guatemala. Inmediatamente repuso a Mariano Rivera Paz en la jefatura del estado. El 17 de abril se emitió el decreto por el cual se separaba el estado de Guatemala (formado sólo por los departamentos de Guatemala, Sacatépequez, Verapaz, y Chiquimula, a causa del estado de Los Altos) de la federación, el cual fue aprobado por la Asamblea estatal el siguiente 14 de junio.[15]

En enero de 1840, las tropas del estado de Guatemala lograron terminar con el estado de Los Altos, y Morazán decidió acabar con Carrera e invadió Guatemala, pero fue derrotado el 19 de marzo, en la propia ciudad de Guatemala. Los conservadores aseguraron así su permanencia en el principal estado de la casi inexistente federación, y el máximo líder liberal del unionismo tuvo que irse al exilio.

El estado de Los Altos

La Constitución federal preveía el procedimiento para la creación de un estado en territorio de otro. Casi desde el inicio de la federación la élite criolla quezalteca aspiraba a ello, y había iniciado gestiones que no avanzaron. Gálvez se opuso abiertamente y obstaculizó el proceso. De ahí que los quezaltecos apoyaran a Barrundia en su polémica contra el jefe del estado. Tras la caída de Gálvez los quezaltecos precipitaron los acontecimientos. Apenas el 2 de febrero de 1838 se llevó a cabo una reunión en Quezaltenango, en que se acordó la segre-

---

[15] P. J. Chamorro, 1951, lib. IV, caps. V y VI.

gación del estado de Guatemala, "hasta que el Congreso federal decrete la formación de un sexto estado, compuesto por los departamentos de Los Altos..."[16]

El acta del 2 de febrero fue sometida a la asamblea del estado de Guatemala, que el día 10 de ese mismo mes acordó que quien debía conocer sobre este asunto era el Congreso federal, el cual legalizó la segregación al erigir, el 5 de junio de 1838, un estado separado de Guatemala, formado por los anteriores departamentos de Quezaltenango, Totonicapán y Sololá. Sin embargo, pocos días antes, el 30 de mayo, el propio Congreso federal había disuelto de hecho el pacto federal al facultar a los estados para organizarse como bien lo tuvieren, conservando la forma republicana y representativa.

En el mismo febrero se organizó el gobierno provisional de Los Altos, compuesto por un triunvirato formado por Marcelo Molina, José M. Gálvez y José Antonio Aguilar. Contaban con el concurso militar del general Agustín Guzmán, el vencedor de Omoa en 1832. Se convocó a una asamblea constituyente estatal, la cual quedó instalada en Totonicapán el 25 de diciembre de 1838, siendo su presidente el ilustre jurisconsulto nacido en Nicaragua, Miguel Larreinaga. Tres días después, el 28, tomó posesión como jefe del estado Marcelo Molina.

Las autoridades guatemaltecas reconocieron el estado de Los Altos, a pesar de la conmoción que había causado la segregación, pero esperaban la ocasión para forzar la reunificación al ya no existir autoridades fe-

---

[16] *Ibid.*, 440-441.

derales. La asamblea constituyente de Los Altos continuó con la aprobación de su constitución, y los conservadores de Guatemala se mostraban cada vez más disgustados con la situación en el nuevo estado, donde liberales refugiados dirigían ataques contra Carrera y las autoridades guatemaltecas. Se produjo un levantamiento de los indígenas en Santa Catarina Ixtahuacán, que fue severamente sofocado el 1º de octubre de 1839 con más de 40 indígenas muertos, lo cual aprovecharon en Guatemala para acusar de injusticia y represión a los altenses.

Es probable que la elección de Morazán como jefe del estado de El Salvador y la manifiesta simpatía de los quezaltecos por él, así como su apoyo al federalismo, ya moribundo pero que ellos consideraban que sería su salvación, determinaron a los conservadores y a Carrera a forzar la anexión del sexto estado a Guatemala, en enero de 1840.

Presencia inglesa

Inglaterra nunca aceptó el razonamiento centroamericano de que la federación era "heredera" de España, y que, por lo tanto, los británicos en Belice sólo tenían concesiones para explotar madera en la región entre los ríos Hondo y Belice. El superintendente británico trató de ampliar el territorio a fin de obligar, con el tiempo, al reconocimiento de la propiedad territorial inglesa. La población de Belice creció sobre todo a base de la inmigración de negros (esclavos o no) desde Jamaica y otras colonias británicas. No se conocen datos exactos acerca del aumento de la población allí, y hasta parece que hubo cierta disminución en algunos años; sin embargo, es indudable que, en general, el número de habitantes creció, e incluso se duplicó entre 1823 y 1845, para volver a hacerlo a lo largo de la década de 1850. De 3 824 en 1816, pasó a unos cuatro mil o un poco menos al momento de la independencia centroamericana, cifra que se mantuvo hasta 1835. Poco antes de la emancipación de los esclavos llegó casi a 10 000 en 1845, y a unos 25 365 en 1861.[17]

A partir de 1824 hubo algunos roces provocados por la abolición de la esclavitud que aprobó la Asamblea Nacional Constituyente. El decreto de liberación establecía que podía optar a este derecho cualquier esclavo que pisara territorio de la república. Si bien no fueron muchos los esclavos que huyeron, se pusieron dificultades para retornar a los huidos, según exigían sus amos británicos desde Belice. Los esclavos huyeron hacia Petén, donde la falta de autoridades y de control hizo muy difícil poder satisfacer las demandas de los airados propietarios. Además, hubo algunos incidentes cuando los amos quisieron hacer justicia por sí mismos adentrándose en Petén para perseguir a sus esclavos.[18]

---

[17] Ralph Lee Woodward, Jr., *Central America. A Nation Divided* (2ª ed., Nueva York: Oxford University Press, 1985), 123-124, y Narda Dobson, *A History of Belize* (Trinidad y Jamaica: Longman Caribbean, 1979), 243-244. Según esta autora, el aumento en 1861 fue por la llegada de los refugiados desde Yucatán por la Guerra de Castas.

[18] Existe la tradición de que en San Benito, Petén (fundado hacia 1805) se asentaron alrededor de 100 familias de esclavos procedentes de Belice. Véase Francis Gall, comp., *Diccionario geográfico de Guatemala* (4 tomos, Guatemala: Instituto Geográfico Nacional, 1976-1983), III:241.

Poco después de la Independencia se establecieron en la ciudad de Guatemala firmas que eran representantes de casas comerciales de Belice. Las más conocidas eran la de William Hall-Charles Meany y la de George Skinner-Charles Klee, quienes eran una mezcla de empresarios, aventureros, contrabandistas, vendedores de armas, banqueros y audaces negociantes en busca de un rápido enriquecimiento. Como ejemplo vale la pena mencionar el caso de Marcial Bennett, quien había hecho en Belice una respetable fortuna como comerciante y maderero. Inició sus negocios en Guatemala poco después de la emancipación vendiendo armas a liberales y conservadores. Después se dedicó a negocios poco claros, como el proyecto de colonización de las verapaces y la costa atlántica, explotaciones mineras en Izabal, Petén y Honduras, así como a especular con bonos estatales. Un caso muy ilustrativo fue su participación en la compra de la hacienda San Jerónimo, en Baja Verapaz. Adquirió esta propiedad de unas 270 caballerías (que durante la Colonia había pertenecido a la orden dominica), en sociedad con Charles Meany, su agente y socio en varias empresas en Guatemala. La propiedad había sido expropiada a los dominicos en 1830, y dos años más tarde la compraron Bennett y Meany por la módica suma de 111 862 pesos cuatro reales (equivalentes a unos 17 000 dólares), en una turbia negociación en la que aparecía involucrado el comerciante y liberal guatemalteco Basilio Porras, que resultó socio de la empresa con una tercera parte. Casi inmediatamente se importó de Inglaterra un moderno ingenio hidráulico, así como alambiques para la producción de licores. Además, se contrataron técnicos ingleses para la instalación y manejo de la maquinaria y se trajeron 57 familias portuguesas "de la Isla Fayal" para introducir técnicas modernas en el cultivo de la caña.[19]

Situación económica

Al momento de la independencia, la economía del reino de Guatemala vivía una aguda crisis que tardó en superarse. Un problema crónico de la nueva nación fue la escasez de ingresos hacendarios, por la derogación del tributo, con lo que sólo quedaron como ingresos de importancia los impuestos aduanales y los estancos del tabaco y la pólvora. Estas rentas debían de pasarse a la federación, pero lo recaudado por el tabaco quedó en manos de los estados, que no hicieron las remisiones correspondientes.

La escasez de fondos obligó, ya en 1825, a contratar un préstamo con una casa inglesa, que resultó un total fracaso.[20] La política económica del primer gobierno federal se orientó hacia la libertad de comercio, el cual se esperaba que se incrementaría notoriamente. Sin embargo, el resultado fue que sólo aumentaron las importaciones, especialmente provenientes de Belice, sin que crecieran las exportaciones por la baja producción añilera.

La situación económica no sólo no mejoró en las primeras tres décadas de vida independiente, sino que

---

[19] Julio C. Cambranes, "Los empresarios agrarios modernos y el estado de Guatemala", *Mesoamérica*, 10 (1985), 249.
[20] Chester L. Jones, "La deuda pública", en Jorge Luján Muñoz, comp., *Economía de Guatemala 1750-1940*, II:1980, 111 y ss.

se agravó notoriamente con las guerras civiles que asolaron casi todas las regiones. El gobierno central y los estados, por otra parte, desviaron recursos preciosos en la compra de armamento, sin invertir en obras de infraestructura. El gobierno federal a duras penas tenía fondos suficientes para afrontar los gastos de funcionamiento. En la década de 1830 hubo necesidad de rebajar los sueldos, y aun así siempre había déficit. Prácticamente sólo el estado de Guatemala y después El Salvador, cuando la capital se trasladó a aquel estado, contribuyeron a los gastos de la federación.

A partir de 1823, y hasta bien entrada la segunda mitad del siglo xix, se nota en Centroamérica un claro predominio del comercio británico. Si bien hubo poca inmigración inglesa a la región (en todo este periodo no pasó de las dos decenas el número conocido de residentes británicos), ejercieron un control casi total del comercio exterior. Al principio la mayoría del intercambio se hizo por el Caribe, a través de Belice y, en menor escala, con Jamaica. Sólo más tardíamente hubo algún comercio por el Pacífico, que inicialmente (1831) fue por medio de la marina mercante chilena, al comenzar el ciclo minero chileno, a través de El Callao, Valparaíso y el Cabo de Hornos.

Después de la independencia se mantuvo la importación de textiles británicos, que no sólo impidieron el desarrollo de la industria textil urbana, sino que con el tiempo también afectó a la artesanía textil de los indios, lo que agregó un nuevo factor de descontento. Muchas de las importaciones británicas eran de baja calidad, pero sirvieron para satisfacer el afán de lujo de gran parte de la población.

El porqué del fracaso de la federación

El tema del fracaso de la Federación de Centroamérica ha apasionado a la historiografía de la región casi desde el momento mismo en que aconteció. Los primeros autores fueron actores o testigos de los hechos, y escribieron no sólo bajo el acaloramiento inmediato, sino para justificar a su partido. De ahí que explicaran el fracaso echando la culpa al grupo contrario. La primera versión conservadora apareció en 1832, cuando Manuel Montúfar y Coronado publicó sus *Memorias para la historia de la Revolución de Centroamérica* (impresas en el exilio, en Jalapa, Veracruz, por ello popularmente conocidas como *Memorias de Jalapa*). En ellas narró los hechos que llevaron a la primera guerra civil (1826-29) y la posterior vindicación liberal. Según él, la piedra inicial del fracaso se puso con la Constitución, pues el sistema era muy complicado, costoso e imposible de aplicar por la escasez de recursos humanos y económicos, además de que facilitó la disgregación con un ejecutivo débil y demasiada autonomía para las provincias. Señaló, además, los excesos liberales, los ataques a la Iglesia y las vindicaciones provincianas contra "las familias" de la capital.

La explicación conservadora reciente más elaborada es la de Pedro Joaquín Chamorro, en su *Historia de la federación de la América Central, 1823-1840* (Madrid, 1951). De acuerdo con una concepción personalista de la historia, buscó personajes culpables en el bando contrario. El principal fue Francisco Morazán, empeñado en la solución militar, favorecedora de guerras civiles. También acusó a los líderes liberales guatemaltecos (entre los que destacó a Barrundia y a Molina), que con su intransigencia frente a Arce hicieron fracasar al primer presidente federal.

La versión liberal se inició con la obra de Alejandro Marure, *Bosquejo histórico de las revoluciones de Centroamérica* (publicada inicialmente en Guatemala, 1837, cuando los liberales estaban todavía en el poder). Su mejor expresión fue la *Reseña histórica de Centroamérica*, de Lorenzo Montúfar (Guatemala, 1878-1888, 7 tomos), mandada a escribir por Justo Rubino Barrios para continuar la obra de Marure. Los liberales culparon a la postura asumida por los "serviles" de oponerse a todo cambio y, aliados con la Iglesia católica, de obtener sus propósitos con el apoyo de las masas campesinas.

En cuanto a personajes conservadores culpables, al primero que señalaron fue a Manuel José Arce, a quien trataron con especial encono por haber traicionado sus ideas y aliarse con los "serviles" de la capital. El autor liberal Ramón A. Salazar llegó a decir que lo mejor para él habría sido morir "al pie de los muros de San Salvador, cuando la defendía contra Filísola y sus imperiales"; porque, "de aquella malhadada administración data nuestra aflictiva situación actual, siendo él el responsable de la desunión en que se encuentra y de las revoluciones que han ensangrentado su suelo".[21] Los otros "villanos" fueron las "familias" de la capital, con los Aycinena a la cabeza (especialmente Mariano). Además, le dieron una gran importancia al cónsul inglés Frederick Chatfield, como eminencia gris detrás

---

[21] Ramón A. Salazar, *Manuel José Arce (Hombres de la Independencia)* (Biblioteca de Cultura Popular, vol. 21, Guatemala: Ministerio de Educación Pública, 1952), 111.

de los conservadores guatemaltecos después de 1838, quien junto a su fiel secretario y ministro de Carrera, Manuel Francisco *(Chico)* Pavón, "conspiraron" para sabotear los esfuerzos liberales por reconstruir la unión.

La nueva historiografía ha ido demostrando que el proceso fue mucho más complejo que el enfrentamiento entre conservadores y liberales; que no sólo puede echarse la culpa a los defectos de la Constitución federal o a la tardía acción inglesa, ni a los conservadores guatemaltecos opuestos a rehacer la federación, o acusar a una determinada persona, ya sea liberal o moderada. Hoy se ve con claridad que influyó una constelación de factores que venía desde la Colonia: escasa población, un sistema administrativo mal estructurado, la rivalidad y desconfianza entre las regiones, ejércitos en cada uno de los estados, el encono de los provincianos en contra de las "familias de la capital", la crisis del sistema comercial, etcétera. Asimismo, tuvo alguna importancia la configuración geográfica de la región y el deficiente sistema de comunicaciones. Además, no hay duda también de que los líderes carecían de la experiencia necesaria y de que la independencia se produjo en un momento de aguda crisis económica y fiscal. No puede negarse la actuación de Gran Bretaña, especialmente a través de su cónsul Chatfield, opuesto a la reorganización de la federación después de 1840, pero no puede acusársele de las situaciones anteriores.[22]

Una cuestión a la que no se ha dado suficiente atención en la historiografía son los efectos que tuvo la pro-

---

[22] Mario Rodríguez, *A Palmerstonian Diplomat in Central America. Frederick Chatfield, Esq.* (Tucson: The University of Arizona Press, 1964).

funda reforma administrativa y política que se produjo con el paso del sistema colonial español al republicano. Desaparecieron dos instituciones fundamentales, ambas pilares de la unidad anterior: el presidente-gobernador y capitán general, por un lado, y la Audiencia, por el otro. El primero fue sustituido por un presidente nacional al que se despojó de la autoridad que se quiso traspasar a la Asamblea Federal. Como ha dicho M. Rodríguez, los constituyentes de 1823-1824 tuvieron en mente el papel desempeñado por el temible Bustamante y Guerra, que impidió la aplicación de la Constitución de 1812. Temerosos de que surgiera en la República una persona así, crearon en la Constitución una presidencia débil, fuente de conflictos con la asamblea y con los jefes de los estados.

Por otra parte, la poderosa y efectiva Audiencia se vio despojada de las pocas funciones de gobierno que le quedaban. Si bien esto ya se había producido en parte con el establecimiento de las diputaciones provinciales, casi no había tenido efecto. Con la República, la Audiencia se convirtió en un órgano exclusivamente judicial (la Corte Suprema de Justicia fue su heredera), pasando sus funciones legislativas y de gobierno al organismo legislativo, distribuidas entre el Congreso de Diputados y el Senado. Se cargó de muchas atribuciones al legislativo para quitar poder al ejecutivo y, a la larga, se le convirtió en un cuerpo inoperante y conflictivo.

El resultado fue que el esquema delineado en la Constitución era muy distinto del que se dio en verdad. La asamblea nunca funcionó eficientemente; en cambio, el ejecutivo, débil en el cuerpo legal, fue el que pudo operar más permanentemente, asumiendo atribuciones que legalmente no le correspondían. Ello dio argumentos a los opositores para fundamentar su actuación política (pacífica en un inicio y armada después), ya que sistemáticamente los presidentes se excedieron en sus funciones. En resumen, la reforma política y administrativa produjo unos gobiernos inoperantes, cargados de focos de tensión e ineficiencias y carentes de efectividad, sin grandes alcances centralistas.

Tampoco se ha prestado suficiente atención en la historiografía al papel que desempeñó el nacionalismo. En la década de 1820 no existía un verdadero nacionalismo centroamericano, pero sí varios nacionalismos provincianos o estatales. Si se entiende el nacionalismo como el tener una conciencia de pertenecer a una nación con la que uno se siente identificado por sentimientos de unidad y devoción, es claro que dicho sentimiento no existía para toda la zona centroamericana. Ese nacionalismo se genera entre los sectores educados de clase media y alta, los cuales sólo existían (por cierto, en números no importantes) en los centros urbanos de cada estado. El resto de la población (mayoritariamente rural y sin educación) carecía de tales criterios y, en general, no participó conscientemente en los procesos políticos. Fueron los grupos medios y altos los que dirigieron las acciones reivindicativas de cada estado. Ellos definieron unos propósitos de autonomía económica, social, cultural y política, que consideraron indispensables para el progreso de su provincia. Dichas reivindicaciones se planteaban como opuestas al afán centralista, identificado con "las familias" de la ciudad de Guatemala. Los sectores medios y altos provincianos (ya fueran moderados o liberales) no aceptaban mantener una situación de dependencia hacia la capital, como había existido durante la Colonia. Su aspiración irrenunciable era asumir ellos mismos la dirección económica, social, cultural y política en su respectiva región.

Bajo el liderazgo de esas pequeñas élites urbanas se fue definiendo, a partir de 1821-1823, una inclaudicable postura autonomista. Sólo en el caso de Los Altos pudo Guatemala tener suficiente autoridad para mantener la integridad territorial. En los demás, cada estado se definió como una nueva nación que sólo concebía (en la mente de sus pequeñas élites dirigentes) una existencia separada de las demás. Ninguna región pudo predominar sobre las otras. El grupo mejor formado y más poderoso, el de Guatemala, se hallaba demasiado alejado y no pudo sobreponerse a los esfuerzos separatistas de las demás provincias. La antigua capital estaba llamada a ser (como sucedió en otras regiones hispanoamericanas) la capital del nuevo país y a desempeñar el papel unificador, pero no pudo cumplirlo, y el reino de Guatemala se dividió en cinco países (y una parte, Chiapas, la absorbió México). La aspiración por reconstruir la federación permaneció como ideal político entre los centroamericanos, sobre todo entre los liberales del siglo XIX.

VII. EL GOBIERNO
DE LOS TREINTA AÑOS

SE CONOCE tradicionalmente en la historia de Guatemala como "gobierno de los treinta años" al periodo de control conservador que se inició con la caída de Mariano Gálvez y que terminó con la derrota del presidente Vicente Cerna el 29 de junio de 1871. La visión corriente en la historiografía nacional, dominada por la interpretación liberal, es que se trató de un periodo oscuro y estéril, de retroceso, dominado por la figura primitiva y salvaje del ignorante y casi analfabeto Rafael Carrera, quien no fue sino un títere de la Iglesia y de la clase alta. De acuerdo con tal versión, se regresó a la época colonial, se cortó el progreso del país y se entró en una época de dominio clerical, que sólo se superaría con la reforma liberal del 71.

Nuevos estudios históricos en las décadas recientes están cambiando profundamente esta imagen en muchos sentidos, según se verá a continuación. La época no fue de retroceso ni de esterilidad, Carrera estuvo lejos de ser un fácil instrumento en manos de las autoridades eclesiásticas o de la oligarquía, el país se recobró lentamente de tres lustros de destrucción y guerras, saneándose la economía y permitiendo a la población rural una era de tranquilidad y orden que ellos añoraban. Carrera encabezó y mantuvo un movimiento auténticamente popular que vino a corregir muchos de los excesos que habían cometido los liberales, enamorados del progreso pero que desconocían y menospreciaban la realidad rural de Guatemala.

Para comenzar, hay que distinguir dos periodos diferentes, uno que va desde 1838-1840, cuando triunfó por primera vez Carrera y se inició el lento desmontaje de las reformas liberales, el cual se cierra en 1848, cuando Carrera salió a su corto exilio en México, y otro que va desde el fracaso del retorno liberal y el regreso de Carrera en 1849, el cual marcó el inicio de la estrecha alianza de Carrera con los conservadores. Esta etapa comienza su cierre con la muerte de Carrera en 1865, pero culminó hasta el triunfo del movimiento encabezado por Miguel García Granados y Justo Rufino Barrios. La situación fue distinta en ambas etapas, tanto en el papel desempeñado por Carrera, como en su cercanía con los conservadores de las primeras familias de la capital, en lo referente a la situación socioeconómica del país y los esfuerzos de reforma y avance, así como en la actitud del gobierno para con los campesinos, fueran indígenas o ladinos.

Las reivindicaciones de Carrera

Una vez triunfante Rafael Carrera planteó una serie de peticiones que permiten apreciar cuáles eran los aspectos de las reformas liberales (federales y estatales) que rechazaba el movimiento popular que él encabezaba. Primero pidieron el enjuiciamiento de Mariano Gálvez; protección de la vida y de la propiedad; la abolición de los recientes impuestos; el regreso del arzobispo

Casaus y Torres y la restauración de las órdenes religiosas, la posibilidad de que los curas párrocos pudieran actuar como jueces; anular las ventas o concesiones de tierras hechas por el gobierno de Gálvez; reconocimiento de Carrera como general en jefe del movimiento de reforma; abolición de los Códigos de Livingston y de todas las leyes que fueran contra la moral pública; amnistía para los desterrados en 1829, y el reconocimiento de las nuevas constituciones nacional y estatal.[1]

El nuevo gobierno, presidido por Mariano Rivera Paz, se apresuró a derogar la legislación liberal que iba contra sus ideas. El 21 de junio de 1839 se declaró nula y sin validez la ley de 1830 que ratificaba la expulsión del arzobispo Ramón Casaus y Torres, y se le escribió invitándolo a volver, lo cual él declinó. En esa misma fecha se aprobó el restablecimiento de las comunidades religiosas suprimidas en junio de 1829, y pocos días después se abolió la disposición que establecía que los templos de las comunidades religiosas se convirtieran en parroquias. En diciembre se restableció el diezmo y se declaró que la religión oficial del Estado era la católica, si bien se permitieron otros cultos, pero en forma privada. En 1840 se derogó la legislación que estableció el matrimonio como un contrato civil y que permitía su disolución, y se restauró el fuero eclesiástico, y el 5 de noviembre de ese año se reorganizó la universidad conforme al sistema colonial. En 1841

---

[1] Hubert J. Miller, *La Iglesia y el Estado en tiempo de Justo Rufino Barrios* (Guatemala: Universidad de San Carlos de Guatemala, 1976), 36, y Ralph Lee Woodward, Jr., *Rafael Carrera and the Emergence of the Republic of Guatemala* (Athens: The University of Georgia Press, 1993), 65.

se legisló permitiendo que las autoridades eclesiásticas pudieran imponer castigos espirituales a quienes leyeran libros "impíos, inmorales y obscenos", y se restablecieron las fiestas religiosas que se habían suprimido en 1830.[2]

La fundación de la República

A partir de 1838 había dejado de existir realmente la República de Centroamérica, y cada uno de los estados venía funcionando como país independiente. Guatemala se había separado en 1839, pero con la opción de volver a integrarse, y lo mismo habían hecho las demás provincias de la federación. Sólo era cuestión de tiempo que se ratificara lo que ya era un hecho. A partir de 1844 se dieron los pasos que conducirían al establecimiento oficial de la República de Guatemala.

Poco a poco se fue afirmando el poder, la popularidad y el prestigio de Rafael Carrera. En ese sentido fueron muy importantes los acontecimientos que se dieron en el curso de 1844, producto de las tensiones y la desconfianza entre Carrera y los ultraconservadores. El 3 de marzo llegó de San Salvador Francisco de Paula García Peláez, adonde había ido para su consagración (que tuvo lugar el 11 de febrero) por el titular de aquella diócesis, Jorge Viteri y Ungo, como obispo de Bostia y auxiliar de Guatemala con derecho a suceder al titular, Ramón Casaus y Torres, quien permanecía en La Habana desde su expulsión. El prelado fue recibido con gran alegría y pompa, y se le dio posesión

[2] H. J. Miller, 1976:41.

como gobernador del arzobispado, actos de los que estuvo ausente Carrera, quien permaneció en Escuintla, en abierto desaire a los conservadores que se oponían a que aumentara su ejército y se resistían a darle los aportes forzosos que exigía para el pago de los soldados.

La crisis se precipitó cuando renunció Juan José de Aycinena como ministro de Relaciones Exteriores, el 7 de marzo. La situación se agravó al presentarse alrededor de 2000 montañeses armados, en protesta contra el gobierno, en las afueras de la capital. Rápidamente retornó Carrera para calmar la situación que él mismo había provocado, lo cual logró tras una escaramuza y rápidas negociaciones que culminaron con el llamado Convenio de Guadalupe, que firmaron el 11 de marzo los comandantes militares Carrera, Antonino Solares, José Clara Lorenzana, Manuel Figueroa, Pedro León Vásquez, Manuel Solares y Manuel Álvarez. Se produjo un retroceso de los clericales al disolverse la asamblea y pasar su autoridad al Consejo de Estado, y prohibirse al clero ocupar cargos públicos, mientras liberales moderados fueron llamados al gabinete. El nuevo consejo sería electo popularmente y se compondría de un miembro por cada departamento. Aunque Rivera Paz quedó debilitado, hizo esfuerzos supremos por superar las diferencias entre Carrera y la aristocracia más conservadora.[3]

La situación interna continuó tensa, y a mediados de año se complicó por los conflictos entre Guatemala, El Salvador y Honduras. En mayo llegó desde México a

---

[3] R. L. Woodward, 1993:159-160.

Guatemala el primer ex presidente federal, Manuel José Arce, quien se desplazó a la frontera con El Salvador, aparentemente con intenciones de invadir aquel país. Si bien Guatemala capturó al grupo de salvadoreños, el presidente de El Salvador, Francisco Malespín, acusó de complicidad al gobierno de Rivera Paz e inició maniobras para invadir Guatemala. Los hechos llevaron a una conferencia de paz que se reunió desde principios de julio en la Hacienda Quesada, en jurisdicción del departamento de Mita. Es significativo que la primera delegación nombrada estuviera constituida por liberales moderados: José Domingo Diéguez, José Antonio Azmitia y Alejandro Marure. Como los dos últimos no aceptaron, se designó para sustituirlos a los conservadores moderados Luis Batres y José María Urruela, así como al secretario del Consulado, Manuel Echeverría, precisamente como secretario del grupo. El 26 de julio se acordó un cese de hostilidades, y el 5 de agosto se firmó el Tratado de Quesada.[4] En todo ello jugó un papel muy importante Carrera, al mando de las tropas que vigilaron que no se fuera a producir el avance salvadoreño.

La paz firmada en Quesada fue presentada por el gobierno como un triunfo personal de Carrera y se acordó homenajearlo debidamente. Para ello se desplazó a Guatemala el jefe de los negociadores salvadoreños, el obispo Viteri y Ungo, y se organizó un recibimiento triunfal del caudillo a la cabeza de sus tropas, que se efectuó el 26 de agosto. Fue la confirmación del liderazgo de Carrera, entonces apoyado por liberales y

---

[4] *Ibid.*, 163-164.

conservadores moderados, en contra de los conservadores extremos, que deseaban acabar con su poder.

El 9 de diciembre se llevó a cabo la reunión de un Congreso Constituyente presidido por el liberal moderado José Venancio López, que el 11 de diciembre designó como presidente a Carrera, quien tomó posesión tres días más tarde en sustitución de Rivera Paz. Poco más de un mes después hubo un complot conservador extremista para derribar a Carrera, encabezado por Doroteo Monterrosa, quien trató de aprovechar la ausencia del presidente en Escuintla. Gracias a la reacción de Vicente Cruz y Sotero Carrera el intento fracasó, pero sirvió para alejar a Carrera de los conservadores más "cachurecos", y de mantener su alianza con los moderados, tanto liberales como conservadores en los siguientes años.

En 1845 y 1846 hubo relativa calma en el país, aunque no tan completa como afirmaba el gobierno. Existían todavía bandas armadas en el campo que cometían asaltos y robos, y hubo algunas asonadas contra el gobierno. Carrera se vio obligado a visitar el oriente del país para controlar los desórdenes, y aprovechó para realizar una peregrinación a Esquipulas. En esa época el cónsul inglés Chatfield tenía como sus colaboradores más cercanos a Manuel Francisco Pavón y a Luis Batres. A través de ellos y sus contactos con los ministros promovió la idea de que Guatemala debía tomar la decisión de asumir totalmente su soberanía y establecerse como país independiente ante la comunidad internacional. En los primeros dos meses de 1847 tomó forma final el proyecto. Es interesante analizar cómo se llegó a la decisión y quiénes participaron en ella.

El 9 de marzo el gobierno guatemalteco notificó oficialmente a los otros países centroamericanos su propósito de desligarse del pacto federal y establecerse como república independiente. La semana siguiente se designó una comisión para preparar un proyecto de constitución, compuesta por el doctor Pedro Molina, liberal tradicional; Alejandro Marure, liberal moderado, y Gregorio Urruela, conservador. El hecho de que Molina aceptara indica que tenía pocas esperanzas de revivir la Federación.

El 18 de marzo se llevó a cabo una reunión en el Palacio de Gobierno, presidida por Carrera, en la que estuvieron presentes los tres miembros del gabinete (José Mariano Rodríguez, de Relaciones Exteriores; José Nájera, de Hacienda, y José A. Azmitia, de Gobernación), el regente de la Corte de Justicia, representantes del Consulado de Comercio, el rector de la Universidad, el corregidor del departamento de Guatemala y otras autoridades. Azmitia fue el encargado de leer el manifiesto, casi seguramente redactado por Marure, a quien probablemente dieron sugerencias Rodríguez y el propio Azmitia.[5]

El sábado 20, por la noche, hubo iluminaciones generales y cohetillos en la ciudad, y el domingo 21 se hizo la publicación oficial del decreto y del manifiesto, después de un *Tedeum* en la catedral, oficiado por el arzobispo y un banquete en el Palacio, con todas las tropas de gala en la plaza mayor y en los corredores. Ese día, a las cuatro de la tarde, se leyó el decreto en la plaza. Después de ocho años de la declaración de sepa-

---

[5] *Ibid.*, 186-187.

ración, se había dado el paso final para que naciera la República de Guatemala. Si bien prácticamente no cambió nada la situación interna del país, se había dado un paso esencial para normalizar la posición e internacional de Guatemala y afirmar al gobierno.

La Comisión de Constitución presentó su propuesta el 12 de julio. Los liberales y los conservadores moderados formaron una coalición en favor de la normalización del país, que colaboró con Carrera hasta la crisis del año siguiente.

La crisis de 1848

El descontento en el campo, especialmente en el oriente, no había disminuido, a lo cual contribuyó la contienda en la capital entre moderados, por un lado (tanto conservadores como liberales), y los extremistas (también de ambos partidos), en medio de los cuales estaba Carrera, sin decidirse por una de las tendencias y preocupado por la rebelión oriental. A principios de 1848 intentó renunciar pero lo persuadieron de que continuara, entonces entregó provisionalmente el cargo al vicepresidente Vicente Cruz y marchó al oriente para acabar con la revuelta. El 4 de febrero el cabildo de la capital, preocupado por su ausencia, lo urgió a que volviera. La grave situación rural hizo que tuvieran que suspenderse las elecciones legislativas programadas para iniciarse el 6 de febrero.

Los esfuerzos por acabar con la Rebelión de la Montaña en las siguientes semanas no sólo fracasaron, sino que cada vez los rebeldes y los liberales se entendían mejor. El principal líder era Serapio Cruz (hermano del vicepresidente Felipe Cruz), pero había otros cabecillas como José Lucio, Francisco Carrillo, Roberto Reyes, Mauricio Ambrocio, León Raimundo, Agustín Pérez y, sobre todo, José Dolores Nufio, en ese momento el más audaz.

Los liberales exigían las elecciones para el Congreso Constituyente ofrecido en el decreto de fundación de la República. Bajo la dirección de Pedro Molina iniciaron en marzo la publicación de un periódico, *El Álbum Republicano*, pero aunque evitaron hacer una crítica directa al gobierno y a Carrera, sólo aparecieron 11 números, ya que fue clausurado y Molina sufrió unos días de cárcel. También se ordenó la prisión de José Francisco Barrundia, pero éste escapó a San Salvador.

Ante lo difícil de la situación, Carrera tuvo que aceptar que se efectuaran elecciones para una Constituyente que debía reunirse en agosto de ese mismo año, en las que hubo un relativo triunfo liberal. Ese hecho y que José Dolores Nufio, en control de Chiquimula, tomara el Puerto de Izabal y anunciara sus planes de avanzar sobre la ciudad de Guatemala, obligaron a Carrera a renunciar el 5 de septiembre, para después dirigirse a Chiapas en espera de los acontecimientos.

Tras la salida de Carrera no sólo no se normalizó la situación, sino que vino el caos. No desapareció la revuelta rural, tampoco pudo surgir un gobierno suficientemente fuerte (en rápida sucesión se dieron los gobiernos de Juan Antonio Martínez, José Bernardo Escobar y Mariano Paredes, quien tomó posesión el 1º de enero, y era simpatizante del retorno de Carrera), en parte por las disensiones entre los liberales que fueron incapaces de superar sus rivalidades. El hecho fue que el Congreso no sólo no revirtió lo decidido por Carrera el año anterior en cuanto a la separación de Guatemala del pacto federal, sino que lo ratificó por medio del decreto del 14 de septiembre de 1848. Además, rompieron cualquier posible colaboración posterior con él, al legislar prohibiendo su retorno, con lo cual éste al regresar se unió definitivamente con la aristocracia conservadora de la capital.

El 24 de enero de 1849 Carrera hizo pública su decisión de retornar al país para restaurar el orden y la paz, que se hallaba gravemente amenazada por una nueva separación de la región occidental, que había constituido otra vez el estado de los Altos. En abril, Carrera tomó Quezaltenango, reunificó el país e inició la segunda etapa de su predominio, ya claramente aliado con la Iglesia católica y con el grupo más tradicionalista y oligárquico de la ciudad de Guatemala. Paredes permaneció de momento en la presidencia y Carrera fue ascendido a comandante en jefe del ejército, pero su poder era ya indiscutible. Esta vez trató duramente a los jefes liberales, que sufrieron prisión o tuvieron que exiliarse. Si bien la rebelión oriental no quedó sofocada del todo, era ya claro que se debilitaba, y el gobierno tomó medidas para calmar las reivindicaciones de los alzados. Los esfuerzos militares por someter a los rebeldes repercutieron en las relaciones con Honduras y El Salvador, ya que éstos se refugiaban en esos países, a los que se acusaba de ayudarlos o tolerarlos, además de que las tropas guatemaltecas hicieron incursiones para perseguirlos. Todo ello y otros factores políticos provocaron que los tres países entraran en una nueva fase de colisión que culminó en 1851.

El triunfo conservador definitivo

El 9 de enero de 1851 se reunieron en Chinandega los representantes de los tres estados centrales (Honduras, El Salvador y Nicaragua) y organizaron lo que se llamó la *Representación Nacional*, que tenía como propósito resistir la agresión británica en Centroamérica (manifestada recientemente en las Islas de la Bahía y en la zona mískita en Nicaragua) y acabar con el gobierno conservador en Guatemala. Escogieron como presidente al representante de El Salvador, José Francisco Barrundia.

De inmediato iniciaron los planes para invadir Guatemala. Sin embargo, a pesar de la insistencia de Barrundia, la Dieta de Chinandega rehusó apoyar oficialmente la invasión, con lo cual la fuerza se conformó casi sólo con salvadoreños y guatemaltecos exiliados, algunos de ellos antiguos rebeldes de La Montaña. El ejército invasor penetró en territorio guatemalteco el 22 de enero de 1851, donde Carrera los esperaba en Chiquimula para cortarles el paso a la capital. En las cercanías de esa ciudad, en las afueras de San José La Arada, el 2 de febrero, se verificó la batalla, que resultó un rotundo triunfo para Carrera, quien sólo perdió tres oficiales y 20 soldados, así como siete oficiales y 42 soldados heridos; mientras los invasores sufrieron 528 muertos, un número mayor pero no establecido de heridos y 200 prisioneros, además de que quedaron en el campo más de mil rifles y otros pertrechos.

Esta victoria supuso la afirmación de Carrera y los conservadores en Guatemala. A partir de entonces Carrera se convirtió en la figura dominante de Centroamérica, ya que pudo poner y quitar presidentes en los estados centroamericanos vecinos, y ser el árbitro de cualquier intento por rehacer la federación, a los que sistemáticamente se opuso.

Ese año se aprobó finalmente un nuevo texto constitucional en el país, el Acta Constitutiva, el más corto que ha tenido Guatemala, con apenas 17 artículos. Se creó como órgano consultivo muy importante el Consejo de Estado, un cuerpo gremial del que formaban parte el arzobispo y los obispos, el regente de la Corte de Justicia, el presidente del cabildo eclesiástico, el rector de la Universidad, el prior del Consulado de Comercio, el presidente de la Sociedad Económica de Guatemala y el comandante general o jefe que designara al presidente de la República. También se estableció una Cámara de Representantes, formada por 55 diputados.

Si bien no contenía disposición con respecto a la religión, se mantuvo como oficial la católica, al establecer que regía lo dispuesto en la "Declaración de los deberes y derechos de los ciudadanos", establecidos en el decreto de 5 de diciembre de 1839 "como ley fundamental". Además, se otorgaron a la Iglesia católica diversos papeles preferenciales: al tomar posesión el presidente, el juramento debía prestarse ante el arzobispo metropolitano (artículo 16). Parte del juramento presidencial debía ser: "¿Prometéis mantener con todo vuestro poder las leyes de Dios, y hacer que la religión católica se conserve pura e inalterable, y proteger a sus miembros?"[6]

---

[6] *Digesto Constitucional de Guatemala*, en *Revista de la Facultad de Ciencias Jurídicas de Guatemala*, época III, vol. VII, núms. 2-4 (julio-diciembre de 1944), 173-179.

Ese mismo año, el 22 de octubre de 1851, Carrera fue electo presidente de la República y tres años después fue elevado a presidente vitalicio mediante un proceso que inició el ayuntamiento de la capital por petición del ejército, y que requirió una reforma del Acta Constitutiva. Con ello, el presidente se convirtió en virtual monarca absoluto de Guatemala; incluso, como si fuera rey, su efigie aparecía en las monedas del país.

El 10 de octubre de 1852 se firmó un concordato con la Santa Sede, que afirmó el papel oficial y dominante de la Iglesia católica en el país. Se estableció que continuaría siendo la de la República (artículo 1º); la enseñanza en universidades, colegios, escuelas públicas y privadas y demás establecimientos sería conforme a dicha religión (artículo 2º); los obispos conservaban su derecho de censura sobre todos los libros y escritos relacionados con el dogma, la Iglesia y la moral (artículo 3º) y el gobierno se comprometía a mantener el diezmo y a "obligar autoritativamente a él" (artículo 5º). A cambio, el sumo pontífice concedió al presidente de Guatemala y a sus sucesores el Patronato, "o sea el privilegio de presentar para cualesquiera vacantes" arzobispal o episcopal (artículo 7º).[7] Poco a poco la Iglesia católica recuperó la posición de poder que había tenido durante la Colonia. Se autorizó el retorno a las órdenes religiosas y que pudieran tener propiedades, incluyendo a los jesuitas, que estaban ausentes del país desde 1767.

La estabilidad del régimen se afirmó con la prospe-

---

[7] Agustín Estrada Monroy, *Datos para la historia de la Iglesia en Guatemala* (3 tomos, Guatemala: Sociedad de Geografía e Historia, 1974), II:741-752.

ridad que trajo al país el cultivo de la grana, que desde la década anterior fue la base de la economía del país.

En el campo internacional deben mencionarse tres aspectos importantes. Primero, la activa participación que tuvo Guatemala en la llamada Campaña Nacional Centroamericana de 1856, en contra de la invasión filibustera de William Walker en Nicaragua, con tropas al mando del ex presidente Mariano Paredes, quien falleció allí asesinado, y fue sustituido por el coronel José Víctor Zavala. En segundo lugar, la firma en 1859 de un tratado con Inglaterra para resolver la cuestión de Belice, en el cual se establecieron los límites de ese territorio con Guatemala, a cambio de la construcción de una vía de comunicación entre la capital y el Atlántico, compromiso que nunca cumplió aquel país.[8] Finalmente, en 1863 se firmó un Tratado de Paz y Amistad con España, por el cual se reconoció la independencia de Guatemala y se normalizaban relaciones entre ambos países.[9]

El cultivo de la grana

Guatemala venía buscando afanosamente desde principios del siglo XIX un sustituto del añil como producto base de exportación, ante la crisis que pasaba el tinte. Ya en 1810, en los *Apuntamientos sobre la agricultura y*

---

[8] Carlos García Bauer, *La controversia sobre el territorio de Belice y el procedimiento "ex-aequo et bono"* (Guatemala: Editorial Universitaria, 1958), 27-30.

[9] Carmen Rodríguez Senén, *Negociaciones diplomáticas entre España y Guatemala tendientes a un tratado de reconocimiento, paz y amistad* (tesis de licenciatura en historia, Universidad del Valle de Guatemala, 1988).

comercio se mencionó la posibilidad de la grana y se decía que la que se obtenía en Panajachel era más fina que la de Oaxaca, entonces el principal centro productor de Nueva España. De ahí se trajeron insectos y se iniciaron los esfuerzos, que no prosperaron mucho, en parte por el repunte que tuvo el añil en la década de 1820. Durante el gobierno de Mariano Gálvez continuaron las tentativas, y se trató de promover el gusano de seda, la grana y el café, pero la agitación en el país y los problemas que se vivieron con el cólera impidieron que el cultivo prosperara.

Con el triunfo conservador se logró una calma relativa que permitió que se afirmaran las siembras de nopales en la Antigua Guatemala y Amatitlán. Cuando se restableció el Consulado de Comercio, los grandes mercaderes prefirieron mantener su interés por el añil y no apoyaron a los particulares que ensayaban la producción de grana. Poco a poco, a lo largo de la segunda mitad de la década de 1830 y, sobre todo, después de 1840, se dieron las condiciones sociales, políticas y económicas que permitieron la corta pero importante prosperidad de este producto, que abarca desde más o menos 1845 hasta mediados de la década de 1860.

Los dos grandes centros productores fueron la Antigua y, sobre todo, los alrededores del Lago de Amatitlán. El cultivo se hacía en parcelas pequeñas y medianas, con siembras intensivas de nopales, y no requería gran cantidad de mano de obra. Sólo al momento de recoger la cosecha, es decir, de quitar a mano los insectos de los nopales se incrementaba su necesidad, pero se podía solventar con mujeres y hasta niños y jóvenes de la propia localidad. Con el tiempo se ampliaron las zonas de cultivo (se llegaron a sembrar unas 300 000 manzanas), aunque Petapa y Amatitlán siguieron siendo la principal zona de producción. Frente a las ventajas de no requerir grandes propiedades ni excesiva mano de obra estacional, tenía el problema de que los insectos eran muy sensibles a los cambios de clima (falta o exceso de lluvias), vientos fuertes, o eran atacados por orugas, etcétera. Sobre todo en la Antigua, donde llovía más que en Amatitlán y hacía más frío, la cosecha era más vulnerable y los propietarios de nopaleras se quejaban, en la década de 1850, de que hubo años en que su esfuerzo se convertía en un juego de azar por las calamidades que sufrían. Además, ahí sólo se daba una cosecha, mientras que en el Valle de las Mesas (Petapa y Amatitlán) se recogía el insecto en dos temporadas.

Se carece de suficiente información estadística fiable para establecer con certeza la evolución de la producción de grana; sin embargo, de varias fuentes se ha podido reconstruir el monto en libras de la cosecha de grana para el periodo de 1851 a 1870 (véase el cuadro VII.1).

Ya a principios de la década de 1860 fue evidente para el gobierno guatemalteco la crisis de compra que había para el tinte en Europa, y se buscó un producto que sustituyera a la grana como base de la exportación del país. De nuevo se pensó en el café, que ya había tenido éxito en otros países centroamericanos, como Costa Rica, donde desde finales de la década de 1830 era casi el único producto de exportación. Hay evidencias de que los ensayos venían desde años atrás, pues ya hubo pequeñas exportaciones de alrededor de 1 500 pesos anuales entre 1856-1858, que subieron casi a 5 000

CUADRO VII.1. *Producción de grana en Guatemala, en libras, 1851-1870*

Año	Producción	Año	Producción
1851	2 041 100	1861	1 539 780
1852	680 100	1862	1 659 185
1853	325 450	1863	1 443 310
1854	2 587 200	1864	1 460 000
1855	1 210 360	1865	1 386 000
1856	1 782 550	1866	1 674 900
1857	1 470 140	1867	1 525 800
1858	2 018 440	1868	1 415 400
1859	1 786 670	1869	1 862 600
1860	1 676 160	1870	1 375 100

FUENTES: 1851-1862, Pío Casal [Enrique Palacios], 1981:38, y 1863-1870, M. Rubio Sánchez, 1968:194.

en 1859, a más de 15 000 en 1860, y a 119 000 en 1862.[10] De acuerdo con Enrique Palacios, hacia 1859 había en el país por lo menos unos 6 millones de cafetos, cada uno de los cuales rendía 2.5 libras; es decir, alrededor de 150 000 quintales, aunque quizás todavía no estaban todos en edad de producción. La distribución de los cafetos por departamentos aparece en el cuadro VII.2.

El cultivo del café continuó desarrollándose en la década de 1860, aumentando cada año su importancia en las exportaciones del país, hasta que ya en 1870, por primera vez, sobrepasó a la grana en el monto de su valor en pesos, según se aprecia en el cuadro VII.3.

[10] Pío Casal [Enrique Palacios], *Reseña de la situación general de Guatemala, 1863* (edición, introducción y notas de Jorge Luján Muñoz, publicación especial 22, Guatemala: Academia de Geografía e Historia de Guatemala, 1981), 39.

CUADRO VII.2. *Número aproximado de árboles de café, distribuidos por departamentos, c. 1859*

Departamento	Número de cafetos
Suchitepéquez	1 087 006
Escuintla	806 649
Amatitlán	710 604
Guatemala	286 763
Santa Rosa	263 533
Jutiapa	197 500
Sacatepéquez	119 835
Verapaces	2 500 000
Total	5 971 890

FUENTE: Pío Casal (Enrique Palacios), 1980:43 y 45.

CUADRO VII.3. *Exportación de grana y café en Guatemala, en libras y pesos, 1867-1871*

Año	Grana		Café	
	Libras	Pesos	Libras	Pesos
1867	1 525 782	1 068 047	3 465 650	415 878
1868	1 273 591	891 513	7 505 102	788 035
1869	1 862 667	1 266 613	7 183 887	790 227
1870	1 443 387	865 414	7 322 982	1 132 298
1871	1 460 082	876 025	13 121 293	1 312 129

FUENTE: *Boletín Oficial*, tomo I, núm. 29 (1872).

Es de hacer notar que la producción de grana, aunque fluctuó, no disminuyó en una forma apreciable entre 1869 y 1871, pero en cambio sí fue cada vez menor su rendimiento en valor monetario, mientras que el café aumentaba tanto su producción en libras como su valor en pesos.

En cuanto al comercio, se mantuvo el predominio de las importaciones de la Gran Bretaña (véase el cuadro VII.4). Las provenientes directamente de ese país y las de Belice (que casi todas eran de la misma procedencia) sumaban 67%; en un lejano segundo lugar iba Francia con 17%; después Alemania, con 5%; España y Cuba, con apenas 4%, y finalmente los Estados Unidos, Bélgica y el resto de países que sumaban 7%. El gran viraje de los orígenes de nuestras importaciones se daría hasta el último cuarto del siglo XIX.

CUADRO VII.4. *Origen de las importaciones guatemaltecas, 1850-1870*

País	%
Gran Bretaña	61
Belice	6
Francia	17
Alemania	5
España y Cuba	4
Estados Unidos	3
Bélgica	2
Otros	2
Total	100

FUENTE: R. L. Woodward, 1991:35; basado en datos procedentes de la *Gazeta de Guatemala*, 1851-1871.

Relaciones con México

Las relaciones con ese país estuvieron dominadas por la cuestión de Chiapas y, especialmente, la ocupación de Soconusco en 1842. La indefinición de la frontera en el área de San Marcos y Huehuetenango produjo problemas por incursiones de delincuentes y algunos opositores que se refugiaban en el país vecino.

Recién fundada la República, en marzo del 47, México fue uno de los primeros países para el que se nombró representante diplomático, cargo al que se designó a Felipe Neri del Barrio, el 3 de mayo de 1847. México trató insistentemente, a lo largo de los años, de que se negociara un tratado de límites, pero el gobierno guatemalteco lo eludió. El punto de discusión era siempre que México no admitía negociación posible sobre Chiapas y Soconusco, sino que debería reconocerse la situación y fijarse la frontera. Guatemala tenía algunas esperanzas de que se pudiera rescatar algo todavía de Soconusco, según se puede apreciar en unas instrucciones remitidas a Del Barrio el 18 de junio de 1853.[11]

Previo a la formación del imperio, en 1863, hubo un incidente diplomático que involucró al ministro de Guatemala, Del Barrio, quien por su supuesto apoyo público al "gobierno revolucionario" (el conservador que desembocó en la formación del imperio encabezado por

---

[11] Véase Daniel Cosío Villegas, *Historia moderna de México. El Porfiriato. La vida política exterior. Primera parte* (México: Editorial Hermes, 1960), 33. La carta del nuevo secretario de Relaciones Exteriores, licenciado José Mariano Rodríguez a Del Barrio se encuentra en Enrique del Cid Fernández, *Grandezas y miserias de la vida diplomática* (Guatemala: Editorial del Ejército, 1966), 56.

Maximiliano) fue expulsado de México, junto con los representantes diplomáticos de España y del Vaticano, en enero de 1861. Guatemala sostuvo que su ministro había obrado correctamente, manteniendo una absoluta neutralidad en los asuntos internos de México.[12]

Se ha dicho que el régimen de Carrera tuvo preferencias por el imperio impuesto por Francia y Austria en México a partir de 1863 y que acabó en 1867. Sin embargo, el régimen guatemalteco no reconoció al gobierno de Maximiliano. Ahora bien, la situación mexicana redundó en Guatemala, por el hecho de un levantamiento en favor del Imperio que encabezó Juan Ortega en Chiapas, quien en agosto de 1863 ocupó San Cristóbal de Las Casas (entonces capital del estado), logrando los pronunciamientos favorables de varios poblados (Comitán, Simojovel, Soconusco y otros). Aunque México sospechó entonces que Ortega recibió apoyo de Guatemala, nunca se ha encontrado evidencia en ese sentido. Puede ser que algunos miembros del gobierno de Carrera simpatizaran con el imperio, pero ello no se reflejó en la política exterior, que fue neutral. La duración de la revuelta de Ortega fue corta y tuvo que abandonar la capital del estado. Fue definitivamente derrotado en Tapachula en 1865.

La sucesión de Rafael Carrera

Rafael Carrera falleció el viernes santo de 1865, el 14 de abril, después de un mes de enfermedad; en su le-

[12] Óscar Enrique Alvarado Silva, *Problemas fronterizos entre Guate-*

cho de muerte designó como su sucesor al mariscal Vicente Cerna.[13] La muerte del caudillo coincidió con el agravamiento de la crisis de la grana y la búsqueda de un sustituto, el café. Para que el paso fuera más fácil se requerían medidas y actitudes que el carácter de Cerna le impidió tomar, lo cual generó oposición a que fuera reelecto en 1869 por parte de los moderados liberales y algunos otros del régimen, quienes lanzaron como candidato (en la Cámara de Representantes, que era la encargada de la elección) al vencedor de los filibusteros, el mariscal José Víctor Zavala. Cerna triunfó por 10 votos, gracias al apoyo de los más tradicionalistas. Uno de sus oponentes en aquella elección fue Miguel García Granados, quien pronto fue perseguido y tuvo que esconderse y después salir al exilio, donde buscó el apoyo del joven rebelde Justo Rufino Barrios, quien desde 1869 había estado en la oposición armada al lado de Serapio Cruz, muerto en la batalla de Palencia, en enero de 1870. En pocos meses triunfó la rebelión, ahora mejor armada y dirigida, en contra de un régimen que fue incapaz de tomar las medidas que sus propios intereses demandaban.

SUMARIO Y ANÁLISIS

Rafael Carrera fue el primero de un tipo sociopolítico que después ha abundado en la historia guatemalteca:

mala y México durante el gobierno de los 30 años (tesis de licenciatura en historia, Universidad de San Carlos de Guatemala, 1978), 39 y ss.

[13] Como nota curiosa, Carrera murió el mismo día que el presidente de los Estados Unidos, Abraham Lincoln.

un gran caudillo, que por cerca de 30 años dominó la historia del país. Pero fue un caudillo especial, un ladino de extracción popular y de formación rural, que hubo de ser aceptado a regañadientes por la aristocracia capitalina, que por varios años se resistió a hacerlo, hasta que se dio cuenta de que ellos eran los principales beneficiarios del régimen, y que él era la única opción para mantenerse en el poder. Si bien no hay duda de que Carrera se transformó con el correr de los años, nunca renegó de su origen humilde y siempre se mantuvo como líder de los campesinos, tanto ladinos como indígenas, que lo vieron como uno de los suyos y acudían a él en busca de justicia y apoyo cuando lo necesitaban.

El periodo de los 30 años surge hoy como una época muy distinta de la que pintaron los autores liberales después de 1871. Ni fue tan oscura como se dijo, ni tan estéril como ellos afirmaron, y Carrera no fue el hombre primitivo y títere de los curas y los aristócratas. Sin duda era impulsivo y le faltaba educación, pero le sobraba pragmatismo y sagacidad, y contó siempre con el apoyo popular, como posteriormente no lo ha tenido por tanto tiempo otro presidente del país. No se puede negar que encabezó una dictadura y un régimen opresivo en muchos aspectos, pero que resultó para los campesinos (especialmente los indígenas) mucho menos injusto y destructivo que el que promovieron los liberales a partir de 1871.

Carrera conocía a fondo la realidad rural del país y supo tratarla con respeto y paternalismo. Todavía no se sabe con claridad, por falta de estudios monográficos, en qué medida su política protegió a los campesinos guatemaltecos (ladinos e indígenas) de la usurpación de sus tierras y la penetración en sus comunidades. No hay duda de que su desconfianza hacia los extranjeros detuvo, al menos en parte, los programas de colonización liberales, que habrían despojado a los campesinos de Verapaz, Petén, Izabal y Chiquimula de sus mejores tierras. Puede ser que su política procampesina se haya suavizado después de 1850, y no hay duda de que a todo ello contribuyó el cultivo de la grana, que se hacía en parcelas medianas o pequeñas, y que no requería de grandes cantidades de mano de obra migratoria. Pero el hecho fue que durante el gobierno de los 30 años las comunidades rurales guatemaltecas vivieron una relativa tranquilidad que pronto perderían con la penetración disociadora que produjo el café, por la usurpación de muchas tierras y los sistemas de trabajo forzado y migratorio. Ya esto lo señaló en 1940 el antropólogo Oliver La Farge, y lo han confirmado nuevas investigaciones y apreciaciones.[14]

A partir de la muerte del "caudillo adorado de los pueblos" y el inicio del cultivo del café, los campesinos guatemaltecos debieron ceder parte de sus tierras en "aras del progreso" y otorgar forcivoluntariamente su fuerza laboral en regiones muy alejadas de la suya por pagos irrisorios. Los liberales del 71 sustituyeron un régimen dictatorial y autoritario por otro con iguales características, pero que no respetó las propiedades

[14] Oliver La Farge, "Etnología maya: secuencia de las culturas", en *Cultura indígena de Guatemala. Ensayos de antropología social* (Seminario de Integración Social Guatemalteca 1, Guatemala: Editorial del Ministerio de Educación Pública, 1956), 25-40 (publicado originalmente en inglés en 1940). Véase también E. Bradford Burns, *The Poverty of Progress: Latin America in the Nineteenth Century* (Berkeley: University of California Press, 1980), y R. L. Woodward, 1993.

ancestrales de las comunidades indígenas y las sometió a un proceso destructivo y de sufrimiento. Gracias a ello el país "prosperó" en la perspectiva de los grandes cafetaleros que urgentemente pedían mano de obra segura y barata, así como transporte rápido para sus exportaciones.

El régimen de Carrera marcó el inicio de la penetración ladina en el gobierno nacional, que hubieron de aceptar sus aliados aristócratas, y que después aumentaría con los liberales, aunque ninguno de sus líderes tuvo una extracción tan humilde y la devoción rural de Rafael Carrera. La presencia ladina aumentó con la reforma liberal, siempre compartiendo el poder con las clases tradicionales de extracción "criolla". Sin embargo, no debe olvidarse que ello se produjo al lado de personas de inmediato origen extranjero. Todos estos grupos han mantenido su participación en los núcleos de poder hasta la actualidad.

VIII. LA REFORMA LIBERAL, 1871-1885

LA HISTORIA guatemalteca tradicional, escrita en buena parte por los herederos del liberalismo de 1871, presenta la Revolución encabezada por Miguel García Granados y J. Rufino Barrios como la incorporación de Guatemala al progreso y la modernidad que le habían negado al país los conservadores durante tres décadas de atraso y estancamiento. No hay duda de que el régimen liberal trajo un nuevo ritmo al país, que supuso cambios, pero ese avance ya se había iniciado antes y su afán de incrementarlo tuvo su precio, ya que se hizo a costa de arraigar el monocultivismo y de aumentar la dependencia del país a los inversionistas extranjeros, que pasaron a controlar aspectos claves de la economía, como los servicios públicos básicos.

El régimen de Vicente Cerna cayó con más pena que gloria después de una insurrección ante la que demostró su incapacidad de enfrentar creativamente el desafío. La campaña militar de García Granados y Barrios fue relativamente fácil y rápida. El gobierno de Cerna se había confiado después de su triunfo en Palencia ante Serapio Cruz, en enero de 1870, pero poco más de un año después se encontró ante la imposibilidad de poder reaccionar. Las acciones se iniciaron cuando se efectuó una invasión desde México, que apenas fue de un centenar de personas, pero mucho mejor armadas que las fuerzas gubernamentales, con fusiles

Remington y Winchester recién adquiridos por García Granados en los Estados Unidos. En escasos tres meses, desde la acción de Tacaná el 2 de abril hasta la derrota de San Lucas el 29 de junio, se desmoronó el régimen conservador, que había perdido parte de sus partidarios.

Los dos líderes del movimiento conformaban un binomio conveniente, pero con contrastes, que ya en el gobierno se hicieron patentes. Como escribió el biógrafo de Barrios, Paul Burgess, para la campaña hicieron una buena combinación; García Granados aportó su madurez, cultura, experiencia política, recursos económicos y, sobre todo, su prestigio y conocimientos entre la clase alta de la capital. Barrios, en cambio, proporcionó su conocimiento de la región donde fue la primera parte de la campaña, su experiencia y osadía guerrillera, así como su liderazgo entre los elementos jóvenes de occidente que se incorporaron al grupo.[1] Todo ello, unido a la superioridad del armamento, les deparó el fácil triunfo que les permitió entrar victoriosos en la capital el 30 de junio.

El 8 de mayo, en plena campaña, desde el Cuartel General en marcha, García Granados lanzó un manifiesto "a los guatemaltecos" en el que resumió sus reivindicaciones y propósitos: acabar con el "gobierno dictatorial y tiránico" y establecer "otro que no tenga más norma que la justicia", que no "atropelle" las garantías sino que las respete; derogar el Acta Constitutiva y

---

[1] Paul Burgess, *Justo Rufino Barrios* (versión española de Ricardo Letona-Estrada, Colección Rueda del Tiempo, San José, C. R., y Guatemala: Editorial Universitaria Centroamericana-Editorial Universitaria de Guatemala, 1972), 104-105.

que se estableciera "una verdadera Representación Nacional libremente elegida y compuesta de hombres independientes"; libertad de prensa; mejora y reforma del ejército; modificación del sistema impositivo; generalización de la instrucción pública y, finalmente, la desaparición "de toda especie de monopolios", "muy especialmente el del aguardiente".[2] Unas semanas más tarde, el 3 de junio, en la llamada Acta de Patzicía por haberse emitido en esa villa, se desconoció al gobierno "oligárquico", "tiránico" y "usurpador" del presidente Cerna, al que se acusaba de "actos arbitrarios", crueldad, violación de las leyes fundamentales y de las garantías individuales; de perseguir a miembros de la "representación nacional" (el Congreso), así como de destruir la hacienda pública; y se nombraba como presidente provisional a Miguel García Granados. Firmaron el acta 64 personas y dos más a ruego, encabezados por J. Rufino Barrios.[3]

Una vez vencedor, la actitud de García Granados fue conciliadora, dando seguridades a los principales propietarios y a la Iglesia de que no habría represalias. El mismo 30 de junio hubo un *Tedeum* en la catedral, oficiado por el arzobispo. Fueron los acontecimientos posteriores y las posturas de Barrios y su grupo los que forzaron la toma de medidas tendientes a anular la oposición. En ese sentido contribuyó la rebelión que estalló en la región oriental del país, que fue a sofocar

---

[2] *Selección de documentos de la vida independiente* (4ª ed., Guatemala: Universidad de San Carlos de Guatemala, 1971), 89-91.

[3] *Recopilación de las leyes emitidas por el gobierno democrático de la República de Guatemala desde el 3 de junio de 1871 hasta el 30 de junio de 1881* (tomo I, Guatemala: Tipografía de El Progreso, 1881), 3-4.

personalmente el presidente García Granados; lo mismo que la postura de las autoridades eclesiásticas ante determinadas medidas, lo cual provocó que se tomaran disposiciones para acabar con el poder de la Iglesia, a lo que se hace referencia específica más adelante.

Casi desde un principio se hizo evidente el distinto "estilo" de García Granados y de Barrios ante los problemas del país y cuán diferentes eran sus prioridades y objetivos. Se trataba de personas no sólo generacionalmente distantes, sino también en formación y carácter. El primero tenía 62 años, mientras que el segundo 35. Uno era de origen capitalino (si bien nacido en El Puerto de Santa María, Cádiz, España, en 1809), de cuidada educación, hablaba varios idiomas, acomodado y muy vinculado al comercio de exportación-importación. Aunque combatió brevemente muy joven en el bando conservador durante la primera guerra civil centroamericana (1827-1829), después se le identificó como liberal moderado, y se había distinguido como dirigente de la Sociedad Económica de Guatemala y, sobre todo, como parlamentario cuando dirigió en el Congreso, en 1869, la candidatura del mariscal José Víctor Zavala frente a la de Cerna. Barrios, en cambio, era provinciano, nacido en San Marcos (1835), de una familia terrateniente acomodada. Su experiencia en la capital había sido limitada cuando hizo sus estudios superiores y obtuvo su título de escribano público (notario, en 1863), oficio que después ejerció en la Villa de San Marcos.[4] Con educación limitada, sin viajes al extranjero y

---

[4] Jorge Luján Muñoz, *El ordenamiento del notariado en Guatemala desde la Independencia hasta finales del siglo XIX* (Guatemala: Instituto Guatemalteco de Derecho Notarial, 1984), 27-28.

sin conocer otros idiomas, tenía un horizonte mucho más limitado. En cuanto a carácter y trato, García Granados era refinado, tranquilo, cosmopolita; mientras Barrios era tosco, volcánico y pueblerino.[5] Quienes conocieron y trataron a Barrios resaltaron sus maneras orgullosas e impulsivas, su sentido temerario y audaz;[6] todo lo contrario de su predecesor en la presidencia. Ambos coincidían en su patriotismo y en el convencimiento de que el país requería cambios; pero mientras García Granados los deseaba paulatinos, fundamentalmente legales y sociales, tratando de no romper el sistema, Barrios los quería de inmediato, acabando con el poder de la Iglesia y transformando profundamente el sistema socioeconómico del país.[7]

El periodo que se trata en ese capítulo se puede dividir en dos partes, que coinciden con los dos presidentes: de 1871 a 1873 el periodo de García Granados; de 1873 a 1885 el gobierno de Barrios. La tradición presidencialista y autoritaria hizo que cada mandatario impusiera su sello, si bien en el caso del primero se aprecia la intervención de Barrios en más de una ocasión para precipitar los acontecimientos o imponer su punto de vista.

---

[5] Jorge Mario García Laguardia, *La reforma liberal en Guatemala. Vida política y orden constitucional* (3ª ed., Guatemala: Editorial Universitaria de Guatemala, 1985), 111-118, y Hubert J. Miller, *La Iglesia y el Estado en tiempo de Justo Rufino Barrios* (Guatemala: Universidad de San Carlos de Guatemala, 1976), 63-66.

[6] Ramón A. Salazar, *Tiempo viejo. Recuerdos de mi juventud* (2ª edición, Biblioteca Guatemalteca de Cultura Popular 15 de septiembre, Guatemala: Editorial del Ministerio de Educación Pública, 1957), 167-178.

[7] J. M. García Laguardia, 1985:111-118.

La reforma religiosa

Una de las prioridades del grupo más radical que encabezaba Barrios era la reforma religiosa, con el claro propósito de despojar a la Iglesia católica del poder y de la importancia que había gozado durante el régimen conservador. En esto coincidían, en parte, con los criterios de los liberales de cuatro y tres décadas atrás y, en buena medida, repitieron los procedimientos y la legislación. Originalmente pedían libertad religiosa y de expresión, y en ese sentido apenas el 7 de julio de 1871 se derogó la ley del 30 de abril de 1852 que limitaba la libertad de prensa y que establecía la previa censura eclesiástica para cualquier publicación. Este cambio legislativo permitió la impresión de muchas hojas sueltas y periódicos, en los que los liberales más impacientes argumentaron en favor de las reformas. Inmediatamente se produjo una contienda ideológica, ya que los conservadores, entre quienes destacó el doctor Mariano Ospina, respondieron con sus propios argumentos.

Estaba claro que los reformistas querían la abolición del sistema de religión oficial, plena libertad de cultos, y que la educación estatal fuera laica. También se discutió sobre la conveniencia del diezmo y, en general, la reforma educativa. Cada vez fue más patente la conformación de un grupo liberal radical y que Barrios era su dirigente. Él no había aceptado ningún cargo en el gobierno, pero cuando por decreto del 24 de julio se dividió militarmente al país en cuatro comandancias generales (Occidente, Centro, Sur y Oriente), Barrios asumió la de Occidente, con sede en Quezaltenango, desde donde dirigió parte de la campaña de opinión, para lo cual adquirió una imprenta, en la que publicó el famoso periódico *El Malacate* (ése era el nombre de su finca en San Marcos), que dirigió su amigo íntimo, Andrés Téllez, en el que se publicaron fuertes ataques contra la Iglesia católica en general y los jesuitas en particular. En agosto de 1871 fueron expulsados los jesuitas de Quezaltenango hacia la capital, por decisión del concejo municipal, con la aprobación de Barrios, y al mes siguiente también se les extrañó del país.[8] Fue el primer caso en que Barrios impuso su voluntad sin que García Granados no sólo no hiciera nada, sino que posteriormente aceptara el hecho consumado.

El arzobispo Bernardo Piñol y Aycinena protestó enérgicamente ante el presidente García Granados, sin resultado. Al arzobispo le tocó ser expulsado el 17 de octubre siguiente, acusado de estar complicado en los movimientos revolucionarios del oriente y de hostilidad al gobierno. También se expatrió el mismo día al obispo de Teya, Mario Ortiz Urruela, y el 22 de diciembre se acordó derogar el diezmo a partir del 10 de enero de 1872.[9]

En septiembre de 1871 se temió la expulsión de Quezaltenango de las monjas belemitas, que se realizó hasta febrero de 1873, cuando debieron de trasladarse también a la capital. El clima anticatólico creció en otros centros urbanos altenses, lo mismo que en la ciu-

---

[8] Hubert J. Miller, "La expulsión de los jesuitas de Guatemala en 1871", *Estudios*, 5 (1972), 41-44.

[9] *Recopilación de las leyes...*, 1881, 1:41-42, decretos núms. 23 y 24, y decreto núm. 43, 86-87.

dad de Guatemala, en los primeros meses de 1872, al mantenerse viva la polémica por la prensa y otros medios impresos, a pesar de las constantes quejas de la jerarquía católica.

Un tema en el que se insistía mucho era en la improductividad de los bienes en manos de la Iglesia. El 27 de mayo de 1872 se declaró extinguida la Comunidad de Padres de San Felipe Neri, y el 7 de junio siguiente se aprobó auprimir en el país todas las comunidades de religiosos y se nacionalizaron sus bienes, tanto los que tenían en usufructo como en propiedad, los cuales se dedicarían a la instrucción pública.[10] Los religiosos quedaban en libertad de permanecer en el país o salir de él, en cuyo caso se les daría un viático. Los templos permanecerían abiertos al culto y las bibliotecas (en el decreto dice librerías) pasaban a la universidad. Cinco días después, el 12 de junio, se ordenó el establecimiento en cada uno "de los extinguidos conventos de San Francisco, la Recolección, Santo Domingo y el de Bethlemitas de la Antigua Guatemala" de una escuela pública gratuita.[11]

Si bien la población no protestó por estas medidas, parece que sí hubo mucha gente que las criticó. Sin embargo, el programa siguió su marcha, lo mismo que la polémica en los medios impresos. El siguiente paso fue la libertad de cultos, o libertad de conciencia, como se le llamó en los documentos oficiales, que se estableció por decreto núm. 93 de 15 de marzo de 1873, ya siendo presidente J. Rufino Barrios, el cual declaró la libertad

---

[10] *Recopilación de las leyes...*, 1881, I:105-106, decreto núm. 61, y decreto núm. 64, 114-115.

[11] *Ibid.*, decreto núm. 67, 119.

de conciencia y de pertenecer a cualquier religión y, por lo tanto, la edificación de templos y el efectuar servicios públicos.[12]

El 27 de agosto de 1873 se consolidaron todos los bienes expropiados a las órdenes de religiosos (en el decreto se dijo "desamortización" y "manos muertas") y se normaron los medios para su administración. Por otro decreto de ese día se ordenó la fundación, con esos bienes, de un Banco Agrícola Hipotecario.[13]

La situación de las órdenes religiosas se dilucidó unos meses más tarde, cuando por decreto núm. 115, del 9 de febrero de 1874, se suprimieron los monasterios de religiosas y los beaterios, "así como las órdenes terceras y demás congregaciones de esa clase".[14] También se nacionalizaron sus propiedades y se ordenó la exclaustración o expulsión de las religiosas que lo prefirieran. Poco después se suprimió el fuero eclesiástico, se prohibió a la Iglesia tener bienes, se suprimió la enfiteusis y las capellanías, y se estableció el matrimonio civil obligatorio y el divorcio.

Puede decirse que en 1874 estaba finalizada en lo fundamental la reforma religiosa de Barrios, la cual se afirmó cuando en la Constitución de 1879 se reguló la separación entre la Iglesia y el Estado, no hubo religión oficial y se garantizó el libre ejercicio dentro de los templos de cualquier culto. El gobierno mantuvo su

---

[12] *Ibid.*, 174-175.
[13] *Ibid.*, decretos núms. 104 y 105, 209-211.
[14] *Ibid.*, 255-256. Por acuerdo de 21 de septiembre del mismo año de 1874 se estableció una ayuda mensual de 12 pesos para 26 monjas de los extinguidos conventos que la habían solicitado, *ibid.*, 299. Para más detalles sobre este tema véase H. J. Miller, 1976.

esfuerzo de ampliar la educación laica y limitar la educación católica, que quedó reducida a unos pocos centros educativos en la capital. Además, se apoyó la llegada de misioneros protestantes (presbiterianos) procedentes de los Estados Unidos, que iniciaron sus labores en la capital y después en Quezaltenango. Cuando abrieron su primera escuela, Barrios envió a sus hijos a ella. Sin embargo, el avance de los protestantes fue mínimo y limitado a los pocos núcleos urbanos en que pudieron establecerse.

Expansión del café

Como ya se vio en el capítulo anterior, en 1870 el café había pasado a ser el principal producto de exportación del país, aunque todavía la grana siguió teniendo importancia por algunos años. Lo que el nuevo gobierno hizo de inmediato fue tomar todas aquellas medidas que consideraba necesarias para facilitar más la ampliación del cultivo del grano. Una de las primeras fue suprimir el diezmo, lo cual no había podido hacer el gobierno conservador por el Concordato, que para ello fue denunciado, indicándose que se negociaría otro. Además, para garantizar el suministro oportuno de mano de obra estacional, el 3 de noviembre de 1876 se envió una circular a los jefes políticos (gobernadores) departamentales para que "los pueblos indígenas" proporcionaran "a los dueños de fincas" que lo solicitaran "el número de mozos que fuere necesario", hasta 50 o 100 según fuera "la importancia de la empresa".[15]

---

[15] *Ibid.*, 450-451.

Podrían hacerse "relevos de mozos" las veces que fuera necesario, renovándose cada dos semanas. El pago de los trabajadores debía ser anticipado, al solicitarlos, y la autoridad quedaba encargada de efectuar el reparto correspondiente. De una vez se ordenaba poner "especial cuidado" en castigar a los mozos que evadieran su obligación o defraudaran a los agricultores. Supuestamente esta medida contribuiría a mejorar "la situación de los indios, sacándolos del estado de miseria y abyección" en que se encontraban, al crearles necesidades "por medio del contacto con la clase ladina" y habituarlos al trabajo.

Al año siguiente, el 3 de abril de 1877, se emitió el decreto núm. 177, "Reglamento de Jornaleros", en el que se reguló detalladamente (estaba compuesto por 51 artículos) los procedimientos para reclutar y pagar a los trabajadores temporales destinados al café. Con dicho reglamento se garantizó por muchos años la provisión de trabajadores (en su mayoría indígenas) para recoger la cosecha. Había algunas obligaciones para los patrones que rara vez se aplicaron, como establecer una escuela de primeras letras donde hubiere más de 10 familias, dominical o nocturna para los trabajadores y diaria para los niños de uno y otro sexo.[16]

Otro de los aspectos que atendió el gobierno fue el de proveer tierra en propiedad. Lo mismo que los liberales de la década de 1830, creían que era conveniente acabar con las tierras comunales y darlas en propiedad individual. Para ello se siguieron dos caminos: uno, entregar en parcelas las propiedades expropiadas a la

---

[16] *Ibid.*, II:69-75.

Iglesia (así se hizo con la antigua hacienda dominica de Palencia), pero éstas eran pocas, y otro, repartir o vender a bajo precio las tierras estatales o baldías que hubiera disponibles. Asimismo, en 1877 se abolió el censo enfitéutico dando prioridad para adquirir las tierras a quienes las tuvieran en cultivo.

Tanto el sistema de mandamientos o trabajo estacional obligatorio, como el de reparto de baldíos afectaron las comunidades indígenas, pero en forma muy diferente según cada caso. Conforme fue aumentando el número de plantaciones y creció el requerimiento de mano de obra, se amplió la cantidad de municipios indígenas que tenían que proporcionarla. Por otro lado, se inició un creciente proceso de denuncia de tierras baldías, especialmente por ladinos, que las solicitaban en propiedad individual. En cambio, en general, los municipios indígenas hicieron sus oposiciones o sus denuncias en forma comunal. Dos de las regiones más afectadas fueron la zona de la bocacosta de San Marcos y Quezaltenango (Costa Cuca), y la Verapaz, pero hubo casos en otras regiones en que se repartieron tierras que las comunidades indígenas consideraban como suyas por haberlas gozado desde "tiempo inmemorial", aunque no fueran de sus ejidos ni tuvieran títulos legales sobre ellas. De cualquier manera, muchas comunidades conservaron sus tierras, ya que en Guatemala no se verificó un proceso de privatización tan completo como el que hubo en El Salvador, en el mismo periodo. Para facilitar el conocimiento de la situación de las propiedades inmobiliarias se estableció el Registro de la Propiedad Inmueble.

Otros de los obstáculos para el desarrollo del café

eran las limitaciones de crédito y el tipo de financiamiento tradicional, que no respondía a las características del cultivo. Especialmente difícil resultaba sostener una finca mientras ésta no producía, ya que los primeros cinco a seis años los árboles no daban fruto. Era necesario contar con instituciones que otorgaran préstamos a mediano plazo, tanto fiduciarios como hipotecarios. Según ya se mencionó, en 1873 se intentó establecer un banco hipotecario capitalizado con los fondos provenientes de la confiscación de los bienes eclesiásticos, que se llamó Banco Nacional de Guatemala, y que quebró como resultado del colapso hacendario a raíz de la guerra con El Salvador, en 1876. Muy lentamente fueron surgiendo algunos bancos: el Banco Internacional (1877), el Banco Colombiano (1878) y el Banco de Occidente (1881) en Quezaltenango, de los que sólo perduró este último.[17] Las limitaciones de crédito hicieron que los inversionistas alemanes estuvieran en ventaja sobre los guatemaltecos, ya que ellos obtenían financiamiento para sus plantaciones directamente desde Hamburgo.

A pesar de que el gobierno tuvo algún interés en la diversificación agrícola (por ejemplo se intentó producir henequén y azúcar), Guatemala volvió a caer en el monocultivo de exportación. En el cuadro VIII.1 se puede apreciar el crecimiento constante de la producción, de 11 millones de libras en 1871 y 15 años después a más de 50 millones. Hacia 1885 Guatemala fue por un tiempo el primer exportador mundial del grano.

---

[17] Otros bancos posteriores fueron el Americano (1892), el Agrícola Hipotecario (1893) y el de Guatemala (1894).

Cuadro VIII.1. *Exportaciones de café de Guatemala, precios mundiales y valor bruto en dólares, 1871-1885*

Año	Cantidad en libras	Precio promedio europeo/EUA en U.S.$ por lb.	Valor bruto
1871	11 322 900	0.13	1 471 977
1872	13 913 700	0.18	2 504 466
1873	15 050 600	0.20	3 010 120
1874	16 158 300	0.22	3 554 826
1875	16 195 900	0.20	3 239 180
1876	20 534 600	0.23	4 722 958
1877	20 788 500	0.21	4 365 585
1878	20 728 500	0.18	3 731 130
1879	25 201 600	0.17	4 284 272
1880	28 976 200	0.16	4 636 192
1881	26 027 200	0.14	3 643 808
1882	31 327 100	0.12	3 759 252
1883	40 406 900	0.11	4 444 759
1884	37 130 600	0.11	4 084 366
1885	51 516 700	0.09	4 636 503

Fuente: D. McCreery, 1982:226.

Inicio de los ferrocarriles

Uno de los aspectos en que más se diferenciaba el café de la grana era en su precio por libra, mucho más alto el de esta última, que hacía que el volumen de producción del café tuviera que ser mayor, lo cual generó mayores necesidades en cuanto a vías de comunicación. Además, la zona de producción desde un principio fue mucho más extensa, lo que obligó a ampliar el sistema carretero y a habilitar nuevos puertos. De ahí que una de las primeras medidas del nuevo gobierno liberal fuera abrir al tráfico internacional los puertos de Champerico y Ocós en el Pacífico, cercanos a una de las principales zonas de café.

El otro esfuerzo que se inició muy temprano fue el de construir urgentemente ferrocarriles o "caminos de hierro" como se decía entonces. El éxito e importancia de los ferrocarriles en otras partes del mundo había despertado el interés del gobierno conservador. Una primera propuesta de un ferrocarril interoceánico, la hizo el ingeniero inglés A. F. Campbell en 1849. Los problemas técnicos y de costo hicieron que no se pasara de hablar sobre su conveniencia. El gobierno liberal enfrentó con más decisión el asunto. El 21 de abril de 1873 se firmó el primer contrato de construcción para un ferrocarril entre la capital y el Puerto de San José, pero el concesionario no cumplió y se rescindió el contrato. En abril de 1877 se firmó otro con el señor Henry F. W. Nanne, de origen alemán y con experiencia ferrocarrilera en Costa Rica, para construir el tramo de Escuintla a San José, el cual entró en operación en junio de 1880, acontecimiento al que se invitó a los presidentes de El Salvador, Rafael Zaldívar, y de Honduras, Marco Aurelio Soto (quien había sido miembro del gabinete de Barrios tiempo atrás).

Ese año presentó la Sociedad Económica de Guatemala un proyecto para construir el resto del sistema ferroviario por medio de una sociedad nacional por acciones. Desafortunadamente se argumentó que la propuesta era tardía y se suscribió otro contrato con el señor Nanne y Luis Schlesinger (quien había sido parte en una ampliación del anterior), para construir el tramo de Escuintla a la capital, el cual fue inaugurado el 15 de septiembre de 1884, aunque posteriormente se le tuvieron que hacer mejoras. En 1893 se inauguró el ferrocarril de Retalhuleu a Champerico. Al mismo tiempo no se había olvidado la salida al Atlántico, que por fin se decidió construir con recursos nacionales. Para ello se emitió el decreto núm. 297, del 4 de agosto de 1883, a fin de financiar la construcción del llamado Ferrocarril del Norte, para lo que se estableció la adquisición obligatoria de 300 000 acciones de 40 pesos cada una, con lo cual se pretendía reunir 12 millones, en un esquema similar al propuesto por la Sociedad Económica, ya para entonces clausurada. Infortunadamente el proyecto entró pronto en problemas por la poca seriedad de los técnicos y porque después se desviaron fondos para la aventura militar centroamericana de Barrios, en 1885, con lo cual se desfinanció la empresa.

Intentos constitucionales

En el Acta de Patzicía se prometía que se llevaría a cabo una Constituyente formada por "hombres independientes", para emitir una nueva ley fundamental que sustituyera al Acta Constitutiva, la cual García Granados llamó en su manifiesto del 8 de mayo de 1871 "documento informe y absurdo fraguado con la mira de establecer una dictadura". Aunque la asamblea se reunió en 1872, la situación de resistencia armada en el oriente del país y probablemente cierta reserva interna entre sectores del gobierno, quienes consideraban que algunos de los diputados eran conservadores, hicieron que su labor no prosperara. Según el periódico *El Malacate*, la labor principal de la Constituyente se limitó a aceptar las renuncias y convocar a elecciones para llenarlas. La comisión designada preparó dos proyectos que el pleno rechazó, aparentemente por considerarlos inadecuados o muy conservadores, si bien la Iglesia católica los juzgó contrarios a sus intereses.[18]

En 1875-1876 hubo otro intento. El 21 de octubre de 1875, por el decreto núm. 144, se convocó a una nueva Asamblea Constituyente. Argumentándose que la de 1872 había fracasado no sólo por la situación del país sino por ser muy numerosa, se rebajó el número de diputados de 71 a 51.[19] Las elecciones se realizaron sin prisa y hasta 10 meses después quedó instalada. Como era usual, una vez formada la directiva se designó una comisión redactora. Las labores avanzaron poco y se generó un movimiento, aparentemente promovido por el diputado Lorenzo Montúfar, quien consideró prematuro e inconveniente dictar una constitución que sujetaría al gobierno en favor de sus enemigos, o que obligaría a violarla, por lo que propuso una "dictadura transitoria" de cuatro años, a fin de que Barrios ejerciera sin obstáculos el "poder supremo". Se aprobó lo

---

[18] *El Malacate*, 29 de octubre de 1872. Véase también el *Boletín Oficial* del 19 de septiembre de 1872 y *El Crepúsculo* del 18 de enero de 1873; citados en Hubert J. Miller, "La Iglesia católica y el estado de la Constitución guatemalteca de 1879", *Anuario Universidad de San Carlos* (1973), 38. La convocatoria de la Constituyente se hizo por decreto núm. 38 de 11 de diciembre de 1871, *Recopilación de las leyes…*, 1881, I:68-75. El Reglamento de las Elecciones, decreto núm. 39, 75-82. Véase también J. M. García Laguardia, 1985, cap. III.

[19] *Recopilación de las leyes…*, 1881, I:394-395.

que el autor Jorge Mario García Laguardia ha llamado "la teoría de la dictadura democrática".[20]

Antes de que se cumpliera el plazo de cuatro años Barrios decidió, en 1878, convocar a una nueva Constituyente, que debería reunirse a partir del 15 de marzo del año siguiente. A pesar de que las circunstancias seguían siendo las mismas y que, como después reconoció el doctor Lorenzo Montúfar, era imposible "una constitución liberal siendo presidente Barrios",[21] esta vez no se insistió en la teoría de la dictadura transitoria. Barrios incluso renunció mientras estaba reunida la asamblea (el 5 de mayo de 1879), la cual por supuesto no le fue aceptada. La labor fue extensa y se generaron discusiones en el pleno, ya que aunque había mayoría liberal, hubo algunos representantes moderados. El resultado fue un texto relativamente corto (104 artículos) en que se configuró un gobierno liberal democrático, y un estado centralista y representativo, sin religión oficial y promotor del laicismo. Indefectiblemente tuvo que darse lo que previó Montúfar en 1876: no se respetó el texto constitucional, ya que Barrios continuó gobernando en forma autoritaria, personal y dictatorial, sin atenerse a la ley fundamental ni a la demás legislación.

El tratado de límites con México

La situación de la indefinición de la extensa frontera entre los dos países se mantenía desde hacía años. Era

---

[20] J. M. García Laguardia, 1985, cap. v.
[21] En carta de Lorenzo Montúfar a Martín Barrundia, San José

de esperar una mejora en las relaciones, dado el apoyo que el gobierno mexicano o las autoridades chiapanecas otorgaron al movimiento de García Granados y Barrios. Sin embargo, durante el gobierno del primero no se dio paso concreto alguno en el asunto fronterizo, si bien desde el 16 de febrero de 1872 se designó como ministro en México a Manuel García Granados, y el 1º de julio siguiente abrió la legación.[22]

Con la llegada de Barrios a la presidencia el asunto entró en una nueva fase. No sólo conocía los problemas que causaba la falta de definición de la frontera, pues su finca El Malacate se encontraba en esa zona ambigua, sino que desde muy temprano expresó deseos de resolver la cuestión en forma pragmática, tomando como base la situación real de los territorios. Por ejemplo, durante una visita extraoficial a la zona de Soconusco, en enero de 1874, manifestó en un discurso que "el honor y los intereses de las dos naciones exigían aceptar los hechos consumados y no volver la cosa hacia atrás para ocuparse de hechos pasados y cuestiones enojosas que, manejadas con poca cordura, podrían traer serias dificultades".[23]

El proceso de negociación tuvo por lo menos tres etapas. La primera culminó con la firma, el 7 de diciembre de 1877, en la ciudad de México, de la Convención Uriarte-Vallarta, en la que se establecieron los procedimientos para designar, cada país, un grupo de

---

Costa Rica, 3 de noviembre de 1882; citada por J. M. García Laguardia, 1985:158-159.
[22] Daniel Cosío Villegas, *Historia moderna de México. El Porfiriato. Vida política exterior. Primera parte* (México: Editorial Hermes, 1960), 47.
[23] *Ibid.*, p. 16.

seis ingenieros que estudiarían el trazo de la línea fronteriza, que se dividió en dos partes: del Pacífico al cerro Izbul, "y la segunda todo el resto de la misma hasta el Atlántico". Debían fijarse "científicamente las posiciones astronómicas" de diferentes lugares (barra de Ocós, cerro Izbul, etcétera), buscando trazar la "línea divisoria actual hasta acercarse lo más posible a los límites del partido de Bacalar, del estado de Yucatán".[24]

Guatemala tuvo que pedir una prórroga para el canje de ratificaciones, efectuada en julio de 1878. La Comisión Mixta de Límites se instaló el 18 de noviembre de ese año, y tuvo algunas dificultades en sus labores. Se habló por parte de México de la necesidad de renovar la Convención Uriarte-Vallarta, a lo cual Guatemala se resistió, lo que causó disgusto en México, lo mismo que la posibilidad de mediación pedida por Guatemala al gobierno de los Estados Unidos de América. En esa segunda etapa hubo cierta inacción o estancamiento. Se avanzó poco en 1881 y 1882, discutiéndose, sobre todo en la ciudad de México, por parte del representante guatemalteco, el ministro en México Manuel Herrera.

El asunto entró en una última etapa acelerada cuando intervino directamente el presidente Barrios, quien de paso en un viaje a Europa, reunió en Nueva York a Herrera, a Fernando Cruz, ex ministro de Relaciones Exteriores y a Lorenzo Montúfar, quien ante las prisas e imposiciones de Barrios presentó su renuncia. Por parte de México participó Matías Romero, su ministro

---

[24] Dicha convención puede consultarse en Enrique del Cid Fernández, *Grandezas y miserias de la vida diplomática* (Guatemala: Editorial del Ejército, 1966), 278-284.

ante el gobierno de los Estados Unidos. De esas reuniones resultó la firma, el 12 de agosto de 1882, de las bases del tratado de límites para toda la frontera guatemalteco-mexicana, y el compromiso de ambas partes de signar el tratado definitivo en la ciudad de México en no más de seis meses. En el artículo I, Guatemala prescindía "de la discusión que ha sostenido acerca de los derechos que le asisten sobre el territorio del estado de Chiapas y su departamento de Soconusco".[25]

De acuerdo con lo establecido en Nueva York, el tratado definitivo se firmó en la ciudad de México el 27 de septiembre siguiente, entre el ministro guatemalteco ante ese país, Manuel Herrera, y el ministro del Exterior mexicano Ignacio Mariscal. En él se fijó la frontera actual entre los dos países, a partir del Río Suchiate. Sin embargo, todavía se prolongó algunos años el trazo definitivo de la divisoria, ya que hubo desacuerdos entre las comisiones de límites de ambos países (sobre todo en cuanto al río que debía servir de límite: el Lacantún o Lacandón, el Salinas o Chixoy y el de La Pasión), labores que se prolongaron hasta 1897.

La política unionista

Barrios se sentía heredero directo de los liberales de la década de 1829-1838 (especialmente de quien consideraban el gran campeón y mártir del unionismo centroamericano, Francisco Morazán) y, por lo tanto, opuesto al separatismo conservador, sobre todo de Carrera y sus

---

[25] E. del Cid Fernández, 1966:459.

aliados, a quienes veían como enemigos de la federación y culpables de no haber querido mantenerla. De ahí que desde temprano se manifestara en el gobierno de Barrios un definido afán centroamericanista. En su seno sirvieron distinguidos nacionales de El Salvador y Honduras, entre los que destaca Marco Aurelio Soto, que después de ser ministro en Guatemala, pasó a ejercer la presidencia hondureña.

Se puede decir que el primer intento unionista de Barrios se verificó en 1875 y paradójicamente, si se quiere, terminó con una guerra entre El Salvador y Guatemala. El 15 de abril de 1875 dirigió Barrios una carta-circular a los presidentes centroamericanos en la que expresaba que una de las obligaciones de su gobierno era promover todo aquello que facilitara la unión de los cinco países, y los invitaba a que nombraran representantes plenipotenciarios que se reunirían en Guatemala, con el propósito de conservar su independencia y mantener la paz; crear representaciones diplomáticas y consulares comunes, celebrar tratados uniformes, hacer unidos sus reclamaciones a las potencias extranjeras y apoyar los demás países a aquel que recibiera una reclamación. También se refirió a mejorar las vías de comunicación, homologar la legislación y los sistemas educativos, otorgar validez en todos los países a los títulos profesionales recibidos en uno de ellos, y facilitar la residencia de los nacionales.[26]

La respuesta fue positiva, aunque no dejaba de haber desconfianza de que Barrios quisiera constituirse en el dictador de la región, y el 15 de enero de 1876 se

[26] D. Cosío Villegas, 1960:362.

instaló en la ciudad de Guatemala el llamado Congreso de la Unión Centroamericana, con plenipotenciarios de las cinco repúblicas. Barrios tuvo a su cargo el discurso inaugural, en el que manifestó que dada la favorable respuesta confiaba en que se obtendría la unión por medios pacíficos y sin derramamiento de sangre. Sin embargo, el mes siguiente, con motivo de los enfrentamientos en Honduras entre facciones rivales, los presidentes de Guatemala y El Salvador (Andrés Valle) firmaron el Convenio de Chingo (15 de febrero de 1876), en el que por deber humanitario acordaron intervenir en Honduras, para lo cual debía mandar cada país 1000 hombres, que sólo aportó Guatemala, y se pusieron al mando de Marco Aurelio Soto para interponer sus buenos oficios y si no lo lograba hacer uso de las armas. Obtenido el propósito "pacificador", Barrios impuso a Soto como nuevo presidente de Honduras. Quizá como resultado de ello sorpresivamente Valle denunció el tratado de alianza y amistad que lo unía con Guatemala desde 1872, argumentando que Guatemala preparaba una invasión contra su país. Se produjo la guerra y Barrios también impuso un presidente de su confianza en ese país, Rafael Zaldívar.

Las acciones de Barrios produjeron protestas y desconfianza en la región, por lo que el 8 de abril de 1876 volvió a dirigirse al pueblo centroamericano para defender su política regional. Entonces escribió unas sensatas palabras acerca de los procedimientos para la unión centroamericana, cuando afirmó que "nunca la he creído obra de las armas sino del tiempo", ya que sólo se lograría al "derramar" la civilización su luz y que "cesen las ideas de localismo y rivalidad", en "plena paz" sin costar una sola gota de sangre. Y reconocía que esa época estaba todavía lejana y que no sería él quien presenciara "acontecimiento tan grandioso para los pueblos de Centro América".[27]

Pareciera que el plan de Barrios era colocar presidentes afines y que en un momento adecuado lo declararan presidente de la República de Centro América. Sin embargo, probablemente pensaba que para ello necesitaba disuadirlos con la fuerza de un ejército superior, y comenzó a tomar medidas como la compra de armamento moderno. Hay quienes dicen que dentro de esa estrategia debe verse la precipitación de la firma del Tratado de Límites con México, ya que deseaba no sólo guardarse las espaldas sino también obtener el apoyo mexicano o por lo menos que se mantuviera neutral.

El movimiento decisivo para la unión lo lanzó el 28 de febrero de 1885 cuando se emitió el decreto que proclamaba la unión centroamericana y asumía Barrios el mando de las tropas para efectuarla como "supremo jefe militar de Centro América". El 1º de mayo siguiente debía reunirse en Guatemala una Asamblea Constituyente compuesta por 15 representantes de cada uno de los países. Si Barrios esperaba la adhesión entusiasta a su proclama de los presidente de El Salvador (Rafael Zaldívar) y de Honduras (Luis Bográn), debió de sentirse decepcionado de su rechazo o tibio apoyo, y de los preparativos salvadoreños para enfrentar la inminente invasión desde Guatemala.

Todo el proceso se cortó súbitamente al caer muer-

[27] Citada en D. Cosío Villegas, 1960:369.

to Barrios en las afueras de la población salvadoreña de Chalchuapa, el 2 de abril de 1885, cuando apenas iniciaba su invasión. Ante la muerte del caudillo, el gobierno guatemalteco suspendió las operaciones militares y ordenó la vuelta de las tropas al país con el cadáver del gobernante, que a los 50 años cayó, "mártir" de una causa que él mismo aseguró pocos años antes que no debía hacerse por la fuerza y con el derramamiento de sangre.

Vale la pena indicar dos interpretaciones encontradas en relación con la guerra centroamericana de 1885: mientras el historiador estadunidense J. Fred Rippy, con base en documentación diplomática de su país, la ubicó dentro de una política personal de Barrios, pero que trató de ganar el apoyo de aquel país al asegurar que era partidario de otorgarles la concesión de las construcciones del canal;[28] el guatemalteco Manuel Galich la intepretó, al contrario, como un ejemplo de "guerra antiimperialista" dentro de un episodio de la "historia canalera" centroamericana,[29] con base en una afirmación que hizo Antonio Batres Jáuregui de una conversación con Barrios en esos días, autor que también incluye una información del ministro de Relaciones Exteriores de Nicaragua, del 15 de marzo de 1885, en la que éste afirmaba que "la acción inesperada e insultante" de Barrios tenía como "móvil verdadero el de ser el árbitro absoluto de la negociación del canal,

---

[28] J. Fred Rippy, "La unión de Centroamérica, el canal de Nicaragua y Justo Rufino Barrios", *Estudios*, 4 (1971), 103-110.

[29] Manuel Galich, "La guerra antiimperialista de 1885, un episodio de la historia canalera de Centroamérica", *Historia y Sociedad*, 7 (1966), 37-44, y *Estudios*, 4 (1971), 111-123.

siendo la unión nacional el pretexto",[30] lo cual en el fondo no contradice la interpretación de Rippy.

Sumario y análisis

A pesar del tiempo relativamente corto que abarca este capítulo, alrededor de 14 años, los cambios ocurridos, sobre todo a partir de 1873, cuando asumió la presidencia Barrios, fueron muy profundos y de prolongados efectos en el país. Sin exagerar se puede decir que en las siguientes seis décadas, hasta 1944, se trató de una continuidad o herencia de lo cimentado o iniciado entonces.

Si bien es cierto que en 1870 se habían acercado las diferencias entre conservadores y liberales en Guatemala, en el sentido que deseaban la modernización y el progreso del país, no hay duda que seguían existiendo distinciones de fondo y de métodos. Los conservadores estaban realizando los cambios, pero en una forma lenta y gradual, sin rompimientos y con parsimonia; por ello García Granados sólo supuso un pequeño acelerón en el ritmo. En cambio Barrios y su grupo querían los cambios con prisa y entre ellos se incluía el propósito de acabar con el poder de la Iglesia católica, a la que veían como un obstáculo para el progreso. Los barristas admiraban y deseaban el progreso material, incrementar la educación técnica y ha-

---

[30] Antonio Batres Jáuregui, *La América Central ante la historia, 1821-1921. Memorias de un siglo* (Guatemala: Tipografía Nacional, 1949), 479.

cer obra tangible. Para ellos no había obstáculos ni excusas, aunque en algunos casos su entusiasmo supuso el inicio de una etapa de entrega de muchos sectores claves de la economía (transportes y servicios) a intereses extranjeros.

Aquellos liberales eran tanto o más racistas que los conservadores. Vieron a los indígenas como una rémora y sólo concebían su progreso si se convertían en ladinos, y mientras más pronto mejor, sin importar los procedimientos. Había que exigirles el trabajo y acabar con sus tierras comunales para que avanzara el país. Los liberales de la época de Barrios querían la integración al mercado capitalista porque estaban convencidos de que traería el desarrollo de todos. Se trataba de un progreso paternalista y ordenado desde arriba, sin democracia y con autoritarismo. Todo debía de ser impuesto porque si no era imposible lograrlo. A la larga ello supuso la acentuación del centralismo, en beneficio de la capital; y el olvido o menosprecio de los campesinos que se dedicaban a la agricultura de consumo interno. Había que favorecer la agricultura de exportación y apoyar a los extranjeros que venían a modernizar Guatemala. A la vez se deseaba reconstruir la "patria grande", la República de Centroamérica; había que cumplir los ideales liberales rotos en la década de 1830.

Los cambios sociales, políticos y económicos fueron profundos e irreversibles. Mucho de lo que hoy es Guatemala se estableció entonces. Los nuevos señores de la política y del café vinieron a conformar nuevas élites que, en parte, sustituyeron a las familias tradicionales de la Colonia, si bien se mantuvieron algunas, con las que se mezclaron los advenedizos de entonces. Además, se acentuó la incorporación en las clases altas y medias de extranjeros (especialmente de origen europeo, aunque también hubo estadunidenses y de otros países hispanoamericanos), que vinieron a cambiar la constitución de esas capas sociales.

En fin, en esos 14 años se establecieron unas bases que después se desarrollarían hasta bien entrado el siglo xx y aún hasta la actualidad.

IX. LOS HEREDEROS DEL LIBERALISMO. PRIMERA PARTE, 1885-1920

AL MORIR J. Rufino Barrios en Chalchuapa acabó también la campaña unionista. Tomó el mando el general Felipe Cruz, quien se encargó de la retirada de las fuerzas a territorio guatemalteco. En la capital, en medio de la consternación y el desconcierto, asumió la presidencia el primer designado, el comerciante Alejandro Sinibaldi, sin experiencia política y carente del carácter necesario, por lo que renunció a las pocas horas. En medio de las ambiciones y presiones del Ministro de la Guerra, Martín Barrundia, la asamblea llamó al segundo designado, el general Manuel Lisandro Barillas, quien se encontraba en Quezaltenango como jefe político. Al recibir el aviso telegráfico se desplazó a marchas forzadas a la capital, donde asumió el cargo el 6 de abril, con lo cual frustró el intento de golpe del general Barrundia.

Gobierno de Manuel Lisandro Barillas

Lo primero que hizo el nuevo mandatario fue solicitar a la asamblea la derogación del Decreto de Unión Centroamericana del 28 de febrero y buscar la normalización de las relaciones con El Salvador, Nicaragua y Costa Rica. De acuerdo con la Constitución, al presidente provisional le correspondía convocar de inmediato a elecciones presidenciales, pero sólo lo hizo cuando la Constituyente reformó la Carta Magna, permitiéndole ser candidato. Además, se suprimieron los designados y se revivió la figura del vicepresidente.[1] Los candidatos oficiales fueron el propio general Barillas y el coronel Vicente Castañeda, quienes iniciaron su periodo de cuatro años el 15 de marzo de 1886, que debía terminar en 1890.

La ausencia del temido caudillo Rufino Barrios hizo que se respirara cierto aire de libertad, a lo que también contribuyó la actitud conciliadora del nuevo presidente, especialmente en el periodo en que buscaba su elección. En los primeros meses de su gobierno se produjo un clima inusitado de libertad de prensa y de polémica pública, en parte provocada por el surgimiento de agrupaciones políticas o "clubes" de diversas posturas. Uno de ellos fue el club El Renacimiento, que publicó un periódico con ese nombre, de tendencia conservadora; otro fue el club La Opinión, que presidía Francisco Lainfiesta, quien encabezó una campaña para expulsar al jesuita José Valenzuela, admitido por Barillas, en violación de la ley que prohibía su presencia en Guatemala. En el periódico *El Loco*, del que apenas aparecieron unos números en julio y agosto de 1885, se llegó a exigir el embargo de los bienes de Barrios y Barrundia "y demás robones de la administración pasada", y se atacó a Lainfiesta. Los ataques contra *El Renacimiento*

---

[1] Véase "Reformas a la ley constitutiva de la República de Guatemala decretadas el 20 de octubre de 1885", en *Digesto Constitucional de Guatemala, Revista de la Facultad de Ciencias Jurídicas y Sociales de Guatemala*, época III, tomo VII, núms. 2-4 (julio-diciembre de 1944), 201-206.

llegaron desde varios periódicos, especialmente *La Opinión*. La polémica culminó cuando el director de la imprenta El Progreso, en que se publicaba *La Opinión*, y otros liberales llegaron al edificio del club El Renacimiento gritando "mueran los serviles y reaccionarios" y destrozando la puerta; varios agentes del orden observaron sin intervenir. Por su parte, Lainfiesta, que criticaba acerbamente al presidente, fue amenazado y luego expulsado del país.[2]

Los liberales fieles a Barrios no confiaban en Barillas, que temían se estaba acercando demasiado a los conservadores como resultado de la gran influencia que tenía sobre el ministro español, quien, según Lainfiesta, le hacía creer que sería "el verdadero libertador de Guatemala" si "consentía en figurar como hombre enteramente nuevo".[3] La oposición creció y por fin hizo crisis a mediados de 1887 cuando Barillas dio un golpe de Estado al disolver la asamblea y asumir la dictadura. Convocó a una Asamblea Constituyente, que se instaló en octubre del mismo año, para reformar de nuevo la Constitución. Se hicieron las reformas que deseaba el presidente, tendientes a reforzar al ejecutivo, muy debilitado por las reformas del 85. Además, se amplió el periodo presidencial a seis años (con lo que éste terminaría hasta 1892) y se suprimió la vicepresidencia, volviéndose al sistema de designados.[4] También hubo problemas con la Iglesia, que culminaron

---

[2] Francisco Lainfiesta, *Mis memorias* (publicación especial núm. 21, Guatemala: Academia de Geografía e Historia de Guatemala, 1980), 342, 347, 356, 360-362.

[3] *Ibid.*, 341.

[4] "Reforma a la Constitución de la República de Guatemala de-

con la expulsión del país del arzobispo Ricardo Casanova el 3 de septiembre de 1887.[5]

El autogolpe presidencial produjo descontento en diversas zonas del país, a lo que también contribuyó el fusilamiento del ex vicepresidente Castañeda, en octubre de 1887, en Chiantla, su tierra natal. Éste se había retirado a esa población y al parecer en el festejo de su cumpleaños, al calor de las copas, decidió trasladar la cabecera departamental a Chiantla. Fue capturado y acusado de encabezar un levantamiento; se le juzgó y fue pasado por las armas. También hubo intentos de invasión desde México, en 1887, que no pasaron a más.

Si bien el gobierno de Barillas ha pasado relativamente inadvertido en la historia del país, resaltando en él cierta moderación y el no haber intentado la reelección, ya que entregó el cargo a su sucesor después de las correspondientes elecciones, puede vérsele como un gobierno de transición. No fue tan dictatorial como Barrios, ni tuvo los afanes de boato de su sucesor; pero no dejó de mostrar, en muchos momentos, rasgos autoritarios e impulsivos, así como constantes virajes en su orientación y en la designación de los secretarios de Estado. En 1887 se firmó un Pacto de Unión Centroamericana, que se frustró pronto por el levantamiento en El Salvador de Carlos Ezeta. Incluso en 1890 hubo un conato de guerra con El Salvador, que afortunadamente se resolvió favorablemente. Ese año murió asesi-

---

cretada el 5 de noviembre de 1887", en *Digesto Constitucional de Guatemala*, 207-212.

[5] Decreto núm. 399, en A. Estrada Monroy, *Datos para la historia de la Iglesia en Guatemala* (tomo III, Biblioteca Goathemala 28, Guatemala: Sociedad de Geografía e Historia de Guatemala, 1979), 250-251.

nado el general Martín Barrundia en un confuso incidente a bordo del barco *Acapulco,* de bandera estadunidense, al hacer escala, sin desembarcar Barrundia, en el puerto San José.

José María Reina Barrios, sobrino de J. Rufino Barrios, fue el candidato ganador en las siguientes elecciones, aparentemente con el apoyo del gobierno. De acuerdo con F. Lainfiesta, quien también fue candidato, previo a las votaciones Barillas se entrevistó con los candidatos y les pidió información sobre su forma de gobernar, siendo Reina el que le garantizó que seguiría sus indicaciones y prometió que no se reeligiría. Lainfiesta afirma que hubo fraude en los comicios.[6] El nuevo presidente acababa de volver, rodeado de gran boato, de una estancia europea, lo que no dejó de rodearlo de una aureola de modernidad y prestigio.

Gobierno de José María Reina Barrios

El gobierno de Reina se inició con características de cierta libertad e ilustración; se puede hablar de que al principio trató de darle continuidad a los programas de su antecesor. Sin embargo, poco a poco fue cambiando el estilo e imprimiéndole su carácter, no exento de afanes de grandeza y de hacer de Guatemala un país moderno, al menos en lo superficial. El mandata-

---

[6] F. Lainfiesta, *op. cit.*, 446-453, describe una reunión de distinguidos liberales que convocó el presidente para decidir la candidatura del partido, quizá con la esperanza de que fuera él propuesto; y después da detalles de su candidatura y de cómo se produjo el apoyo oficial a la de Reina Barrios.

rio era muy susceptible a la adulación. Cada vez fue menos tolerante a la crítica y se hizo más autoritario. Un hecho positivo de este gobierno fue la continuación del Ferrocarril del Norte, que había quedado interrumpido durante todo el gobierno de Barillas. En 1896 llegó a Zacapa y al año siguiente a El Rancho, de donde ya no avanzaría hasta que en 1904 se firmó un contrato con una empresa estadunidense.

Un ejemplo del carácter y estilo de Reina fue la forma como llevó a cabo una exposición internacional, cuyo proyecto se había iniciado como una modesta muestra de las producciones del país, y que poco a poco se fue convirtiendo en una pomposa manifestación, fuera de proporción, sobre los progresos del país.[7] El proyecto, que se planteó en un momento de favorables precios del café, se realizó en 1897, precisamente el año en que, como se verá más adelante, se produjo una gran caída del valor de este producto en los mercados internacionales.

A pesar de la promesa de Reina Barrios de que no se reelegiría, desde 1896 comenzaron los esfuerzos para ampliar su periodo presidencial. Para ello, a mediados de 1897 disolvió la Asamblea Legislativa, que presidía el licenciado Feliciano Aguilar, y convocó a elecciones de un Congreso Constituyente, que acordó prolongar su periodo por cuatro años, hasta 1902. Este hecho generó rechazo en los círculos políticos del país, especialmente entre los candidatos que aspiraban al cargo: el licenciado y coronel Próspero Morales (quien había sido un personaje importante en 1892 en la candidatura de

---

[7] F. Lainfiesta, *op. cit.*, 478-480.

Reina y secretario de Estado un tiempo), el capitán y maestro José León Castillo, y el general Daniel Fuentes Barrios. Se produjo una rebelión que se inició el 7 de septiembre en San Marcos, con el subsiguiente ataque a Quezaltenango días después. A fines de ese mes se efectuó otra en el Oriente. Ambas fracasaron por falta de coordinación y errores militares, aunque por momentos pareció que el régimen caería.[8]

Las "revoluciones" fueron muy violentas, con diversos encuentros y batallas. El 13 de septiembre, al iniciarse el ataque a la plaza de Quezaltenango, fueron fusilados, sin formación de causa, el alcalde de la ciudad, licenciado Sinforoso Aguilar, y el conocido y querido ciudadano Juan Aparicio. En Occidente encabezó la lucha el general Fuentes Barrios y se formó un triunvirato "revolucionario" con dicho militar, el coronel Morales y el licenciado Aguilar, ex presidente de la asamblea. En Oriente el jefe fue José León Castillo, con el general Juan B. Rodríguez como su segundo.

Sin embargo, Reina no llegó a completar su primer mandato, ya que murió asesinado en la ciudad de Guatemala el 8 de febrero de 1898, a manos del inglés Edgar Zollinger.[9] Lo sucedió su ministro de Gobernación, el licenciado Manuel Estrada Cabrera, quien era el pri-

---

[8] José Ramón Gramajo, *Reproducción de los datos históricos de la Revolución de Guatemala en 1897* (San Salvador: Talleres Gráficos Cisneros, 1931), y *Monografías históricas. Las traiciones militares del 97* (Coatepeque: Tipografía Torres Hnos., 1934); J. Lizardo Díaz O., *De la democracia a la dictadura. La Revolución de septiembre de 1897 en occidente. Sus motivos, sus hombres, su fracaso* (Guatemala: Imprenta Hispania, 1946). Véase también F. Lainfiesta, *op. cit.*, 484-486.

[9] El asesino de Reina Barrios había sido empleado de don Juan Aparicio y mató al mandatario para vengar su muerte.

mer designado, si bien ya se había vencido el periodo para el que había sido nombrado.

Gobierno de Manuel Estrada Cabrera

Estrada Cabrera hizo más o menos lo mismo que Barillas en 1885: no limitarse a llamar a votaciones, sino ser él mismo candidato y resultar electo en una jornada que probablemente también fue manipulada. Esa fue la única ocasión en que se puede hablar de una campaña electoral con otros candidatos durante los 22 años del régimen cabrerista. El mandatario se reeligió tres veces (en 1904, 1910 y 1916), pero ya sin opositores, obteniendo en cada ocasión una abrumadora mayoría muy por encima de los posibles votantes.

El gobierno de Estrada Cabrera se caracterizó por un creciente sistema dictatorial basado en el temor y la delación. Sólo en los primeros años del siglo hubo todavía intentos por impedir el mantenimiento del régimen, que se manifestaron en dos conocidos atentados contra su vida: el de los cadetes y el de la bomba; después de los cuales desapareció la oposición, el país se sumió en un clima de temor-pánico que anuló cualquier forma de crítica, y todo se convirtió en un esfuerzo por adular y exaltar la obra del "benemérito de la patria".

La mejor manifestación del sistema de alabar al mandatario fueron las llamadas "minervalias" o fiestas de Minerva, que se celebraron, a partir de 1898, la última semana de octubre, para premiar a los estudiantes al concluir el ciclo escolar. Cada año se hicieron los festejos más elaborados y con mayores manifestaciones de servilismo, exaltando las obras, generalmente ficticias, del presidente, "protector de la juventud estudiosa", en favor de la educación. Todo el país se sumía, a partir de la tercera semana de octubre, en un esfuerzo por mostrar los logros del régimen, iluminado por el preclaro pensamiento del "señor presidente", el cual se prolongaba durante un mes, ya que se unía al festejo del cumpleaños de Estrada Cabrera, a fines de noviembre.[10]

Es difícil hoy entender los grados que alcanzó el temor, el servilismo y la abyección. Tras la caída del dictador se plantearon los intelectuales guatemaltecos cómo se había podido llegar tan bajo y aceptar la dominación de un hombre que entonces se vio como mediocre e incapaz. Tres obras son ilustrativas: el ensayo *El autócrata*, de Carlos Wyld Ospina (que se refiere en general a las dictaduras guatemaltecas y que también tuvo en mente a J. R. Barrios); *Ecce Pericles!*, de Rafael Arévalo Martínez (que se mueve entre el ensayo y la crónica del régimen cabrerista y su caída), y, finalmente, *El señor presidente*, de Miguel Ángel Asturias, novela que recrea aquella época, que el autor vivió en su niñez y juventud.

Un aspecto que sí desapareció del panorama nacional y centroamericano fueron las constantes guerras con los países vecinos. El último enfrentamiento internacional de Guatemala fue con El Salvador en 1906, la llamada popularmente "Guerra del Totoposte", que se

[10] Jorge Luján Muñoz, "Un ejemplo de uso de la tradición clásica en Guatemala: las 'minervalias' establecidas por el presidente Manuel Estrada Cabrera", *Revista de la Universidad del Valle de Guatemala*, núm. 2 (mayo de 1992), 25-33.

interrumpió pronto por la muerte del presidente salvadoreño Regalado en suelo guatemalteco. Se repitió a la inversa la situación de 1885: los salvadoreños invadieron, con apoyo de la oposición guatemalteca, pero la contienda terminó inesperadamente ante la muerte en combate del mandatario invasor. A pesar de que el ejército guatemalteco no estuvo satisfecho con la forma como Estrada Cabrera manejó la campaña y designó a los jefes militares, ello no produjo ninguna pérdida de poder para el presidente.

Tras éste y otros ejemplos de inestabilidad en Centroamérica se dio en 1907 la Conferencia de Washington, que estableció varias instituciones novedosas para resolver los conflictos regionales: la Corte Centroamericana de Justicia (en San José de Costa Rica) y la Oficina Centroamericana con sede en Guatemala, que si bien no fueron operantes sí marcaron el fin de las guerras entre los países de la región. Aunque la reunión de 1907 incluyó cláusulas para evitar las reelecciones y lograr la instauración de regímenes democráticamente electos, Estrada Cabrera pudo perpetuarse sin mayores problemas. Si bien Guatemala continuó siendo un país dominante en Centroamérica, su control ya no lo ejerció por medio de las armas sino por su influencia diplomática, especialmente con Honduras y El Salvador.[11]

El desgaste del régimen fue lento; conforme el presidente se hacía más anciano, sus colaboradores se hicie-

---

[11] Alberto Herrarte, "Los intentos de reunificación en Centro América", en *Historia general de Guatemala*, Jorge Luján Muñoz, director general; tomo v: *Época contemporánea: 1898-1944*, J. Daniel Contreras R., director del tomo (Guatemala: Asociación de Amigos del País-Fundación para la Cultura y el Desarrollo, 1996), 88-90.

ron crecientemente inoperantes ante el temor de no complacer a su jefe y esperar cada vez más sus indicaciones. Varios acontecimientos hicieron patente la inefectividad del régimen. Éstos fueron, primero, los terremotos de diciembre de 1917 y enero de 1918. La ayuda internacional recibida no llegó a los afectados y el gobierno fue incapaz de tomar medidas eficaces para acelerar la reconstrucción. Después vino la epidemia de influenza de finales de 1918 e inicios de 1919, con igual situación, lo mismo que el combate de la fiebre amarilla, que periódicamente afectaba diversas regiones del país.[12]

Por fin, la oposición encontró la forma de organizarse tomando como pretexto la conmemoración del centenario de la Independencia. Ello coincidió con la prédica del obispo José Piñol y Batres, quien en una serie de célebres sermones en la iglesia de San Francisco criticó indirectamente la situación del país. La oposición se dio alrededor del Partido Unionista, supuestamente establecido para lograr la unión de Centroamérica, a lo cual no podía oponerse un presidente liberal. En marzo y abril de 1920 culminó la lucha, con la caída del régimen, después de la llamada "semana trágica", que marcó el cierre de una nefasta época para el país.[13]

---

[12] Véase Catherine Rendón, "El gobierno de Manuel Estrada Cabrera", y Richard N. Adams, "La epidemia de influenza de 1918-1919", en *Historia general de Guatemala*, Jorge Luján Muñoz, director general; tomo V: *Época contemporánea, 1898-1944*, J. Daniel Contreras, director del tomo (Guatemala: Asociación de Amigos del País-Fundación para la Cultura y el Desarrollo, 1996), 15-36 y 313-338.

[13] Los detalles de la caída del régimen y las luchas callejeras en la capital están muy bien pintadas en R. Arévalo Martínez, *Ecce Pericles!* (2ª ed., San José, C. R.: EDUCA, 1971), tomo II.

La economía

El café

El principal producto de exportación continuó siendo el café, que siguió aumentando en área de siembra gracias a que se mantuvo el sistema de trabajo forzado, a que se pudo acceder a más tierras, y a que se amplió el transporte por ferrocarril. Sin embargo, hubo notorias fluctuaciones en el volumen de exportación. Los años de mayor exportación fueron 1898 y 1907; en 1908 bajó a casi la mitad, para aumentar en 1909, y después bajar, para luego seguir fluctuando sin una tendencia clara (véase el cuadro IX.1).

En el crecimiento de la producción y en el mejoramiento del grano tuvo una importante participación la inmigración alemana, que se incrementó en los tres últimos lustros del siglo XIX. Los cafetaleros alemanes contaron con varias ventajas sobre los finqueros de origen local: acceso a créditos más baratos y abundantes, mejor tecnología y más eficiente organización de las empresas. Además, controlaban buena parte de la exportación, ya que compraban a precios favorables a productores locales y luego exportaban el grano a su país de origen.

Hacia 1885 la participación guatemalteca en la producción mundial fue más alta. El café representó alrededor de 90% de las divisas del país, lo cual volvió a hacer la economía muy vulnerable a cualquier fluctuación de los precios mundiales. Esto se hizo dolorosamente evidente en 1897, cuando la elevada cosecha brasileña provocó una inesperada caída de los pre-

CUADRO IX.1. *Exportaciones de café, 1886-1920*

Año	Quintales	Año	Quintales
1886	618 980	1904	647 663
1887	473 951	1905	810 817
1888	588 440	1906	684 410
1889	546 920	1907	1 101 997
1890	503 563	1908	560 719
1891	594 505	1909	881 628
1892	739 788	1910	664 551
1893	739 788	1911	774 573
1894	761 012	1912	723 045
1895	776 494	1913	875 337
1896	819 002	1914	831 341
1897	679 050	1915	775 631
1898	1 604 379	1916	874 696
1899	983 540	1917	903 878
1900	784 800	1918	782 520
1901	676 213	1919	896 670
1902	774 023	1920	939 539
1903	578 973		

FUENTES: 1886-1900, M. Rubio Sánchez, 1954, y 1900-1920, C. L. Jones, 1940.

cios.[14] Esta crisis se vio agravada en Guatemala por los enormes gastos que se habían hecho con motivo de la Feria Internacional efectuada ese año en la capital, con costosas obras que dejaron escasos beneficios al país.

[14] Sanford A. Mosk, "Economía cafetalera de Guatemala durante el periodo 1850-1918. Su desarrollo y signos de inestabilidad", en *Economía de Guatemala 1750-1940. Antología de lecturas y materiales*, Jorge Luján Muñoz, comp. (2 tomos, Guatemala: Sección de Publicaciones-Facultad de Humanidades-Universidad de San Carlos de Guatemala, 1980), II, 347-366.

Sin embargo, a pesar de los intentos por buscar cultivos alternativos y de la extensión del banano, la economía continuó dependiendo del café. La evolución de las exportaciones puede verse en el cuadro IX.1.

El banano

El cultivo y exportación del banano comenzó, lentamente, en el valle bajo del Motagua, asociado al inicio del llamado Ferrocarril del Norte. Los primeros productores y exportadores fueron nacionales, que aprovechaban el espacio disponible en los barcos que llegaban a Puerto Barrios con destino a los Estados Unidos. Sin embargo, pronto surgieron las empresas estadunidenses que se encargaron de controlar las áreas de producción y de garantizar el dominio vertical por medio del transporte marítimo y la comercialización en aquel país.

En el desarrollo de la producción bananera y del sistema ferroviario del país tuvo mucha importancia la generosa concesión que otorgó el presidente Estrada Cabrera en 1904 a Minor Keith para terminar los 60 kilómetros que faltaban para conectar con el Ferrocarril del Norte El Rancho a la capital. Junto al regalo de la línea ya construida se le otorgaron extensos terrenos a lo largo de la vía, que la empresa aprovechó para dedicarlos al cultivo del banano.[15] Además, poco a poco,

---

[15] Charles A. Gauld, *The Last Titan. Percival Farquhar, American Entrepeneur in Latin America* (Stanford: Institute of Hispanic American and Luso-Brazilian Studies-Stanford University, 1964), cap. IV. Véase también Paul J. Dosal, *Doing Business with the Dictators. A Political History of United Fruit in Guatemala 1899-1944* (Wilmington, Delaware:

fue eliminando a los pequeños productores locales, hasta controlar todos los cultivos. La ventaja que tenía la empresa bananera por ser la propietaria del ferrocarril le permitió expanderse y obtener jugosas ganancias. Además eludió parte de los pocos impuestos que debía pagarle a Guatemala, por medio de las declaraciones fraudulentas en los volúmenes de exportación. En el cuadro IX.2 se observa la evolución de la exportación bananera de 1883 a 1920. Sin embargo, los beneficios que dejó al país este cultivo fueron limitados por los reducidos impuestos que pagaba y los amplios beneficios y exoneraciones de que gozaba. Además la empresa incrementó su control económico del país (lo mismo que ocurrió en otras repúblicas del Caribe), ya

Cuadro IX.2. *Exportaciones de banano, 1883-1920*

Año	Racimos	Año	Racimos
1883	29 699	1893	364 851
1884	31 645	1908	668 246
1885	60 416	1909	765 223
1886	55 322	1911	1 755 704
1887	130 427	1912	2 222 304
1888	113 408	1913	2 752 000
1889	110 222	1914	3 217 038
1890	283 077	1916	3 177 426
1891	981 998	1919	2 271 039
1892	996 854	1920	2 179 943

Fuente: C. L. Jones, 1940.

SR Books, 1993), cap. 3, y Diane K. Stanley, *For the Record: The United Fruit Company's Sixty-six years in Guatemala* (Guatemala: Centro Impresor Piedra Santa, 1994), cap. 2.

que era propietaria del ferrocarril y de los muelles, tanto del Atlántico como del Pacífico.

Reparto de tierras

La reforma liberal se interesó en impulsar la entrega de tierras en propiedad privada. Aparentemente se deseaba que hubiera numerosos agricultores medios que produjeran más, para lo cual se trató de incorporar a la producción agrícola regiones hasta entonces baldías. Contra lo que a veces se dice, muy poco se pudo repartir de las propiedades agrarias de las órdenes religiosas. Se adjudicó algo de los ejidos municipales, pero la mayor parte fue de tierras nacionales en zonas disponibles o que no estaban en explotación. Como ejemplos se pueden citar los siguientes: la venta en 1873 de terrenos, de una a cinco caballerías (45 a 225 ha), en regiones de la Costa Cuca y El Palmar (Quezaltenango y Retalhuleu), a 500 pesos la caballería; la supresión del censo enfitéutico (decreto 170 de 8 de enero de 1877); apoyo al cultivo de la zarzaparrilla, el hule y el cacao (decreto 218, de 22 de agosto de 1878); y el impulso a la ganadería en regiones de Verapaz, Izabal, Zacapa y Petén (decreto 224, de 26 de octubre de 1878).[16] Aparentemente este último decreto no dio los resultados previstos, ya que durante el gobierno de Barillas se emitió el decreto 416 (20 de noviembre de 1888), en el que se dice que el decreto emitido 10 años antes no había dado los resultados esperados, "que era preciso subsanar",

---

[16] Véase Alfredo Guerra-Borges, *Geografía económica de Guatemala* (Guatemala: Editorial Universitaria, 1969), I, 270-272.

por lo que "toda concesión de terrenos baldíos para la crianza de ganado como para todo otro objeto... no podía exceder de 30 caballerías (1125 ha) a favor de la misma persona". Pocos años después, pareciendo excesiva esta extensión se redujo a la mitad (decreto 493, de 9 de febrero de 1894), superficie máxima que se mantuvo durante el gobierno de Estrada Cabrera, en el que se incrementó el número de adjudicaciones.

Con base en el estudio de J. C. Méndez Montenegro, "444 años de legislación agraria",[17] Alfredo Guerra-Borges preparó un cuadro en el que se resume la adjudicación de tierras desde el gobierno de J. Rufino Barrios hasta el de M. Estrada Cabrera, es decir en alrededor de 47 años. Sin que haya garantía de que allí se recojan todas las entregas y ventas de tierra, es indicativo del creciente proceso de formación de grandes propiedades agrícolas, lo que demuestra que el gran latifundio se formó, fundamentalmente, a partir de la reforma liberal.

Problemas monetarios y presupuestarios

La evolución de la moneda y la banca, así como la forma en que se manejaron las finanzas y el presupuesto nacional ilustran las limitaciones y características de los herederos del liberalismo, especialmente de Estrada Cabrera. Fue crónico el desbalance presupuestario y el agravamiento de la situación monetaria, que se ma-

[17] Julio César Méndez Montenegro, "444 años de legislación agraria, 1513-1957", *Revista de la Facultad de Ciencias Jurídicas y Sociales*, época VI, núms. 9-12 (enero-diciembre 1960).

CUADRO IX.3. *Adjudicación de tierras en propiedad, 1873-1920*

Gobierno	Adjudicaciones	Extensión	
		Caballerías	Manzanas
J. R. Barrios	8	224	11.6
M. L. Barillas	2	7	6.7
J. M. Reina B.	385	11 245	16
M. Estrada C.	1 689	15 387	57.5
Total	2 084	26 863	92

FUENTE: A. Guerra-Borges, 1969, I:272.

nejó con irresponsabilidad, eludiendo siempre la solución de los problemas reales. Los ingresos fiscales eran insuficientes, pero nunca se llevó a cabo una reforma hacendaria que superara la situación. Ante la falta de recursos gubernamentales se recurrió a los préstamos con la banca privada, a la que se permitió imprimir papel moneda sin el debido respaldo, con lo cual se fue devaluando la moneda. Los banqueros y los cafetaleros aceptaban la situación porque obtenían ganancias con sus operaciones y con la manipulación de las divisas. Varios estudios, de nacionales y extranjeros, recomendaron medidas para evitar estas anomalías, pero nunca se aplicaron porque el señor presidente no tomaba las decisiones requeridas, con lo que sólo se pospuso y agravó la situación.

En cuanto a otros aspectos de la economía, como agricultura para el consumo interno, la industria, etcétera, hubo muy pocos cambios, y más bien puede hablarse de estancamiento y poca atención. Apenas se incrementó el sistema ferroviario, y la introducción de los vehículos automotores en los inicios del siglo no generó un sistema de carreteras aceptable. Las comunicaciones continuaron siendo muy limitadas, sobre todo en el periodo de lluvias. De hecho, en esta etapa se acrecentó la falta de comunicación terrestre con los países vecinos, a pesar de la prédica centroamericanista, que se mantuvo como una constante. Tras los primeros años de la reforma liberal se entró en una etapa de inefectividad e irresponsabilidad que no permitió la modernización del país, ni la solución o alivio de los problemas sociales. La incapacidad nacional (pública y privada) y el afán de progreso sólo propiciaron la entrega de sectores claves de la economía en manos extranjeras. La retórica liberal de los respectivos gobiernos continuó, en medio de las dictaduras (Barrios y Estrada Cabrera) y "dictablandas" (Barillas y Reina Barrios), el autoritarismo y el centralismo. En realidad el país progresó mucho menos de lo que querían hacer creer los gobernantes, que siempre se cuidaban de mostrar una imagen mejorada de la realidad. Según ellos, la república iba por la buena senda, dirigida por mandatarios capaces, honestos, responsables, patriotas e ilustrados. Por otra parte, a pesar de los problemas y el descontento no se desembocó en una situación de rebelión como la que se produjo a inicios del siglo XX en el vecino México.

Demografía y sociedad

De 1885 a 1920 no hubo grandes cambios en la evolución demográfica. La población continuó creciendo a un ritmo normal, como resultado de mantenerse los altos índices de fecundidad y las tasas de mortalidad (cuadro IX.4). No se dieron grandes transformaciones en cuanto a la composición étnica (ladinos-indígenas), y con un pequeño aumento de los porcentajes de la población no-indígena. Tampoco hubo cambios en cuanto a la inmigración extranjera, ni en las migraciones internas. Lo notorio fue la importancia relativa de los alemanes en la economía y en la sociedad. Controlaron amplios sectores de la economía y la banca internacional en el país. Su papel dominante tuvo un eclipse momentáneo con motivo de la primera Guerra Mundial, ya que se vio primero interrumpido el comercio con Alemania, el principal comprador de café guatemalteco, y después, en 1917, cuando los Estados Unidos entraron en la contienda, Guatemala también lo hizo, lo cual supuso la intervención de los bienes propiedad de alemanes. Con ello se dio la intervención de la Empresa Eléctrica de Guatemala, con mayoría de capital alemán local, que surtía de electricidad a la ciudad de Guatemala. Tras el término de la guerra, los Es-

Cuadro IX.4. *Población de Guatemala, con porcentajes de los grupos étnicos, 1880-1921*

Año	Total	Indígena	Ladino
1880	1 224 602	69.0	31.0
1893	1 361 078	64.7	35.3
1902	1 842 134		
1921	2 004 900	64.8	35.2

Fuente: J. Arias, 1995 y 1996.

tados Unidos hicieron todo lo posible para que la empresa pasara a propiedad estadunidense, para lo cual ejerció presiones sobre el gobierno guatemalteco. La situación todavía no se había decidido cuando cayó Estrada Cabrera.

X. LOS HEREDEROS DEL LIBERALISMO. SEGUNDA PARTE, 1920-1944

La caída de Estrada Cabrera se produjo por la alianza pasajera de grupos tradicionales de la élite capitalina, de tipo católico-conservador, con sectores populares obreros y artesanales, organizados alrededor del Partido Unionista. Sin embargo, la dirigencia la tuvieron los primeros, quienes, quizá por inexperiencia y precipitación, aceptaron, en el momento decisivo, que no llegara uno de ellos al poder. Como presidente provisional, la asamblea, al declarar incapacitado al mandatario, designó al diputado Carlos Herrera, un rico terrateniente cuya familia había estado vinculada a los gobiernos liberales desde la presidencia de Barrios. Sin embargo, éste carecía de experiencia y respaldo político y no tenía cualidades de dirigente. Hizo un gobierno de conciliación en el que participaron miembros de ambos partidos, pero con el que nadie quedó satisfecho.

Desde 1920, con motivo del centenario de la independencia centroamericana, había tomado fuerza el ideal de reconstituir la República de Centroamérica, y poco a poco se efectuaron los pasos para darle forma legal: convocatoria y elección de una Constituyente, aprobación de la Constitución y su puesta en vigor.[1]

[1] Wade Kit, "The Unionist Experiment in Guatemala, 1920-1921", *The Americas*, 50:1 (julio de 1993), 31-64.

Parecía que el intento iba bien encaminado, a pesar de algunos problemas internos en varios de los países. En Guatemala los liberales vieron con desconfianza la situación y conspiraron para aprovechar la primera ocasión a fin de hacerse de nuevo con el poder.

El gobierno de Herrera mostró ciertas vacilaciones. Se dudó en poner en práctica la reforma monetaria, que se había estudiado y recomendado en los últimos años del gobierno de Estrada Cabrera. Además, si bien se habían devuelto los bienes propiedad de alemanes intervenidos durante la primera Guerra Mundial, se discutía qué hacer en cuanto a la Empresa Eléctrica, que había sido expropiada y cuya devolución se gestionaba por parte de los accionistas. Los Estados Unidos presionaban para que ésta se vendiera a una empresa estadunidense. En Guatemala se ha afirmado que la negativa del gobierno de Herrera en ese sentido facilitó el reconocimiento del golpe de Estado, ya que los golpistas aceptaron complacer a Washington para recibir el reconocimiento diplomático.[2]

Efectivamente, en diciembre de 1921 se produjo un golpe de Estado que derrocó a Carlos Herrera, a quien forzaron a renunciar, instaurándose un triunvirato de generales en el que pronto sobresalió como una figura dominante el general José María Orellana, quien había sido colaborador cercano de Estrada Cabrera.[3]

---

[2] Véase, por ejemplo, Raúl Osegueda, *Operación Centroamérica $£OK£$* (Santiago de Chile: Prensa Latinoamericana, 1958), 60-61. También Piero Gleijeses, *Shattered Hope. The Guatemalan Revolution and The United States, 1944-1954* (Princeton: Princeton University Press, 1991), 86.

[3] Fue varios años miembro de la plana mayor del presidente y, en los tiempos finales del régimen, secretario de Instrucción Pública.

A pesar de lo estipulado en los pactos de Washington de 1907, los Estados Unidos reconocieron al nuevo gobierno, que llevó a cabo elecciones, en las que salió triunfador, como era de esperar, el candidato oficial; es decir, Orellana.

Pronto se ratificó que la Empresa Eléctrica fuera adquirida por una empresa estadunidense, U. S. Electric Bond & Share Co. Además, se pusieron en práctica las medidas para que entrara en vigor la reforma monetaria, tantas veces eludida por Estrada Cabrera, a pesar de las presiones internacionales. Por otra parte, hubo algún malestar popular en contra del régimen, que culminó en agosto de 1922 cuando se produjo un levantamiento en varias regiones del país (San José del Golfo, Palencia, Escuintla y en los departamentos de Guatemala, Amatitlán, Sacatepéquez, Santa Rosa y Chimaltenango), que fracasó. Los enfrentamientos fueron especialmente cruentos en San Lucas Sacatepéquez, San Bartolomé Milpas Altas, Sumpango, Chiquimulilla, Taxisco, Ixhuatán y Casillas. El gobierno acusó al Partido Conservador, hubo varios fusilados, presos y expulsados, entre los que se contó el arzobispo Luis Javier Muñoz y Capurón, de quien se dijo que estaba implicado en la asonada, aunque él lo negó.[4]

Véase Juan de Dios Aguilar, *José María Orellana. Presidente de Guatemala 1922-1926* (Guatemala: Delgado Impresos, 1986).

[4] *Ibid.*, documentos 122 a 126, pp. 187-194. El decreto de expulsión del arzobispo es el núm. 797 de 6 de septiembre de 1922. El arzobispo envió una carta-protesta desde San Salvador, fechada el 14 de septiembre de 1922. Véase Agustín Estrada Monroy, *Datos para la historia de la Iglesia en Guatemala* (Colección Goathemala 28, Guatemala: Sociedad de Geografía e Historia de Guatemala, 1979), III, 435-446. Entre los implicados condenados estuvieron Jorge García

El gobierno mantuvo una postura de cierta condescendencia ideológica, ya que toleró la existencia de grupos de izquierda (anarquistas, y se fundó por primera vez un partido comunista), se organizaron entidades obreras y sindicales, etcétera, pero fue especialmente duro con la Iglesia y los conservadores, a los que vio como sus enemigos más peligrosos y dignos de mantener bajo control. La reforma monetaria entró en vigor en 1924, sin mayores problemas, aunque no dejó de haber desorientación en zonas rurales y en sectores populares. Los precios del café eran buenos y se emprendieron obras de infraestructura de cierta envergadura como la Empresa Eléctrica de Zacapa, la Hidroeléctrica de Santa María y el Ferrocarril de Los Altos, entre San Felipe Retalhuleu y Quezaltenango.

El régimen se fue endureciendo y ya se hablaba de la reelección presidencial cuando súbitamente hubo un cambio de situación al fallecer el presidente, aparentemente por un ataque cardiaco. Asumió la presidencia el primer designado, general Lázaro Chacón; como en otros casos, el nuevo mandatario no se conformó con convocar a elecciones, sino que se presentó él mismo como candidato. En esta ocasión su rival fue el también general y liberal Jorge Ubico, quien había sido secretario de Guerra al inicio del gobierno de Orellana. La campaña fue activa y las elecciones reñidas, y quedó electo el candidato oficial Chacón, postulado por el Partido Liberal, frente a su rival que lo fue por un nuevo grupo, el Partido Progresista. Hubo rumores

Granados, Federico y Fernando Prado Ayau, coronel Federico Cárcamo, Samuel Guevara y José Miguel Leal, a los que el presidente indultó.

de fraude en las elecciones, pero Ubico aceptó la derrota y decidió que era mejor esperar otra oportunidad.

El nuevo gobierno continuó con la política de su antecesor, y le tocó inaugurar las obras de la Hidroeléctrica de Santa María y el Ferrocarril de Los Altos, de gran popularidad en aquella región, pero de escasa rentabilidad, y en las que hubo acusaciones de elevado costo y corrupción. El presidente Chacón afirmó el talante tolerante de los inicios del gobierno de su antecesor. Se hicieron reformas constitucionales en 1927 que otorgaban menos poder al ejecutivo y que impedían la reelección. El café mantuvo sus buenos precios, pudiéndose realizar obras de infraestructura, pero en medio de acusaciones cada vez más generalizadas de ineficiencia y malos manejos. En 1929 se inauguró un banco estatal, El Crédito Hipotecario Nacional, que tenía como función no sólo ampliar y reforzar el sistema crediticio, sino facilitar los préstamos con garantía hipotecaria especialmente para la agricultura.

El desprestigio del régimen provocó, en enero de 1929, un intento de golpe militar encabezado por los jefes políticos de Quezaltenango y Suchitepéquez, coroneles Marciano Casado y Fernando Morales, en el que estuvieron implicados otros mandos militares, pero que fracasó por mala ejecución y ciertas vacilaciones. El gobierno tuvo tiempo de organizar sus fuerzas y lanzar una contraofensiva que derrotó a los alzados en Mazatenango. Sin embargo, el régimen quedó muy debilitado, a lo cual se sumó el inicio de la crisis mundial de ese año, que afectó seriamente al país. Los precios del café cayeron de Q21.50 por quintal en 1927-1928, a Q11.45 en 1929. El presidente Chacón sufrió un derrame cerebral el 11 de diciembre de 1930, que lo dejó incapacitado, por lo que se produjo su sustitución. Falleció poco después.

En un principio funcionó la sustitución constitucional por el segundo designado, licenciado Baudilio Palma. Empero, pronto se dio un cuartelazo encabezado por el entonces jefe del fuerte de Matamoros, general Manuel Orellana, quien no pudo mantenerse en el poder porque no obtuvo el reconocimiento internacional, especialmente de los Estados Unidos, lo cual forzó su renuncia, siendo sustituido por el licenciado José María Reina Andrade, quien fue designado por la asamblea el 2 de enero de 1931.[5] A él le correspondió convocar y llevar a cabo elecciones, en las que volvió a presentarse el general Jorge Ubico, esta vez postulado por una coalición de su antiguo partido y el liberal, que pasó a llamarse Partido Liberal Progresista. En ese momento dio su palabra de que no se reelegiría. Fue candidato único y salió triunfador, habiéndose adelantado la toma de posesión del 15 de marzo de 1931, en que le correspondía, al 14 de febrero de ese año.[6]

Ubico había tenido una connotada carrera pública. Era hijo de un conocido liberal, partidario de Barrios, quien fue su padrino de bautismo. Aunque estudió en la Escuela Politécnica no fue egresado de ella, pero por las conexiones de su familia pudo incorporarse como oficial en el ejército, en el que hizo una rápida carrera.

---

[5] Decreto legislativo núm. 1686.
[6] Decreto legislativo núm. 1691, del 14 de febrero de 1931. Ubico obtuvo la impresionante suma de 305 841 votos. Kenneth J. Grieb, *Guatemalan Caudillo. The Regime of Jorge Ubico. Guatemala 1931-1944* (Athens, Ohio: Ohio University Press, 1979), 11-12.

Se distinguió como administrador capaz, organizado, efectivo y autoritario. Fue jefe político de Alta Verapaz (1907-1909) y de Retalhuleu (1911-1917) durante el gobierno de Estrada Cabrera, dejando en ambos cargos fama de capacidad. Después fue secretario de Guerra en los primeros años de Orellana (1921-1923) y primer designado a la presidencia en 1922; sin embargo, en 1923 renunció y se retiró a la vida privada. Se dijo entonces que tuvo algún problema con el presidente, quien llegó a hostigarlo. También encabezó misiones sanitarias, siendo especialmente efectivo en el combate nacional de la fiebre amarilla, donde captó la atención de los estadunidenses, que patrocinaron dicha campaña. En 1918 se encargó de organizar la campaña sanitaria contra la fiebre amarilla, llegando a ser jefe de Sanidad del litoral del Pacífico. Durante el gobierno de Herrera volvió a ser designado para participar en el combate a la fiebre amarilla.[7] Su fama de eficaz y honrado lo hicieron el candidato ideal en 1931, cuando había desorden en la sociedad, necesidad de limpiar la administración pública y de reaccionar ante la difícil situación por la crisis mundial que afectaba gravemente al país.

Con su característica disciplina y actividad, Ubico enfrentó la crisis imponiendo orden con autoritarismo. No toleró ninguna manifestación de crítica o de oposición. Le gustaba la obediencia y la efectividad; impuso la honestidad administrativa y rebajó sueldos en el gobierno. Como medidas urgentes para afrontar la situa-

---

[7] Fue designado director de la Comisión Nacional Sanitaria, cuya principal responsabilidad en ese momento era combatir la fiebre amarilla.

ción se propuso nivelar el presupuesto y controlar los gastos. Inició la práctica de los viajes presidenciales a fin de tener contacto directo con los problemas y resolverlos paternalmente por sus órdenes inmediatas. Al pueblo rural le gustó contar con la presencia del señor presidente y ver que se preocupaba por sus problemas. Se propuso incrementar las comunicaciones, tanto para mantener un mayor control del país como para facilitar el contacto nacional. Para ello mejoró y amplió el sistema de carreteras y de telégrafos. Continuó con su interés en cuestiones sanitarias, apoyando y efectuando diversas campañas para erradicar y prevenir enfermedades endémicas.

Una de las principales preocupaciones del mandatario eran los izquierdistas. De inmediato inició la supresión de las agrupaciones "peligrosas"; se prohibieron los sindicatos y otras organizaciones obreras. La represión anticomunista se hizo más severa tras la revuelta comunista de El Salvador, en 1932.[8] Así pues, se acabó cualquier actitud tolerante y se cortó de tajo toda forma de organización sindical o política de izquierda. Esto también se reflejó en el control sobre los medios de prensa y radio, y en la cuidadosa supervisión del sistema educativo, especialmente la universidad, que fue manejada como un instituto de segunda enseñanza desde la Secretaría de Instrucción. En 1931 se reprimió la llamada Huelga de Dolores y nunca más pudo organizarse mientras duró su régimen. Entonces se modificó el año escolar, que iba de enero a octubre, estableciéndolo

---

[8] K. J. Grieb, *op. cit.*, 33-34 y 87-88. Véase también Thomas P. Anderson, *El Salvador 1932. Sucesos políticos* (traducción de Juan Mario Castellanos, San José, C. R.: EDUCA, 1976).

de mayo a febrero, de forma que el festejo estudiantil coincidiera con las vacaciones, típica medida en que mostraba su "sagacidad". Una de sus preocupaciones fue derogar las reformas constitucionales de 1927, a fin de devolverle todo el poder al ejecutivo, suprimir la autonomía municipal y garantizar la supremacía presidencial. A partir de entonces los alcaldes pasaron a llamarse intendentes municipales y eran nombrados por el ejecutivo. También se aprovechó para permitir su reelección. A pesar de su promesa de no prolongar su periodo, desde 1934 se iniciaron los preparativos para ello. Algunos de sus partidarios se sintieron traicionados y conspiraron para impedirlo, lo cual fue fulminantemente respondido con las correspondientes medidas policiacas y judiciales, que llevaron a la ejecución de los principales implicados.[9] Los reclamos de falta de defensa de uno de los abogados defensores, el licenciado Jorge García Granados, se acallaron sacándolo al exilio.[10]

El segundo periodo marcó un endurecimiento dictatorial, sin que se tolerara resquicio alguno que pusiera en peligro la estabilidad del régimen. La honestidad y efectividad administrativas impuestas dieron sus frutos, y en el año fiscal 1932-1933 ya pudo balancearse el presupuesto e incluso en los últimos años tener superávit. Significativamente, la institución privilegiada y mejor organizada era la policía nacional, cuya

[9] Efraín de los Ríos, *Hombres contra hombres* (3ª ed., Guatemala: Tipografía Nacional, 1962), 326-330. Véase también K. J. Grieb, *op. cit.*, 111 y ss.; K. J. Grieb, "The U. S. and General Jorge Ubico's Retention of Power", *Revista de Historia de América* (enero-junio, 1971), 127.

[10] Jorge García Granados, *Así nació Israel* (Buenos Aires: Biblioteca Oriente, 1949), 30-31.

dirección era el segundo cargo en importancia en el país. Su director, el general Roderico Anzueto, era el hombre más poderoso del gobierno, después del presidente, y se sintió rebajado cuando, avanzado el régimen, fue nombrado secretario de Agricultura. Así pues, el sistema de control dictatorial no se basó en el ejército, que más bien estuvo marginado y en el que Ubico trató de mantener los mandos en oficiales de línea (no graduados en la Escuela Politécnica). Es revelador que su fiel secretario de Guerra fuera el general José Reyes, un viejo militar cabrerista de línea que tenía fama de ser casi analfabeto, pero de la absoluta confianza de Ubico, quien en buena parte fungía como ministro de ese despacho.[11]

Dos leyes de la época ilustran la orientación y el estilo ubiquista: la Ley de Vialidad y la Ley contra la Vagancia.[12] La primera fue un impuesto anual de dos quetzales destinado al mantenimiento y construcción de carreteras, que debían pagar todos los varones del país entre 18 y 50 años; quienes no lo pagaran debían cumplir dos semanas de trabajo gratuito, precisamente en el mantenimiento o construcción de carreteras (los maestros en servicio estaban exonerados). La población con recursos no tuvo problemas en cancelar el impuesto, pero los campesinos pobres, ladinos e indígenas, se vieron forzados a cumplir su obligación trabajando como peones en las carreteras. De esa manera Ubico se garantizó mano de obra abundante y gratuita para su

[11] K. J. Grieb, *Guatemalan Caudillo*, 29-30.
[12] Ley de Viabilidad, decreto gubernativo núm. 1474, del 31 de octubre.de 1933. Ley contra la Vagancia, decreto legislativo núm. 1996, del 10 de mayo de 1934.

ambicioso programa de mejora del sistema vial, y mantenerlo operativo todo el año, invierno o verano.

La Ley contra la Vagancia se dio en el marco de la supresión de las habilitaciones y los trabajos forzados, establecidos desde el gobierno de Barrios para garantizar la mano de obra a la caficultura y la agricultura comercial. Los excesos a que se había llegado hicieron que Ubico decidiera suprimir por ilegal el llamado "peonaje por deuda"; es decir, dar adelantos a los mozos campesinos, que debían descontar trabajando en las plantaciones de café y forzar a los indígenas para que "bajaran" a levantar las cosechas a la costa y boca-costa del Pacífico. Sin embargo, casi al mismo tiempo que se dieron por canceladas las deudas de los campesinos, para forzarlos a trabajar se estableció que aquellos que no cultivaran un mínimo de tierras propias (2.11 ha de café, caña o tabaco; 2.11 ha de maíz con dos cosechas anuales, en zona cálida; 2.8 ha de maíz en zona fría; o cuatro manzanas de trigo, papa, hortalizas u otros productos en cualquier zona) tenían que demostrar que trabajaban como asalariados un mínimo de días al año. Para ello se estableció una libreta numerada (impresa exclusivamente en la Tipografía Nacional), en la que los patronos anotaban los días laborados y que el interesado debía portar siempre, pues podían ser requeridos de mostrarla en cualquier momento.[13] Quienes no probaran que estaban trabajando podían ser forzados a laborar en obras públicas o ser entregados a finqueros para que cumplieran su cuota de días laborados.

También el tipo de obras a las que dio prioridad

---

[13] *Diario de Centro América*, 12 de junio de 1937.

muestran el "estilo" y el criterio del dictador. Ubico fue el creador de la moderna radiodifusión gubernamental, que supo utilizar como medio de unificación nacional y de divulgación de su labor. Adquirió las pequeñas radiodifusoras privadas existentes y las convirtió en la TGW y la TGWA, "La Voz de Guatemala", dotándolas de equipo moderno y potente en 1934 y 1937, para que desde la capital pudieran alcanzarse todos los rincones del país, con torres de transmisión efectivas. Por otra parte, transformó la vieja Tipografía Nacional en una moderna imprenta con equipo reciente y un amplio edificio, inaugurado en 1939, gracias a cuya eficiencia se imprimía puntualmente el diario oficial, las memorias anuales de los ministerios, la *Recopilación de las leyes*, etcétera. La efectividad de dicho taller fue modelo por muchos años y sus impresos siguen hoy causando admiración por su calidad tipográfica y de papel. Otras dependencias a las que dotó de nuevas instalaciones fueron la Aduana (1934), el Congreso de la República (1934) y la Terminal Aérea Internacional (1936), así como la Corte Suprema (1938) y Sanidad Pública (1939).

Ubico tenía un gran odio contra los comunistas, a quienes se preocupó de mantener bajo control o de expulsar del país. En el ámbito internacional manifestó simpatía hacia los regímenes autoritarios anticomunistas europeos. Así, admiró primero a Benito Mussolini, en Italia; a Adolfo Hitler, en Alemania, y a Francisco Franco en España. Al estallar la Guerra Civil española, fue el primer régimen hispanoamericano que reconoció al gobierno alzado de Burgos, y prohibió toda propaganda en favor de la República española. Sin embargo, siempre se cuidó de expresar su amistad con los Estados Unidos, y cuando llegó la hora de la segunda Guerra Mundial, en ningún momento vaciló en cuál era la postura que debía adoptar: de 1939 a 1941 mantuvo la neutralidad guatemalteca e impuso controles a la actuación en el país de las misiones diplomáticas alemana e italiana, y luego, en diciembre de 1941, al entrar los Estados Unidos en la guerra, de inmediato lo hizo Guatemala, y se decretó la intervención de los bienes de los ciudadanos alemanes e italianos que habían colaborado con sus respectivos regímenes.[14] Además, se concedieron permisos para que los Estados Unidos instalaran bases militares en el país (1942), y se contribuyó en otros aspectos en el esfuerzo bélico aliado: compra de bonos, permitir la siembra de materias primas, etcétera.[15] En enero y abril de 1942 se deportaron a los Estados Unidos 117 nacionales alemanes, y en enero del año siguiente otros 141.[16]

A partir de 1934, cuando habían pasado los efectos de la crisis mundial y ya había superávit presupuestal, Ubico emprendió una serie de costosas obras públicas de aparatosa arquitectura y escasa proyección social. No se pensó en hacer hospitales, escuelas, etcétera, sino en la construcción del Palacio de la Policía Nacional, el Palacio de Correos, la Aduana Central, la Terminal Aé-

---

[14] Guatemala declaró el estado de guerra con Japón el 8 de diciembre de 1941, decreto gubernativo núm. 2644, y contra Alemania e Italia el 11 del mismo mes y año, decretos legislativos núms. 2563 y 2564. *Recopilación de las leyes de Guatemala*, tomo 60, pp. 99 y 46-47.

[15] K. J. Grieb, *Guatemalan Caudillo,* 259 y ss.

[16] Para detalles sobre lo anterior, así como el proceso de intervención y expropiación de los bienes de alemanes en Guatemala, véase Regina Wagner, *Los alemanes en Guatemala* (Guatemala: Asociación de Educación y Cultura Alejandro von Humboldt, 1991), 370-374.

rea de La Aurora y, sobre todo, el Palacio Nacional, la obra más ambiciosa y rimbombante, inaugurada en noviembre de 1943. Todos estos edificios se hicieron en estilos anacrónicos, que eran los que prefería el dictador, y con bastante mal gusto.

La caída de Ubico

Con el paso de los años, el presidente había disminuido su interés por los viajes presidenciales y poco a poco fue perdiendo contacto directo con la población, aunque todavía recibía delegaciones municipales que acudían a él para que les resolviera sus problemas y quejas. El ambiente internacional provocado por el desenvolvimiento de la Guerra Mundial era favorable a un sistema democrático y más abierto que el que Ubico consideraba adecuado para Guatemala. La propaganda de los países aliados no se censuraba, y quiera que no caló en la población. En ese escenario se fue fortaleciendo la oposición contra el dictador, la cual entró en acción conforme avanzaba el año 1944. Tímidamente se iniciaron algunas protestas en mayo, sobre todo en el gremio magisterial, que se oponía a la participación escolar militar en los festejos del 30 de junio, para los que debían ensayarse, con semanas de anticipación, los desfiles, bajo la responsabilidad de los maestros. Con el correr de los días la resistencia se amplió y generalizó, cuando la población reaccionó sorpresivamente en contra de las medidas represivas del gobierno. Primero se le planteó a ubico la derogatoria del decreto que restringía las garantías constitucionales (que nunca se habían respetado), petición firmada por 311 ciudadanos connotados. Las acciones populares desembocaron en desfiles públicos de protesta, que al tratar de ser disueltos provocaron muertos y heridos y manifestaciones con mayor participación. Entonces vino la petición de renuncia del presidente. Por fin, el dictador, decepcionado al ver una oposición en la que participaban quienes creía sus amigos y que la mayoría de la población pedía su salida, decidió presentar su renuncia el 1º de julio.[17] Pero en lugar de hacerlo ante la asamblea, él mismo escogió para sustituirlo a un triunvirato de generales desconocidos. Ello probablemente fue reflejo de su depresión y el desconcierto por el curso de los acontecimientos.

Entre el día de su renuncia y el 3 de julio ya pudo reaccionar el grupo en el poder, que preparó la forma de presentar ésta a conocimiento de la asamblea a fin de que se nombraran los designados que sustituyeran al presidente. Ante la presencia popular en la sesión, que buscaba presionar para que se nombraran los candidatos propuestos por la oposición, se procedió al desalojo violento de la asamblea. Al día siguiente, sin público, se efectuó nueva sesión en la que se escogió al general Federico Ponce Vaides, principal miembro del triunvirato, como designado y luego como presidente provisional. Su obligación primordial era convocar a elecciones, en las que al principio prometió que no participaría.

[17] Jorge Luján Muñoz, "Hace medio siglo", *Revolución 1944-1994* (Guatemala: Anahté, 1994), 5-11.

Los principales sectores en la oposición (profesionales jóvenes, maestros y estudiantes) se organizaron en improvisados partidos y presentaron a sus candidatos. Un grupo liberal tradicional postuló al licenciado Adrián Recinos, quien había sido el embajador de Ubico en Washington casi todo el periodo presidencial; otras agrupaciones nuevas, compuestas fundamentalmente por jóvenes, postularon a Juan José Arévalo, un maestro guatemalteco residente en la Argentina, donde había obtenido su doctorado en educación. Además, se formaron grupos oficialistas que promovían la candidatura de Ponce. Sin embargo, pronto fue evidente que el candidato más popular era Arévalo, quien regresó al país el 3 de septiembre para iniciar su campaña a la elección que estaba fijada para los días 17, 18 y 19 de diciembre.

El clima electoral se fue haciendo tenso e inseguro ante los actos de intimidación de los "poncistas", que desembocaron en atentados y el asesinato, el 1º de octubre, del periodista y diputado Alejandro Córdova, director del diario *El Imparcial*, el de mayor circulación. El temor cundió, con asilados en varias embajadas, incluyendo al candidato Arévalo. Entonces, un grupo de oficiales jóvenes del ejército y de civiles llevaron a cabo un levantamiento en la madrugada del 20 de octubre, que en unas horas triunfó, luego de cruentos enfrentamientos. Hacia mediodía se rindió el presidente provisional y sus fuerzas, instaurándose una Junta Revolucionaria de Gobierno formada por el civil Jorge Toriello y los militares, mayor Francisco Javier Arana y capitán Jacobo Arbenz. Se cerró en ese momento el ciclo de dominio "liberal" (de nombre, que no de fondo) iniciado el 30 de junio de 1871.

Demografía

Después del censo de 1921, que dio como total 2 004 900 habitantes, no se efectuó el siguiente en 1930, como estaba previsto, sino hasta 1940. Se ha demostrado que los resultados fueron alterados, ya que se aumentó la población en alrededor de 50%. Las cifras ya corregidas (con base en los datos de 1950 y las tasas de crecimiento) permitieron establecer la población en alrededor de 2 300 000, y en 1944 en 2 550 000, de los que 55% eran indígenas y 45% ladinos.[18]

Un hecho importante en la evolución de la población fue el mejoramiento en el combate de las enfermedades endémicas y que no se dio ninguna nueva pandemia, como la de influenza de 1918-1919. Las campañas contra la fiebre amarilla, el paludismo y la tuberculosis mostraron sus efectos más o menos a partir de 1923, en que se aprecia una transición demográfica caracterizada por una disminución sostenida de la mortalidad, frente a una estabilidad, a nivel alto, de la fecundidad, lo cual marcó el inicio de un periodo de expansión demográfica que se mantiene hasta la actualidad. No hay duda que desde la década de 1920 se fueron mejorando las condiciones sanitarias, tanto en las áreas urbanas como en las rurales, aunque todavía con notorias deficiencias, sobre todo en muchas de estas últimas.

Entre 1920 y 1944, la situación de la población indí-

---

[18] Jorge Arias de Blois, "Demografía", en *Historia general de Guatemala*, Jorge Luján Muñoz, director general; tomo v: *Época contemporánea: 1898-1944*, J. Daniel Contreras, director del tomo (Guatemala: Asociación de Amigos del País-Fundación para la Cultura y el Desarrollo, 1996), 143, 148.

gena mejoró poco o nada. Aunque se derogó la habilitación y el peonaje por deuda, el trabajo forzoso subsistió a través de sustitutos como el Boleto de Vialidad y la Ley contra la Vagancia, que mantuvieron el trabajo estacional migratorio. Además, los efectos de la crisis mundial, notorios a partir de 1931, obligaron a los campesinos en general a buscar fuentes complementarias de ingresos, sin necesidad de que se aplicaran los mecanismos forzados.

Tampoco se aprecian cambios notorios en cuanto a la composición religiosa de la población. De acuerdo con el censo de 1940, casi 99% de la población era católica, al menos nominalmente, y los protestantes apenas llegaban a 1.47%.[19] Sin embargo, muchos de los poblados seguían careciendo de párroco residente, lo que los obligaba a resolver su vida religiosa en forma comunal o personal. Esto tuvo efectos notorios en la independencia de la vida ceremonial en las comunidades indígenas, a través de la jerarquía cívico-religiosa basada en la edad y el cumplimiento de cargos en cofradías y otras responsabilidades de designación periódica, lo cual permitió el resurgimiento de muchas manifestaciones religiosas con reminiscencias tradicionales no católicas.

El presidente Ubico manifestó una postura más tolerante con la Iglesia católica, especialmente después del acceso al arzobispado de monseñor Mariano Rossell Arellano. En forma discreta (y en violación del texto constitucional) permitió el ingreso de varias órdenes religiosas (por ejemplo paulinos, salesianos, monjas

---

[19] *Ibid.*, 150.

del Sagrado Corazón, maristas, jesuitas y Maryknoll), que incluso se dedicaron a la enseñanza en centros propios.[20] Rossell era muy conservador, y encontró muchos puntos políticos de contacto con Ubico, como su simpatía por el franquismo en España, que ambos apoyaron entusiastamente, de ahí que después de 1945 se acusara constantemente a Rossell de falangista.

Economía

De 1920 a 1944 el hecho económico dominante fue la crisis de 1930, que tuvo efectos devastadores en el país. Todos los sectores la sintieron, pero fueron los asalariados quienes vieron disminuidos sus ingresos en forma más drástica. Ubico accedió al poder en plena crisis, cuando sus efectos eran más duros. Su severa política de ordenamiento hacendario y presupuestario tuvo más justificación al principio. Rebajó los sueldos de los funcionarios públicos, canceló programas que consideró no esenciales y buscó mantener otros con el menor desembolso (por ejemplo las carreteras con mano de obra gratuita). Sin embargo, una vez que ordenó la economía no realizó programas de amplio beneficio comunal, sino que invirtió en obras de escasa proyección social, y descuidó aspectos esenciales como la educación, cuya atención fue notoriamente deficiente en cuanto a su calidad y ampliación.

[20] Hubert J. Miller, "Church-State Relations in Guatemala, 1927-1944. Decline of Anticlericalism". Trabajo presentado en la reunión de la Latin American Studies Association, Guadalajara, México, 17-19 de abril de 1997.

La evolución del producto interno bruto (PIB) de 1920 a 1944 se aprecia en el cuadro X.1, en el que puede verse el crecimiento hasta 1930, la disminución entre 1931 y 1933, y el aumento a partir de 1934, que se hace mayor entre 1936 y 1942, para bajar claramente en 1943-1944 por los efectos de la segunda Guerra Mundial.

Cuadro X.1. *Evolución del producto interno bruto (PIB), 1920-1944, precios de 1970 (miles de dólares EUA)*

Año	Cantidad	Año	Cantidad
1920	290 407	1933	370 676
1921	318 958	1934	419 296
1922	300 983	1935	484 637
1923	331 001	1936	665 639
1924	357 909	1937	652 826
1925	351 099	1938	670 863
1926	354 466	1939	754 982
1927	377 747	1940	862 410
1928	386 277	1941	908 491
1929	431 065	1942	920 326
1930	449 595	1943	613 709
1931	419 222	1944	594 863
1932	366 919		

Fuente: Víctor Bulmer-Thomas, *The Political Economy of Central America since 1920* (1987), cuadro A.1, 308.

Un hecho económico fundamental en la década de 1920 fue la reforma monetaria, tantas veces recomendada desde el gobierno de Estrada Cabrera y que se pospuso hasta 1924. Entonces se aprobó el sistema para recoger la moneda antigua a través de la Caja Reguladora, se estableció el sistema monetario dentro del patrón oro, con una sola entidad emisora (el Banco Central, con capital mixto, estatal y privado) y se emitió la nueva moneda, el quetzal, equivalente a un dólar de los Estados Unidos.[21] Para recoger la moneda anterior, se estableció un cambio fijo de 60 pesos por un quetzal. Por decreto gubernativo del 31 de julio de 1930 se estableció el plazo legal de cinco años para que dejara de circular la moneda anterior, el cual comenzó a correr el 1º de agosto de ese año, de manera que el plazo se cumplió el 1º de agosto de 1935.[22]

Tras la reforma monetaria y la crisis mundial, el sistema bancario era notoriamente insuficiente; la imposibilidad de obtención de créditos se convirtió en un obstáculo permanente para el desarrollo del país. A partir de 1929 sólo quedaron un banco estatal, El Crédito Hipotecario Nacional; uno mixto, el Central, y dos privados, el de Occidente y el Anglo Sudamericano. Como resultado de la reforma monetaria y después de la crisis mundial habían desaparecido varios bancos, a los cuales les había vencido su concesión: el Banco Americano, el Banco Internacional, el Banco de Guatemala y el Banco Agrícola Hipotecario. Existían casas bancarias propiedad de capital alemán, como Nottebohn Hnos., Rosenthal e Hijos y Schlubach, Sapper y Cia. (que suspendió pagos en 1931) con operaciones bancarias y de cambio de moneda, además de dedicarse a

---

[21] La Caja Reguladora se creó en noviembre de 1922. La reforma monetaria se aprobó por decreto del 26 de noviembre de 1924, y la Ley de Conversión Monetaria el 7 de mayo de 1925. El Banco Central se estableció el 30 de junio de 1926.
[22] RLG, tomo 49, *1930-1931*, p. 550.

la exportación e importación. La política crediticia era muy restringida, lo cual impidió que recibieran fondos las pequeñas empresas.[23]

El café continuó siendo el principal producto de exportación, con cosechas relativamente estables, que fluctuaron entre 789 000 quintales en 1931 y 768 000 en 1933, que fueron los peores años, a más de 1 400 000 el mejor año (1942), más de 1 200 000 mil en otras buenas cosechas (1930, 1936, 1943 y 1944), con alrededor de 900 000 a un millón la mayoría de los años. La producción en quintales oro aparece en el cuadro x.2.

Párrafo aparte merece el caso del banano, en manos de la United Fruit Company (UFCO), que continuó beneficiándose de la generosa concesión de Estrada Cabrera, en 1904, que establecía que Guatemala no podía poner ningún impuesto a ningún producto agrícola (salvo el café). En 1924 la compañía obtuvo una nueva concesión, por 25 años, en que ésta aceptó pagar la suma anual de 6 000 dólares como renta anual, más un centavo por racimo exportado y 12 dólares por cada árbol de caoba o cedro que exportara. No hay duda de que aunque desde entonces la empresa pagaría algo, las sumas eran ridículas y aun así hizo fraude al declarar sus exportaciones. El control de la economía guatemalteca de la UFCO era muy amplio, ya que también era propietaria de los ferrocarriles (los que no se habían ampliado, hasta que en 1929 se completó un ramal

---

[23] Alfredo Guerra-Borges, "El sistema bancario", en *Historia general de Guatemala*, Jorge Luján Muñoz, director general; tomo v: *Época contemporánea: 1898-1944*, J. Daniel Contreras, director del tomo (Guatemala: Asociación de Amigos del País-Fundación para la Cultura y el Desarrollo, 1996), 429-440.

CUADRO X.2. *Exportaciones de café oro, 1921-1944*
(en miles de quintales)

1921	935.3	1933	768.2
1922	934.4	1934	1 054.4
1923	952.5	1935	887.2
1924	888.0	1936	1 262.0
1925	968.6	1937	1 074.3
1926	932.6	1938	1 175.7
1927	1 146.9	1939	1 040.3
1928	966.9	1940	1 084.3
1929	960.4	1941	933.9
1930	1 239.4	1942	1 495.2
1931	789.1	1943	1 236.2
1932	990.8	1944	1 263.3

FUENTES: *Memorias de Fomento*, 1920-1939, y *Memorias de Hacienda*, 1940-1944.

de Zacapa a El Salvador, para permitir el comercio de dicho país por el Atlántico), de los muelles e incluso de la comunicación cablegráfica internacional. Las operaciones de la UFCO continuaron ampliándose y afirmando su poder económico en el país. Todos los gobernantes fueron complacientes con ella. En 1930, en los meses finales del gobierno de Chacón, se presentó un proyecto a la asamblea para una nueva concesión a la UFCO en las tierras bajas del Pacífico, que la empresa deseaba porque en la zona de Bananera y Quiriguá, en el Valle del Motagua, se había desatado la enfermedad del banano conocida como sigatoka o de Panamá. Empero, la nueva concesión encontró oposición en la opinión pública y en la asamblea, que la indecisión y desprestigio del régimen no pudo superar. Sin embargo, el gobierno sí pudo lograr que la empresa Plantaciones de Guatemala, de propiedad de capital europeo, fuera vendida bajo presión, a la UFCO. Con la llegada de Ubico al poder ya no hubo oposición, y se aprobó la extensión de la concesión, que incluía la obligación de la compañía de construir un puerto de muellaje directo en el Pacífico. En 1936, al extender el plazo de la concesión a la UFCO de 1924 hasta 1981, Ubico también la exoneró de su obligación de construir el puerto en el Pacífico, mediante el pago de Q400 000. La evolución de las exportaciones guatemaltecas de bananos de 1908 a 1944 puede verse en la gráfica X.1. Nótese el crecimiento paulatino hasta 1935, el aumento notorio entre

GRÁFICA X.1. *Exportaciones de banano, 1908-1944 (en racimos)*

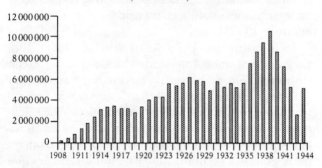

FUENTE: P. J. Dosal, *Doing Bussiness with the Dictators*, p. 196; basado en: Secretaría de Agricultura, *Apertura de un puerto moderno en el Pacífico: memorandum del señor ministro de Agricultura al señor presidente de la Comisión Extraordinaria de Fomento de la Asamblea Nacional Legislativa* (Guatemala, 1930); Bulmer-Thomas, *Political Economy of Central America*, 51; International Bank for Reconstruction and Development (World Bank, *The Economic Development of Guatemala*), 49.

1936-1938 con una ulterior disminución muy fuerte entre 1942 y 1943.

Un aspecto que ilustra las consecuencias del enorme poder de las compañías bananeras en Centroamérica fueron los problemas fronterizos que se generaron entre Guatemala y Honduras en la segunda parte de la década de 1920 y los inicios de la siguiente, que estuvieron al borde de provocar una guerra entre los dos países. La cuestión provino de las concesiones recibidas por la empresa estadunidense en Honduras, Cuyamel Fruit Company, propiedad de Samuel Zemurray, las cuales se introducían en territorio guatemalteco. Zemurray se encargó de soliviantar el sentimiento nacionalista en Honduras, lo cual provocó igual reacción en Guatemala. Afortunadamente pudo negociarse una solución definitiva de límites, que resultó aceptable para ambos países, en un laudo que se dio el 23 de enero de 1933.[24]

La industria tuvo poco desarrollo. Las únicas fábricas grandes continuaron siendo Castillo Hermanos, con su producción de cerveza y refrescos envasados (en 1929 adquirieron la otra fábrica de cerveza en Quezaltenango, de capital alemán); Cementos Novella y algunas fábricas de textiles, como Cantel y Tejidos Montblanc, en Quezaltenango y otras que prosperaron, en parte gracias a las limitaciones de importaciones que produjo la segunda Guerra Mundial. También son dignas de mención las mejoras en la industria de licores (por ejemplo Industria Licorera Guatemalteca, S. A.);

---

[24] Ministerio de Relaciones Exteriores, *La circunscripción geográfica guatemalteca* (Guatemala: Dirección de Asuntos de Límites y Aguas Internacionales, 1976), 22-34.

la fabricación de jabón y aceite de Kong Hermanos, la llegada al país de la multinacional British American Tobacco Co., que en 1929 adquirió varias fábricas locales de cigarrillos y estableció la empresa Tabacalera Nacional, S. A.; y la industria de calzado Incatecu, vinculada a la empresa checoslovaca Bata. En el cuadro x.3 se ve la evolución del valor agregado en el sector manufacturero de 1920 a 1944. En la gráfica x.2 se compara la evolución entre 1920 y 1944 del valor agregado en agricultura e industria.

El control de la economía guatemalteca por parte de empresas estadunidenses se completaba con la Empresa Eléctrica, que generaba electricidad a la parte

Cuadro X.3. *Valor agregado del sector industrial, 1920-1944, precios de 1970 (miles de dólares EUA)*

Año	Cantidad	Año	Cantidad
1920	41 146	1933	49 199
1921	42 324	1934	60 393
1922	37 218	1935	69 722
1923	49 689	1936	90 049
1924	52 341	1937	79 866
1925	50 769	1938	67 807
1926	53 911	1939	59 873
1927	54 304	1940	62 937
1928	53 911	1941	67 277
1929	56 957	1942	71 077
1930	62 651	1943	71 077
1931	65 499	1944	70 016
1932	46 939		

Fuente: Víctor Bulmer-Thomas, *The Political Economy of Central America since 1920* (1987), cuadro A.8, 322.

GRÁFICA X.2. *Valor agregado de la agricultura y la industria, 1920-1944 (precios de 1970) (miles de dólares EUA)*

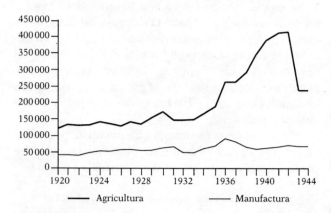

FUENTE: Paul J. Dosal, *Power in Transition*, 1995:76. Basado en Víctor Bulmer-Thomas, *The Political Economy of Central America since 1920* (1987), cuadro A.8, 322.

central del país, incluyendo la capital, a precios relativamente elevados, y que no amplió su producción de acuerdo con los requerimientos del país.

La economía de exportación continuó dependiendo del café, que junto con el banano constituían más del 90% del total de las exportaciones. El resto era chicle (que subió del 3.5%, en 1938, a 5.8% en 1941, y a 8.5% en 1944, su mejor año), madera, 3.5%, y otros (azúcar, metales preciosos, cocos y miel), 0.77 por ciento.

Por último, vale la pena mencionar que en los difíciles días finales del gobierno ubiquista, cuando ya se pedía su renuncia y el dictador pensaba en ella, el 28 de junio de 1944, Ubico ordenó a su secretario de Hacienda que procediera a la cancelación de la llamada "deuda inglesa", que venía arrastrándose desde 1825, y que a lo largo del siglo XX había caído constantemente en mora, incluso del pago de intereses, sobre todo durante el gobierno de Estrada Cabrera. Para Ubico era una cuestión de honor personal cancelar dicho adeudo, aunque también se ha dicho que lo que deseaba era dejar al gobierno que lo sucediera sin fondos. El hecho fue que en esa fecha se giró por cable al Consejo de Tenedores de Bonos, en Londres, la suma de 6 150 000 dólares, cifra que representaba entonces la deuda pendiente de capital e intereses.[25] La decisión fue precipitada, ya que en ese momento la deuda se cotizaba en Londres a 50 por cada bono de 100, es decir, la mitad de su valor nominal; además, por las circunstancias de la Guerra Mundial era de esperar que no pudieran presentarse muchos de los tenedores, como efectivamente sucedió, por lo que hubo de llegarse a un acuerdo al respecto posteriormente.[26]

---

[25] Alfredo Guerra-Borges, "La deuda externa", en *Historia general de Guatemala*, Jorge Luján Muñoz, director general; tomo V: *Época contemporánea: 1898-1944*, J. Daniel Contreras, director del tomo (Guatemala: Asociación de Amigos del País-Fundación para la Cultura y el Desarrollo, 1996), 443-444. Véase también Federico Hernández de León, *La deuda inglesa, su origen, desarrollo y cancelación. Ensayo histórico* (Guatemala: Tipografía Nacional, 1958), 151-153.

[26] Francisco Villagrán, "Deuda externa en Guatemala. Historia de la deuda inglesa", *Revista de la Facultad de Ciencias Jurídicas y Sociales de Guatemala*, época IV, núms. 6-7 (enero-junio de 1950), 22-24.

Conclusión

Con la renuncia de Ubico y la inmediata salida de Ponce, 108 días después, se cerraron más de siete décadas de regímenes que se hacían llamar liberales, pero que, en general, fueron muy poco liberales y democráticos. Lo que predominó fue la dictadura y el autoritarismo, las reelecciones y el acoso a cualquier tipo de oposición. Un aspecto en el que dichos gobiernos mantuvieron una postura uniforme, común a otros regímenes liberales hispanoamericanos, fue su anticlericalismo y la persecución de la Iglesia católica, a la que trataron de mantener bajo estricto control y con el menor poder posible.

A partir de 1944 se inició en Guatemala una nueva era no sólo política, sino también con profundas transformaciones sociales, económicas y culturales, aunque todavía se mantuvo, al principio, la herencia liberal del anticlericalismo. Sin embargo, Guatemala se encontraba en una situación de retraso en su evolución en todos los aspectos (desde los políticos hasta los económicos, sociales y culturales), que dificultaron el desarrollo "normal" del país. El aislamiento forzado en que se había mantenido Guatemala, junto con la falta de tradición política democrática, hicieron que en 1945 se procediera a la modernización y democratización sin que existieran las bases mínimas de experiencia y madurez entre los sectores medios y altos, acostumbrados al autoritarismo y a recurrir a la conspiración y al golpe de Estado cuando las elecciones o el desarrollo político no era de su agrado. Además, el rezago ideológico hizo que cualquier medida reformista fuera identificada como comunista, y que los marxistas fueran igualmente fanáticos e intolerantes con sus adversarios. Ese fue el legado de las dictaduras "liberales" que gobernaron Guatemala durante 73 años.

No hay duda de que en octubre de 1944 se cierra un ciclo de la historia guatemalteca y se abre otro. Incluso ha habido quienes afirman que entonces se inició el siglo xx para el país. Sin embargo, no debe olvidarse que durante el gobierno de Ubico si bien se mantuvo la tiranía y, en general se defendieron los intereses de la oligarquía, también existió el deseo de tomar en cuenta los intereses rurales y modernizar el sistema de comunicaciones y que tal vez, sin que se percatara el mandatario, se socavaron las bases tradicionales de poder. Guatemala había cambiado en contra de la voluntad de Ubico y de los grupos tradicionales.

XI. LA DÉCADA REVOLUCIONARIA, 1944-1954

La Junta Revolucionaria de Gobierno estuvo en el poder del 20 de octubre de 1944 al 15 de marzo de 1945. Formó un gabinete representativo de las fuerzas que se aliaron para las caídas de Ubico y de Ponce, e inició un febril y entusiasta proceso de reforma, que garantizara la fundamentación de una nueva era basada en la legalidad y la democracia. Se disolvió la Asamblea Legislativa, se derogó la Constitución de 1879, y se llevaron a cabo, en pocos meses, tres procesos electorales: de nueva asamblea, de una Constituyente y las presidenciales. Al mismo tiempo, casi, trabajaron, en intensa labor legislativa, la propia junta, la asamblea y la Constituyente. El talante y el espíritu era de reforma y renovación, inspirados en la Carta del Atlántico y la lucha contra el totalitarismo. Se derogaron leyes que favorecían el trabajo forzado, se establecieron las bases de la autonomía municipal y universitaria, así como de un nuevo ejército que no fuera instrumento de la dictadura.

Especial mención merece la labor de la Constituyente, que en pocos meses desarrolló un esfuerzo ejemplar para dar fundamento a un régimen legal y democrático. La nueva carta magna incorporó importantes novedades. Por primera vez se incluyeron regulaciones sobre las garantías sociales (título III, capítulo II), sentando las bases para la regulación del trabajo, que luego se desarrollaría en un código específico. En el artículo 91 quedaron "prohibidos los latifundios", la base de la ulterior reforma agraria; también se dio apoyo a las "colectividades y cooperativas agrícolas" y de producción (artículos 94 y 100), a la vez que se obligaba al Estado a prestar apoyo a las comunidades indígenas y organizar en ellas "el trabajo en forma cooperativa" (artículo 96). En cuanto a los yacimientos de hidrocarburos, se reservaba su explotación al Estado (artículo 95). También se reguló y garantizó la autonomía universitaria (artículo 84), y la municipal (artículo 201). En cuanto al ejército nacional, se creó la jefatura de las fuerzas armadas con autonomía del ejecutivo, con un jefe electo por el Congreso (de una terna propuesta por el ejército), para un periodo igual al del presidente (artículo 152). Ello, conforme se demostró después, fue un grave error que propició la politización del ejército. En general, el talante de la Constitución fue de democratización; sin embargo, en muchos aspectos se pecó de ingenuidad o de inexperiencia. Sucedió algo parecido a lo de 1823-1824: se tenía en mente la cercana sombra de la dictadura, y se trató de contrarrestarla haciendo del presidente una figura decorativa, esta vez bajo el control militar.[1]

Un suceso triste y lamentable fue lo acontecido en

---

[1] Sobre el tema de la Constituyente de 1945 puede verse: Jorge Mario García Laguardia, *Política y Constitución en Guatemala. La Constitución de 1985* (Guatemala: Procurador de los Derechos Humanos, 1993), cap. III; Francisco Villagrán Kramer, *Biografía política de Guatemala. Los pactos políticos de 1944 a 1970* (Guatemala: FLACSO, 1993), 25-44, y Francisco Javier Gómez Díez, "La política guatemalteca en los orígenes de la 'década revolucionaria': la Asamblea Constituyente de 1945", *Revista de Indias*, 203 (1995), 127-147.

Patzicía el 22 y 23 de octubre. Los indígenas, que fueron manipulados por los partidarios de Ponce, a fin de obtener su apoyo, habían recibido promesas de que se les repartirían las fincas de los alemanes, las que se habían expropiado en los primeros días del régimen poncista, leyes que había dejado sin firmar Ubico. Los indígenas de Patzicía interpretaron la Revolución del 20 de octubre como una acción ladina en su contra, y el día 22 asesinaron a 14 ladinos. La reacción fue fulminante. El hecho se percibió como un peligro, ante la posibilidad de que se produjera una reacción en cadena entre los indígenas en favor del régimen caído, y se enviaron tropas que en pocas horas mataron a numerosos indígenas. En los registros locales de defunciones aparecen anotadas 63, pero es posible que los muertos hayan sido más, aunque probablemente no tantos como los 400 o 600 que han dado algunas fuentes.[2] Es este un hecho que permaneció sin investigar y que apenas recientemente comienza a conocerse, pero ha pasado tanto tiempo que muchos de los testigos presenciales han fallecido y otros se niegan a hablar o lo hacen en forma parcial o distorsionada.

Gobierno de Juan José Arévalo, 1945-1951

Como era de esperar, en las elecciones presidenciales salió triunfador el doctor Juan José Arévalo, quien obtuvo más de 85% de los votos. Tomó posesión el mismo día que entró en vigor la nueva Constitución, el 15 de

---

[2] Richard N. Adams, "Las masacres de Patzicía de 1944: una reflexión", *Winak Boletín Intercultural*, vol. 7, núms. 1-4 (junio de 1991-marzo de 1992), 3-40.

marzo de 1945. El nuevo gobierno y, en general, la vida política y social estuvo dominado por una nueva generación de gente muy joven, algunos bien intencionados, pero inexpertos y quizás encandilados con el afán de reformar de inmediato para recuperar el tiempo perdido por el estancamiento social, ideológico y cultural en que se encontraba el país. Infortunadamente ello generó enfrentamientos y temores de parte de los círculos más tradicionalistas y conservadores de la sociedad. En ese sentido cumplió un papel sistemático de oposición la Iglesia católica, dirigida por el arzobispo Mariano Rossell Arellano.

Desde que se reunió la Constituyente el arzobispo encabezó un esfuerzo por recuperar posiciones para la Iglesia, habiendo obtenido muy poco de lo que esperaba. Los constituyentes, educados dentro de la tradición liberal nacional, temían que la Iglesia católica se constituyera en una fuerza en contra de la Revolución, y conservaron la misma estructura legal de los liberales de 1871: separación Iglesia-Estado, prohibición de poseer bienes, limitaciones para la educación religiosa, prohibición a los religiosos para participar en política y desempeñar cargos públicos, etcétera. Al poco tiempo de iniciar Arévalo su gobierno, círculos cercanos al arzobispo lo acusaron de comunista y enemigo de la Iglesia. Conforme se intensificó el clima de Guerra Fría en el mundo, la Iglesia católica guatemalteca arreció en su retórica anticomunista, que la alejó de los sectores obreros y menos favorecidos, dejando el campo libre a la labor sindical más extremista y de izquierda.[3]

---

[3] Hubert J. Miller, "Catholic Leaders and Spiritual Socialism during

La vida política se hizo muy activa, con partidos de centro y de izquierda mucho mejor organizados y con mayores bases populares que los de derecha. El sistema de autonomía municipal, con cargos locales de elección, y los comicios para diputados mantuvieron en pleno dinamismo la vida política, que fue dominada en general por los partidos gubernamentales, con una retórica más atractiva para los sectores mayoritarios. El programa de Arévalo era capitalista, moderado y de ninguna simpatía hacia los comunistas, muy escasos y mal organizados, a los que trató de mantener permanentemente bajo control. Su programa tuvo un acento urbano, social y cultural-educativo. Por un lado el seguro social y, por otro, la protección de los trabajadores por medio de un código específico; además de nuevas instituciones culturales y un claro deseo de generalizar la educación, especialmente la primaria. Pronto se llevaron a cabo importantes reformas: modernización del sistema bancario y monetario, estableciéndose un banco central autónomo exclusivamente de capital estatal, con lo cual el antiguo Banco Central mixto se dividió: el nuevo banco estatal, único emisor, pasó a ser el Banco de Guatemala, y los accionistas privados constituyeron un banco particular, el Banco Agrícola Mercantil. Se estableció un sistema de seguridad social, que entró en vigor con programas de accidentes, en 1946. Para

the Arévalo Administration in Guatemala, 1945-1951", en *Central America: Historical Perspective on the Contemporary Crisis*, Ralph Lee Woodward Jr., comp. (Westport, Connecticut: Greenwood Press, 1988), 85-105. Véase también Blake D. Pathridge, "The Catholic Church in Revolutionary Guatemala, 1944-54: A House Divided", *Journal of Church and State* (1994), 521-540.

atender y reforzar el desarrollo agropecuario y manufacturero se abrió el banco Instituto de Fomento de la Producción (Infop). El 1º de mayo de 1947 entró en vigor el Código de Trabajo, que desarrolló la legislación laboral protectora de los trabajadores establecida por la Constitución. Se reguló la organización sindical y el sistema judicial laboral, la indemnización por despido injustificado, la semana laboral de 48 horas, vacaciones pagadas, se estableció la Inspección General de Trabajo, etcétera; es decir, legislación moderada, tutelar de los trabajadores, que estaba en vigor desde hacía muchos años en países capitalistas, pero que en Guatemala fue tildada de comunista por los sectores patronales. La cuestión agraria sólo se tocó al final del periodo con la Ley de Arrendamiento Forzoso (1950).

A los pocos meses de la toma de posesión el gobierno arevalista ya tuvo que enfrentar varias conspiraciones e intentos de golpes de Estado, lo cual se prolongó a lo largo de los seis años de gobierno, hasta ser más de 30. Ello sin duda limitó las posibilidades del gobierno de hacer obra y fortaleció a los grupos más extremistas. La oposición carecía de capacidad y tradición para montar un esfuerzo bien organizado y legal, capaz de atraer suficientes partidarios y votantes; por ello encontraron más fácil recurrir al expediente del intento armado e ilegal.

La política internacional del gobierno le causó diversos problemas. El entusiasmo democrático del momento de la posguerra y cierto aventurerismo de algunos grupos del régimen los llevó a promover un grupo internacional llamado "La Legión del Caribe", que tenía como función derrocar a los gobiernos dictatoriales de la región. Dos eran los regímenes que se deseaba derribar: el de Rafael Leonidas Trujillo, en la República Dominicana, y el de Anastasio Somoza García, en Nicaragua. Arévalo proporcionó apoyo monetario y armas a los aventureros que participaron en este intento, que fracasó estrepitosamente, con la consecuencia de que ambos dictadores usaron sus conexiones en Washington para desprestigiar a Arévalo y su régimen, acusándolo de comunista y enemigo de los Estados Unidos.[4] Los contactos de Trujillo y Somoza con cierta prensa estadunidense hizo que se iniciara una continua campaña contra Guatemala, que a la larga, ayudó a crear situaciones tensas con Washington.

Lo anterior coincidió con la sustitución, en el verano de 1948, del embajador de los Estados Unidos, Edwin Kyle, quien había mantenido una buena relación con el gobierno guatemalteco y que comprendía la situación interna, por Richard Patterson, quien pronto adoptó posturas impositivas y prepotentes que lo enemistaron con Arévalo y sus colaboradores. Además, las relaciones del gobierno guatemalteco con la UFCO eran poco cordiales por el apoyo gubernamental a los trabajadores y sus exigencias, lo cual consideró la empresa como una política discriminatoria en su contra manejada por un gobierno al que ya no tenía a sus órdenes. Por supuesto, recurrieron a la vía diplomática para que se intercediera en su favor, lo cual hizo el embajador Patterson por encargo del Departamento de Estado, lo que no hizo sino agravar las tensiones entre ambos go-

---

[4] Véase Charles D. Ameringer, *The Caribbean Legion: Patriots, Politians, Soldiers of Fortune, 1946-1950* (University Park, Pennsylvania: Pennsylvania State University, 1996).

biernos. Creció el convencimiento de Washington de que se estaba haciendo víctima a las empresas estadunidenses de discriminación y agresión sindical específica, y con ello un mayor deterioro de las relaciones entre ambos países. La situación llegó a su punto extremo cuando el gobierno guatemalteco solicitó el retiro del embajador Patterson, en marzo de 1950. Los Estados Unidos estaban acostumbrados a tener en Latinoamérica gobiernos dóciles y cooperadores, y recibió con indignación la postura guatemalteca, que consideró un desafío inaceptable.

Uno de los aspectos que más afectó la situación interna de Arévalo fue la rivalidad desarrollada entre los militares que habían formado parte de la Junta de Gobierno. Ambos habían pasado a desempeñar altos cargos y tenían aspiraciones presidenciales. El coronel Francisco Javier Arana fue electo jefe de las Fuerzas Armadas, nueva jerarquía militar establecida en la Constitución. Su titular se elegía por parte de los altos mandos militares. El teniente coronel Jacobo Arbenz fue designado ministro de Defensa. Cada uno se rodeó de su grupo de seguidores. Mientras Arana era militar de línea o "chafarote", entre quienes tenía sus más fieles apoyos, Arbenz era "de escuela", en la que había hecho una brillante carrera por la que era muy admirado por sus compañeros. Por otra parte, Arana, que era conservador, obtuvo sus partidarios civiles de los grupos más tradicionalistas, que lo instaban al cuartelazo, ya que estaba en posibilidad de darlo. Arbenz encontró sus allegados civiles entre algunos de los partidos de gobierno y una serie más variada de círculos, que iban desde la derecha moderada hasta los comunistas.

La relación entre Arévalo y Arana no era buena. El segundo se sentía traicionado y desconfiaba del presidente. Hacia finales de 1945 Arévalo había quedado momentáneamente incapacitado luego de un accidente de automóvil. Ante el peligro de la muerte de Arévalo, altos miembros de su gobierno le ofrecieron a Arana la candidatura si el presidente fallecía o quedaba incapacitado y, si se recuperaba, que él sería el candidato oficial. A dicho acuerdo se le conoció como el Pacto del Barranco.[5] Cuando Arévalo se recuperó no estuvo de acuerdo con el compromiso, pero no estaba en capacidad de desautorizar explícitamente el pacto. Arana, que se percató de la situación, mantuvo una actitud de presión sobre el presidente, haciéndole sentir su poder militar y que podía ser el árbitro de la situación. Arévalo tuvo que recurrir a su ministro de Defensa y depender de su apoyo para neutralizar militarmente a Arana. Los partidarios de este último, dándose cuenta de los riesgos de la situación, lo instaban a que diera el golpe y derrocara a Arévalo. Arana dudaba, pero cada vez eran más las presiones y mayores las razones para proceder a derribar al presidente. Los servicios de inteligencia gubernamentales estaban al tanto de la posible conspiración, y pusieron al corriente a Arévalo. La única salida que se encontró fue llevar el caso ante el Congreso, que, de acuerdo con la Constitución, estaba capacitado para destituir al jefe de las Fuerzas Armadas. El 18 de julio de 1949 se puso en marcha la acción. Ese día Arana le dio un ultimátum al presidente para que se le entregaran ciertos fusiles

---

[5] F. Villagrán Kramer, *Biografía política*, 49-52.

que se encontraban en un chalet en Amatitlán, que habían estado destinados para la Legión del Caribe, que fue personalmente a recoger, acompañado de su chofer y un ayudante, Absalom Peralta, así como del coronel Felipe Antonio Girón, jefe del estado mayor presidencial. Arbenz y sus allegados acordaron detener a Arana en el Puente Gloria, una estrecha construcción colonial que consideraron adecuada para el efecto, y luego conducirlo al Congreso. Sin embargo, al momento de hacerlo se produjo un enfrentamiento armado en el que murió el jefe de las Fuerzas Armadas; así como el ayudante de Arana, y el coronel Enrique Blanco, subdirector de la Guardia Civil, del grupo que iba a hacer la detención; quedando heridos el mayor Alfonso Martínez, entonces diputado del Congreso, que también iba en el grupo a detenerlo, y el chofer de Arana.[6] En lugar de decir lo que realmente había sucedido se prefirió ocultar lo que se intentaba y echar la culpa a supuestos grupos reaccionarios. Como muchas veces sucede, la mentira no pudo mantenerse; pronto fueron evidentes las contradicciones y siempre ha quedado un velo de misterio y la acusación de que el responsable del asesinato fue su rival Arbenz.[7]

[6] El más completo estudio sobre la muerte de Arana es el cap. 3 de P. Gleijeses, *Shattered Hope*, pp. 50-71, que apareció en español en *Mesoamérica* 24 (diciembre 1992), 385-412. Véase también Marco Antonio Flores, *Fortuny: un comunista guatemalteco* (Guatemala: Editoriales Óscar de León Palacios-Palo de Hormigo-Universitaria, 1994), 160-168; Fortuny no se encontraba en el país pero presenta la versión que le dio Arbenz.

[7] La mentira urdida al principio pudo venir del desconcierto inicial, pero después se hizo absurdo e injustificable mantenerla. Como las implicaciones de culpabilidad caían sobre Arbenz, ya que el

Al nada más conocerse la noticia de la muerte de Arana, y suponerse que había sido asesinado, sus partidarios decidieron levantarse en armas, y se concentraron en el Cuartel Guardia de Honor, mientras los partidarios del gobierno se hacían fuertes en el Palacio Nacional y en el edificio central de la Guardia Civil, que en la madrugada quedaron rodeados por los rebeldes, quienes procedieron a atacar durante todo el día. En un primer momento los alzados tenían una notoria superioridad militar, pero el intento fue muy mal manejado, mientras en el gobierno Arbenz lo hacía con decisión, dando tiempo a reaccionar. Casi todos los cuarteles permanecieron fieles, lo cual hizo que el levantamiento fuera derrotado.[8] Este fue el más fuerte intento que sufrió el gobierno, del cual salió muy desgastado y teniendo que depender el presidente del indispensable apoyo militar que sólo podía proporcionarle su ministro de Defensa, Arbenz.[9]

En la segunda parte de 1949 se inició el proceso para definir las candidaturas presidenciales de las elecciones que tendrían lugar el año siguiente. Los partidos gubernamentales se dividieron. El Frente Popular Libertador (FPL), que a principios del gobierno de

chofer de su esposa había estado en el lugar de los hechos, parece que éste le pidió a Arévalo una aclaración pública cuando estaban en el exilio en Uruguay, alrededor de 1957, pero Arévalo se negó.

[8] Se ha hablado de que el gobierno cubano envió bombas con las cuales se atacó la guardia de honor, forzando su rendición. También se ha dicho que en la lealtad de la base militar La Aurora influyó un aporte de dinero a su comandante.

[9] El sustituto de Arana como jefe de las Fuerzas Armadas fue el coronel Carlos Paz Tejada, oficial cercano a Arbenz, quien había participado en el levantamiento del 20 de octubre, y en la derrota de los aranistas.

Arévalo fue el más importante, se había debilitado, pero todavía conservaba cierta fuerza. El Partido Renovación Nacional (RN) se mantenía bajo el control de Arévalo, pero el Partido de Acción Revolucionaria (PAR), donde se encontraban los grupos más radicales, incluyendo los comunistas, preferirían claramente a Arbenz. También se lanzó la candidatura de Jorge García Granados (quien había sido presidente de la Constituyente del 45 y embajador ante las Naciones Unidas) por parte de grupos independientes y disidentes. Del FPL surgió primero la candidatura del médico Víctor Manuel Giordani, pero después apareció un grupo disidente que postuló a Manuel Galich. Por su parte, los grupos de derecha también se mostraban divididos, pero el candidato que tomó más fuerza fue el general Miguel Ydígoras Fuentes, quien había sido funcionario del régimen ubiquista, pero que al final se había prestado a actuar como mediador durante la caída de Ponce, lo cual se le recompensó con la embajada en Londres. Ydígoras contó con el apoyo de los pequeños partidos anticomunistas, con pocos afiliados, así como muy débil organización y seguidores en los departamentos. La Iglesia católica presentó un cuestionario a los candidatos sobre temas de su interés, y consideró que Ydígoras era el que les daba mayores seguridades, por lo que contó con su respaldo extraoficial.

Finalmente, la candidatura de Arbenz obtuvo el apoyo de una coalición formada por el PAR, RN y el Partido de Integridad Nacional (PIN), formado en la región original del candidato, Quezaltenango. Para superar la prohibición legal de participación política de los sindicatos, se creó un llamado Comité de Acción Política

Nacional, que tuvo un grupo en cada sindicato. Por consejo del grupo comunista de asesores de Arbenz, éste decidió que el PIN fuera quien tuviera la primacía en su lanzamiento.[10] En febrero de 1950 Arbenz renunció como ministro de Defensa y anunció la aceptación de su candidatura. Arévalo no se mostró muy entusiasta con ella, pero no le quedó sino aceptarla. Al iniciarse la campaña, en mayo, varios miembros prominentes del PAR (José Manuel Fortuny, Alfredo Guerra-Borges, Bernardo Alvarado Monzón y Mario Silva Jonama, entre otros) presentaron su renuncia al partido y formaron la base de lo que sería el Partido Guatemalteco del Trabajo (PGT), comunista, que hasta entonces sólo había existido en la clandestinidad; Fortuny fue escogido como secretario general, y comenzaron a publicar el periódico *Octubre;* también abrieron una escuela de formación ideológica, "Jacobo Sánchez", en honor de un líder antiubiquista de 20 años atrás. En septiembre el gobierno clausuró el periódico y unos días después cerró la escuela. Sin embargo, al mes siguiente volvió a salir *Octubre.*

La campaña fue activa, despertando mucho interés en todo el país. Arbenz no era un buen orador, pero compensaba esa limitación con otros que hablaban en sus mítines y en la amplia propaganda de prensa y radio con que contó. Hubo acusaciones de que se usaban recursos gubernamentales (dinero, vehículos, etcétera) y que se movilizaba a los mozos de las fincas nacionales. Lo que sí era indudable es que los sectores sindicales y populares, sobre todo de los departamentos más politizados, decidieron votar por Arbenz.

[10] P. Gleijeses, *Shattered Hope*, 73-74.

Unos días antes de las elecciones se produjo un intento de tomar la base militar La Aurora dirigido por el teniente coronel Carlos Castillo Armas. Éste confiaba en que la sorpresa y la colaboración interna de algunos oficiales jóvenes le permitiría la victoria y posteriormente derrocar al gobierno e impedir las elecciones. Aquello fue un fracaso y Castillo Armas resultó gravemente herido.

Las elecciones se efectuaron en tres días, del 10 al 12 de noviembre de 1950. Aunque hubo acusaciones de irregularidades, se aceptó a Arbenz como triunfador, quien obtuvo 258 987 de 404 739 votos. Ydígoras alcanzó el segundo lugar con 72 796. La elección fue reñida en la capital, pero en el resto del país la candidatura arbencista ganó por amplia mayoría. El 15 de marzo de 1951 Arbenz tomó posesión del cargo.[11]

Gobierno de Jacobo Arbenz Guzmán, 1951-1954

El programa de gobierno de Arbenz, que fue elemento importante de su propaganda electoral, comprendía tres puntos esenciales con claro tono nacionalista pero no comunista: la construcción de una carretera al Atlántico y del puerto de Santo Tomás (para librar al país de su dependencia del ferrocarril y de los muelles en manos estadunidenses), la hidroeléctrica en Jurún Marinalá, en el Río Michatoya (a fin de romper el monopolio de la empresa eléctrica), y la reforma agraria. Este punto no lo desarrolló en detalle, pero sí fue parte de su mensaje a la población campesina, durante la

[11] *Ibid.*, p. 83.

campaña, el ofrecimiento de repartir tierras. En general, los miembros de sus varios gabinetes eran moderados, con algunas personas de la oligarquía en puestos claves como Nicolás Brol en Agricultura y Roberto Fanjul en Economía. Además de su base electoral y de partidos cimentados en todo el país, contaba con el respaldo general del ejército, en el que gozaba de prestigio, de manera que pudo colocar en los puestos militares claves a oficiales de su confianza y amistad. A pesar de la oposición de los círculos tradicionales, de la mayoría de la oligarquía y de la Iglesia católica, su posición era sólida, de hecho mucho más que la de Arévalo, y nada hacía presagiar que en sólo tres años habría perdido elementos esenciales de sus apoyos.

El gobierno se inició con cautela y había esperanzas en algunos sectores empresariales de que haría un papel moderado, restañando las tensiones internas y externas que habían plagado al régimen arevalista. Sin embargo, pronto surgieron las dudas, en medio de las cuales estaba el papel cada vez más influyente que tenía su cercano círculo de asesores comunistas, que formaron un grupo al que el presidente escuchaba más asidua y fielmente. El PGT contaba con una pequeña base popular, pero en cambio tenía una dirigencia calificada y sacrificada, que componía un grupo que contrastaba con el oportunismo y la poca honestidad de muchos de los líderes de los otros partidos gubernamentales. Arbenz, amigo de la disciplina y la eficiencia, confió cada vez más en los consejos de los comunistas, y ello fue pronto motivo de recelos entre los políticos gubernamentales y de murmuraciones temerosas entre la oficialidad del ejército y la derecha tradicional, en medio de la propaganda y el clima mundial en plena Guerra Fría.[12] La Iglesia católica y su máximo dirigente, el arzobispo Rossell, desempeñaron un papel esencial, lo mismo que la campaña internacional desde los Estados Unidos, aparentemente financiada y dirigida por la United Fruit Company.

En cuanto a la reforma agraria, casi de inmediato a la toma de posesión Arbenz se interesó en su puesta en práctica. Para ello se designó a un grupo de expertos que debía preparar un proyecto. Los sectores privados, al enterarse, trataron de influir e hicieron algunas propuestas, que buscaban una ley que no fuera expropiatoria de fincas en producción y que lo más posible se limitara a repartir tierras baldías de escaso valor. Sin embargo, estas propuestas no fueron escuchadas y el 17 de junio de 1952 el Congreso de la República aprobó la Ley de Reforma Agraria, decreto núm. 900.

El propósito fundamental de la ley, de acuerdo con el artículo 91 de la Constitución, era acabar con los latifundios, que la ley definió como propiedades mayores de 270 hectáreas (6 caballerías) explotadas mediante prácticas de arrendamiento u otras formas no capitalistas. Se declaraban como inafectables las fincas menores

---

[12] El primer ensayo a fondo sobre la influencia comunista en Guatemala fue el de Ronald M. Schneider, *Communism in Guatemala 1944-1954* (Nueva York: Frederick A. Praeger, 1959), quien manejó toda la documentación recogida en Guatemala y trasladada a los Estados Unidos. La explicación más completa hasta el momento es P. Gleijeses, *Shattered Hope*. Las reminiscencias del secretario general del PGT, José Manuel Fortuny, en M. A. Flores, *op. cit.*, agregan detalles y confirman el destacado papel jugado por los comunistas, en especial Fortuny, quien escribió, según afirma, todos los discursos del presidente durante la campaña y ya en el ejercicio del cargo.

de 90 hectáreas (2 caballerías). Las fincas nacionales no podían darse en propiedad a los favorecidos porque lo prohibía la Constitución, por lo que éstas se otorgaban en "usufructo vitalicio", aunque en la práctica este sistema se aplicó también a propiedades expropiadas a particulares. No deberían ser afectables las tierras en producción (de café, banano, algodón, etcétera), sino sólo las no cultivadas, que entonces, de acuerdo con el Censo Agropecuario de 1950, constituían más de 60% de la tierra en propiedad privada. Tampoco eran expropiables los ingenios, beneficios y otras instalaciones industriales de las fincas, y no podían transferirse a los beneficiarios de la reforma agraria. La derecha no temía sólo los efectos de las expropiaciones, sino que consideraban, de acuerdo con lo que decían los autores de la ley, que supondría la destrucción de la oligarquía terrateniente, y que aumentaría la fuerza popular y el poder de los comunistas a través de su participación fundamental en los repartos de parcelas.

Aunque no se habían escuchado las sugerencias del sector de propietarios agrícolas, algunos esperaban que la aplicación fuera correcta, con cierta lentitud, sin crear confrontaciones. El sistema establecía que la tierra expropiada sería indemnizada, de acuerdo con el valor declarado, con bonos de la reforma agraria, que ganaban un 3% de interés anual y que expirarían en 25 años. Los propietarios pedían indemnización inmediata o a corto plazo, mayores intereses sobre los saldos y que se pagara el valor real. Los beneficiarios de la ley recibieron la tierra en usufructo, con lo que se deseaba evitar que los campesinos vendieran la tierra, la oposición decía que lo que se pretendía era tener a los favorecidos sujetos para que fueran instrumentos políticos del gobierno.

La ley establecía una estructura jerárquica. En la cúspide estaba el presidente, que nombraba al director y subdirectores generales del Departamento Agrario Nacional (DAN), que tenía a su cargo todo el programa de reforma agraria. En la base estaban los Comités Agrarios Locales (CAL), más o menos en cada municipio, compuestos por cinco miembros, uno designado por el gobernador departamental, otro por la municipalidad y tres por los grupos laborales (en caso de que no los hubiera o que fueran varios, la designación se haría en asambleas campesinas); luego estaban los Comités Agrarios Departamentales (CAD), también de cinco miembros, uno designado siempre por el gobernador, otro por las agrupaciones de propietarios (la Asociación General de Agricultores, AGA), otro por las confederaciones campesinas y el último por el DAN. Los CAD supervisarían y revisarían la labor de los CAL, y enviarían sus opiniones y recomendaciones al DAN.

El sistema buscaba no dejar la iniciativa en la burocracia estatal, sino, al contrario, estimular la participación de los potenciales beneficiarios campesinos, tanto en lo personal como a través de las organizaciones correspondientes. La oposición argumentaba que ello era una forma de fortalecer a los partidos políticos oficiales y los sindicatos afines al gobierno. El sistema de expropiación y sus revisiones se hacían en un procedimiento paralelo al sistema judicial, al cual se excluyó incluso en revisiones a lo decidido, ya que los recursos que podían presentarse iban hasta el DAN y el presidente de la República. Como complemento se contemplaba la creación del llamado Banco Nacional Agrario, que otorgaría préstamos y asesoría a los beneficiarios de la reforma agraria.

En la práctica se dieron varios problemas. Por una parte, se produjo una avalancha de denuncias de tierras afectables, y muchos de los expedientes tuvieron que manejarse con prisa y sin las debidas comprobaciones, dando lugar a errores y abusos. Además, fue evidente que numerosos miembros del DAN y de los comités agrarios eran activistas del PGT. Hubo muchos casos en los que se propiciaron invasiones de tierras antes de que se completara el expediente, aunque el comité central del PGT estuvo en contra de ello. Otros grupos, como por ejemplo la Confederación Nacional Campesina, cuyos dirigentes no eran miembros del PGT, propiciaron también invasiones, con los consiguientes reclamos e inseguridad por parte de los propietarios.

Por otro lado, hubo muchos casos en que el director general del DAN, el mayor Alfonso Martínez Estévez, un cercano amigo de Arbenz y hombre de su confianza, recurría a los propietarios para pedirles comisiones ilegales para no expropiar sus tierras o afectar la menor parte posible. Esto se le comunicó al presidente, pero optó por no hacer nada. Finalmente, un propietario presentó un recurso de amparo ante la Corte Suprema de Justicia, y ésta lo resolvió a su favor, por mayoría, con base en que consideró ilegal el procedimiento de expropiación aparte del sistema judicial. De inmediato, el Congreso, en febrero de 1953, destituyó a los magistrados que habían votado a favor, lo cual fue una violación del sistema de separación y autonomía de los tres poderes. Se argumentó que no haberlo hecho así habría supuesto la virtual paralización de la reforma, ya que los demás afectados podían recurrir al mismo procedimiento.[13]

Uno de los propietarios afectados fue la UFCO, que pidió la intervención de su gobierno para obtener la indemnización inmediata y de acuerdo con el valor real que ellos daban a la tierra, lo cual habría supuesto una aplicación discriminatoria y no acorde con la ley. El gobierno estadunidense se hizo eco de los reclamos, que no aceptó Guatemala.

El número de expropiaciones fue en aumento, beneficiando a numerosos campesinos que accedieron a tierras propias sin que se produjera un colapso agrícola, aunque sí se afectó parte de la agricultura de exportación. En el cuadro XI.1 se puede observar un resumen del número de expropiaciones y el área repartida, lo que da una idea de la intensidad y el volumen del proceso. La aplicación de la ley sólo duró dos años, por lo que es imposible evaluar los efectos a largo plazo que habría tenido el proceso para la economía del país.

---

[13] Los primeros estudios sobre la aplicación de la reforma agraria de Arbenz fueron los de José Luis Paredes Moreira: *Reforma agraria: una experiencia en Guatemala* (Guatemala: Imprenta Universitaria, 1963), y *Aplicación del decreto 900* (Guatemala: Instituto de Investigaciones Económicas y Sociales, 1964). Pueden verse también, Jesús María García Añoveros, *La reforma agraria de Arbenz en Guatemala* (Madrid: Ediciones Cultura Hispánica, 1987); Jim Handy, "The Most Precious Fruit of the Revolution: the Guatemalan Agrarian Reform", *Hispanic American Historical Review*, 68:4 (noviembre de 1988), 675-705, y *Revolution in the Countryside. Rural Conflict and Agrarian Reform in Guatemala, 1944-1954* (Chapel Hill, North Carolina: The University of North Carolina Press, 1994), y Robert Wasserstrom, "Revolution in Guatemala: Peasants and Politics under the Arbenz Government", *Comparative Studies in Society and History*, 17 (octubre 1975), 443-478.

CUADRO XI.1. *Resumen de la tierra distribuida durante la aplicación de la Ley de Reforma Agraria, 1952-1954*

Hectáreas expropiadas y repartidas	584 558
Beneficiarios	54 000
Promedio de hectáreas repartidas *per capita*	10.8

FUENTE: Mario Monteforte Toledo, *Guatemala: monografía sociológica*, p. 443.

En la primera cosecha, el ingreso de algunos campesinos pasó de Q225.00 al año (70 centavos diarios) a más de Q700.00. Se ha argumentado que se habría dado una elevación vertical del ingreso de la población agrícola beneficiada, mejora de su bienestar, modificación profunda del mercado de trabajo (disposición de mano de obra y condiciones de contratación), una transformación a fondo de la tecnología agrícola como resultado de la disminución de la oferta de mano de obra. La consecuencia política principal habría sido "la firme sustentación de un proyecto político ampliamente participativo y democrático".[14] Otros, en cambio, han argumentado que habría supuesto el inicio de la ampliación de la base política del PGT. De cualquier manera, ello no es función de la historia, que sólo busca la explicación y comprensión de lo que efectivamente sucedió.

El clima político se fue deteriorando notoriamente. Diversos sectores que habían apoyado a Arbenz estaban ahora descontentos o francamente en la oposición.

[14] Alfredo Guerra-Borges, "Apuntes para una interpretación de la Revolución guatemalteca y de su derrota en 1954", *Anuario de Estudios Centroamericanos*, 14:1-2 (1988), 114. También de este autor, "La cuestión agraria, cuestión clave en la crisis social guatemalteca", *Cuadernos Americanos*, 1 (1984), 47.

Hubo algunos intentos armados mal organizados y peor ejecutados, siendo el más notorio el que ocurrió en Salamá (Baja Verapaz) el domingo 29 de marzo de 1953. La Iglesia católica dirigía una campaña cada vez más abierta en contra del comunismo; conforme avanzó 1954 se fue haciendo clara su alusión al peligro que en ese sentido significaba el gobierno de Arbenz. También en los mandos militares había preocupación por la creciente influencia que tenían los comunistas sobre el presidente. Diversos grupos conspiraban, tanto dentro como fuera del país. Castillo Armas, que había escapado de la Penitenciaría Central, donde cumplía su condena, y buscado asilo en la embajada de Colombia, dirigía uno de ellos, el cual contaba con el apoyo de Trujillo y Somoza. Los Estados Unidos escogieron, en el verano de 1953, respaldar a dicho grupo.[15]

Tanto la oposición guatemalteca como los Estados Unidos se percataban de que había pocas posibilidades de derrotar al gobierno en las urnas, y que la única alternativa inmediata era la lucha militar, con la esperanza de contar con apoyos dentro del ejército y otros grupos internos. La oposición había demostrado su incapacidad de obtener triunfos electorales, salvo en la capital y algunos otros lugares. Nunca pasó de tener ocho o nueve diputados en el Congreso, compuesto con alrededor de 60. Tampoco había podido tener la

---

[15] Véase F. Villagrán Kramer, *Biografía política*, 103-108 y 114-115, en que trata y reproduce los llamados "pactos de caballeros", del 31 de marzo de 1952 y 14 de agosto de 1953 entre Castillo Armas e Ydígoras Fuentes en relación con el liderazgo de la invasión y que al triunfar habría elecciones presidenciales libres en que sería candidato Ydígoras. Véase también Miguel Ydígoras Fuentes, *My War with Communism* (Englewood Cliffs, N. J.: Prentice Hall, 1963), 49-52.

Iglesia católica influencia alguna en los grupos sindicales, a pesar de que constantemente insistió en su doctrina social y en la justicia de muchas demandas laborales. Para entonces no se había fundado en Guatemala ningún partido social-cristiano, ni había alternativa a la dirigencia comunista en el movimiento sindical. La histeria o el pánico se apoderó de los grupos de derecha, el ascenso o control comunista se veía a la vuelta de la esquina, y era imposible esperar más tiempo.

En octubre de 1953 arribó el nuevo embajador estadunidense, John Peurifoy, proveniente de Grecia, donde se había distinguido en su enfrentamiento con la amenaza comunista en aquel país. El 16 de diciembre tuvo una cena privada con el presidente, acompañado cada uno por su esposa. La señora de Arbenz hizo de traductora porque el embajador no sabía español, y el presidente entendía inglés pero no lo hablaba. Peurifoy demostró estar bien enterado de los cargos claves que desempeñaban los comunistas en el gobierno guatemalteco, y pudo hacer señalamientos concretos a los esposos Arbenz, que ellos no pudieron responder o aclarar. Peurifoy salió convencido de que si el matrimonio no era comunista, al menos no había duda de que simpatizaba con ellos.[16] El propósito de Arbenz de convencer al embajador de que no existía tal peligro comunista había fracasado. La marcha de la operación *Success* (el nombre asignado por la Central Intelligence Agency [CIA] a la invasión de Guatemala) siguió adelante por parte de la CIA y sus aliados nacionales.

En enero de 1954 el gobierno de Arbenz decidió de-

---

[16] P. Gleijeses, *Shattered Hope*, pp. 255, 363-364.

nunciar la conspiración que se preparaba para invadir Guatemala, con el apoyo de los Estados Unidos a través de la CIA, información que tenía gracias a que había comprado diversa documentación a un tal Isaac Delgado, nicaragüense implicado en los preparativos. Se esperaba que ello serviría para la defensa de Guatemala en la inmediata Conferencia Interamericana de marzo.

El desarrollo de la X Conferencia Interamericana en Caracas selló la postura de los Estados Unidos. El secretario de Estado John Foster Dulles patrocinó una resolución para condenar el comunismo en el hemisferio y preparar la intervención estadunidense. A la conferencia asistió como delegado por Guatemala el nuevo ministro de Relaciones Exteriores, Guillermo Toriello Garrido, quien en enero de 1954 había asumido el cargo luego de haber servido como embajador en Washington (desde 1952). Guatemala preparó cuidadosamente su estrategia; se propusieron dos discursos: uno lo había preparado un funcionario del Ministerio de Relaciones Exteriores, y el otro lo propuso el PGT a través de Alfredo Guerra-Borges. Ambos se conocieron en una reunión del llamado Frente Democrático Nacional (los partidos de gobierno, la CGTG y la CNC) con el presidente Arbenz. El primer proyecto era más bien formal, sin sustancia, que incluía epítetos insultantes contra Trujillo y otros dictadores latinoamericanos; el otro se refería a la situación del país y los programas del gobierno y sus logros, en un afán de contrastar con la campaña anticomunista de los Estados Unidos, en el que también denunciaban los preparativos de invasión. En la reunión se aprobó el segundo discurso, con cierta resistencia del canciller Toriello. Poco después, ya con la delegación en Caracas, el presidente presentó su informe anual al Congreso, en el cual trazó los puntos que plantearía su gobierno en la conferencia, que coincidían con lo decidido en la reunión. Un delegado a la conferencia, Julio Estrada de la Hoz, llevó ese documento a Venezuela, en un momento en que la delegación todavía discutía cuál se presentaría. Ante ello, el canciller Toriello cedió, y en su primera intervención presentó el texto acordado, en el que se recogía lo dicho por el presidente en el Congreso. El discurso de la segunda intervención de Toriello fue obra suya.[17] A pesar de la simpatía de algunas delegaciones predominó la presión estadunidense. Argentina, Chile, México y Uruguay hicieron ver que no les convencían los argumentos de Dulles, quien contaba con el incondicional apoyo de los representantes de los dictadores Batista, Odría, Pérez Jiménez, Somoza y Trujillo. La resolución de Dulles fue aprobada por mayoría absoluta, sólo Guatemala votó en contra, hubo dos abstenciones (de México y Argentina), todos los demás se alinearon fielmente a la postura de Washington. Inmediatamente después de la votación, Dulles abandonó la conferencia, dejando el resto de la reunión para sus segundos; ya había logrado su propósito. A su regreso a Guatemala, la delegación y sobre todo Toriello fueron recibidos como héroes.

El 14 de mayo de 1954 estalló otro escándalo internacional. Cuando acababa de atracar en Puerto Barrios el barco *Alfhem*, de bandera sueca, el Departamento de

---

[17] Entrevista con Alfredo Guerra-Borges, ciudad de Guatemala, 14 de abril de 1997. Véase también P. Gleijeses, *Shattered Hope*, 273-274.

Estado estadunidense hizo la denuncia de que llevaba un cargamento de armas ligeras, aparentemente alemanas capturadas en la segunda Guerra Mundial, compradas en Checoslovaquia. Después de algunos días de silencio, el 21 de mayo, el gobierno guatemalteco tuvo que reconocer que era verdad: las armas habían sido adquiridas en Praga, sin conocimiento del ejército, por Alfonso Martínez, quien fue con esa misión personal del presidente, ante la imposibilidad de adquirir armamento por el bloqueo de los Estados Unidos, Inglaterra y de otras naciones. Guatemala argumentó su derecho soberano de obtener armamento donde le fuera posible, pero causó muy mala impresión que lo hubiera hecho detrás de la Cortina de Hierro, y que no se hubiera informado al ejército. Éste de inmediato pidió hacerse cargo de las armas, pues temía que fueran dadas a milicias populares, como se rumoreó en diversos medios de prensa. Arbenz tuvo que ceder, y las armas pasaron a control militar. Los Estados Unidos otorgaron de inmediato armamento a los países vecinos centroamericanos (Honduras y Nicaragua) para, aparentemente, restablecer el equilibrio militar en la zona; pues Guatemala estaba poniendo en peligro la paz regional y hemisférica.

El supuesto destino del cargamento del *Alfhem* provocó honda preocupación en el ejército, y a principios de junio le presentaron a Arbenz, en una sesión especial, un documento escrito en que planteaban la inmediata exclusión de los comunistas del gobierno. Arbenz argumentó que los comunistas estaban colaborando y apoyando eficientemente al régimen, y que no constituían un peligro real. Los militares salieron descontentos, aunque Arbenz consideró que los había convencido y que le seguían siendo fieles.[18] El presidente creía que llegado el momento defenderían al gobierno y al país, la realidad inmediata demostró lo contrario. Las piezas estaban casi listas para el desplome del régimen.

La caída de Arbenz

Los enemigos del gobierno estaban preparados para actuar a fin de crear el ambiente y ablandar la resistencia oficial; la llamada Radio Liberación inició alrededor del 13 de mayo sus transmisiones nocturnas advirtiendo de la inminente invasión. Aunque se afirmaba que lo hacían desde un lugar secreto dentro de Guatemala, estaban en territorio hondureño. También hubo vuelos de avionetas dejando caer propaganda. La fuerza invasora estaba formada por unos 250 a 300 hombres medianamente armados, con una limitada preparación militar. Además contaban con una nave para invadir por mar y aviones para hacer propaganda y para atacar objetivos seleccionados. En aviación era el único renglón en que eran superiores al ejército guatemalteco, y en el que tenían a un piloto estadunidense mercenario; los demás eran guatemaltecos.[19] Tam-

---

[18] Una versión sobre las reuniones de los altos mandos militares con Arbenz aparece en Jorge del Valle Matheu, *La verdad sobre el "caso de Guatemala"* (s. l.: s. e., s. f.), pp. 142-145. El asunto también lo menciona Fortuny, M. A. Flores, *op. cit.*, 220-221.

[19] Se ha dicho reiteradamente por algunos autores que se trataba de un "ejército de mercenarios", sobre todo nicaragüenses y dominicanos; véase, por ejemplo, Edelberto Torres Rivas, "Crisis y coyuntura crítica: la caída de Arbenz y los contratiempos de la revolución

bién tenían colaboradores dentro del país, e incluso algunos informantes infiltrados dentro del régimen. El gobierno, que había sido enterado de los preparativos y conocía el número de invasores, no dudaba que sería fácil derrotarlos, ya que confiaban en que llegado el momento el ejército actuaría contra ellos.[20]

Como probable paso previo a la invasión, el 10 de junio el secretario de Estado Dulles hizo un llamamiento a los países hemisféricos para que ayudaran al pueblo guatemalteco a liberarse por sí mismo de la "penetración comunista", ante el aumento de la sumisión de "uno de los estados americanos" al despotismo soviético. Ese mismo día Guatemala propuso a Honduras, un tanto ingenuamente, la firma de un pacto de amistad y no agresión, en un esfuerzo por detener la participación de aquel país en la invasión, que ocurriría una semana después.

El primer avance terrestre desde territorio hondureño ocurrió entre el 17 y el 18 de junio, desde el departamento de Copán. La fuerzas no encontraron resis-

---

burguesa", *Política y Sociedad*, 4 (julio-diciembre de 1977), 64. Sin embargo, no hay pruebas de ello y los indicios son al contrario, salvo un piloto aviador no hubo combatientes extranjeros. Después de la invasión hubo enrolamientos en Chiquimula. El apoyo de la CIA y de Somoza y Trujillo fueron de otro tipo.

[20] Como ya se dijo, el gobierno estaba bien informado de los planes de los invasores, los cuales no modificaron aunque sabían de la venta de documentos. Según Fortuny (M. A. Flores, *op. cit.*, 218-220), Arbenz estaba convencido de que el ejército enfrentaría a los invasores y que los vencería sin problema. Lo que el presidente temía, con sentido estratégico y militar, era que los Estados Unidos bloquearan el suministro de combustible y que ésa era la forma más fácil de derrotar a Guatemala. ¿Por qué no se hizo así? Porque se deseaba que todo pareciera una lucha entre guatemaltecos.

tencia y tomaron Esquipulas sin disparar. Esta noticia causó impacto en el país, aunque no preocupó al gobierno. El ataque por mar fue un fracaso, ya que el intento de tomar Puerto Barrios fue derrotado y muchos cayeron prisioneros y fueron trasladados a la capital. También hubo un encuentro en Gualán, en el que asimismo se derrotó a los invasores. Mientras tanto, un avión P-47 inició el día 18 incursiones y atacó diversos objetivos en la capital y dejó caer propaganda, lo mismo que en otros lugares del país. Se bautizó a los aviones "sulfatos" porque, según el humor popular, tenían el efecto de producir diarrea a los miembros del gobierno. Las transmisiones de Radio Liberación también fueron ablandando la resistencia. Se inició la organización de Comités de Defensa de la Revolución, que pedían armas para hacer frente a la invasión, pero el ejército se negó a darlas y Arbenz respaldó esa postura, considerando que éste era suficiente para derrotar a los liberacionistas. El gobierno inició la detención de muchas personas conocidas colaboradoras o simpatizantes de la invasión, y fueron llevadas a diferentes puntos para su interrogatorio. Después de la caída del gobierno se encontraron numerosas tumbas colectivas en los alrededores de la capital con cadáveres de los detenidos, tanto en el frente como en la capital, quienes fueron torturados y ejecutados extrajudicialmente.[21]

[21] De todo ello salió profusa información en la prensa de los días posteriores a la caída de Arbenz, y el gobierno liberacionista publicó un libro al respecto. Fortuny lo reconoce y afirma que Arbenz no dio esas órdenes y que se enteró posteriormente, M. A. Flores, *op. cit.*, 222. En aquel momento esto causó honda impresión, por lo inusitado; hoy, tras tantos años de asesinatos, masacres, desaparecidos, etcétera, todo ello parece insignificante.

El gobierno declaró el estado de sitio, suspendió las garantías constitucionales y censuró la prensa y la radio. Por medio de publicaciones de prensa y boletines oficiales se divulgó la situación, presentando el triunfo gubernamental en todos los frentes. El presidente se dirigió a la población por medio de una cadena de radio para tranquilizarla, y aseguró que contra los pronósticos de los traidores que invadieron, quienes por sus transmisiones de radio aseguraban que estarían el 25 de junio en la capital, ello no ocurriría "ni este 25, ni el otro, ni el otro", aludiendo a los tres que le correspondería pasar en el poder, antes de entregar su cargo el 15 de marzo de 1957.

Por su parte, el gobierno había iniciado una ofensiva diplomática en las Naciones Unidas, denunciando la invasión desde Honduras y pidiendo urgentemente una sesión del Consejo de Seguridad.[22] A la vez, se despacharon tropas de refuerzo hacia Zacapa y Chiquimula para enfrentar a los invasores, bajo el mando del coronel Víctor León, primer jefe de operaciones; sin

---

[22] El desarrollo de las discusiones en el Consejo de Seguridad de las Naciones Unidas y en la Organización de Estados Americanos, con todos los detalles acerca del ocultamiento y las mentiras de la diplomacia de Washington, se trata en todas las obras sobre el tema; por ejemplo, Richard Immerman, *The CIA in Guatemala. The Foreign Policy of Intervention* (Austin: The University of Texas Press, 1982), 168-172. Un enfoque muy interesante, en el triángulo de las relaciones Guatemala-Gran Bretaña-Estados Unidos, se encuentra en Sharon I. Meers, "Guatemala in the Prologue to Suez. British Decline and the Fall of Jacobo Arbenz", tesis sobre licenciatura en artes, Harvard University, 1988; y en español, en el artículo de esta autora en el tomo VI de la *Historia general de Guatemala*, Jorge Luján Muñoz, director general (Guatemala: Asociación de Amigos del País-Fundación para la Cultura y el Desarrollo, 1997).

embargo, éstas no llegaron a entrar en acción, si bien los liberacionistas habían avanzado sobre Chiquimula, cuya cabecera tomaron con poca resistencia y la complicidad de los oficiales que debían defender la plaza. Hubo una especie de "cese de fuego" entre invasores y Ejército. Arbenz comenzó a preocuparse y habló de repartir armas a la población, pero los militares le aseguraron que no era necesario, sin advertirle que había la intención de derrocarlo si se hacía. El presidente se mantenía encerrado en la Casa Presidencial, fuera de contacto con el pueblo y con la realidad; en ningún momento se pensó que fuera al frente o que se mostrara haciendo preparativos. Cuando regresó de Zacapa el coronel Anselmo Getellá, hombre de su confianza, que envió para evaluar la situación, le dio un panorama desolador; los oficiales al mando de las tropas se negaban a entrar en combate, y consideraban que si se derrotaba a los liberacionistas, los Estados Unidos podrían invadir directamente. La desmoralización en círculos gubernamentales fue en aumento, lo mismo que la depresión de Arbenz.

El embajador Peurifoy, preocupado por la falta de definición del avance militar y que ya no se podía detener más la misión que mandaría la Organización de Estados Americanos, recibió orden de tratar de resolver la situación. El embajador habló con el jefe de las Fuerzas Armadas, coronel Carlos Enrique Díaz, y le ofreció que si él daba un golpe de Estado y destituía a Arbenz, se respetaría lo demás del gobierno. Inmediatamente se lo comunicó a Arbenz, agregándole que los altos oficiales del ejército también pedían su dimisión. El estado agudo de depresión del mandatario lo hizo ceder, y sin consultar con su gabinete, que se mantenía sin reunirse ni tener contacto con el presidente, éste decidió renunciar la tarde del 27 de junio. Llamó a su más cercano consejero, el que hasta abril habría sido secretario general del PGT, Fortuny, y le pidió que le redactara la renuncia, la cual fue grabada y luego leída por cadena de radio esa noche.[23] A muchos altos funcionarios, entre ellos a sus ministros, los tomó por sorpresa, lo mismo que a las decenas de asilados liberacionistas que había en las embajadas. Esa noche y al día siguiente se dio el caso que mientras los antiguos asilados salían jubilosos, las embajadas se llenaban de funcionarios de gobierno, incluyendo el propio Arbenz y su familia. Es probable que en ese estado de desesperación y ante numerosos prisioneros gravemente torturados, los responsables optaran por su ejecución extrajudicial.

En otra decisión nunca debidamente explicada, el presidente no renunció de acuerdo con la Constitución, sino que lo hizo ilegalmente ante el jefe de las Fuerzas Armadas, coronel Díaz, quien no recibió el apoyo de sus correligionarios. Entonces se optó por formar una junta de coroneles: Élfego H. Monzón, José Luis Cruz Salazar y Juan Mauricio Dubois. A ellos les correspondió negociar con Castillo Armas, lo cual se hizo en la ciudad de San Salvador, actuando como garantes el embajador Peurifoy, el nuncio apostólico, Gennaro

---

[23] Además de lo que dice al respecto P. Gleijeses en *Shattered Hope*, puede verse lo que relata Fortuny sobre la secuencia de la renuncia de Arbenz, que él redactó, lo mismo que el discurso que leyó por radio, M. A. Flores, *op. cit.*, 235-238. Véase también F. Villagrán, *Biografía política*, 151-161. El texto de la renuncia se reproduce en el tomo 73 de la *Recopilación de las leyes*.

Verolino, y el ministro de Relaciones Exteriores salvadoreño. El 1º de julio se firmó el llamado Pacto de San Salvador, por el que se constituyó una junta de cinco miembros presidida provisionalmente por el coronel Monzón y compuesta además por el teniente coronel Castillo Armas, el mayor Enrique Trinidad Oliva y los otros dos miembros iniciales. Pocos días después se redujo a los tres primeros, y ya la presidía Castillo Armas.[24]

El 3 de julio fue la entrada triunfante de Castillo Armas y los liberacionistas en la capital. La multitud los recibió jubilosa, como si fuera el presidente, aunque todavía ni siquiera presidía la Junta de Gobierno. En alrededor de dos semanas se había desplomado el gobierno arbencista, casi sin oponer resistencia, ante la realidad de que el ejército se negó a enfrentar a los invasores. Así terminó un gobierno que tres años y tres meses antes se había iniciado con gran popularidad y el apoyo indiscutible de sus compañeros de armas. En ese poco tiempo el temor de la amenaza comunista, la imprudencia de muchos miembros en el gobierno y la falta de contacto con la realidad los llevó a caer tan poco gloriosamente.

Economía

La economía continuó basándose en la agricultura, y se mantuvo el predominio de la de exportación, en la que el café siguió siendo fundamental. Los precios internacionales del café se mantuvieron altos, lo cual fa-

---

[24] Véase Juan Mauricio Dubois, *La historia de un coronel* (Guatemala: Centro Impresor Piedra Santa, 1996), 85-106, y F. Villagrán K., *Biografía política*, cap. IV.

voreció la disponibilidad de divisas. En el cuadro XI.2 se aprecia la evolución de las exportaciones. Sin embargo, se trató de romper o modificar dicho esquema, para ello se dio apoyo a la agricultura de consumo interno, y, a la vez, se buscaron nuevos productos de exportación, entre los que puede citarse la citronela y el algodón, así como la búsqueda de mejorar cultivos tradicionales como el de la caña de azúcar, cuyo cultivo se liberó de los controles y limitaciones emitidos durante el gobierno de Ubico, y se trató de mejorar la ganadería, para lo cual se establecieron varias estaciones experimentales y se inició la inseminación artificial. También se apoyó la mecanización agrícola, que era mínima. El segundo producto continuó siendo el banano, siempre muy por detrás del café, después del chicle, ambos con limitados efectos económicos generadores para el país. En el cuadro XI.3 se observa la evolución de las exportaciones de banano.

Por otra parte, se promovió el movimiento cooperativista y se trató de fomentar el desarrollo industrial, para

CUADRO XI.2. *Exportaciones de café oro, 1944-1954*
(en quintales)

Año agrícola	Cantidad	Año agrícola	Cantidad
1944-1945	1 115 244.30	1949-1950	1 174 274.69
1945-1946	1 072 337.90	1950-1951	1 073 186.81
1946-1947	1 141 185.20	1951-1952	1 299 869.43
1947-1948	1 023 095.87	1952-1953	1 237 894.67
1948-1949	1 174 274.69	1953-1954	1 161 380.44

FUENTES: ANACAFE, *Revista Cafetalera*, núms. 1, 2, 3, y A. Guerra-Borges, *Geografía económica* (Guatemala: Editorial Universitaria, 1973), II: 220.

CUADRO XI.3. *Exportaciones de banano, 1944-1954*
(en miles)

Año	Kilos	Quetzales
1944	111 550	2 983
1945	193 844	5 919
1946	221 260	8 688
1947	290 030	11 686
1948	273 424	10 519
1949	157 090	7 585
1950	160 218	7 648
1951	124 108	6 010
1952	95 128	4 695
1953	170 016	12 557
1954	152 950	11 203

FUENTES: Boletines Estadísticos del Banco de Guatemala, y R. Piedra Santa, *Introducción a los problemas económicos de Guatemala* (Guatemala: Editorial Universitaria, 1971), 140-B.

lo cual se aprobó una Ley de Fomento Industrial (1947).[25] A la vez se estableció el ya citado Instituto de Fomento de la Producción (Infop) a fin de lograr el desarrollo agropecuario. Desafortunadamente estos propósitos de ampliación industrial chocaron con la política incondicional de apoyo a los trabajadores y las acciones sindicales, que provocaron la inseguridad en las grandes industrias ya existentes, como Cementos Novella y Cervecería Centroamericana, en las que hubo conflictos obrero-patronales que se resolvieron en favor de los trabajadores.[26] En el cuadro XI.4 se aprecia el

[25] Decreto legislativo 259, 21 de noviembre de 1947.
[26] Véase Paul J. Dosal, *Power in Transition. The Rise of Guatemala's Industrial Oligarchy, 1871-1994* (Westport, Connecticut: Praeger,

crecimiento del valor agregado industrial de 1944 a 1954, que se mantuvo moderado toda la década, en cambio, bajó ostensiblemente la inversión (gráfica XI.1).

Ya se ha hecho mención de las tensiones que hubo con la UFCO, que se enfrentó a la sindicalización de sus trabajadores y a la negociación de nuevos contratos colectivos.

Como ya se dijo, la Constitución de 1945 estableció en su artículo 95 que la explotación de hidrocarburos estaba reservada al Estado. Respondiendo a tal norma

CUADRO XI.4. *Valor agregado en producción manufacturera y del valor real de las exportaciones (FOB), 1955-1974, precios de 1970 (en miles de dólares EUA)*

Año	Producción	Exportaciones
1944	70 016	90 593
1945	77 637	112 688
1946	84 727	103 850
1947	90 236	123 736
1948	92 946	112 688
1949	96 237	99 431
1950	98 200	97 221
1951	101 300	90 593
1952	103 900	97 221
1953	105 800	101 641
1954	112 200	95 012

FUENTE: V. Bulmer-Thomas, 1987, cuadros A.8 y A.12.

1995), cap. 5. También P. J. Dosal, "Industria", en *Historia general de Guatemala*, Jorge Luján Muñoz director general; tomo VI; *Época contemporánea: 1945 a la actualidad*, J. Daniel Contreras R., director del tomo (Guatemala: Asociación de Amigos del País-Fundación para la Cultura y el Desarrollo, 1997), 413-430.

GRÁFICA XI.1. *Inversiones netas estimadas, 1944-1954, precios de 1951 (miles de quetzales)*

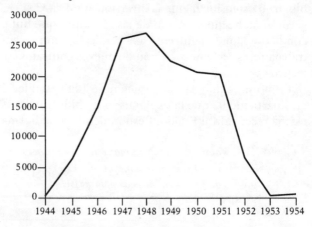

FUENTE: P. J. Dosal, *Power in Transition*, 1995:102, basado en Guatemala, Banco de Guatemala, *Memoria Anual*, 1954:247.

se estableció el Instituto Nacional de Petróleo y se aprobó la ley correspondiente. Se hicieron algunas labores de prospección, pero no se llegó a iniciar ninguna perforación.

La política agraria de Arévalo se limitó a la asesoría para la mejora de la productividad (nuevas variedades de maíz y otros cultivos) y, ya en 1950, la aprobación de la Ley de Arrendamiento Forzoso, que buscó bajar las tasas de pago de los agricultores a los propietarios; lo mismo que a la reforma agraria aprobada en 1952 y sus resultados. Los indicios es que estas medidas habían aumentado la productividad agrícola de consumo interno, sin afectar gran cosa a la agricultura de exportación.

Durante el gobierno de Arévalo se llevó a cabo la colonización de Poptún, Petén. Se construyeron viviendas y se invirtió en el desarrollo agrícola de la región, pero sin atender previamente el problema del transporte terrestre para sacar los productos agrícolas. La evaluación que se hizo de los resultados fue negativa, considerándose que pudo haberse realizado la misma inversión con resultados mucho más amplios, en cuanto a población campesina favorecida, en otras regiones del país debidamente comunicadas.[27]

Cultura

Uno de los campos en que se produjeron mayores transformaciones durante la década revolucionaria fue en el cultural, el cual había sido poco atendido durante la dictadura ubiquista. De inmediato se inició un esfuerzo por ampliar y generalizar la educación, especialmente la primaria, y se organizó una intensa campaña de alfabetización. Pareciera que la población mostrara un nuevo espíritu en cuanto a la educación de sus hijos, y los locales escolares se vieron súbitamente desbordados por el aumento de inscripción. Ante ello se inició un programa de construcción de escuelas, entre las que destacan las llamadas Tipo Federación. Se re-

---

[27] Mario Monteforte Toledo, *Guatemala, monografía sociológica* (México: Universidad Nacional Autónoma de México, 1959), 428. Se inició a fines de 1945 y hubo una inversión de tres millones de quetzales. Tenía por objeto "crear un centro de irradiación política a Belice". Véase también P. Gleijeses, *Shattered Hope*, 44-45, y, sobre todo, John Patrick Bell, "El proyecto arevaliano para el Petén", *Anuario de Estudios Centroamericanos*, 19:1 (1993), 23-35.

abrieron varias normales cerradas durante el ubiquismo y se inauguraron otras. A la vez, en la Universidad de San Carlos se ampliaron las carreras abriéndose la Facultad de Humanidades y la de Agricultura. Se desmilitarizó y renombró a la Orquesta Sinfónica Nacional, se estableció el Ballet Guatemala y el Coro Nacional. Otras instituciones nuevas fueron el Instituto Indigenista Nacional (que se abrió en cumplimiento de las resoluciones del Primer Congreso Indigenista Interamericano de 1941, que Ubico había desatendido por considerar que no existían indígenas en el país), y el Instituto de Antropología e Historia, que se hizo cargo de la investigación y protección en esos campos. Fue muy importante la serie de museos que abrió, comenzando por una nueva instalación para el Museo Nacional de Arqueología y Etnología.

En cuanto al arte, el país se encontraba atrasado, tanto en la formación de sus artistas como en cuanto al gusto de la población. Se becaron artistas para estudiar en diversos países (Chile, México, Estados Unidos, Francia). Se fundó la Editorial del Ministerio de Educación y se inició la publicación de una Biblioteca de Cultura Popular con grandes tirajes y precio módico. En esa década el Estado publicó más libros que en las cuatro precedentes.

El gobierno de Arbenz dio menos importancia a las cuestiones culturales y hubo la tendencia a ubicar en puestos importantes del sector a militantes del PGT, que postulaban la tendencia rígida stalinista del "realismo socialista". Con relativo éxito se movilizó a los artistas en la propaganda gubernamental, como por ejemplo a través de carteles y posters para divulgar la obra gubernamental de la carretera al Atlántico y la reforma agraria. Para ello se trajo al grabador mexicano Arturo García Bustos, quien tomó a su cargo un Taller de Grabado que produjo mucha obra interesante dentro de la línea del "realismo socialista".

En resumen, se puede decir que se inició la actualización y mejoramiento de la vida cultural, a través de su profesionalización y la promoción de instituciones y personas.

Comentarios y conclusiones

Los cambios ocurridos entre 1944 y 1954 fueron profundos y en buena parte irreversibles. A pesar de que se ha dicho que la derrota de Arbenz supuso volver a la época de Ubico, ello no es del todo cierto. Sí se desmontó en gran medida el programa de reforma agraria, y, lo que fue a la larga más importante, se detuvo y acabó con las organizaciones populares, sobre todo en el campo, porque algunas urbanas continuaron. Sin embargo, hubo cambios y avances que permanecieron, algunos disminuidos (como la aplicación de la legislación laboral y el sindicalismo), pero otros se continuaron, como la seguridad social, la autonomía municipal, la reforma bancaria, la autonomía universitaria, etcétera. Incluso la construcción de la carretera del Atlántico, del Puerto de Santo Tomás y de la hidroeléctrica de Jurún Marinalá se completaron en pocos años, cumpliendo en parte sus fines.

Se mantuvo también la política de desarrollo industrial, que había encontrado obstáculos por el clima de inseguridad para las inversiones y la intensa actividad sindical, muchas veces exagerada e injustificada. Siguió el Infop, entidad bancaria y financiera destinada a apoyar el desarrollo agrícola e industrial, establecida durante el gobierno de Arévalo, y hasta el Banco Nacional Agrario, aunque sus funciones se dirigieron en parte a otros sectores sociales.

Si bien durante la década revolucionaria hubo en general libertad y cierto juego democrático, no pueden negarse los abusos y excesos cometidos por muchos partidarios gubernamentales, así como que hubo notorios casos de corrupción y enriquecimiento ilícito, que desprestigiaron a la Revolución. En ese sentido, los comunistas fueron ejemplares en cuanto a su honestidad, aunque algunos de ellos cometieron graves errores, así como acciones imprudentes y provocadoras. En muchos momentos hubiera sido más conveniente optar por políticas de cambio menos radicales y escalonadas, y no promover innecesarios enfrentamientos y temores. La intolerancia y la arrogancia estuvieron en ambos extremos del espectro político. La derecha fue incapaz de montar una oposición legal y constructiva; su opción fue la conspiración y el intento armado, que inició cuando Arévalo llevaba pocos meses en el poder, al cual había accedido por una inmensa mayoría electoral.

Los grupos empresariales tradicionales, lo mismo que la jerarquía católica, se encontraban en un estado de atraso y falta de evolución, que los incapacitó para tener el menor atisbo de sensibilidad política y social, y poderse atraer los sectores obreros y campesinos con posturas comprensivas y de justicia económica. Ambos extremos prefirieron la confrontación imprudente, que los llevó al choque ineludible, que supuso años de retardo en la evolución de Guatemala.

La Liberación y la intervención estadunidense tuvieron un alto costo para el país. Si bien momentáneamente consiguieron sus objetivos, marcaron el inicio de una grave polarización, así como la salida de mucha gente valiosa al exilio cargada de frustración y con deseos de desquite. La nueva generación revolucionaria iniciaría pocos años después, hacia 1961, la lucha guerrillera, que duraría más de tres décadas con diversos altibajos, porque consideró esta vía legítima ante la forma como se había derrocado a un régimen constitucionalmente electo.

En 1945 comenzó en Guatemala una nueva era, que si bien tuvo una lamentable interrupción 10 años más tarde, la senda iniciada no era posible detenerla, aunque hubo quienes lo intentaron, con los graves resultados que muestran los 36 años de violencia y represión.

XII. LA CONTRARREVOLUCIÓN Y SUS HEREDEROS, 1954-1974

Castillo Armas tardó algunos días en llegar a dirigir personalmente el gobierno, y tuvo que afrontar el contratiempo de un enfrentamiento armado entre los cadetes graduados de la Escuela Politécnica y las fuerzas del Ejército de Liberación, el 2 de agosto. El día anterior había tenido lugar el llamado Desfile de la Unidad del Ejército, en el que tomaron parte fuerzas regulares del ejército y los invasores. Al término del desfile hubo un acto en el que intervinieron los miembros de la Junta: Castillo por la Liberación y el coronel Élfego H. Monzón por el Ejército Nacional. Los cadetes de último semestre interpretaron dicha actividad como una afrenta al ejército y a la Escuela Politécnica, y por la noche, luego de discutir qué hacer, decidieron atacar a los liberacionistas acantonados en el edificio inconcluso del hospital Roosevelt, en las afueras de la capital. Con las armas que pudieron obtener en la escuela y otras que les proporcionaron de la base aérea, atacaron por sorpresa a los liberacionistas y después de varias horas de combate los derrotaron. Mientras tanto Castillo Armas dudaba qué hacer, y hasta pensó en retirarse a Zacapa para unirse a las fuerzas que tenía allí. En ese momento intervino como mediador el arzobispo Rossell Arellano, quien logró que se llegara a un alto al fuego y que se diera el compromiso por parte del gobierno de que los liberacionistas no serían incorporados en el ejército y que no habría represalias contra los cadetes. A continuación los cadetes llevaron a pie a los liberacionistas desarmados hasta la estación del ferrocarril, donde los hicieron regresar a sus lugares de origen en el oriente del país. No obstante, no se respetó lo pactado, y los cadetes fueron castigados, la Escuela Politécnica cerrada temporalmente y separados de sus cargos algunos oficiales que habían apoyado el levantamiento.[1]

El gobierno liberacionista

El grupo dirigente de la Liberación era bastante heterogéneo: había quienes lucharon contra Ubico y los que habían sido parte de ese régimen; personas de cierto talante reformador y reaccionarios tradicionalistas; católicos fervientes y personas de otras religiones; capitalinos y campesinos; pobres y ricos. Pensando en el triunfo, cuando todavía se encontraban en Honduras, elaboraron lo que llamaron Plan de Tegucigalpa, que se suponía debía ser una declaración ideológica y un plan de gobierno; no llega a ser ninguna de las dos cosas; como documento de transacción de un grupo tan variado, resultó más bien una poco definida declaración de intenciones.[2] Una vez en el poder, se inicia-

---

[1] F. Villagrán Kramer, *Biografía política*, cap. v.
[2] Véase el *Plan de Tegucigalpa* (Guatemala: Publicación del Comité de Estudiantes Anticomunistas, 1954); posteriormente se declaró "doctrina de la Liberación y se publicó en la RLG, tomo 73, en una sección especial titulada Documentos para la Historia, en que también se reprodujo la renuncia de Arbenz.

ron las discrepancias, ante las que Castillo Armas buscó adoptar una posición intermedia: perseguir a los comunistas que habían "desviado" a la Revolución del 44 de sus metas verdaderas, pero no derogar sus "conquistas" más populares y reconocidas.

Dentro de esa tónica, no se derogó ni la legislación laboral ni la seguridad social, pero sí la Constitución y la Ley de Reforma Agraria; se cancelaron los sindicatos y los partidos políticos, aunque se adoptó una postura que consideraba innecesaria una profunda modificación económico social, y que desconfió de cualquier forma de organización laboral o popular.[3] Además se creó un cuerpo de investigación y represión contra los comunistas e izquierdistas llamado Comité de Defensa Nacional contra el Comunismo, en el que se centralizó toda la información de personas y grupos que se suponían comunistas, si bien buena parte de los documentos de los gobiernos revolucionarios, los partidos y grupos laborales fueron llevados a los Estados Unidos, donde hoy se encuentran. En dicho comité se abrieron archivos de las personas sospechosas y antes de obtener algún cargo de importancia en el gobierno debía

---

[3] El Estatuto Político de la República de Guatemala, que sustituyó a la Constitución, se emitió el 10 de agosto de 1954; por decreto núm. 48 de esa misma fecha se declararon disueltos diversas organizaciones, sindicatos y partidos políticos, cuya personería jurídica se canceló. Además del tomo 73 de la RLG, véase Ministerio de Gobernación, *Decretos emitidos*, del 3 de julio al 31 de diciembre de 1954 (Guatemala: Tipografía Nacional, 1955), en el que puede apreciarse toda la evolución legislativa a partir del Pacto de San Salvador. La disolución de los sindicatos de los ferrocarriles, la UFCO y la Compañía Agrícola de Guatemala se dejó sin efecto por el decreto 156 del 26 de noviembre de 1954.

contarse con la aprobación de la entidad.[4] Se expropiaron los bienes de los sindicatos y partidos, así como de muchos funcionarios, sin seguir los debidos procedimientos legales. Se detuvo a muchas personas, y los procesos se llevaron con lentitud y no se garantizó el derecho de defensa. Se hicieron muchos registros y detenciones, que en algunos casos llevaron no sólo a la confiscación de archivos y documentos, sino a la desaparición de personas. Los cientos de asilados que permanecían en las diversas embajadas latinoamericanas tardaron semanas en poder ir saliendo, y muchos fueron sometidos a acciones denigratorias, como el propio ex presidente Arbenz y su familia. El clima de temor, inseguridad y represión se mantuvo por demasiado tiempo.[5]

Los Estados Unidos tenían interés en que Guatemala se convirtiera en una especie de ejemplo de cómo se podía progresar y obtener justicia social sin necesidad de "caer en manos del comunismo". Con ese propósito, mandó asesores y de inmediato concedió ayudas a fin

---

[4] El comité se integró con tres miembros propietarios designados por la Junta de Gobierno, uno de los cuales asumió su presidencia. Véase decreto núm. 23 del 19 de julio de 1954. Después se emitió la Ley Preventiva Penal contra el Comunismo, decreto núm. 39 del 28 de julio de 1954, que creó los estados de peligrosidad de la actividad comunista, y se establecieron Tribunales de Instrucción en todos los departamentos con facultades para "investigar los delitos comunes, políticos y comunes conexos, cometidos por funcionarios, empleados públicos y particulares en connivencia con los anteriores" durante los gobiernos de Arévalo y Arbenz.

[5] El ex presidente Arbenz y su familia no abandonaron el país hasta el 9 de septiembre. En cuanto a los registros a que fueron sometidos en el aeropuerto, pueden verse los periódicos de esos días, que publicaron fotografías de Arbenz en calzoncillos.

de que los programas se aceleraran. Es probable que ello haya influido para que no se cancelaran o derogaran algunas de las instituciones y leyes revolucionarias, como habrían deseado algunos de los liberacionistas más reaccionarios.

Tras los hechos del 2 de agosto, si bien Castillo Armas tuvo que aceptar licenciar al Ejército de Liberación, a la larga resultó fortalecido, ya que pudo disolver la Junta de Gobierno y quedarse él sólo como jefe de Estado, a partir del 1º de septiembre. Para "legalizar" su situación se llamó a un plebiscito (efectuado el 10 de octubre de 1954, junto con la elección de Constituyente), que permitía que la Constituyente estableciera el tiempo de su mandato, el cual fijó hasta el 15 de marzo de 1960.[6] Con lo anterior, Castillo no respetó los términos de sus "pactos de caballeros" firmados por Ydígoras Fuentes, en 1952 y 1953, en los que se comprometía, luego del triunfo, a convocar a elecciones; ni el acuerdo que firmó en 1953 en Tegucigalpa, con el abogado Juan Córdova Cerna; ni el reciente Pacto de San Salvador, que establecía que se promulgaría una nueva Constitución y se convocaría a elecciones presidenciales. El Estatuto Político permitió primero a la Junta de Gobierno y después al presidente legislar en Consejo de Ministros.

El grupo liberacionista trató de crear una cierta doctrina que resultara atractiva y comprensiva para la mayoría de la población. Se insistió en su postura anticomunista, pero favorable para los trabajadores; además,

---

[6] F. Villagrán, *Biografía política*, 252-255 y 260-262; decreto núm. 2 de la Asamblea Nacional Constituyente, 5 de noviembre de 1954.

se le dio un sentido religioso y patriótico a través de su lema "Dios, Patria y Libertad".[7] En un principio se esperó un régimen totalmente fascista o falangista, que persiguiera a todos los contrarios, lo cual hizo que se asilaran muchas personas que temían por su seguridad, sin que su participación en el régimen derrocado hubiera sido relevante ni ellos fueran comunistas.

La Constituyente se instaló el 29 de octubre de 1954. A pesar de que se cambió poco el texto del 45, se tardó 17 meses en su elaboración, quizás porque tuvo que llegarse a acuerdos que en algunos casos fueron trabajosos. Un caso evidente es el de la Iglesia católica, que a través del arzobispo Rossell buscó obtener su recompensa por la colaboración prestada durante la "cruzada" anticomunista. Se trató de acabar con la legislación liberal anticlerical. Para ello solicitó que se declarara a la católica como religión oficial, que se le permitiera ser propietaria de bienes, que se autorizara la enseñanza religiosa en las escuelas públicas, etcétera. Para decepción del prelado, poco fue lo que pudo obtener, por lo que no dejó de manifestar públicamente su descontento.[8] Sí logró que se reconociera la personalidad jurídica de la Iglesia católica, con derecho a adquirir y disponer de sus bienes; se autorizó el culto privado y

---

[7] Copiado del lema de la República federal, "Dios, Unión y Libertad". Todavía hoy permanece inscrito en el Salón de Plenos del Congreso de la República.

[8] J. M. García Laguardia, *Política y Constitución*, 35-38; Hubert J. Miller, "The Anticlerical Liberal Legacy and its Constitutional Unraveling in Guatemala, 1954-1965", en *Struggle for Souls: Religion and Ethnicity in Guatemala, 1520-1990*, Edward H. Mosley, comp. (en prensa), cap. 4. Véase también F. Villagrán, *Política y Constitución*, 262-284.

público; se admitió la enseñanza religiosa optativa en las escuelas estatales, así como el derecho de asociación con propósitos religiosos, aunque se mantuvo la prohibición a los ministros del culto y las asociaciones religiosas de intervenir en política. Tras prolongadas discusiones se mantuvo, sin mayores transformaciones, lo referente a garantías sociales. Un tema en el que se tuvo especial cuidado fue en limitar las expropiaciones, eliminar el concepto de propiedad en función social y dar las garantías de que no habría una reforma agraria del "estilo" de la de Arbenz.

Aunque ya no al ritmo que le había dado Arbenz, se decidió continuar con la construcción de la Carretera del Atlántico, el Puerto de Santo Tomás y la Hidroeléctrica de Jurún-Marinalá. La prensa antagónica no existió, y los únicos periódicos de oposición, *El Estudiante* y *Hoy*, fueron silenciados en junio de 1956 y sus directores y responsables expulsados del país.[9] La vida política de partidos quedó interrumpida, si bien se organizó uno de carácter oficial, el Partido Movimiento Democrático Nacionalista (MDN). Sin ser propiamente de oposición, surgió el Partido Democracia Cristiana Guatemalteca (DCG), y ya en agosto de 1957 (después de la muerte de Castillo Armas) se fundó el Partido Revolucionario, en el que se unieron dirigentes anteriores (de segunda línea en los gobiernos revolucionarios), con una nueva y joven generación que no había tenido cargos en los gobiernos de Arévalo y Arbenz. Entre sus dirigentes había incluso disidentes de aquellos gobiernos, como el antiguo aranista Mario Méndez Montene-

[9] M. Monteforte Toledo, *Guatemala: monografía sociológica*, 409.

gro, quien se convirtió en el hombre que controló este partido, el cual fue el único que hizo oposición.[10]

Cuando parecía que el régimen se había fortalecido, Castillo Armas fue asesinado en la Casa Presidencial por un miembro de la guardia presidencial, en un hecho que nunca se ha aclarado debidamente, la noche del 26 de julio de 1957. Se rumoró que estaba implicado el teniente coronel Trinidad Oliva, quien había sido miembro de la última junta, y también que había intervenido en la conspiración Carlos Leonidas Trujillo, desde la República Dominicana. Tras la muerte se montó un gran espectáculo para que el pueblo visitara la capilla ardiente del presidente y participara en el entierro del "mártir" de la Liberación.

Inmediatamente, luego de algunas vacilaciones, se le dio posesión al primer designado, licenciado Luis Arturo González, quien convocó a elecciones en que participaron dos candidatos fuertes: el abogado Miguel Ortiz Passarelli, por el MDN, como candidato oficial, y Miguel Ydígoras Fuentes, quien regresó rápidamente de Colombia, donde era embajador, para organizar y lanzar su candidatura. En las primeras votaciones se declaró ganador a Ortiz, pero Ydígoras denunció fraude e inició una serie de protestas encabezadas por él mismo frente al Palacio Nacional, y con el "pueblo" protestando en bicicletas por las calles de la capital.[11] Por fin el régimen provisional tuvo que ceder, renunció el presidente interino, asumió el poder un triunvirato mili-

---

[10] F. Villagrán, *op. cit.*, 299-302.
[11] M. Ydígoras Fuentes, *My War with Communism*, 53-59, y F. Villagrán, *op. cit.*, cap. VII.

tar y después se llamó al segundo designado, coronel Guillermo Flores Avendaño; éste convocó a nuevas elecciones en las que resultó ganador Ydígoras, quien tomó posesión el 15 de marzo de 1958, para un periodo de seis años.

Gobierno de Ydígoras Fuentes

En ambas campañas ofreció un régimen de "ley" y orden y de "mano de acero inoxidable", dando a entender que sería un nuevo Ubico, que impondría disciplina y autoridad, aunque también ofreció buscar la reconciliación nacional y no perseguir a los antiguos revolucionarios. Si bien continuó dentro de la línea anticomunista de su antecesor, estuvo muy lejos de ser un nuevo Ubico. Su régimen fue una desafortunada mezcla de populismo demagógico, corrupción, inefectividad y pocos aciertos, que no siempre correspondieron a su iniciativa. Sin embargo, sí hubo cierto juego político, alguna libertad de prensa y permitió el regreso de los exiliados del 54.

Para mantener el predominio de su Partido de Reconciliación Nacional (Redención), Ydígoras buscó el apoyo de políticos poco escrupulosos, la compra de algunos diputados "independientes" o de otros partidos y fraudes electorales, así como otras prácticas que luego serían comunes en los regímenes posteriores. Recordando los viajes presidenciales de Ubico, organizó los "gobiernos móviles" en los departamentos; y apoyó "causas populares" como la canonización del hermano Pedro, la "reivindicación de Belice", y acciones para que todas las familias guatemaltecas comieran pollo una vez a la semana. Se continuó la construcción de la Carretera al Atlántico, la cual fue inaugurada en 1959. También se apoyó al Mercado Común Centroamericano (MCCA), la formación de la Flota Mercante Gran Centroamericana (que intentó ser un gran consorcio de los cinco países, pero que se quedó exclusivamente como empresa guatemalteca), así como el desarrollo del Petén a través del Instituto de Fomento y Desarrollo del Petén (Fydep).

El desgaste político y el desprestigio del gobierno fueron grandes. En marzo de 1959, en medio de diversas protestas, especialmente del magisterio oficial, Ydígoras ordenó a unidades de la Fuerza Aérea que atacaran a unos barcos pesqueros mexicanos que faenaban en aguas territoriales guatemaltecas, con el saldo de varios pescadores muertos y heridos. Si bien logró que cesaran las protestas, se vivió una situación tensa con el país vecino, y las relaciones bilaterales no volvieron a ser cordiales mientras duró el régimen ydigorista.

En 1960 trascendió que se estaba permitiendo el uso de suelo guatemalteco para la preparación de una invasión a Cuba organizada por la CIA estadunidense. Primero hubo un levantamiento militar por ese motivo, el 13 de noviembre de 1960, organizado por algunos oficiales jóvenes e intermedios, que no estaban de acuerdo en que Guatemala cumpliera ese papel que el presidente, se dice, aceptó porque los Estados Unidos le ofreció su apoyo para la recuperación de Belice. Después hubo protestas populares, que demostraron en qué medida el gobierno carecía de base general. Ambos hechos tuvieron a la larga importante proyección, ya que de ellos salieron dirigentes de la guerrilla, como los tenientes Marco Antonio Yon Sosa y Luis Turcios, que posteriormente se radicalizaron y encabezaron los primeros frentes guerrilleros permanentes, en 1964-1965. Tras este hecho, el coronel Enrique Peralta pasó de ministro de Agricultura a de Defensa.

La ineficiencia y el desprestigio del régimen y del propio presidente fueron en aumento y cada vez más tuvo que enfrentar una creciente oposición popular. Se dieron protestas populares, encabezadas por el magisterio, cuando intentó nombrar como ministra de Educación a la señora Julia Quiñónez, no calificada para el cargo, a lo que tuvo que desistir por la repulsa general. A través del fraude pudo ganar las elecciones legislativas y controlar el Congreso. Otra importante y grave crisis se produjo en las llamadas "Jornadas de Marzo y Abril" de 1962, cuando los estudiantes universitarios y el propio Consejo Superior Universitario, respaldados por otros grupos, le pidieron la renuncia al mandatario. Después de varias semanas de enfrentamientos callejeros logró superar la crisis suspendiendo las garantías constitucionales y formando un gabinete con sólo militares (todos con grado universitario), salvo el Ministerio de Relaciones Exteriores, en el que mantuvo al licenciado Jesús Unda Murillo. En este proceso cumplió un papel esencial su ministro de la Defensa, coronel Peralta Azurdia, quien pasó a ser el "hombre fuerte" del régimen.[12]

En 1962 se dieron dos intentos guerrilleros, uno en Chuarrancho (departamento de Guatemala) por gente aparentemente entrenada por el ex jefe de las Fuerzas

---

[12] F. Villagrán, *op. cit.*, 359-370.

Armadas Carlos Paz Tejada, que fue copado en Concuá; en el enfrentamiento hubo varios muertos y resultó prisionero Rodrigo Asturias (quien después sería el jefe del grupo guerrillero Organización del Pueblo en Armas, [ORPA]). En el otro, el grupo fue capturado en San Mateo Ixtatan (Huehuetenango). En ambos casos la preparación de los alzados era muy deficiente y contaban con que los campesinos les darían apoyo, siendo todo lo contrario, ya que su fácil captura fue por denuncia de éstos al ejército.[13] Ese mismo año, el 25 de noviembre, hubo un levantamiento de la Fuerza Aérea, que atacó por aire la residencia presidencial o Casa Crema, el cual también fracasó.

Desde los últimos días de 1962 comenzaron a mencionarse las posibles candidaturas presidenciales para las elecciones de fines del año siguiente: Ydígoras apoyaba a su amigo y socio Roberto Alejos (propietario de la finca en que se habían entrenado los cubanos de Bahía Cochinos), mientras que en el Partido Revolucionario aparecía como el más fuerte aspirante Mario Méndez Montenegro. Pero también surgieron grupos que deseaban postular al ex presidente Arévalo, sobre quien se tenían dudas de si podía ser candidato por la redacción del texto constitucional. Sin embargo, la Corte Suprema de Justicia falló en su favor, y él entonces anunció su regreso al país para iniciar la campaña que, por su general popularidad, tenía visos de ganar sin problema. Ydígoras indicó que respetaría la decisión judicial y que no se perseguiría al candidato. Arévalo dirigió

---

[13] Más adelante, en este mismo capítulo, se trata del origen y evolución de la lucha guerrillera en el país.

desde México una "Carta política al pueblo de Guatemala", que circuló impresa ampliamente en el país a finales de enero de 1963.[14] El 30 de marzo de 1963 Arévalo retornó clandestinamente y dio una conferencia de prensa; inmediatamente el ministro de Defensa, coronel Enrique Peralta, dio un golpe de Estado. Aunque se presentó como justificación la corrupción gubernamental y se llamó al gobierno *de facto* operación Honestidad, estuvo claro que el motivo real fue impedir el posible triunfo electoral de Arévalo, y que el golpe contó con el apoyo de los altos mandos militares (quienes "vetaban" la candidatura arevalista) e incluso de Washington, que no veía con buenos ojos el retorno de aquél porque lo consideraban, si no "comunista," sí "enemigo" de los Estados Unidos, y que sería de nuevo un mandatario incómodo y rebelde a los dictados estadunidenses.

GOBIERNO DE PERALTA

El nuevo gobierno dejó claro desde el principio que no se trataba sólo de derrocar al presidente constitucional, sino que en nombre del ejército (con cuyo respaldo se contaba) se asumía el poder y se disolvían los organismos del gobierno anterior. Se suprimió el Congreso, se destituyó a la Corte Suprema e incluso se de-

---

[14] El 4 de marzo inició el periodista Clemente Marroquín Rojas (bajo su seudónimo Canuto Ocaña) una serie de "glosas" en contra de la "Carta política", que posteriormente se recogieron en forma de libro: *La "Carta política" del ciudadano Juan José Arévalo* (Guatemala: s. e., 1965).

rogó de inmediato la Constitución, aparentemente porque se deseaba redactar de tal forma la prohibición de reelección que nunca más pudiera ser elegible Arévalo. Precisamente ese artículo sería el que después, paradójicamente, constituiría un obstáculo para la elección popular del propio coronel Peralta. Aparentemente el golpe había contado con la aprobación de los partidos políticos no arevalistas: el PR, el MLN y la DC; lo mismo que de las organizaciones empresariales. El sector laboral permaneció en silencio y no hubo protestas por la interrupción, a largo plazo, del proceso electoral.

Se conformó un régimen militar que constituyó una mezcla de búsqueda de la efectividad y la honestidad, en medio del autoritarismo anticomunista. Se puede decir que una buena parte de la población recibió con beneplácito el cuartelazo, cansado del desgobierno, la ineptitud y la corrupción de Ydígoras, y deseosos de cierto orden y capacidad. El nuevo gobierno mantuvo el carácter anticomunista del sistema, ahora reforzado por la necesidad de luchar contra la subversión armada. La democracia se vio como un obstáculo para combatir a ésta. Se decretó la suspensión de toda actividad política, se canceló el partido ydigorista y el MDN (que dirigía el coronel José Luis Cruz Salazar), se decretó un Estatuto de Gobierno y se emitió una Ley de Defensa de las Instituciones Democráticas. Otra vez se comenzó el proceso de hacer una nueva constitución, al tiempo que se gobernaba a través de decretos-leyes, lo cual permitió aprobar la legislación que se venía gestando de tiempo atrás, como la Ley del Impuesto sobre la Renta, el código civil y el penal, y sus correspondientes códigos de procedimientos; el Banco de los Trabajadores, etcétera. Las relaciones entre el gobierno y la Universidad de San Carlos fueron siempre tensas. Desde ella se hicieron críticas al régimen y se puso en evidencia la falta de representatividad de la Asamblea Constituyente, denunciándose la carencia de legitimidad de la nueva Carta Magna por haber sido realizada por un cuerpo prácticamente designado desde la presidencia, ya que fueron elecciones de lista única, y de la que quedaron marginados muchos grupos políticos, esta vez no sólo los sospechosos de ser comunistas, sino otros que se oponían porque sostenían que debía volverse de inmediato al régimen legal y constitucional, para lo cual se sugirió la vigencia de la Constitución de 1945. En las elecciones hubo no sólo poca participación, sino un alto porcentaje de votos nulos (más de 30% en la capital).[15] De nuevo el texto fue muy similar al anterior y tomó bastante tiempo su elaboración.

La Constituyente se instaló el 6 de julio de 1964 y el texto terminó de aprobarse el 15 de agosto de 1965. En lo político la nueva Constitución incorporó algunas modificaciones significativas. Se estableció el Consejo de Estado, con funciones prelegislativas antes del Congreso, con carácter consultivo y composición orgánica-gremial. Se creó el cargo de vicepresidente, electo en la misma planilla que el primer mandatario; se terminó casi totalmente con la tradición laica al conceder a la Iglesia católica mayores garantías que el texto ante-

---

[15] El sistema para elaborar la lista única fue un "pacto" entre el gobierno y los partidos Revolucionario y MLN: cada uno de ellos nominó 10 candidatos y el resto se los "reservó" el gobierno. Este arreglo *sui generis* fue motivo de muchas críticas entre diversos sectores profesionales e intelectuales.

rior, incluyendo la posibilidad de que los ministros del culto puedan autorizar matrimonios civiles, y se amplió la protección de la enseñanza religiosa privada, incluyendo la libertad para la enseñanza privada superior. En lo económico se mantuvo y afirmó la defensa del sistema capitalista liberal (ello fue en contradicción con la política del régimen, que resultó intervencionista y reguladora en muchos aspectos de la actividad económica), y también se reconoció el concepto de "función social" de la propiedad. Se continuó con el proceso de hacer más difícil la formación de partidos políticos y su participación electoral, con lo que se esperaba limitar su número. Se mantuvo la prohibición de partidos comunistas, y una clara restricción de los de izquierda no comunista. En general, el texto no fue muy diferente del de la década anterior, aunque sí más extenso.[16]

Estando Peralta en el poder se puede decir que se afirmó la lucha subversiva y el terrorismo (tanto guerrillero como de Estado). La guerrilla centró sus acciones en la zona de la Sierra de Las Minas, al mismo tiempo que efectuaba atentados urbanos y secuestro de personalidades políticas o de elevados recursos económicos a fin de cobrar rescates. A finales de 1965 ocurrió uno de los secuestros más prolongados de los efectuados por la subversión, el del presidente del organismo judicial, Romeo Augusto de León; el vicepresidente del

[16] Véase Adolfo Mijangos López, "La Constitución guatemalteca de 1965", *Revista de la Facultad de Ciencias Jurídicas y Sociales de la Universidad de San Carlos de Guatemala*, VI época, núms. 2-5 (1967), 79-114, y 3:6 (1968), 3-13; y Hubert J. Miller, "The Anticlerical Liberal Legacy and its Constitutional Unraveling in Guatemala, 1954-1965", en *Struggle for Souls: Religion and Ethnicity in Guatemala, 1520-1990*, Edward H. Mosley, comp. (e. p.).

Congreso, abogado Héctor Menéndez de La Riva, y del secretario de Información, periodista Baltasar Morales de la Cruz, que duró varios meses. En el momento del secuestro de este último murió su hijo.

Poco a poco se fue "institucionalizando" el clima de actividad guerrillera, y las acciones de reacción y defensa del ejército y de los sectores particulares, que se rodearon de guardaespaldas y otras medidas de seguridad. Así se fue dando la militarización del país, provocada por la lucha guerrillera y la reacción gubernamental. Una de las últimas medidas en contra de la oposición fue el asesinato, en marzo de 1966, de un grupo de dirigentes del PGT que fueron sorprendidos en una sesión y que, según ha trascendido, fueron tirados al Océano Pacífico desde un avión.[17] A partir de entonces comenzó a aplicarse una estrategia de no tomar prisioneros a fin de evitar secuestros de la guerrilla y la exigencia de "canjes".

Las relaciones con los Estados Unidos fueron en algunos aspectos tensas. Tras la muerte del presidente John F. Kennedy, el presidente Lyndon Johnson mantuvo su apoyo a la Alianza para el Progreso, pero pronto, por las circunstancias internas (incremento bélico en Vietnam, protestas estudiantiles, etcétera) perdió interés en Centro América. El gobierno guatemalteco tenía una percepción diferente de la situación: Castro y Cuba seguían siendo una amenaza, sobre todo ante la prueba del incremento de la lucha guerrillera. A pesar

---

[17] F. Villagrán Kramer, *op. cit.*, p. 410. Véase también Comité Guatemalteco de Defensa de los Derechos Humanos, "'Terror en Guatemala", en *Guatemala. La violencia III*, dossier 5/11 (Cuernavaca, México: Centro Intercultural de Documentación, 1971).

de que el régimen de Peralta trató de obtener mayor apoyo militar, no lo logró. Desde el punto de vista de Washington, se mantenía la esperanza de que serían suficientes los recursos existentes para superar la situación de la lucha militar y, sobre todo, por los efectos positivos que estaba produciendo el MCCA. La opinión oficial guatemalteca era que no se estaba recibiendo la ayuda que la presencia subversiva demandaba. La situación se agravó cuando Guatemala utilizó con propósitos militares ayuda estadunidense que se había recibido para reforzar las fuerzas de seguridad, pero sin consultar ni informar del cambio de destino a los asesores de aquel país.[18]

Peralta trató de mantener a su grupo en el poder, para lo cual estableció el nuevo Partido Institucional Democrático (PID). Se convocaron elecciones generales para inicios de marzo de 1966. El PR lanzó a su líder, Mario Méndez Montenegro, como candidato presidencial; mientras el antiguo MDN, ahora Movimiento de Liberación Nacional (MLN), postuló al coronel Miguel Ángel Ponciano, y el PID al también coronel e ingeniero Juan de Dios Aguilar. Antes de iniciarse la campaña murió en circunstancias confusas (probablemente por

---

[18] A pesar de lo indicado, entre 1962 y 1966 Guatemala recibió 24 millones de dólares en ayuda militar, la más alta de los cinco países centroamericanos. Willard Barber y C. Neale Roning, *Internal Security and Military Power: Counterinsurgency and Civic Action in Latin America* (Athens: University of Ohio Press, 1966). Véase también Arturo Fajardo Maldonado *et al.*, "Relaciones entre Guatemala y Estados Unidos, 1954-1990", en *Historia general de Guatemala*, Jorge Luján Muñoz, director general; tomo VI: *Época contemporánea: 1945 a la actualidad*, J. D. Contreras R., director del tomo (Guatemala: Asociación de Amigos del País-Fundación para la Cultura y el Desarrollo, 1997), 179.

un suicidio) el candidato del PR, por lo que fue sustituido por su hermano, el también abogado Julio César Méndez Montenegro, quien se hallaba retirado de la política y que se rumoreaba como candidato para la rectoría de la universidad estatal. Este cambio de candidato aumentó la fuerza electoral del PR, ya que se trataba de una persona con cierta aureola de izquierda y democrática, que pudo aglutinar apoyos de la izquierda e incluso, en forma no declarada, de grupos de la subversión. Las elecciones fueron honestas y las ganó el PR, cuyo candidato vicepresidencial era el periodista Clemente Marroquín Rojas, que puso su periódico *(La Hora)* al servicio de su causa. El ejército se manifestó sorprendido por el resultado y hubo grupos de él que no estuvieron anuentes a entregar el poder. Para ello pidieron garantías en cuanto al manejo de la lucha guerrillera y los nombramientos militares, lo cual aceptó el partido ganador. Una vez firmado este "pacto", el Congreso declaró electo, en elección de segundo grado, a los candidatos Méndez y Marroquín, quienes tomaron posesión el 1º de julio de 1966, por un periodo de cuatro años, según establecía la nueva carta magna.[19]

GOBIERNO DE JULIO CÉSAR MÉNDEZ MONTENEGRO

La lucha contrainsurgente y el creciente poder militar hicieron que el nuevo gobierno viera limitadas sus facultades de acción. En un intento por superar la situación se declaró una amnistía cuyo objetivo era permi-

---

[19] F. Villagrán, *Biografía política*, 418-435 y 458-461.

tir el fin de la lucha armada. Sin embargo, luego de algunas dudas, la guerrilla decidió no aceptar el ofrecimiento, por lo que continuó la guerra, que se prolongaría tres décadas más. Méndez Montenegro y el PR pretendieron que su gobierno fuera la continuación de los dos primeros de la Revolución, por lo que llamaron al suyo "tercer gobierno de la Revolución".

Las realidades políticas y la guerra interna hicieron que la situación se tornara cada vez más violenta. El principal frente guerrillero estuvo en Zacapa, donde el jefe de la zona militar, coronel Carlos Arana Osorio, llevó a cabo una operación muy efectiva, a mediados de 1967, que derrotó a la guerrilla "en una estrategia basada en el terror".[20] Los guerrilleros se vieron obligados a replegarse a la capital a fin de reorganizarse y plantear otras posibilidades de lucha, que se dieron en atentados urbanos y acciones contra militares. El 2 de octubre de 1966 falleció en un accidente automovilístico en la capital el comandante guerrillero Luis Turcios, siendo sustituido por César Montes (César Macías).

Dentro de la estrategia de la lucha antisubversiva y como un medio para obtener mayor respaldo popular, el ejército organizó, con apoyo estadunidense, el programa de "acción cívica", que desarrolló "jornadas" de tipo médico, dental y sanitario en comunidades rurales seleccionadas, en las que se tenía interés en lograr

---

[20] Gabriel Aguilera Peralta, "La guerra interna, 1960-1994", en *Historia general de Guatemala*, Jorge Luján Muñoz, director general; tomo VI: *Época contemporánea: 1945 a la actualidad*, J. Daniel Contreras R., director del tomo (Guatemala: Asociación de Amigos del País-Fundación para la Cultura y el Desarrollo, 1997), 140. Véase también Gabriel Aguilera Peralta, Jorge Romero Imery *et al.*, *Dialéctica del terror en Guatemala* (San José, C. R.: EDUCA, 1981).

especial respaldo popular. Por otra parte, se amplió ostensiblemente el número de comisionados militares y sus responsabilidades, tanto en el reclutamiento de soldados como en su colaboración con la inteligencia militar.

En 1967 se descubrió la colaboración de varios religiosos de la orden Maryknoll con la guerrilla en la zona de Huehuetenango, que habían implicado a jóvenes adolescentes de sus colegios masculino y femenino de la capital. De inmediato se expulsó a los religiosos y algunos de los estudiantes salieron del país.

Un hecho relevante fue el secuestro del arzobispo monseñor Mario Casariego, el 27 de marzo de 1968. Aparentemente fue organizado y llevado a cabo por un grupo de extrema derecha, la Mano Blanca, que buscaba favorecer un golpe de Estado a raíz de la reacción popular contraria que se esperaba iba a producir el hecho; sin embargo, tal reacción no se dio, y la situación de salud del prelado obligó a los secuestradores a dejarlo libre. La implicación, supuesta o real, de varios militares permitió al presidente llevar a cabo algunas destituciones y rotaciones de mando, que le dieron mayor control de la situación, pero ello no se reflejó en una mayor apertura política. La violencia continuó, lo mismo que la lucha antisubversiva sin cuartel, con múltiples violaciones a los derechos humanos. Entonces surgieron grupos autodenominados Escuadrones de la Muerte, que publicaban listas de personas (generalmente líderes políticos y sindicales, profesores universitarios, etcétera) a quienes se conminaba a salir del país o "atenerse a las consecuencias", lo cual quería decir que serían asesinados. Ante la muerte de algunos de los incluidos en las lista, otros optaban, efectivamente, por abandonar el país.

Durante el gobierno de Méndez Montenegro se llevaron a cabo algunas obras importantes de infraestructura, entre las que destacan varias carreteras. También se efectuó el paso a propiedad nacional de los ferrocarriles que se llamaron Ferrocarriles de Guatemala (Fegua); así como el término de la concesión de la Empresa Eléctrica de Guatemala, que también pasó a manos del gobierno. Aunque aumentó la violencia de la lucha armada y otros aspectos de la represión, también se dio cierta libertad de prensa y mayor tolerancia a la oposición de la que existiría en las décadas siguientes.

Ya en su nuevo teatro de operaciones urbano, la guerrilla llevó a cabo varias acciones audaces, que tuvieron mucha repercusión. En enero de 1968 asesinaron a los agregados militar y naval de la embajada de los Estados Unidos, John D. Webster y Ernest Munro, y en agosto del mismo año mataron al embajador de dicho país, John Gordon Mein, cuando se resistió a su secuestro. La guerrilla justificó tales hechos como represalia por la ayuda militar estadunidense a Guatemala y como una muestra de solidaridad con el pueblo de Vietnam.[21]

En 1970 se realizaron elecciones generales, que fueron garantizadas en cuanto a su corrección por el presidente, quien aseguró que no se daría ningún tipo de irregularidad, a pesar de algunos graves contratiempos como el atentado, por parte de la guerrilla, contra el

---

[21] Gabriel Aguilera Peralta, *La violencia en Guatemala como fenómeno político* (México: CIDOC, 1971), 7/4.

director del Registro Electoral, que aunque salvó la vida, quedó imposibilitado por varios meses. El presidente aprovechó para designar en dicho cargo a un conocido abogado de su confianza, quien se encargó de que los comicios se llevaran a cabo sin fraude. Un hecho que probablemente fue determinante para inclinar los resultados en favor de los candidatos de la derecha fue otro hecho cometido por la guerrilla: el secuestro del ministro de Relaciones Exteriores, Alberto Fuentes Mohr, a escasos días de las elecciones (quien fue canjeado por dos guerrilleros detenidos), lo que demostró el poder de acción de las fuerzas subversivas, y que para muchos inclinó el resultado en favor de la candidatura de Arana, que representaba el orden y la mano dura.

Fueron las últimas elecciones sin fraude hasta entrada la década de 1980, cuando se realizaron las de Constituyente. Esta vez el MLN y el PID se presentaron unidos con Arana Osorio como candidato presidencial y el abogado Eduardo Cáceres Lehnhoff para vicepresidente; el PR postuló al abogado Mario Fuentes Pieruccini y al ingeniero Óscar Castañeda Fernández; y la DCG al mayor y economista Jorge Lucas Caballeros y al abogado Edmundo López Durán. La abstención aumentó en relación con la última campaña. Como en las elecciones anteriores, no hubo mayoría absoluta, por lo que el Congreso debió designar de entre los dos primeros, quedando electos en segundo grado los candidatos de la coalición MLN-PID, que ocuparon el primer lugar. El 31 de marzo, ya efectuadas las elecciones, la guerrilla secuestró al embajador alemán, conde Karl von Spreti, quien fue "ajusticiado" cuando el gobierno se negó a liberar a 40 detenidos o secuestrados.

Gobierno de Carlos Arana Osorio

La llegada a la presidencia y vicepresidencia de Arana y Cáceres supuso la vuelta al poder del anticomunismo liberacionista radical y del sector militar de línea dura contra la guerrilla. La represión antisubversiva se hizo implacable, sin que se respetaran las disposiciones constitucionales ni los derechos humanos. Casi de inmediato se inició una escalada de la violencia, sobre todo por medio de acciones contra líderes connotados de la oposición. Ahora el grupo encargado de anunciar las listas de posibles blancos de atentados era llamada Ojo por Ojo, dando a entender que sus acciones eran en represalia a las actuaciones de la guerrilla. Entre los asesinados estuvo el diputado del Congreso, miembro de la Unión Revolucionaria Democrática (URD), Adolfo Mijangos López, en enero de 1971. Se salvó de morir, muy malherido, el ex ministro de la década revolucionaria y entonces profesor universitario Alfonso Bauer Paiz. También fue asesinado el líder sindical Jaime Monge Donis. Ante tal situación muchos de los amenazados optaron por exiliarse, como Alberto Fuentes Mohr.

A mediados de 1971 se consideraba que la guerrilla urbana había sido casi destruida, con la mayoría de sus integrantes muertos. El PGT, que mantuvo actividades clandestinas, pero no de tipo militar, sufrió severos golpes. En septiembre de 1972 fueron secuestrados y asesinados varios miembros de su comité central: Bernardo Alvarado Monzón, Hugo Barrios Klee, Mario Silva Jonama y Carlos Alvarado Jerez, y en 1974 lo fue su secretario general, Huberto Alvarado. Asimismo, aumentó la persecución contra muchas organizaciones populares y sindicales, y contra sus líderes, a los que se acusó de estar implicados en la subversión. Por otra parte, conforme avanzaba el periodo presidencial, se fueron haciendo, a pesar de la autocensura y el temor, mayores denuncias sobre casos de corrupción, más que nada en obras sobrevaloradas (como en carreteras y centrales eléctricas). Las acusaciones, nunca desmentidas y posteriormente más o menos confirmadas, implicaban a altos cargos ministeriales, directores generales y hasta al propio presidente.

Aunque la alianza MLN-PID se mantuvo durante todo el periodo presidencial de Arana, y el líder del primero, Mario Sandoval Alarcón, fue presidente del Congreso los cuatro años, se fue percibiendo que el peso inicial mayor del MLN cedió terreno al PID. Además, dado el carácter militar del presidente y la importancia de la lucha antiguerrillera (en la cual desempeñó un papel esencial el ejército), cada vez fue más evidente que el verdadero poder estaba dentro de éste, y que los partidos lo habían aceptado. También se desarrollaron ciertos mecanismos para que entre los más altos cargos castrenses hubiera una rotación ordenada y que dentro de ellos se escogiera al sucesor presidencial. Los dos cargos de mayor jerarquía militar eran, en ese orden, el ministro de Defensa y el jefe del estado mayor del Ejército, en los que se estableció un orden de sucesión para que los desempeñaran generales.

Al aproximarse las elecciones de 1974, el ministro de Defensa, Kjell Eugenio Laugerud, renunció para ser candidato presidencial del MLN-PID, aceptando ser su vicepresidente Sandoval Alarcón. La DCG buscó a otro general, Efraín Ríos Montt, que acababa de ser alejado del país como director del Centro Interamericano de Estudios Militares, en Washington, luego de haber sido jefe del estado mayor del ejército. Aparentemente, los democristianos lo escogieron no porque tuviera ideas reformistas o por su capacidad política, sino porque había tenido roces con el presidente Arana y porque tenía fama de ser un militar honesto. La DCG logró organizar una coalición de centro-izquierda, el llamado Frente Nacional de Oposición (FNO), al atraer a su candidatura a los grupos de la URD (encabezados por Manuel Colom Argueta, entonces alcalde de la ciudad de Guatemala) y de socialdemócratas encabezados por Fuentes Mohr, quien fue candidato vicepresidencial. El PR también presentó un candidato presidencial militar, el coronel Ernesto Paiz Novales. La contienda estuvo entre Laugerud y Ríos; las encuestas demostraban que el segundo llevaba alguna ventaja.

Las elecciones se efectuaron el domingo 1º de marzo; al comenzar a obtenerse resultados se vio que el FNO había obtenido el primer lugar, con alrededor de 45% de los votos. Entonces se suspendió la divulgación de resultados y, cuando se reanudó, la coalición MLN-PID ocupaba el primer lugar. Aunque hubo denuncias de fraude, Ríos Montt se negó a encabezar las protestas, como había hecho Ydígoras en 1957, y a los pocos días aceptó el cargo de agregado militar en España. No habiendo mayoría absoluta, el Congreso debió escoger entre las dos candidaturas con más votos, decidiendo, como era de esperar, en favor de la Laugerud-Sandoval. El ejército y los partidos de gobierno habían logrado imponer su voluntad fraudulentamente, pero al costo de sacrificar la credibilidad en el sistema electoral y con el rechazo de una mayoría de la población. El fraude y la alteración de los resultados no se limitó a la presidencia-vicepresidencia, sino que también afectó la alcaldía de la capital, la cual le fue arrebatada al padre José María Ruiz Furlán, el padre Chemita, quien había logrado el primer lugar, para dársela al segundo, el abogado Lionel Ponciano León, candidato del Frente Unido de la Revolución (antes URD). Asimismo, se hicieron una serie de cambios en cuanto a diputaciones, tanto para arrebatar la mayoría al FNO como para hacer que triunfaran ciertos candidatos de los partidos oficiales, e impedir que accedieran a la Cámara otros de la oposición que se consideraban posibles diputados incómodos. De esa forma se garantizó el ejército la continuidad del sistema y que no habría interrupción en su estrategia antiguerrillera, pero también abrió un flanco a la propaganda guerrillera y se ganó bastante desprestigio.

Demografía

En 1959 se encontraban muy adelantados los preparativos del VII Censo de Población, que debía realizarse en 1960, en cumplimiento del intervalo censal de 10 años establecido internacionalmente; pero éste no se efectuó porque se utilizaron las partidas presupuestales para otras finalidades, como la compra de unidades navales. Dicho censo se llevó a cabo del 18 al 26 de abril de 1964, en un periodo de nueve días. Se levantaron también el II Censo de Vivienda y el II Censo Agropecuario. Por primera vez se realizó una encuesta postenumerativa por muestreo, con el fin de estimar la omisión censal, que se estimó en 3.7%. Dicho censo dio un total de 4 287 997 personas, que con la omisión estimada equivalió a 4 446 134. El total de varones censados fue de 2 257 182, y el de mujeres, de 2 115 541.

Tampoco el VIII Censo, programado para 1970, se efectuó en el año que correspondía, ya que se levantó hasta el 26 de marzo de 1973. Registró un total de 5 160 221 habitantes, de los cuales 2 589 264 fueron varones y 2 570 957 mujeres.

En este corto periodo de 20 años no se dieron cambios en la distribución por edad. La tasa de defunciones se mantuvo y aumentó levemente la de nacimientos, con lo cual se incrementó el índice de crecimiento demográfico. En el censo de 1964, por primera vez en nuestra historia, la población indígena fue minoría, lo cual se mantuvo, con leve variación, en 1973, según se muestra en el cuadro XII.1.

CUADRO XII.1. *Población total y porcentaje de indígenas y ladinos en los censos de 1964 y 1973*

Censo	Población	Indígenas	Ladinos
1964	4 287 997	42.2%	57.8%
1973	5 160 221	43.8%	56.2%

En cuanto a migraciones internas, continuó la tendencia a colonizarse la costa occidental y central del Pacífico, ya que se mantuvieron como departamentos receptores de migración Escuintla, Suchitepéquez y Retalhuleu. También recibieron migrantes los departamento de Izabal y Petén. Sin embargo, el gran polo de atracción para la migración nacional siguió siendo la capital, con aportes de todo el país.

Economía

La economía guatemalteca de 1954 a 1974 estuvo dominada por dos hechos importantes: la integración centroamericana y la diversificación agrícola. La integración se echó a andar en los últimos años de la década de 1950 y tuvo su mejor etapa en la siguiente, hasta que entró en crisis con la llamada Guerra del Futbol. Su mayor proyección estuvo en el desarrollo industrial, ya que al unificarse el mercado centroamericano permitió desarrollar fábricas que antes no eran posibles. Además, por unos años se habló de las llamadas "industrias de integración", que tenían como objetivo abrir una para toda la región, que satisficiera los requerimientos del área.

Gracias al Mercado Común Centroamericano (MCCA) se ampliaron muchas empresas y se abrieron otras, tanto en lo que se puede llamar industrias tradicionales (alimentos, textiles, ropa hecha, etcétera) como en otras nuevas, es decir, medicinas, químicos, etcétera. Muchas de estas empresas fueron establecidas o pasaron a manos de multinacionales, que encontraron atractivo invertir en el MCCA. La única industria del integración que se estableció en Guatemala fue la fábrica de llantas Gran Industria de Neumáticos, S. A. (GINSA, de la empresa estadunidense General Tire), abierta en 1968; sin embargo, a pesar de la idea original, se abrió otra fábrica de llantas en Costa Rica, de Firestone. Guatemala logró algún desarrollo agrícola destinado al mercado de la región, sobre todo en verduras y frutas. En pocos años se expandió grandemente la producción y el consumo industrial. El valor agregado del sector manufacturero de 1955 a 1974 se aprecia en el cuadro XII.2. En general, en estas décadas hubo un esperanzador crecimiento económico en toda la región. A pesar de la crisis de 1969 por la guerra entre El Salvador y Honduras, que supuso un rompimiento en el ritmo del MCCA, éste continuó avanzando aunque a un ritmo menor (cuadro XII.3).

En cuanto a la diversificación agrícola, especialmente de la destinada a la exportación, ésta se dio en varios sectores: expansión del algodón, de la caña de azúcar (ya que los Estados Unidos repartieron la cuota, que antes correspondía a Cuba, entre diversos países, y ello provocó la rápida expansión de dicho cultivo y el surgimiento de varios ingenios azucareros), de la ganadería de carne (también destinada al mercado estadunidense), el cardamomo (que venía de años atrás pero que se expandió en esos años). También creció, aunque en menor importancia, el cultivo de flores (rosas, claveles, crisantemos, entre otras) en el altiplano, tanto en manos de pequeños, como de medianos cultivadores. En el cuadro XII.4 se puede apreciar la disminución de la participación relativa del café y otros productos tradicionales en el total de las exportaciones, y, por lo tanto, el aumento de la importancia relativa de las nuevas exportaciones. Sin embargo, creció un poco la producción y la exportación de café, según puede verse en el cuadro XII.5.

Durante estos años se dio la Alianza para el Progre-

Cuadro XII.2. *Valor agregado en producción manufacturera y del valor real de las exportaciones (FOB) de Guatemala, 1955-1974, precios de 1970 (en miles de dólares EUA)*

Año	Producción	Exportaciones
1955	111 400	103 850
1956	121 000	110 479
1957	132 400	112 688
1958	140 500	123 736
1959	147 300	145 832
1960	153 600	150 251
1961	162 900	156 880
1962	171 300	165 718
1963	188 100	220 958
1964	199 900	218 748
1965	216 400	243 054
1966	238 900	304 922
1967	259 000	262 940
1968	288 800	307 131
1969	309 800	344 694
1970	320 700	366 790
1971	343 700	384 029
1972	362 600	437 214
1973	392 100	477 927
1974	410 400	529 645

FUENTE: V. Bulmer-Thomas, 1987, cuadros A.8 y A.12.

CUADRO XII.3. *Crecimiento promedio anual de Centroamérica y los cinco países centroamericanos, por periodos de cinco años, 1950-1975*[a]

País	1950-1955	1955-1960	1960-1965	1965-1970	1970-1975
Centro América	4.3	4.8	7.9	5.1	4.7
Guatemala	2.3	5.3	5.5	5.4	5.2
El Salvador	4.5	4.8	7.4	3.6	5.5
Honduras	2.7	4.1	4.8	6.3	1.8
Nicaragua	8.4	2.3	11.1	3.5	5.1
Costa Rica	8.3	6.0	5.0	7.4	5.2

[a] De 1950 a 1960, precios de 1960; de 1960 a 1975, precios de 1970.
FUENTE: SIECA, 1973 y 1981. Tomado de J. Weeks, 1985:62.

CUADRO XII.4. *Participación porcentual de los cinco principales productos en el total de las exportaciones del país, 1960-1974 (por quinquenio)*

Producto	1960-1964	1965-1969	1970-1974
Café	58%	39%	33%
Algodón	13	18	11
Banano	8	3	5
Carne	2	3	5
Azúcar	3	3	5
Total	84%	66%	59%

FUENTE: SIECA, 1973 y 1981. Tomado de J. Weeks, 1985:77.

CUADRO XII.5. *Exportaciones de café por año agrícola, 1955-1974 (en quintales de café oro)*

Años	Cantidad	Años	Cantidad
1954-1955	1 240 359.01	1964-1965	1 692 845.42
1955-1956	1 173 176.22	1965-1966	2 647 010.34
1956-1957	1 345 344.93	1966-1967	1 631 978.36
1957-1958	1 630 495.51	1967-1968	2 268 967.99
1958-1959	1 628 628.77	1968-1969	2 010 189.68
1959-1960	1 937 659.61	1969-1970	2 209 979.12
1960-1961	1 664 329.00	1970-1971	2 039 139.07
1961-1962	2 012 598.00	1971-1972	2 361 239.97
1962-1963	2 265 923.00	1972-1973	2 670 049.27
1963-1963	1 963 190.48	1973-1974	2 489 399.56

FUENTES: ANACAFE, *Revista Cafetalera*, núms. 1, 2, 3 (para los años 1955-1959); *Boletín Estadístico*, núms. 27, 28, 29 (para los años 1960-1963), e información directa de la ANACAFE (para los años 1963-1974).

so, que apoyó al MCCA y al desarrollo agropecuario. En cuanto al primero, se incluyeron programas de mejoras de las comunicaciones (tanto por carretera como telefónicas y de otro tipo), y el concepto de utilizar la reforma fiscal como instrumento de modernización y de reforma social, a través de una mayor equidad impositiva por medio de mayores impuestos directos. Además, se promovió la armonización tributaria interregional a fin de lograr esos objetivos y, a la vez, unificar el sistema de impuestos. Aunque al principio hubo avances significativos y esperanzadores (entre los que deben situarse el Impuesto sobre la Renta y el sistema arancelario unificado para Centroamérica), luego el proceso se estancó y hasta dio marcha atrás.

Hacia 1973, a pesar de que había disminuido el crecimiento económico por el estancamiento del MCCA, existía un clima de optimismo en cuanto al desarrollo del país y del itsmo. Sin embargo, se inició entonces la cadena de dificultades desatada por la llamada crisis internacional del petróleo, que tan funestos efectos tendría, a largo plazo, para los países en desarrollo.

La guerra interna

Otro proceso de enorme proyección, a corto y mediano plazo, que se inició en el periodo que comprende el presente capítulo, es el de la guerra civil. Se puede dar como fecha aproximada el año 1960, en que aparecieron los primeros intentos, inspirados por el triunfo de la Revolución cubana, en 1959. Esos primeros ensayos estuvieron muy mal organizados y peor ejecutados, por lo que fracasaron pronta y rotundamente. Los grupos iniciales carecían de preparación y entrenamiento, así como de organización, apoyo y armas. El ejército pudo controlarlos con poco esfuerzo, y parecía que el asunto no pasaría a más. Sin embargo, la implicación del país en la invasión contra Cuba y la reacción contraria de varios oficiales jóvenes, entonces todavía sin filiación izquierdista, desembocó en el levantamiento militar del 13 de noviembre de 1960. Aunque también derrotados, de ambos intentos surgieron al poco tiempo los frentes guerrilleros, una vez que se vincularon a la oposición comunista en el exilio, y se radicalizaron y concientizaron políticamente.[22] En una primera etapa,

---

[22] Aquí tomo como base el artículo de G. Aguilera P., "La guerra

más o menos hasta 1970, la insurgencia sólo se planteaba derrocar al gobierno y cambiarlo, pero conforme se afirmó la radicalización postularon que la lucha era para "instaurar el socialismo".

Los inicios fueron modestos: algunas acciones urbanas de terrorismo, secuestros selectivos para obtener fondos y atemorizar a la oligarquía, y la formación del primer frente militar rural, para el que seleccionaron la Sierra de Las Minas, al nororiente del país. En esta etapa se aplicó la estrategia del "foco" o frente guerrillero, que consideraba que éste produciría, con su ejemplo, la generalización de la resistencia.

Aunque inicialmente lograron algunos éxitos, pronto tuvieron dificultades al ir reaccionando el ejército, que los rodeó y aisló, hasta que en 1967-1968 se dio una ofensiva que supuso su derrota en dicho frente. A partir de entonces se plantearía una situación semejante entre la insurgencia y la contrainsurgencia: la iniciativa y la selección de los lugares y modos de acción los hacía la primera; el ejército (muchas veces con asesoría de los Estados Unidos y de otros países) reaccionaba y contrarrestaba los planteamientos establecidos por la guerrilla. Pasado algún tiempo, el ejército iba controlando la situación, generalmente con un alto costo para la población civil, la cual se encontraba entre dos fuegos, presionada por los insurgentes que trataban de adoctrinarlos y atraerlos a su causa, a la vez que les pedían o exigían ayuda (de alimentos, alojamiento, trans-

interna, 1960-1994", *Historia general de Guatemala*, tomo VI. Es también muy importante el libro de Ybon Le Bot, *La guerra en tierras mayas. Comunidad, violencia y modernidad en Guatemala (1970-1992)* (México: Fondo de Cultura Económica, 1995).

porte, etcétera), y el ejército, que buscaba evitar esos apoyos y destruir los focos. La estrategia contrainsurgente consistía en dejar al pez (la guerrilla) sin agua (sus medios de vida y de sostenimiento).

La reacción de ambos bandos fue violenta, muriendo muchos civiles. Cuando las acciones eran urbanas, especialmente después de un atentado en que habían muerto oficiales, la reacción militar era fulminante y sin miramientos. El ejército, aplicando la llamada "doctrina de la seguridad nacional", consideró que no le era posible, en una lucha así, adecuarse a los procedimientos legales, por lo que recurrió al apresamiento clandestino, la tortura y el "ajusticiamiento" extrajudicial. Tras una acción de cualquiera de los bandos se tenían motivos, por ambos lados, para endurecer posiciones y realizar acciones más destructivas.

La derrota en la Sierra de Las Minas provocó una crisis en la dirigencia y en la estrategia de la guerrilla. Una facción, bajo la comandancia de Camilo Sánchez, optó por concentrar sus acciones en la capital, en la que desarrollaron a partir de 1968 una etapa de gran intensidad y violencia en sus movimientos, que incluyeron secuestros y asesinatos de diplomáticos y de dirigentes empresariales, así como atentados contra militares. Su idea era que la audacia y la violencia de sus actos generaría mayor represión del aparato estatal, y que ello llevaría a la radicalización de la población. Sin embargo, tras más o menos dos años, los resultados no fueron los previstos en ese aspecto, y sí el desgaste o la eliminación de los guerrilleros, que, de nuevo, se encontraron derrotados y con otra crisis de dirigencia y de búsqueda de nuevas estrategias. El frente urbano en la capital no fue eliminado, pero en 1971 la mayoría de sus miembros había muerto, o se encontraban dispersos, desmoralizados y diezmados, con mínima capacidad de acción.

Por su parte, las FAR optaron en 1970 por una estrategia de concentración; es decir, reunir los grupos combatientes dispersos que todavía tenían en un solo núcleo, que habría de establecerse en el departamento de Petén. En ese proceso fueron desmanteladas las unidades al mando de M. A. Yon Sosa, y poco después este jefe guerrillero murió en México, junto con su lugarteniente, Eulogio Xitumul (Socorro Sical).

Tras estos desenvolvimientos, la guerrilla elaboró su estrategia de "guerra popular prolongada", basada en la idea de que debía actuar y sustentarse en estrecha relación con la población, para que ésta tomara conciencia de la necesidad de la lucha e interviniera en ella. Además, se estudió el fracaso desde la perspectiva de la composición social (ellos decían "de clase") de la zona de Las Minas, y la necesidad de buscar bases firmes obreras y campesinas; es decir, fortalecer el trabajo tanto en los niveles medios como en los más bajos. La comandancia de las FAR la asumió Jorge Soto García (Pablo Monsanto), y dicho grupo mantuvo la idea de actuar en Petén. Por esta época surgió la Nueva Organización Revolucionaria de Combate (NORC), con un núcleo inicial en México, que penetró en enero de 1972 a la selva de Ixcán con un pequeño grupo exploratorio en el que estaban César Macías (César Montes) y Mario Payeras, el cual adoptó el nombre de Ejército Guerrillero de los Pobres (EGP), cuyo comandante fue Ricardo Ramírez de León (Rolando Morán); un tiempo después lo hizo la Organización Revolucionaria del Pueblo en Armas (ORPA), bajo la comandancia de Rodrigo Asturias (Gaspar Ilom), cuyas primeras acciones fueron en el año de 1979.

Al llegar el cambio de gobierno de Arana a Laugerud, la guerrilla se encontraba en una etapa de readaptación, luego de sus sucesivos fracasos en el "foco" rural oriental y en el frente urbano. Entonces se estaban estableciendo los primeros cimientos de su organización en varias partes del altiplano, en donde los indígenas son mayoría. Además, escogieron hacerlo a lo largo de la frontera con México, a fin de tener la posibilidad de comunicación y de entrar y sacar personal y armamento. Ya antes se habían dado cuenta de la ventaja que suponía el contar con apoyos y lugares de curación y preparación en aquel país, y la dificultad que había representado en Las Minas el no poder escapar hacia otro país. Se estaban sentando las bases de la siguiente etapa de la guerra, que se desencadenaría tras el terremoto de 1976.

XIII. HISTORIA INMEDIATA, DE 1974 A LA ACTUALIDAD

Los elementos fundamentales que caracterizaron al gobierno de Arana se mantuvieron en los siguientes cuadrienios, tanto en cuanto a que los mandatarios eran militares, como el papel dominante del ejército y su preocupación fundamental por la lucha antisubversiva, sin importar métodos ni procedimientos; aunque indudablemente hubo diferencias entre el gobierno de Laugerud García y el de Lucas García, si bien ambos llegaron después de manipularse los resultados electorales. En cambio, el golpe de 1982 supuso el inicio de un proceso que tendía al rompimiento del aislamiento internacional de Guatemala, aliviar los abusos contra los derechos humanos y de corrupción administrativa, así como sentar las bases para el retorno a la legalidad y de apertura democrática que se inició en 1986 tras las elecciones generales del año anterior y la entrada en vigor de la nueva Constitución. Hasta ahora ha habido cuatro presidentes bajo la actual Constitución, que lentamente han ido estableciendo las bases de la transición sociopolítica y el proceso de paz con la guerrilla. Hoy se abren nuevas perspectivas no sólo políticas, sino también económicas, sociales, culturales y de construcción nacional, que pueden significar, si se consolidan, el principio de una nueva era en la historia guatemalteca.

Gobierno de Kjell Laugerud García

El general Kjell Eugenio Laugerud García resultó, en más de un aspecto, un presidente inesperado. En buena medida era desconocido fuera del ejército, en el que tenía fama de capaz, disciplinado y efectivo, pero en el que nunca había ejercido cargos de mando en zonas militares ni en el frente, pues había sido un tecnócrata militar.[1] De inmediato se notó que disminuyó la violencia y las medidas más extremas en contra de la oposición. Lo mismo que Arana, formó su gabinete con personas que no eran parte de los partidos que lo postularon; algunos de ellos eran profesionales reconocidos en sus respectivos campos y hasta con vinculaciones o simpatías por posiciones moderadas y de centro. Todo ello se apreció como una mezcla de apertura política y tolerancia con posiciones democráticas moderadas. Además, el mandatario se interesó en buscar apoyos populares (sindicales, políticos y profesionales) para contrarrestar el desprestigio de haber llegado al poder a través de elecciones manipuladas. Para ello trató de desmarcarse del MLN, que poco a poco fue perdiendo influencia hasta romperse la coalición gubernamental, que de PID-MLN pasó a ser PID-PR, manteniendo así la mayoría en el Congreso. En el campo internacional reforzó su interés en las relaciones con los otros países centroamericanos y buscó resolver el asunto de Belice, para lo cual hubo negociaciones con el Reino Unido en 1975-1976, pero sin resultados.

---

[1] Carlos C. Haeussler Yela, *Diccionario general de Guatemala* (Guatemala: edición del autor, 1983), II, 901-902.

Un factor de gran importancia en el mejoramiento de su imagen y popularidad fue la eficiente actuación gubernamental a raíz del terremoto del 4 de febrero de 1976. Se creó el Comité Nacional de Reconstrucción, a cuyo frente se puso al general Ricardo Peralta Méndez, quien manejó con relativa eficiencia la ayuda internacional y aceptó la colaboración de todos los grupos e instituciones nacionales que quisieron ayudar, incluida la Universidad de San Carlos, la cual envió a estudiantes y catedráticos a trabajar al lado del ejército y de otras entidades. Sin embargo, tras un periodo de tregua se reanudaron las acciones de la guerrilla, ya en su nuevo emplazamiento en el altiplano indígena, donde aprovecharon las actividades de ayuda posterremoto a fin de reforzar sus bases organizativas. Tras algunas vacilaciones y ajustes el ejército enfrentó la nueva situación con la misma dureza que había desplegado en sus actuaciones en el oriente del país y en el frente urbano.

La apertura gubernamental fue aprovechada por sectores populares para afirmar sus estrategias y formar nuevas organizaciones. Así surgieron o actuaron de nuevo la Central Nacional de Trabajadores (CNT), la Federación de Trabajadores de Guatemala (FTG), el Comité Nacional de Unidad Sindical (CNUS), el Comité de Unidad Campesina (CUC), la Coordinadora de Empleados y Trabajadores del Estado (CETE), el Movimiento Nacional de Pobladores (Monap), la Coordinadora de Estudiantes de Educación Media (CEEM) y el Frente Estudiantil Revolucionario Robin García (FERG).[2] Buena

[2] J. Daniel Contreras R. y Silvia Castro de Arriaza, "Historia política

parte de estas organizaciones estaban infiltradas o controladas por comunistas o se habían constituido a fin de coordinar sus actividades de acuerdo con los grupos subversivos. Mientras sus acciones fueron mínimas se les toleró, pero al irse haciendo evidentes sus conexiones con la estrategia general de la insurgencia, se les persiguió sin contemplaciones, con las consiguientes violaciones contra los derechos humanos. Ello produjo condenas internacionales y de parte de los Estados Unidos (donde en 1977 asumió la presidencia Jimmy Carter), que exigió el respeto de los derechos humanos para mantener las ayudas internacionales. La reacción guatemalteca fue el rechazo a esas presiones y la renuncia a la ayuda militar estadunidense ese mismo año, aduciendo que era una intromisión inaceptable en asuntos internos del país.

Tras el terremoto de 1976, en parte como resultado de la afluencia de ayuda internacional, así como de los déficits presupuestales, aumentó la inflación, lo cual generó una subida de precios y las consiguientes peticiones laborales de aumento de sueldos o de protesta por el alza en algunos servicios. En ese clima de crecientes protestas el gobierno trató de conceder ciertas reivindicaciones salariales, pero también reprimió las manifestaciones populares a pesar de la cercanía de las elecciones generales, en marzo de 1978. Las coaliciones y candidaturas supusieron cambios con respec-

---

(1954-1995)", y ASIES, "Movimiento obrero y sindical", en *Historia general de Guatemala*, Jorge Luján Muñoz, director general; tomo VI: *Época contemporánea: 1945 a la actualidad*, J. Daniel Contreras, director del tomo (Guatemala: Asociación de Amigos del País-Fundación para la Cultura y el Desarrollo, 1997), 65 y 301.

to a cuatro años antes. La candidatura oficial fue la del general Romeo Lucas García y del político e internacionalista Francisco Villagrán Kramer, postulados por la coalición PID-PR; el MLN postuló al ex jefe de Gobierno coronel Enrique Peralta Azurdia, acompañado por su dirigente el médico Héctor Aragón Quiñónez; y la DCG al general Ricardo Peralta Méndez (sobrino de Peralta Azurdia y quien había sido director del Comité Nacional de Reconstrucción), con el abogado y militante de dicho partido, René de León Schlotter para vicepresidente. Es decir, que las tres candidaturas estaban encabezadas por altos oficiales del ejército y llevaban como compañeros a conocidos políticos civiles, de amplia militancia en sus respectivos grupos. Las encuestas previas mostraban una cierta ventaja de la candidatura del MLN sobre la del PID-PR, quizás reflejando el deseo de mucha de la población por un gobierno fuerte. De nuevo hubo denuncias de irregularidades y fraude en el escrutinio; según se dijo, el triunfo, aunque con mayoría relativa, correspondió al MLN. Sin embargo, el ejército respaldó los resultados y no se produjeron mayores desórdenes por tal motivo. En cambio, después de reconocer a los ganadores ocurrieron dos hechos significativos de lo que sucedería en el nuevo gobierno: una ola de protestas populares por la subida de precios, encabezadas en la capital por el CETE y otros grupos estudiantiles (AEU, FERG, CEEM); y en mayo la muerte de más de 100 campesinos q'eqchi'es en Panzós, Alta Verapaz, cuando presentaban sus reivindicaciones de tierras en forma pacífica y sin armas.[3] El des-

[3] "Cuatro versiones diferentes a la versión oficial: AEU, CUC,

tacamento militar disparó y a pesar de las protestas posteriores de muchos grupos nunca se investigó lo sucedido ni se castigó a los responsables.

Gobierno de Romeo Lucas García

Al contrario del general K. Laugerud, el nuevo mandatario no había hecho una carrera militar distinguida, ni en Escuela Politécnica ni en los cargos de mando desempeñados. Más bien había sido escogido por su predecesor como candidato ante la exclusión, por enemistades o enfrentamientos, del candidato esperado, el general Fausto David Rubio, y porque se desconfió de Peralta Méndez, a quien se consideró demasiado favorable a posiciones de tipo izquierda militar peruana. La única experiencia política de Lucas era que había sido diputado durante el gobierno ydigorista, además de haber iniciado estudios de derecho en la universidad estatal. Aunque no era un buen orador, tenía la ventaja del ilimitado apoyo oficial para su campaña, y tampoco Peralta Azurdia lo era. Se confiaba en que su candidato vicepresidencial atraería votos del centro y la izquierda, por su anterior militancia en el Frente Unido de la Revolución (FUR), de tendencia socialdemócrata. Sin embargo, la cambiante conducta electoral guatemalteca le dio más votos de los esperados al

---

Comité Pro Justicia y Paz y Sacerdotes y Religiosas de Alta Verapaz. La verdad de la masacre de Panzós", *Estudios Centroamericanos*, 356-357 (junio-julio de 1978) y 544-551; y Gabriel Aguilera Peralta, "Guatemala: The Massacre at Panzós", *Monthly Review*, núm. 7 (diciembre 1979), 13-23.

coronel Peralta, pero el ejército y los políticos gubernamentales no estaban dispuestos a cederle el triunfo al MLN, de manera que le aplicaron la misma medicina que éste grupo utilizó en las elecciones anteriores: cambiar el primer lugar, para facilitar la votación de segundo grado, sin importar las implicaciones a largo plazo que ello suponía. Durante la campaña, con el fin de obtener los apoyos del FUR de Manuel Colom Argueta y del grupo socialdemócrata de Alberto Fuentes Mohr, la candidatura oficial ofreció que se aceptaría su inscripción legal, que hasta ese momento no habían logrado. Así se estableció el llamado Frente Amplio, que de todas maneras fue insuficiente para lograr la mayoría absoluta.[4]

El centro y la izquierda moderada tenían esperanzas de que el gobierno Lucas-Villagrán supondría mantener la apertura que se había dado al principio del cuadrienio de Laugerud, y que se harían algunas reformas sociales con el apoyo de la socialdemocracia. Nada de ello se materializó. Al producirse las primeras protestas populares, el gobierno pareció tolerarlas, pero en cuanto se hizo evidente quiénes las dirigían, la fuerza pública actuó sin contemplaciones y demostró cuál sería la tónica en los siguientes cuatro años.

Ante la nueva ofensiva insurgente el ejército endureció sus posiciones, y si bien al principio sufrió reveses y los diversos frentes guerrilleros mostraban avances,

---

[4] Arnoldo Daetz Caal, "Elecciones y partidos políticos", en *Historia general de Guatemala*, Jorge Luján Muñoz, director general; tomo VI: *Época contemporánea: 1945 a la actualidad*, J. Daniel Contreras, director del tomo (Guatemala: Asociación de Amigos del País-Fundación para la Cultura y el Desarrollo, 1997), 93-94.

pronto fueron evidentes las estrategias radicales contrainsurgentes que se aplicaban a fin de acabar con el apoyo rural que éstos recibían. Los campesinos, en su mayoría indígenas, se encontraron entre dos fuegos, sin que llegara la anunciada victoria, que triunfalistamente esperaban los líderes subversivos. A causa de la ampliación de los territorios en que actuaban las tres facciones guerrilleras dejaron flancos débiles que el ejército aprovechó hasta desarrollar una ofensiva general que poco a poco desalojó a los insurgentes de sus principales áreas, dejando a la población local a merced de la represión y el castigo por su supuesta o real colaboración con la subversión.[5] Los años 1979-1982 fueron los más terribles y destructivos en la historia moderna del país.

En el frente urbano también se reprimió a los grupos populares y sindicales que se habían hecho evidentes en las protestas realizadas después de 1977, y uno a uno se les fue anulando. Aumentó la cantidad de asesinatos a la luz del día, los secuestros y desaparecidos, etcétera. En 1979, en enero y marzo respectivamente, fueron asesinados en plenas calles de la capital los dirigentes socialdemócratas Fuentes Mohr y Colom Argueta. Volvieron a surgir, como en época de Arana, los grupos encargados de amenazar por medio de listas y el inmediato cumplimiento de las "sentencias". También la guerrilla cometió algunos hechos audaces, como el "ajusticiamiento" del jefe del estado mayor del ejér-

---

[5] Un ejemplo ilustrativo es el de la región ixil, estudiado por David Stoll, *Between Two Armies in the Ixil Towns of Guatemala* (Nueva York: Columbia University Press, 1993).

cito, general David Cancinos, en junio de 1979 en la capital, a quien se acusaba de haber dirigido el asesinato de Colom Argueta.[6]

Durante 1979 aumentaron las protestas populares y las acciones terroristas en la capital, en un esfuerzo de la guerrilla por alcanzar reconocimiento internacional y demostrar la impopularidad gubernamental, antes de la llamada "ofensiva final", en la que se esperaba dominar amplios territorios del país y obtener el reconocimiento de algunos países. Así hubo ocupaciones de algunas embajadas como las de Suiza, México y Brasil, a fin de lograr la publicación de manifiestos en la prensa, que por la autocensura y el temor se negaba a reproducir cualquier noticia subversiva. La reacción del gobierno fue advertir que si había una nueva ocupación de embajada el gobierno no negociaría, y redobló su vigilancia exterior de las misiones diplomáticas, las cuales también aumentaron sus medidas preventivas para evitar ser objeto de una nueva ocupación. Entonces se produjo el cambio de embajador de España, el nuevo, Máximo Cajal, anunció públicamente la política de puertas abiertas de su embajada y realizó visitas a los sacerdotes españoles que se encontraban en zonas de conflicto, específicamente en Quiché.

El 31 de enero de 1980 un grupo de campesinos k'iche's del CUC, acompañados por algunos estudiantes universitarios insurgentes, ocuparon la embajada aparentemente con el deseo de forzar al gobierno a que los escuchara y aceptara sus condiciones. El hecho fue

---

[6] Mario Payeras, *El trueno en la ciudad. Episodios de la lucha armada urbana de 1981 en Guatemala* (México, D. F.: Juan Pablos Editor, 1987), 48.

inmediatamente conocido por las autoridades policiacas, que rodearon la misión y luego ingresaron al jardín, a pesar de las advertencias en contra (telefónicas y de viva voz del embajador, que indicaba que no lo autorizaba y que se debía respetar la extraterritorialidad diplomática). El hecho culminó con el ingreso violento de la policía al edificio, y su incendio, en el que murieron todos los ocupantes (invasores, empleados, diplomáticos de la embajada y visitantes que se encontraban al momento de la toma), con excepción de uno de los visitantes que pudo esconderse y salir antes del incendio, y de un campesino y el propio embajador, que con quemaduras fueron conducidos a un hospital privado y alojados en habitaciones vecinas. Esa misma noche la policía dejó de vigilar el lugar y se produjo el secuestro del campesino herido y a las pocas horas se arrojó su cadáver en la ciudad universitaria estatal.[7]

El hecho produjo un enorme impacto nacional e internacional. El asalto policial a la misión se realizó ante la vista de numerosos testigos y de periodistas, fue filmado con todo detalle y transmitido en los noticieros nacionales e internacionales. La condena fue unánime. España, sin esperar los resultados de una investigación ni la identificación de los responsables, rompió relaciones con Guatemala y el gobierno guatemalteco nunca llevó a cabo una averiguación a fin de establecer cómo se había producido el incendio y de quién habían procedido las órdenes para asaltar la embajada. El aislamiento internacional de Guatemala aumen-

---

[7] J. D. Contreras y S. Castro de Arriaza, "Historia política (1954-1995)", *Historia general de Guatemala*, tomo VI, 65-66.

tó, lo mismo que el desprestigio gubernamental, que además enfrentaba una creciente oposición interna en medio de denuncias de corrupción, manifiesta ineficiencia y un creciente clima de temor ante la impunidad y la creciente ola de asesinatos urbanos y rurales que se llevaban a cabo. Fragmentariamente se iban conociendo denuncias de masacres en el campo, aldeas arrasadas y la huida de miles de personas de sus lugares de origen hacia otras partes del país y al extranjero.

En febrero de 1980, a los pocos días del incendio de la embajada de España, tuvo lugar otro hecho que venía siendo planeado desde meses antes y que produjo preocupación en el gobierno y en el sector empresarial: una huelga de trabajadores en las plantaciones de azúcar y algodón de la costa sur, también llevada a cabo por el CUC. Se inició en plena cosecha, en una plantación en la que unos 750 laborantes pidieron aumento de sueldos y mejores condiciones de vida, pero pronto se extendió a otras, llegando a tener el respaldo de alrededor de 75 000 trabajadores, tanto residentes como migratorios, incluidos ladinos e indígenas.[8] El gobierno se vio obligado a aumentar el salario mínimo de estos trabajadores, aunque con el tiempo los finqueros pudieron despedir a los líderes y evitar futuros movimientos similares.

A lo largo del año 1980 se produjo una escalada de violencia, con acciones que, según cada caso, podían

---

[8] José Manuel Fernández Fernández, *El Comité de Unidad Campesina: origen y desarrollo* (Cuaderno 2; Guatemala: Centro de Estudios Rurales Centroamericanos, 1988), 35-48, y Susanne Jonas, *The Battle for Guatemala. Rebels, Death Squads, and U. S. Power* (Boulder, Colorado: Westview Press, 1991), 128-129.

asignarse a la insurgencia, al gobierno o a grupos paramilitares afines a este último. El 5 de agosto fue asesinado en la capital el periodista Mario Ribas Montes, de *El Imparcial*, hecho que se atribuyó a la guerrilla. El 1º de septiembre se hizo pública la renuncia, enviada desde los Estados Unidos al Congreso, del vicepresidente Francisco Villagrán Kramer, la cual causó conmoción en el país.[9]

Septiembre fue pródigo en violencia. El 3 de ese mes ocurrieron varios hechos importantes: fue asesinado en plena calle el presidente del Instituto de Cultura Hispánica y opositor del gobierno, Roberto Mertins; además, en sesión del Consejo Superior de la Universidad de San Carlos, tomó la palabra el decano de la Facultad de Arquitectura, Gilberto Castañeda Sandoval, para hacer un enjuiciamiento de la situación nacional, solicitar licencia de su cargo y anunciar que ello era para incorporarse a la lucha subversiva; asimismo, desde Panamá, el jefe de prensa del Ministerio de Gobernación, Elías Barahona, presentó la denuncia de que en ese ministerio y en el de Defensa se preparaban y efectuaban las ejecuciones extrajudiciales; y, finalmente, fue asesinado (presuntamente por la insurgencia) el señor Ramiro Vicente Monroy, ex director de Transporte Extraurbano, quien coordinaba el traslado de los participantes de una manifestación para el siguiente domingo. Dos días después estalló una potente bomba en la plaza central de la ciudad de Guatemala, en la que además de muchos destrozos fallecieron ocho per-

---

[9] Como nuevo vicepresidente fue designado el coronel Óscar Mendoza.

sonas; también ese día murió asesinado el periodista Luis Alberto Romero, muy conocido por su seudónimo de Timoteo Curruchiche. El domingo 7 se llevó a cabo una manifestación de apoyo al gobierno, que fue obstaculizada por la guerrilla al dañar varias vías de acceso a la capital y colocar tachuelas en las carreteras.[10] Eran días de gran inseguridad y de intensificación de las acciones por ambos bandos y en muy diversos frentes.

El desgaste gubernamental era creciente, el apoyo que le quedaba era el de los incondicionales de los partidos en el poder (muchos de ellos atemorizados) y de los círculos de derecha y militares más duros, que justificaban la estrategia destructiva como la única posible para derrotar a la subversión. La ayuda y el apoyo internacional se reducían, e incluso los Estados Unidos no lo otorgaban a pesar de que desde enero de 1981 había ascendido a la presidencia Ronald Reagan. La guerrilla aprovechó la situación y logró éxitos externos que no se correspondieron en el interior, aunque era obvio también que el ejército tenía problemas para controlarlos.

En ese clima de represión y temor se llevó a cabo la campaña electoral a finales de 1981 y principios de 1982. Todos los partidos presentaron candidaturas. La coalición oficial PR-PID postuló al general Aníbal Gue-

[10] Véase *El Imparcial* del 1º al 14 de septiembre de 1980, y *Prensa Libre*, del 1º al 8 de septiembre de 1980. Cuando el arquitecto Castañeda presentó su solicitud de licencia a la Junta Directiva de su facultad, ésta se la negó, declaró vacante el cargo y pidió la convocatoria de elecciones de decano. La manifestación de apoyo al gobierno fue concurrida y contó con transporte oficial para trasladar a la gente de fuera de la capital.

vara y al abogado y ex alcalde capitalino Ramiro Ponce Monroy; el MLN, a su líder permanente Mario Sandoval Alarcón y al político anticomunista Lionel Sisniega Otero; la coalición DCG-Partido Nacional Renovador (PNR), al abogado y político Alejandro Maldonado y al democristiano Roberto Carpio Nicolle, y la Central Auténtica Nacionalista (CAN) al arquitecto Gustavo Anzueto y al abogado Luis Alfonso López. Era notoria la diferencia con elecciones anteriores: sólo el candidato presidencial oficial era militar, todos los demás eran políticos de larga militancia en diversos sectores, y es probable que por ello no produjeran mayor entusiasmo ni credibilidad entre la población. Desde un principio hubo denuncias de irregularidades en la campaña y rumores de que de nuevo se preparaba un fraude. Las encuestas mostraban adelante a la candidatura oficial, pero no había claridad en cuanto a quién ocuparía el segundo lugar.

Inmediatamente después de que se conocieron los resultados se produjeron las protestas de fraude y cada uno de los partidos afirmaba que había ocupado el primer lugar. Hubo manifestaciones encabezadas por los candidatos perdedores, que fueron reprimidas sin que se produjeran víctimas. Oficialmente el primer lugar lo ocupó la coalición oficial, y cien mil votos más atrás el MLN.[11] Cuando ya se iba a proceder a la elección de segundo grado en el Congreso se produjo un golpe de Estado dirigido por un grupo de oficiales jóvenes, quienes tras el triunfo llamaron al general Efraín Ríos Montt para asumir el gobierno, con el también general

[11] A. Daetz Caal, *op. cit.*, 95-96.

Horacio E. Maldonado Schaad (comandante de la Guardia de Honor) y el coronel Francisco Luis Gordillo Martínez (comandante del Cuartel General).

Gobiernos de los generales Ríos Montt y Mejía Víctores

La proclama oficial del ejército, en la que se informó del golpe de Estado el 23 de marzo de 1982, fue clara al mencionar las razones que llevaron a su realización y que venían planeando desde antes de las elecciones: las prácticas electorales fraudulentas, el ataque a las fuerzas democráticas y el desorden y la corrupción administrativas. De inmediato se derogó la Constitución. El grupo de oficiales jóvenes culpaba a la cúpula de la institución armada por el desastre político y militar que se vivía y consideraba indispensable que se asumiera un esfuerzo de limpieza y regeneración para sacar al país y al ejército de la situación a que se había llegado. Con ello se inició un proceso que tomó casi cuatro años para sentar las bases de una apertura política, nuevas autoridades electorales y otra Constitución, a fin de encaminar a Guatemala hacia la legalidad y la democratización.

El general Ríos había sido candidato presidencial de la DCG en 1974 y se dijo que obtuvo el primer lugar en dichas elecciones. Luego fue por cuatro años agregado militar en Madrid y tras su regreso se había convertido al protestantismo, siendo dirigente de la secta El Verbo; no se encontraba de alta, pero gozaba de prestigio entre los oficiales medios, que lo recordaban en su etapa como director de la Escuela Politécnica, considerándolo honesto y no comprometido con las situaciones que se deseaba corregir. Aunque no participó en la planificación del golpe ni se le había consultado si aceptaría asumir el gobierno, lo llamaron porque estimaron que era la persona adecuada para sacar al país de la encrucijada en que se encontraba y combatir la corrupción. Los golpistas desconocían, aparentemente, su nueva filiación religiosa y su entrega a dicha actividad.

Aunque Ríos Montt compartió por unos meses (hasta el 9 de junio) el mando con los otros dos triunviros, fue evidente que él llevaba las riendas del gobierno. Constituyó un gabinete *sui generis*. En vista de que se encontraba desvinculado de los medios políticos y profesionales, pidió propuestas a diversas instituciones e instancias gremiales (no así a los partidos políticos), las cuales siguió en buena parte aunque se reservó los cargos más inmediatos de las secretarías privadas y general de la presidencia, en las que nombró miembros de su misma Iglesia. Además creó un cuerpo de respaldo militar con representantes de las diversas jerarquías que habían tomado parte en el golpe.

Desde un principio Ríos Montt manifestó que su ascensión era un designio divino y que por ello había aceptado; afirmaba que constantemente pedía a los dirigentes de su Iglesia consejo para tomar decisiones, siempre inspiradas en la doctrina cristiana. Pronto la gente lo identificó como un predicador, ya que usaba el estilo y la retórica de los sermones en sus alocuciones dominicales, en que por "cadena nacional" de radio y televisión se dirigía a toda la población del país dando consejos, regañando a los pecadores y buscando la unión familiar y la responsabilidad como bases de la regeneración nacional. "Usted, mamá; usted, papá..." se convirtió en una muletilla de la que se mofaba parte de la población.

En diciembre de 1982, en un acto oficial, reunió a más de 800 altos funcionarios (ministros, viceministros, directores generales, asesores, secretarios, entre otros) en el Teatro Nacional para hacerlos jurar por Dios y por la patria que cambiarían su actitud. El mandatario leía el texto, hacía una pausa, y luego todos los asistentes, a coro, repetían: "Me comprometo ante Dios y ante la patria a cambiar, y a lograr, a través de todos mis actos, cambiar Guatemala. Me comprometo a que mis actuaciones estén dentro del marco de la ley..."[12] Como emblema de su gobierno adoptó una mano derecha con los dedos pulgar, índice y medio extendidos y debajo de ellos el lema: "No robo, no miento, no abuso". Todos los empleados públicos recibieron un gafete con tal emblema, que debían portar durante el trabajo.

Tras el golpe, el ejército aplicó más drásticamente la estrategia antiguerrillera que ya tenía preparada. Se ampliaron las Patrullas de Autodefensa Civil (PAC), que ya se habían ensayado en algunos frentes de guerra, por las que se involucraba, supuestamente en forma voluntaria, a la población masculina de entre 18 y 50 años de edad en colaboración con el ejército y en la lucha contra los "delincuentes subversivos", para lo cual se les dieron armas (muchas veces muy antiguas y de

---

[12] Gonzalo Asturias, *Los 504 días de Ríos Montt* (Guatemala: Editorial Gamma, 1995), 174.

dudosa eficacia), y se les organizó en grupos de patrullaje en sus comunidades. Además, se establecieron los llamados "polos de desarrollo" y "aldeas modelo", como nueva alternativa en las zonas en que previamente se había efectuado la estrategia de "tierra arrasada" para acabar con los guerrilleros y sus colaboradores. Con ese propósito se aplicó el programa llamado primero "Fusiles y frijoles" (es decir, armas y alimentos) y luego "Trabajo, techo y tortillas", a fin de demostrar a la población que quienes colaboraban con el gobierno y el ejército tenían no sólo su protección sino la garantía de techo y alimentación en los "polos de desarrollo" y las "aldeas modelo", construidos y controlados por el ejército.[13]

Para juzgar a los subversivos y los delincuentes comunes se crearon los llamados Tribunales de Fuero Especial, concebidos para acelerar los juicios; por la naturaleza secreta de los juzgadores, se garantizaba su propia seguridad, ya que no podían ser sometidos a presiones, amenazas y atentados. En esos tribunales fueron condenadas a muerte 15 personas, algunas de ellas fusiladas pocos días antes de la llegada del papa Juan Pablo II, en marzo de 1983.[14]

Aunque en un principio se esperaba que el gobierno provisional duraría poco tiempo, al irse aplicando las medidas de reforma: el Registro de Ciudadanos (para un nuevo control de los votantes) y el Tribunal

[13] J. D. Contreras y S. Castro de Arriaza, *op. cit.*, 68, y S. Jonas, *op. cit.*, 151-152.

[14] Conrado Alonso, *Fusilados al alba. Repaso histórico-jurídico sobre los Tribunales de Fuero Especial* (Guatemala: Serviprensa Centroamericana, 1986).

Supremo Electoral (órgano autónomo para dirigir y llevar a cabo los procesos de votación), previos a la convocatoria de una Asamblea Nacional Constituyente, se fue haciendo evidente que ello tomaría varios años y que no había deseo de parte del presidente por acelerar el proceso, como lo pedían diversos grupos. También se creó un Consejo de Estado de carácter gremial, como órgano consultivo, en el que se designaron representantes de los "grupos étnicos", en reconocimiento a las nuevas tendencias de conciencia indígena o maya.

A mediados de 1983 la situación de desgaste del régimen era evidente. Aunque inicialmente se había logrado romper, en parte, el aislamiento externo del país, después se perdió credibilidad por los excesos militares que se iban conociendo y debido al carácter fanático-religioso que demostraba el mandatario. Internamente se había enfrentado, por su afán moralizador y sus prédicas, a muchos grupos representativos. Además, la mayoría de la población deseaba acortar el proceso y que se entrara pronto a la aprobación de una nueva constitución. Interpretando ese clima y temeroso del posible enfrentamiento religioso que podía generarse, el 8 de agosto de 1983 el alto mando y el Consejo de Comandantes del Ejército acordaron "relevar del mando" al general Ríos Montt y designar como nuevo jefe de Estado (ya no presidente) al ministro de Defensa, el general Óscar Humberto Mejía Víctores.

En la proclama que dio a conocer ese día el ejército se resumieron las principales causas para el "relevo de mando": la injerencia de la Iglesia protestante en el gobierno, la continuación de la corrupción, el desafío de Ríos Montt al Alto Mando, poniendo en peligro la unidad del ejército, y se hablaba de que por sus "ambiciones personales" pretendía perpetuarse en el poder, y que se había aprovechado de su posición en el gobierno para beneficio propio. Además se ratificó el deseo de erradicar la corrupción, mantener el principio de jerarquía y subordinación militares y "continuar con el proceso de retorno a la constitucionalidad democrática".[15]

De inmediato se sustituyó a la mayor parte de los miembros del gabinete y se suprimió el consejo de asesores militares de los participantes en el golpe del 23 de marzo. También se suprimieron los Tribunales de Fuero Especial y poco después el Consejo de Estado. Además, se buscó acelerar el proceso de retorno a la legalidad. Con ese fin se simplificaron los requisitos para la inscripción en el Registro de Ciudadanos, sin esperar a la emisión de un sistema único de identificación. Se convocó a elecciones para Asamblea Nacional Constituyente, las cuales se verificaron el 1º de julio de 1984, e instalaron la asamblea el 1º de agosto. El Tribunal Supremo Electoral demostró eficiencia en su función, así como en toda la fase previa de inscripción de partidos y candidatos. En ellas resultaron partidos mayoritarios los tradicionales MLN y DCG y el nuevo Unión del Centro Nacional (UCN), formado poco antes por Jorge Carpio Nicolle.[16]

El ejército, por su parte, mantuvo su estrategia de aislamiento de la insurgencia y de erradicarla de dis-

---

[15] J. Daniel Contreras y S. Castro de Arriaza, *op. cit.*, 68.
[16] A. Daetz Caal, *op. cit.*, 95-96.

tintas zonas a través de campañas que ratificaron la derrota militar guerrillera, aunque no total, en los diversos frentes, a lo cual se hará referencia más adelante cuando se trate específicamente de la guerra interna. Internacionalmente, Guatemala respaldó al Grupo Contadora en sus esfuerzos por lograr la paz en Centroamérica y asumió una postura de "neutralidad" en los conflictos de Nicaragua y El Salvador, sin apoyar la estrategia de los Estados Unidos. Todo ello ayudó a superar el aislamiento internacional de Guatemala y a lograr el apoyo de México a fin de retirar de la frontera los campamentos de refugiados guatemaltecos, los cuales aprovechaban los guerrilleros para sus acciones dentro de Guatemala.[17] Todo ello favoreció la disminución de las acciones militares, y que se comenzara a buscar una solución negociada, la cual tomaría forma hasta después de la vuelta a la constitucionalidad.

La Asamblea Constituyente terminó de redactar la Constitución el 31 de mayo de 1985. Entonces se procedió a convocar a elecciones generales (para presidente y vicepresidente, Congreso y corporaciones municipales), las cuales se llevaron a cabo el 3 de noviembre del mismo año. Hubo ocho candidaturas para presidente-vicepresidente; las dos más fuertes fueron las de la DCG, que postuló a Marco Vinicio Cerezo Arévalo y Roberto Carpio Nicolle; y la de la UCN, que nominó a

---

[17] Arturo Fajardo Maldonado, Fernando Andrade Díaz Durán y Francisco Villagrán de León, "Relaciones entre Guatemala y Estados Unidos, 1954-1990", en *Historia general de Guatemala*, Jorge Luján Muñoz, director general; tomo VI: *Época contemporánea: 1945 a la actualidad*, J. Daniel Contreras, director del tomo (Guatemala: Asociación de Amigos del País-Fundación para la Cultura y el Desarrollo, 1997), 185.

Jorge Carpio Nicolle y Ramiro de León Carpio; en una segunda línea estuvieron la coalición PR-Partido Democrático de Cooperación Nacional, con Jorge Serrano Elías y Mario Fuentes Pieruccini; y la del MLN-PID, con Mario Sandoval Alarcón y Jaime Cáceres Knox. Hubo necesidad de elección directa en "segunda vuelta" (según establecía la nueva Constitución) entre los dos ganadores (la DCG había obtenido 38.6% y la UCN 20.2%), la cual se verificó el 8 de diciembre y en la que ganó la DCG. Todos coincidieron en que los comicios fueron correctos y bien organizados, y en que la participación de votantes fue elevada. El nuevo gobierno tomó posesión el 14 de enero siguiente, el mismo día en que entró en vigor la Constitución y asumió el nuevo Congreso de la República.

Gobierno de Vinicio Cerezo Arévalo

En su discurso de toma de posesión el nuevo presidente habló de la necesidad de "ordenar la casa" que se encontraba "revuelta", había que corregir el deterioro de la administración pública, terminar con la corrupción, superar la desconfianza hacia las autoridades y lograr la pacificación. También se refirió a acabar con las violaciones a los derechos humanos y a combatir el narcotráfico y la criminalidad.[18] Asimismo dijo que buscaría un gobierno de consenso nacional. En una entrevista en esos días dijo que el presidente no tenía el 100% del poder sino sólo alrededor del 60% y que él

---

[18] J. D. Contreras y S. Castro de Arriaza, *op. cit.*, 70.

esperaba ir aumentando ese porcentaje, con lo que dio a entender que el resto lo tenía el ejército y otros grupos. Cinco años más tarde la casa estaba igual o más desordenada, el clima de optimismo con que se comenzó se había perdido y, al contrario de lo que esperaba, su cuota de poder se había deteriorado lo mismo que su prestigio y el de su partido, en medio de la ineficiencia, los escándalos, la corrupción y su desatención a los deberes de su cargo.

Inicialmente hubo una clara disminución de los hechos de violencia y de violación contra los derechos humanos, pero a partir de 1987 éstos aumentaron a tal grado que ya en 1988 eran superiores a los ocurridos en 1985, y en 1989 hubo quien afirmó que se había vuelto a ocupar el primer puesto en el hemisferio, como en la época de Lucas García.[19] En 1986 se elaboró el llamado Plan de Reordenamiento Económico y Social, que no alcanzó sus metas, y en los años subsiguientes se hicieron otros como el Plan de Pago de la Deuda Social, el Plan Guatemala 2000 y el Plan de los 500 días, en una sucesión en la que parecía que el esfuerzo era concebir planes que luego no se cumplían y se abandonaban.

El gobierno enfrentó muchos problemas que fue incapaz de solventar a causa de la erosión de su prestigio y su incapacidad de mejorar la administración. De un gabinete inicial, que hacía concebir esperanzas, se fueron haciendo cambios en los que disminuía la calidad de los componentes, a la vez que aumentaban los escándalos en los que se implicaba a parientes y colabo-

---

[19] S. Jonas, *op. cit.*, 163.

radores del mandatario. Si bien hubo cierta tolerancia hacia la crítica y alguna libertad de prensa, también son innegables los hechos en contra de los medios de comunicación (como un atentado en contra del semanario *La Época*), la probable intervención del gobierno en la clausura del noticiero de televisión *Aquí el Mundo* y atentados o amenazas contra periodistas. Fueron notorios los casos de impunidad o de indolencia judicial, como en el asesinato de la socióloga Mirna Mack (en el que resultó implicado el Estado Mayor presidencial) o los casos en que se veían implicadas "las fuerzas de seguridad" como el llamado "caso de la panel blanca". Sin embargo aumentó el número de organizaciones que defendían y luchaban por los derechos humanos, lo mismo que los sindicatos de los trabajadores públicos, pero al mismo tiempo se daban signos contradictorios.

No hay duda de que el nuevo gobierno tuvo que encarar muchos grupos que dentro y fuera se resistían a los cambios. En el ejército hubo divisiones y tensiones que se expresaron en la llamada Línea Táctica, que prefería mantener la estrategia de la seguridad nacional, y en la Línea Estratégica, que buscaba una revisión y ajuste de la labor del ejército. Esta última predominó a través del ministro de Defensa, general Héctor Alejandro Gramajo, quien apoyó la legalidad y el respeto al poder civil. Él fue un factor esencial en la superación de dos intentos de golpe de Estado, en mayo de 1988 y en 1989.[20] Poco a poco se fue imponiendo una

---

[20] Véase Héctor Alejandro Gramajo, *De la guerra... a la guerra. La difícil transición política en Guatemala* (Guatemala: Fondo de Cultura Editorial, 1995).

tendencia moderada dentro de la institución armada, que aceptaba la negociación con la guerrilla y la búsqueda de la pacificación, de acuerdo con las líneas de política internacional gubernamental. Tampoco se dieron verdaderos avances en los programas de repatriación de los refugiados, los cuales fracasaron por la verdadera falta de interés oficial, la ineficiencia de los responsables y los obstáculos internos.

Cerezo apoyó la pacificación centroamericana, reforzando la neutralidad asumida por el gobierno de Mejía Víctores, política que transformó en la "neutralidad activa". Para ello convocó a los presidentes centroamericanos a una reunión en Esquipulas, en la que se produjo la declaración denominada de Esquipulas I, que postulaba la búsqueda de soluciones negociadas en toda la región. Después se dio la reunión de Esquipulas II. Dentro de esa dirección se realizó el primer contacto directo entre el gobierno y la Unión Revolucionaria Nacional Guatemalteca (URNG) en Madrid, en 1987, que generó algunos rechazos dentro del país, tanto en el ejército como en diversos círculos políticos y empresariales.

Ello desmuestra lo difícil que era transformar las estructuras político-administrativas, configuradas en lo que se ha llamado un "Estado contrainsurgente", dominado por el ejército, a uno en que hubiera una coparticipación civil y militar. Por esas tensiones internas se produjeron los intentos de golpes de Estado, la incapacidad del gobierno para controlar la violencia de Estado y las violaciones contra los derechos humanos, que se acrecentaron en los últimos tres años del gobierno democristiano, en medio de la inflación, el descontento, el desencanto popular y las crecientes exigencias de todas las organizaciones sociales.

En ese clima se efectuó la convocatoria a elecciones generales fijadas para el domingo 11 de noviembre de 1990. Esta vez fueron más las candidaturas que cinco años antes, ya que se postularon 12; sin embargo, de nuevo sólo dos tenían posibilidades reales de ganar y otras dos alguna fuerza. La UCN volvió a postular a Jorge Carpio, esta vez acompañado por el dirigente empresarial y fundador de la Universidad Francisco Marroquín, Manuel F. Ayau; la DCG lanzó a su secretario general, Luis Alfonso Cabrera, y al dirigente de la década revolucionaria, Marco Antonio Villamar Contreras; el nuevo partido de Jorge Serrano (Movimiento de Acción Solidaria, MAS), postuló a éste y a Gustavo Espina, y el Partido de Avanzada Nacional (PAN) a Álvaro Arzú y a Fraterno Vila. Un partido nuevo, el Frente Republicano Guatemalteco (FRG) intentó presentar a su líder, el general Ríos Montt, y a Harris Whitbeck Piñol, pero cuando ya no podían inscribir candidatos se ratificó la declaratoria de que el primero no podía ser candidato por prohibición constitucional. Ello fortaleció la candidatura de Serrano, que hasta entonces iba con poca fuerza porque también era protestante y recibió, aparentemente en bloque, la mayoría de los votos de ese origen. Los resultados dieron el primer lugar a la UCN con 25% de los votos y el segundo al MAS con 24%. En la segunda vuelta, en enero de 1991, triunfó Serrano con 68%, frente a Carpio, que obtuvo 32%. Esta elección demostró, por un lado, el debilitamiento de la DCG y la desaparición, como fuerzas políticas importantes, de los partidos tradicionales MLN y PR.

El partido del nuevo presidente no sólo era reciente y sin experiencia, sino que no tenía mayoría en el Congreso. Para gobernar y constituir gabinete hizo una alianza con el PAN. Desde un principio tuvo problemas, no sólo por la difícil situación social, económica y política que heredó, la cual generó protestas así como peticiones de aumentos salariales y de control de precios, sino por la actitud arrogante y poco flexible que asumió el gobierno, especialmente el presidente, quien pronto entró en conflictos con la prensa.

En el aspecto internacional continuó la política de búsqueda de la paz en Centroamérica; en septiembre de 1991 reconoció al estado de Belice y estableció relaciones con dicho país, lo cual generó reacciones internas negativas, ya que no sólo hubo críticas por la forma personal como se manejó el asunto (sin intervención del Ministerio de Relaciones Exteriores, lo cual provocó la renuncia del titular de dicho ministerio, Álvaro Arzú), sino porque se consideró que no se siguieron los pasos que establecía la Constitución. En ese sentido se declaró el Colegio de Abogados, aunque el presidente, a través de diversas maniobras, logró que el Congreso se pronunciara a favor, lo mismo que la Corte de Constitucionalidad.

Por lo anterior, el gobierno rompió la alianza con el PAN y hubo de buscarla con la DCG. Sin embargo, ello tuvo sus costos políticos y de popularidad, a la vez que se incrementaban las denuncias en contra de la actuación del Congreso y de la Corte Suprema de Justicia. Desde un principio, el gobierno le dio especial importancia a la negociación de paz con la URNG, pero los avances fueron mucho más lentos de lo previsto. Hubo críticas de diversos sectores, porque a pesar de las negociaciones la guerrilla mantuvo y hasta incrementó sus ataques y sabotajes selectivos. Además, no disminuyó ni la violencia ni la violación de los derechos humanos, con lo cual perdió la imagen internacional que había logrado con el establecimiento de relaciones con Belice.

La popularidad del gobierno fue en constante deterioro. Tras las protestas por el aumento del precio de la electricidad, que lo obligaron a dar marcha atrás, se produjo un racionamiento de ésta aduciéndose que por las pocas lluvias no se podía generar suficiente energía hidroeléctrica, aunque la población consideró que era un subterfugio para subir las tarifas sin que la gente protestara. Además, arreciaron las denuncias de malos manejos y corrupción, que aumentaron los enfrentamientos con la prensa y el desprestigio de todo el gobierno, ya que las denuncias iban también contra muchos diputados y miembros del poder judicial. Acosado por la situación, intentó una acción desesperada: el 25 de mayo de 1993 puso en vigor lo que llamó "Normas Temporales de Gobierno", que no eran sino un intento de golpe de Estado al disolver el Congreso, destituir a la Corte Suprema de Justicia, la Corte de Constitucionalidad y al procurador de los Derechos Humanos. Se trató de una imitación del golpe realizado por el presidente Alberto Fujimori meses antes en Perú, que el vulgo guatemalteco llamó *el serranazo*. La reacción general fue de condena, aunque hubo quienes reconocieron que había mucho de podrido en el Congreso y en el organismo judicial, pero que la acción era inconstitucional.

El mismo día del golpe, la Corte de Constitucionalidad declaró inconstitucional y nulo *ipso iure* lo actuado, y el Tribunal Supremo Electoral se negó a convocar a las elecciones de nuevo Congreso que pretendía el mandatario. A pesar de los intentos de censurar a los medios de comunicación y el clima de persecución que se desató, la reacción contraria fue unánime: organizaciones populares, partidos políticos, grupos de presión, entidades empresariales y sindicales, se alinearon en la oposición.

Rápidamente se hizo evidente el aislamiento del presidente y su partido, por lo que el ejército, que había permanecido a la expectativa, decidió no apoyarlo. El 1º de junio se produjo la destitución del mandatario y dos días después también la del vicepresidente, quien intentó sustituirlo.[21] Por fin, el 6 de junio el Congreso de la República, en aplicación de lo establecido en la carta magna, designó a los sucesores de los destituidos para cumplir su periodo: el procurador de los Derechos Humanos, Ramiro de León Carpio, y el presidente del Tribunal Supremo Electoral, Arturo Herbruger Asturias. En una forma hasta entonces inédita en el país, las instituciones legales y la oposición popular, sin la participación del ejército, habían impedido un autogolpe de Estado inconstitucional y se había podido restaurar la legalidad. Hubo momentos de incertidumbre y de temor ante los abusos, especialmente contra la prensa, pero finalmente había prevalecido la legalidad y la democracia.

---

[21] J. D. Contreras y S. Castro de Arriaza, *op. cit.*, 72-74.

El nuevo presidente y el vicepresidente accedieron a sus cargos en medio de la aclamación popular, respaldados por su actuación durante *el serranazo* y sus antecedentes de defensores de la legalidad. Si bien el primero había tenido actuación política partidaria (primero en el MLN y luego en la UCN), el segundo no era un político. Además, se encontraron en una situación difícil: carecían de apoyos partidarios y tenían un Congreso y una Corte Suprema que se negaron a abandonar sus cargos a pesar del clamor popular. Después de algunas vacilaciones, el presidente decidió realizar una consulta popular al respecto, que pidió convocar al Tribunal Supremo Electoral, que la fijó para el 28 de noviembre. Ésta ya no se llevó a cabo porque hubo mediaciones con el Congreso por las que se llegó al acuerdo de hacer previamente algunas reformas a la Constitución, que se consultarían simultáneamente a la disolución del Congreso (que se reducía de 116 a 80 diputados) y la convocatoria de elecciones legislativas, acto que se fijó para el 30 de enero de 1994.[22]

Mientras tanto, el ejecutivo trató de mantener negociaciones con la guerrilla, que se reanudaron después de meses de interrupción por los acontecimientos internos, pero que avanzaron poco. Momentáneamente disminuyeron las acciones de violencia y de violación de los derechos humanos, pero crecieron las de la delincuencia común, creándose un clima de inseguridad que afectó a casi todo el país. Un trágico ejemplo fue el confuso incidente en las cercanías de Chichicastenango, el 3 de julio de 1993, en que murió el dirigente

---

[22] *Ibid.*, 74.

de UCN, Jorge Carpio Nicolle, y otros acompañantes; si bien se acusó a unos delincuentes, el incidente no se aclaró a pesar de que una de las víctimas era primo hermano del mandatario. De nuevo hubo muchas críticas contra el gobierno, una vez que se rompió el *impasse* y el entusiasmo después del triunfo contra Serrano. La política económica fue errática, indecisa y hasta contradictoria.

Las elecciones para el nuevo Congreso se realizaron el 14 de agosto de 1994 y de ellas surgió un nuevo panorama partidario. El que obtuvo más diputaciones, 33, fue el FRG de Ríos Montt, seguido del PAN, de Arzú, con 23, y de la UCN. Los viejos partidos tradicionales fueron desbancados, carcomidos por su desprestigio y corrupción. El nuevo Congreso designó otra Corte Suprema de Justicia. Hubo, pues, por fin, una renovación de autoridades, pero ello no se reflejó en el mejoramiento de la situación económica, de seguridad y de colaboración política. Los partidos actuaban ya con vistas a las elecciones generales del año siguiente buscando tomar posiciones y reforzar su electorado y el ejecutivo continuaba indeciso y sin escuchar las propuestas populares.

Tampoco en las negociaciones con la URNG se avanzó lo que se esperaba, en parte por las resistencias generadas internamente y las posiciones alejadas de ambos bandos. Sólo muy despacio se fue aceptando que la única salida a la guerra interna era una solución negociada, y que ninguno de los dos bandos estaba en posición de ganar la contienda, aunque el ejército hubiera tenido la mejor parte en la lucha armada. Entonces se produjo una matanza de campesinos retornados en

Xamán, Chisec, Alta Verapaz, en octubre de 1995, en el que murieron 11 civiles y muchos resultaron heridos. Fue consecuencia de la desconfianza y la animosidad entre civiles y militares. De inmediato de destituyó al jefe de la patrulla militar, renunció el ministro de Defensa y se inició una investigación para aclarar lo sucedido.[23] Fue una reacción muy diferente a la de 1978, cuando ocurrió la mucho más grave masacre de Panzós.

Desde los primeros meses de 1995 se iniciaron los esfuerzos de los partidos para las elecciones generales de fines de ese año. El general Ríos Montt, en ese momento diputado del Congreso electo en 1994 y que llegó a desempeñar la presidencia de tal organismo, intentó otra vez ser candidato presidencial, pero nuevamente se declaró su prohibición. El PAN, como era de esperar, postuló a su máximo dirigente Álvaro Arzú, acompañado por Luis Flores Asturias; el FRG se inclinó por un antiguo miembro de la DCG y ex diputado de ese partido, Alfonso Portillo Cabrera, y el coronel Carlos Aníbal Méndez para vicepresidente, y una coalición DCG-UCN-PSD nominó al abogado Fernando Andrade Díaz-Durán y al economista Lizardo Sosa. De nuevo hubo una proliferación de candidaturas, 16 más hasta llegar a 19, pero la mayoría con pocos partidarios. Las elecciones se efectuaron el 12 de noviembre. En la primera vuelta resultaron ganadores, en ese orden pero sin mayoría absoluta, las candidaturas del PAN y del FRG, por lo que tuvo que realizarse una segunda vuelta el 8 de enero siguiente, que dio un resultado muy ajustado,

---

[23] *Ibid.*, 75.

ya que el PAN logró apenas el 51.2%. Hay que recalcar que, en general, su triunfo lo obtuvo en la capital, pues en el resto del país tendió a ganar el FRG.

El gobierno de Álvaro Arzú Irigoyen
y la firma de la paz

A pesar de la difícil situación económica y social que recibió el nuevo gobierno, desde un principio fue claro que dio prioridad a culminar las negociaciones con la URNG y la firma de la paz. Formó un equipo de gobierno básicamente de partido, pero en el que se incorporaron personas que habían tenido contactos o habían formado parte de la insurgencia o de la oposición en el exilio. Se notó que había habido contactos previos con los dirigentes de la URNG, y así pudo avanzarse con relativa rapidez, hasta que en diciembre de 1996 se firmaron los últimos acuerdos, que culminaron con la firma, el 29 de ese mes, del Acuerdo Final de Paz Firme y Duradera, que cerró más de tres décadas de guerra interna, si bien ya desde meses atrás se habían interrumpido las acciones militares por ambas partes.

Se abre así una nueva etapa en la historia nacional, que es de esperar que permita dominar los graves obstáculos que existen para alcanzar no sólo la democracia sino una sociedad mejor estructurada, más solidaria, con menos desigualdades y un nuevo proyecto nacional en que se superen las tradicionales discriminaciones y prejuicios.

El IX Censo de Población que debió levantarse en 1980, o en 1983 si se hubiera conservado el intervalo de una década, se realizó el 23 de marzo de 1981 y fue un censo de derecho, igual que el de 1973. Diversas cuestiones sobre su ejecución y cambios de última hora, así como la situación de violencia del país afectaron su calidad. Simultáneamente se efectuó el IV Censo de Habitación. El siguiente censo se planeó para 1993, pero se hizo hasta el año siguiente, del 17 al 30 de abril de 1994. El IX Censo de Población dio un total de 6 054 227, y el X Censo, 8 331 874; más de un millón menos que la población que se esperaba de acuerdo con los cálculos de proyección. En el cuadro XIII.1 se resume la distribución de la población total, por sexo y porcentajes urbano, indígena y alfabetismo.

Esas cifras merecen algunos comentarios. En cuanto a la distribución urbano-rural, y de grupos étnicos, se mantenían casi los mismos porcentajes, no así en cuanto al nivel de alfabetismo que había subido de 55 a 64%. El hecho de que no aumentara el nivel de urbanismo, a pesar de que es probable que la mayor omisión censal haya sido rural, muestra el fracaso de los esfuerzos en ese sentido, sin que crezcan suficiente los otros centros urbanos del país. El que no haya cambios en la distribución por grupos étnicos, que se mantiene en alrededor de 42% de indígenas desde 1964, parecería indicar que o este proceso se ha detenido o puede haber una regresión en el porcentaje de ladinos, como han supuesto o anunciado algunos estudiosos.

A finales de 1996 se estimaba la población en alre-

CUADRO XIII.1. *Distribución de la población de Guatemala según los censos de 1981 y 1994, por sexo, porcentaje urbano, indígena y alfabetización*

Año	Total	Hombres	Mujeres	Porcentajes		
				Urbano	Indígena	Alfabetismo[a]
1981	6 054 227	3 015 826	3 038 401	32.7	41.9	57.2
1994	8 331 874	4 103 569	4 228 305	35	42.8	64.2

[a] En la población mayor de 15 años.
FUENTES: IX y X Censo de Población.

dedor de 10 millones (algunos cálculos la hacen llegar a 10 927 632). De esta cifra más de dos millones (2 313 876) se encuentran en el área metropolitana, es decir, alrededor del 20% del total.[24] Ello indica que el crecimiento de la población urbana se debe casi sólo al aumento de la región metropolitana.

En cuanto a los procesos migratorios, de 1974 a nuestros días han continuado las migraciones internas, aunque trastornadas por el terremoto de 1976, que aceleró la salida de mucha gente campesina hacia la costa sur y sobre todo a la capital; y también por la violencia y la guerra interna, que produjeron, asimismo, oleadas migratorias internas y hacia los países vecinos, especialmente de 1979 a 1983. Hasta ahora no se tienen datos de la cantidad de desplazamientos y sus destinos exactos. Son difíciles de detectar las migraciones internas y son contradictorias las cifras de los que salieron del país. La mayoría se estableció en las zonas fronterizas con México, cercanas a los departamentos de San Marcos, Huehuetenango, Quiché y Petén; pero también salieron, en menor número, hacia Belice y Honduras, lo mismo que, todavía en la actualidad, a los Estados Unidos y Canadá.

En cuanto a los refugiados en el exterior, resultaban contradictorias las cifras de los que había en los campamentos en México, que registraron alrededor de 40 000, pero es probable que otros hayan quedado sin asentarse en campamentos, siempre en el estado de Chiapas, además de los que se desplazaron más al nor-

---

[24] Aprofam, *Datos sobre población de Guatemala* (Guatemala: Asociación Pro-Bienestar de la Familia, 1996).

te, hasta llegar a los Estados Unidos, confundiéndose con otros refugiados mexicanos, centroamericanos y de otras nacionalidades. En 1983, los campamentos que se encontraban cerca de la frontera fueron alejados de ella, a petición del gobierno guatemalteco, para evitar que fueran refugios de la guerrilla; se les reubicó en Tabasco y Quintana Roo. En los últimos años han regresado algunos y todavía hoy (mediados de 1997) continúa el proceso de retorno. Lo mismo puede decirse del regreso de los desplazados internos. La mayoría ha tenido problemas no sólo porque han encontrado muchas de sus aldeas destruidas sino que sus tierras han sido ocupadas por otros campesinos que les disputan la propiedad o la posesión.

Un ejemplo de la intensidad de la emigración hacia los Estados Unidos en los últimos años son los datos que se pueden deducir, aunque lo más probable es que no sean confiables ni completos. Entre 1975 y 1985 se calcula que su número se duplicó y que la corriente ha continuado. Se dice que totalizan alrededor de medio millón. La mayor parte de los guatemaltecos llegó a ese país después de 1976 y sobre todo se trataba de jóvenes adultos que en el momento de su salida tenían entre 20 y 30 años de edad, con cierta educación (buena parte alfabetos) y alguna preparación laboral. Los grandes centros de atracción son, en ese orden, Los Ángeles y Chicago, pero también los hay en otras ciudades y regiones. Sólo en el área de Los Ángeles se calcula que hay no menos de 100 000 guatemaltecos, la mayoría en situación ilegal o irregular. Casi todos mantienen algún tipo de contacto con sus familias y son un factor para entusiasmar a parientes y amigos para que también emigren. Además hacen remesas de dinero a sus familiares, que son importantes no sólo en la economía de esas personas sino para el país. Aunque es difícil hacer cálculos, se dice que el monto de las remesas asciende actualmente a un promedio de unos dos millones de dólares diarios. Ese dinero se utiliza más en gastos de consumo que en inversión, aunque es probable que cada vez aumente más el destino productivo de tal dinero.[25]

En resumen, Guatemala ha mantenido su crecimiento demográfico sostenido y desmedido, y la crisis política, económica y social ha contribuido a un proceso migratorio anárquico, con desplazamientos internos poco estudiados y fuerte emigración al exterior.

Economía

Continuó el proceso de vinculación de la economía con el resto de Centroamérica y el esfuerzo de diversificarla, pero en medio de una profunda crisis de crecimiento, productividad y monetaria, entre los primeros años de la década 1980 y los inicios de la siguiente, por lo que se ha dado en hablar de una "década perdida". En el cuadro XIII.2 se puede ver la evolución del PIB en Centroamérica. Hubo una desaceleración general del

---

[25] Edelberto Torres Rivas, "La sociedad: la dinámica poblacional, efectos sociales de la crisis, aspectos culturales y étnicos", en *Historia general de Centroamérica*, Edelberto Torres Rivas, comp., tomo VI: *Historia inmediata (1979-1991)* (Madrid-San José Costa Rica: Sociedad Estatal Quinto Centenario-Facultad Latinoamericana de Ciencias Sociales, 1993), 169.

crecimiento, con varios años de crecimiento negativo (en Guatemala fueron: 1982, –3.5; 1983, –2.7; 1985, –1.0, y 1986, 0.1), con una fuerte disminución de los ingresos *per capita* y aumento de los índices de pobreza.

El endeudamiento externo creció hasta 1987 (cuadro XIII.3) y a partir de entonces ha disminuido como tendencia general y aumentado levemente un año (1995). Además se depreció la moneda y algunos años se tuvieron índices de inflación superiores a los dos dígitos (cuadro XIII.4), lo cual supuso un grave deterioro de los salarios reales. Tras varios intentos de ordenamiento fiscal y monetario se ha logrado controlar la inflación y obtener índices positivos, aunque modestos, de crecimiento.

En cuanto a exportaciones, aunque aumentó la producción de café (cuadro XIII.5) se estabilizó en poco más del 30% del total, con algunas fluctuaciones; en cambio, disminuyó la producción de algodón que casi desapareció en los últimos años. Se sostuvo la de bananos y creció la de otras frutas; la carne, después de mantenerse, ha tendido a disminuir en los últimos años, mientras que el azúcar aumentó su importancia (cuadro XIII.6). Además han surgido y crecido otras exportaciones como plantas y flores, hortalizas, que ahora representa alrededor del 2% de este rubro, lo mismo que el cardamomo, el tabaco y los aceites crudos de petróleo que andan, cada uno, en alrededor del 3 por ciento.

El sector industrial continuó su desarrollo asociado al MCCA. Antes de la crisis de los años ochenta alcanzó una tasa de crecimiento del valor agregado de alrededor de 7% anual. Abastecía tanto al mercado nacional como al regional y su contribución al PIB fue de casi

CUADRO XIII.2. *Crecimiento promedio del PIB de Centroamérica y los cinco países centroamericanos, por periodos de cinco años, 1975-1994*

País	1975-1979	1980-1984	1985-1989	1990-1994
Guatemala	6.3	4.6	2.2	4.2
El Salvador	7.4	8.1	1.9	6.3
Honduras	9.0	6.1	3.2	4.5
Nicaragua	5.5	25.3	−4.8	2.5
Costa Rica	7.5	−5.0	4.2	4.5
Centroamérica	7.1	7.3	2.5	4.4

FUENTE: SIECA.

CUADRO XIII.3. *Deuda externa de Guatemala, 1981-1996 (en millones de pesos centroamericanos)*

Año	Monto	Año	Monto
1981	1 384.7	1989	2 457
1982	1 840.8	1990	2 487
1983	2 148.6	1991	2 403
1984	2 504.9	1992	2 252
1985	2 612.3	1993	2 086
1986	2 687.7	1994	2 160
1987	2 699.6	1995	2 107
1988	2 594.5	1996	2 054[a]

[a] Cifra estimada.
FUENTES: SIECA 1991 y CEPAL 1996.

CUADRO XIII.4. *Tasas de inflación anual, 1980-1995*

Año	%	Año	%
1980	9.0	1988	12.3
1981	9.0	1989	20.2
1982	−2.0	1990	59.6
1983	15.0	1991	10.2
1984	5.0	1992	14.2
1985	32.0	1993	11.6
1986	42.0	1994	11.6
1987	10.1	1995	8.6

FUENTE: CEPAL 1986 y 1996.

18% en 1980, para luego disminuir un poco. Se mantuvo la política de protección arancelaria alta, exoneraciones fiscales para las importaciones de insumos y bienes de capital, financiamiento en condiciones preferentes y tipo de cambio fijo. La producción industrial siguió orientada a los bienes de consumo, con dependencia de insumos y bienes de capital importados de fuera de la región centroamericana.

A partir de la crisis de los ochenta tuvo que alterarse la situación industrial por la reducción de la capacidad de la economía para importar insumos, la fuga de capitales, la consiguiente disminución en las inversiones y la baja de la demanda nacional y centroamericana. Decreció considerablemente la utilización de la capacidad industrial instalada y casi no hubo nueva inversión. Poco a poco se fue recuperando la industria manufacturera tradicional, a medida que se estabilizó la economía, al inicio de la década actual; sin embargo, su crecimiento fue menor al del PIB. Además han surgido nuevos ren-

CUADRO XIII.5. *Exportaciones de café por año agrícola, 1975-1996 (en quintales oro)*

Cosechas	Quintales oro	Cosechas	Quintales oro
1974-1975	2 872 342.62	1985-1986	3 003 469.03
1975-1976	2 615 791.70	1986-1987	3 543 546.69
1976-1977	2 821 697.53	1987-1988	2 898 553.32
1977-1978	2 850 315.84	1988-1989	3 743 770.70
1978-1979	3 335 636.10	1989-1990	4 533 425.32
1979-1980	3 073 318.89	1990-1991	3 655 995.33
1980-1981	2 505 549.36	1991-1992	4 288 387.51
1981-1982	3 343 208.99	1992-1993	5 237 286.60
1982-1983	2 618 550.66	1993-1994	4 103 587.96
1983-1984	2 548 217.01	1994-1995	4 651 413.00
1984-1985	4 064 288.68	1995-1996	4 852 677.34

FUENTE: ANACAFE.

CUADRO XIII.6. *Participación porcentual de los principales productos de exportación en el total de las exportaciones del país, 1975-1994 (por quinquenio)*

Producto	1975-1979	1980-1984	1985-1989	1990-1994
Café	30%	28.16%	35%	32%
Algodón	12	8	3.5	1.6
Bananos	2	4.5	6.6	12.8[a]
Carne	2	2	1.2	1.7
Azúcar	10	5.8	5.6	14
Plantas y flores	7	4	6	
Total	63	52.46	57.9	62.1

[a] Incluye otras frutas.
FUENTE: SIECA 1981, 1987, 1991, 1995 y 1996.

glones de exportaciones industriales, favorecidos por la devaluación de la moneda, así como por la legislación estadunidense de la Cuenca del Caribe y la Ley de Fomento y Desarrollo de la Actividad Exportadora y la Maquila (decreto núm. 29-89). El número de empresas acogidas al régimen de maquila entre 1990 y 1995 aumentó en 552. En 1992 generó 96.2 millones de dólares y en 1995, 175, con tasas de crecimiento anual de más de 25%. En 1994, 96% del total exportado por dichas empresas iba destinado a los Estados Unidos y 92% eran prendas de vestir; en ese año la maquila representó el 34% de las exportaciones de manufactura del país.[26]

La política monetaria fue tardía. Hasta 1984 se abandonó el régimen cambiario de fijación de la paridad con el dólar, y la puesta en práctica de un nuevo sistema fue largo y accidentado. Se experimentó con varios tipos de cambio y sistemas de racionamiento de divisas, que afectaron las inversiones. En el segundo lustro de los ochenta hubo una depreciación del tipo de cambio que se aceleró en 1990. Las exportaciones reaccionaron favorablemente a la devaluación, a lo que también ayudó la iniciativa de la Cuenca del Caribe y las cuotas generosas de exportación de prendas de vestir al mercado estadunidense. En los últimos años se observa una mayor estabilidad monetaria, con una

[26] Ministerio de Economía. "Guatemala: situación de las empresas calificadas al amparo de la Ley de Fomento y Desarrollo de la Actividad Exportadora y de Maquila, decreto 29-89 del Congreso de la República". Guatemala: mimeo, 1995. Citado en Rudolf Buitelaar y Juan Alberto Fuentes, "Guatemala: políticas con impacto sobre el sector industrial", en *Políticas de competividad industrial. América Latina y el Caribe en los años noventa*, Wilson Peres, comp. (México, D. F.: Siglo Veintiuno Editores, 1997), p. 171.

depreciación nominal gradual, que en realidad ha supuesto una apreciación real progresiva del quetzal.

A partir de 1974 se ensayaron varias "reformas tributarias" que transformaron levemente el sistema impositivo en favor de los impuestos indirectos, pero que no aumentaron la carga tributaria, que durante esos años nunca superó el 9% del PIB. Como consecuencia el gobierno tuvo que recurrir al endeudamiento interno mediante la emisión de títulos con atractivas tasas de interés, a fin de financiar parte de su gasto. El subsiguiente pago de intereses ha contribuido a aumentar el déficit llamado cuasi fiscal, que en varios años ha sido superior al déficit propiamente fiscal. Como consecuencia de lo anterior, la política monetaria ha enfrentado el problema de no poder disminuir las elevadas tasas de interés bancario y facilitar el crédito. Es necesario resolver el problema fiscal aumentando los ingresos tributarios, sin embargo, la incapacidad por ineficiencia del Ministerio de Finanzas Públicas lo ha imposibilitado, sin poderse garantizar la estabilidad macroeconómica y las condiciones favorables generales para la producción, que combinen baja inflación, tipo de cambio real estable y tasas de interés bajas.[27]

Son muy pocos los negocios que pueden pagar tasas de interés bancario tan altas y aunque se ha insistido en la urgencia de bajarlas, todavía no se ha logrado. En este ambiente han proliferado los bancos privados que obtienen sus ganancias de negociar los títulos emitidos por el gobierno a través del Banco de Guatemala, con elevados intereses; pero, por otra parte, hay claros in-

---

[27] R. Buitelaar y J. A. Fuentes, *op. cit.*

dicios de corrupción administrativa, tanto en los negocios e inversiones oficiales, como en los niveles de contrabando que no se han podido evitar o combatir.[28] Son generales las denuncias de complicidad en las altas esferas gubernamentales, lo mismo que en el narcotráfico. Todo ello es probable que simule aspectos negativos de la crisis, ya que la inversión inmobiliaria para el *lavado* de dinero oculta la falta de inversión limpia y productiva a largo plazo.

TRANSFORMACIONES RELIGIOSAS

En el último cuarto de siglo, o un poco antes, se han producido en Guatemala importantes cambios religiosos, tanto en relación al crecimiento de las iglesias y sectas protestantes, como dentro de la Iglesia católica, e incluso entre los "sacerdotes" mayas guatemaltecos, que hablan de rescatar la "cosmovisión maya". A continuación se hará referencia a los dos primeros aspectos, comenzando, en ambos, con sus antecedentes históricos y dejando el último para ser tratado en el siguiente apartado.

Crecimiento protestante

Los primeros protestantes arribaron al país poco después de la Independencia, pero se trataba de migracio-

---

[28] Jorge González del Valle, "La banca", en *Historia general de Guatemala*, Jorge Luján Muñoz, director general; tomo VI: *Época contemporánea: 1945 a la actualidad*, J. Daniel Contreras, director del tomo (Guatemala: Asociación de Amigos del País-Fundación para la Cultura y el Desarrollo, 1997), 465-472.

nes individuales. Algunos estuvieron sólo de paso, otros fueron expulsados precisamente por sus actividades proselitistas (como Federico Crowe, en 1845)[29] y unos pocos establecieron aquí su residencia, pero ejerciendo su religión de la manera más discreta y privada posible. El inicio del protestantismo público y sus actividades de conversión estuvo asociado a la reforma liberal y, especialmente, al presidente J. Rufino Barrios. Dentro de su política de atraer inmigrantes extranjeros no católicos promulgó primero, en 1873, la ley sobre la libertad de conciencia y el libre ejercicio de todas las religiones.[30] Después se promovió la llegada de misioneros que se establecieron en el país con apoyo oficial y que desarrollaron tanto actividades religiosas como educativas. Los primeros en llegar, en 1882, fueron presbiterianos. Su dirigente fue el reverendo John C. Hill, quien estableció en la capital la Iglesia Evangélica Central Presbiteriana y abrió el Colegio Americano, al que asistieron los hijos del presidente Barrios. Ya en la década siguiente, el sucesor de Hill, el reverendo Eduardo Haymaker, quien hablaba fluidamente el español y permaneció varias décadas en el país, fundó una iglesia en San Agustín Acasaguastlán (El Progreso) y después se dedicó a ampliar la obra presbiteriana en Quezaltenango, donde establecieron la Iglesia Bethel, convirtiéndola en su centro de operaciones para el altiplano occidental.[31]

[29] Véase David Escobar, comp., *Federico Crowe, expedientes oficiales de su residencia en, y expulsión del territorio de Guatemala* (s. l.: edición del editor, 1984), y David Escobar, *La Biblia en Guatemala, narrativa de Federico Crowe, 1841-1846* (s. l.: edición del autor, 1986).
[30] Decreto núm. 93, del 15 de marzo de 1873.
[31] Virginia Garrard-Burnett, "Positivismo, liberalismo e impulso

Posteriormente arribaron otros grupos protestantes, como la llamada Central American Mission (Misión Centroamericana, MCA), que se estableció en la ciudad de Guatemala; luego la Iglesia del Nazareno, la Misión de Los Amigos (cuáqueros) y, finalmente, los metodistas. Alrededor de 1935 acordaron "dividir" sus áreas de acción, a fin de no interferir entre sí en su labor, de acuerdo con las zonas que acordaron originalmente. Los presbiterianos, que para entonces habían ampliado su actuación, además de los departamentos de Guatemala, El Progreso y Quezaltenango, a Suchitepéquez y Retalhuleu, se les asignaron esos cinco departamentos. A la MCA (no perteneciente a una denominación específica, que llegó al país en 1896) se le concedió, además de la capital, los departamentos de Sacatépequez, Chimaltenango, Escuintla, Santa Rosa, Sololá, San Marcos, Huehuetenango y Jutiapa; a la Iglesia del Nazareno (comunidad pentecostal también llegada de los Estados Unidos y establecida originalmente, en 1901, en las Verapaces), le correspondieron las dos Verapaces, Petén y el norte de Izabal; a Los Amigos, que llegaron en 1902 a Chiquimula, les tocó ese departamento, Zacapa y el sur de Izabal; y para la Misión Metodista Primitiva, Quiché (donde se establecieron en 1914) y Totonicapán. También había grupos anglicanos y luteranos en la capital asociados a las migraciones inglesa y alemana, respectivamente, pero éstos no tenían interés proselitista. Cuando alrededor de la década de 1940 llegaron

misionero: misiones protestantes en Guatemala, 1880-1920", *Mesoamérica* 19 (junio 1990), 13-32, y Claudia Dary Fuentes, "Los protestantes en Guatemala (1898-1944)", *Estudios Interétnicos*, núm. 1 (noviembre 1993), 79-102.

otros grupos cristianos y paracristianos (pentecostales, bautistas, testigos de Jehová y mormones), ya no se respetó la distribución geográfica anterior y prevaleció la tendencia a hacer su labor en cualquier región.

La historia del protestantismo en Guatemala puede dividirse en tres etapas: una primera va desde sus inicios misioneros en 1882 hasta aproximadamente 1960; la siguiente se extiende de 1960 hasta el terremoto de 1976, y la última de ese año a la actualidad. Los primeros 80 años fueron difíciles y de muy lento avance, logrando relativamente pocas conversiones; en 1950 el porcentaje de protestantes apenas alcanzaba el 2.8, con un total, según el censo, de 78 208;[32] una década más tarde su porcentaje creció a alrededor del 4%. Sin embargo, en la década de 1960 se inició un cambio importante, en parte por factores externos que apoyaron su labor: el cierre de las misiones protestantes estadunidenses en China, el enfrentamiento de la Guerra Fría contra el comunismo, verse ellos como un valladar contra éste y, finalmente, el triunfo de Fidel Castro en Cuba en 1959, los cuales hicieron que se volcara la labor protestante sobre América Latina, especialmente hacia aquellos países en que su presencia ya tenía bases sólidas y cierta tradición, como era el caso de Guatemala.

Se planteó entonces una estrategia audaz que veía su desarrollo como una alternativa ideológica contra la expansión comunista. La cruzada evangélica la dirigió la llamada Misión Latinoamericana (Latin American Mission), que no pertenecía a denominación alguna,

---

[32] Dirección General de Estadística, *VI Censo de Población* (Guatemala: DGE, 1957), cuadro 34.

sino que era una "misión de fe". La primera campaña en Guatemala tuvo lugar en 1962 y comprendió varios frentes: programas de radio, reuniones, misiones y propaganda, con técnicas de planificación y mercadeo. Se calcula que se lograron unas 15 000 conversiones.[33]

Por esos mismos años, a partir de 1965, se produjo un proceso paulatino de "nacionalización" de algunas iglesias evangélicas, que a través de "cismas" o separaciones fundaron nuevas sectas "guatemaltecas", dirigidas por pastores nacionales que no sólo se independizaron de sus dirigentes estadunidenses, sino que tuvieron crecimientos notables y se transformaron, al poco tiempo, en pentecostales. Se calcula que entre 1962 y 1970 el crecimiento anual del protestantismo fue de alrededor de 7% anual y que los pentecostales, que en 1960 eran sólo el 10% de los protestantes, hacia 1970 representaban el 60% de dicha población.[34]

En la segunda mitad de la década se dieron dos fenómenos que tuvieron un importante reflejo en el crecimiento protestante: el terremoto del 4 de febrero de 1976 y el agravamiento de la lucha guerrillera y la violencia en el altiplano indígena guatemalteco y en la capital. Para ayudar a los afectados por el sismo arribaron diversas organizaciones y misiones protestantes, la mayoría procedentes de los Estados Unidos, que a través del World Council of Churches y del Church World

---

[33] V. Garrard-Burnett, "El protestantismo, 1954-1990", en *Historia general de Guatemala*, Jorge Luján Muñoz, director general; tomo VI: *Época contemporánea: 1945 a la actualidad*, J. Daniel Contreras, director del tomo (Guatemala: Asociación de Amigos del País-Fundación para la Cultura y el Desarrollo, 1997), 266.

[34] *Ibid.*, 267. Dicho artículo se sigue a continuación.

Service unificaron esfuerzos y canalizaron importantes servicios de salud, labores de rescate, entierro de las víctimas, reconstrucción de casas y escuelas y ayuda económica y espiritual. Tras el terremoto, por alrededor de un lustro, la tasa de crecimiento anual del protestantismo fue un asombroso 14% y hacia 1982 alcanzó el 20%. Se considera que en el fenómeno anterior jugó un papel importante el aumento de la migración rural a la capital. Estos campesinos se acercaron a muchas iglesias evangélicas, donde encontraron apoyo, nuevas relaciones y ayuda económica. Para ellos las pequeñas sectas protestantes fueron una especie de refugio que les permitía superar los problemas típicos como el alcoholismo. El énfasis de los evangélicos en la lectura de la Biblia y, por lo tanto, en el alfabetismo, así como en la unión familiar, la sobriedad y el ahorro, contribuyó a la movilidad social ascendente de muchos conversos. Esto incluso se dio en municipios rurales, como el caso estudiado por Sheldon Annis, en San Antonio Aguascalientes, Sacatepéquez,[35] donde inició su labor la MCA en 1919.

Los avances de los protestantes en las regiones afectadas por la guerra interna no fueron mal vistos por el ejército; al contrario, como muchas de estas sectas eran políticamente conservadoras o, al menos, sin compromisos o simpatías con la subversión, las consideraron como una buena alternativa a los católicos partidarios de la Teología de la Liberación, que colaboraban, en su opinión, con los guerrilleros. Por otra parte, es pro-

---

[35] Sheldon Annis, *God and Production in a Guatemalan Town* (Austin: University of Texas Press, 1987).

bable que muchos católicos se hicieran protestantes como una manera de evadir las persecuciones militares en contra de los católicos. En parte, este proceso coincidió con el golpe de Estado de 1982 y la llegada al poder de Efraín Ríos Montt, miembro prominente de la Iglesia El Verbo, en la capital. Como ya se vio, la filiación religiosa de Ríos Montt no tuvo que ver con su llegada al poder, pero una vez siendo presidente su política estuvo impregnada de celo religioso evangélico, con colaboradores y consejeros del mismo origen. Mucha gente en las zonas rurales interpretó que profesar la misma fe del primer mandatario les daría protección y evitaría que fueran víctimas de la violencia. Como nuevos conversos asumieron una conducta religiosa entusiasta, explícita y hasta fanática.

Lo anterior coincidió con una fuerte labor propagandística y de ayuda de diversas organizaciones protestantes en varias regiones del país, especialmente en las áreas de conflicto. Ha sido notoria la labor de la Fundación de Ayuda al Pueblo Indígena (Fundapi) integrada por varias iglesias evangélicas, incluida El Verbo, así como las acciones de la MCA, muchas veces al lado de los programas de Acción Cívica del Ejército. A pesar del golpe de Estado que derrocó a Ríos Montt en 1983, que cortó el sentido propagandístico religioso, no hubo mayores transformaciones en la colaboración del ejército con los grupos protestantes y en su simpatía o neutralidad hacia ellos en las áreas de acciones militares.

Los indicios apuntan ya en el sentido de que en la segunda mitad de la década de 1980 fue bajando la tasa de crecimiento de los grupos protestantes, e incluso se habla de estancamiento en el último lustro y hasta de regresión. Es probable que algunos conversos hayan vuelto al catolicismo, que otros se hayan cambiado de denominación protestante y que muchos hayan optado por una práctica religiosa menos pública. En resumen, a partir de 1976 los protestantes tuvieron, durante alrededor de una década, un crecimiento asombroso y es probable que hoy constituyan alrededor de 30% de la población del país, si bien no se tienen cifras confiables al respecto, ni sobre las denominaciones a que pertenecen, aunque es evidente que los grupos de mayor crecimiento fueron los "neopentecostales", entre los que destacan las llamadas Asambleas de Dios, Iglesias de Dios y las del Príncipe de Paz, así como la MCA. Estos niveles de conversión y crecimiento tienen que suponer profundas transformaciones en la vida religiosa del país, especialmente en las áreas rurales y todavía es imposible conocer los efectos e implicaciones dentro de las comunidades mayas, como en las regiones ladinas e incluso en la misma capital de la República.

Cambios en la Iglesia católica

A partir de 1871 la Iglesia católica sufrió muchas veces la animosidad y la sospecha de los mandatarios liberales. Durante los primeros años de la reforma liberal perdió su posición tradicional privilegiada en la política, se afirmó la educación laica y no se le dio apoyo económico oficial. Sin embargo, lo que tuvo mayores consecuencias a largo plazo fue la ausencia, por largos periodos, de arzobispos y obispos, que fueron expulsados del país, y, sobre todo, la falta de suficientes sacerdotes. Ello hizo que en numerosas parroquias se careciera de sacerdote residente y que la vida religiosa, especialmente en las comunidades indígenas, se llevara a cabo a través de la jerarquía local cívico-religiosa. No obstante, la mayoría de la población seguía siendo nominalmente católica y así fue hasta pasada la mitad del presente siglo. Hubo un pequeño cambio durante el gobierno de Ubico quien, en contra de la ley vigente, no sólo permitió el regreso de los jesuitas y otras órdenes religiosas, sino que abrieran establecimientos educativos que, poco a poco, fueron ganando alumnos. Aunque a la jerarquía católica le preocupaba la falta de religiosos y la legislación que limitaba la labor eclesiástica, en ese momento no hubo mayor inquietud por el protestantismo, que parecía no presentar amenaza, pues a pesar de décadas de presencia con mucho esfuerzo propagandístico, a través del uso de medios modernos como la radio, apenas lograba adeptos.[36]

En la década de 1930 la preocupación fundamental de los dirigentes católicos era contrarrestar la escasez de sacerdotes reforzando la preparación religiosa, para lo cual se recurrió, como en otras partes del mundo, al programa de Acción Católica. Este esfuerzo encontró ciertas dificultades en comunidades rurales sin párroco residente, especialmente en las zonas indígenas, ya que en algunos casos entró en conflicto o competencia con

---

[36] Hubert J. Miller, "La Iglesia católica y el protestantismo", en *Historia general de Guatemala,* Jorge Luján Muñoz, director general; tomo v: *Época contemporánea: 1898-1944,* J. Daniel Contreras R., director del tomo (Guatemala: Asociación de Amigos del País-Fundación para la Cultura y el Desarrollo, 1996), 255-266.

la jerarquía tradicional, que por décadas había desarrollado toda la actividad católica sin mayor interferencia. Conforme aumentó el número de sacerdotes, a partir de 1945, muchos de ellos extranjeros (europeos y estadunidenses), se pudo reforzar la labor de Acción Católica, usualmente a través de los feligreses reclutados entre los más jóvenes. Lo que se buscaba era acabar o suprimir muchas prácticas sincréticas tradicionales de los indígenas. Ello coincidió con el activismo político de la década 1945-1954, que a través de los partidos políticos participó en las elecciones locales, generalmente escogiendo sus candidatos de entre los jóvenes, lo cual también debilitó la importancia de la jerarquía tradicional. Así, pues, a través de Acción Católica y la actividad política se produjeron tensiones y enfrentamientos comunales entre los tradicionalistas, que trataban de mantener el sistema de cargos y prestigio basado en la edad y la experiencia, y aquellos más jóvenes que desafiaban tal sistema. Aunque hubo muchas variaciones locales, tanto en el grado de enfrentamiento como en los resultados, el hecho fue que todo ello debilitó, lentamente, el sistema cívico-religioso tradicional local vinculado al catolicismo. El apoyo de los sacerdotes a la Acción Católica determinó el triunfo de estos "rebeldes" a la tradición.[37]

De acuerdo con el caso estudiado por el antropólogo Douglas E. Brintnall en Aguacatán, Huehuetenango (una parroquia a cargo de la orden Maryknoll), los tra-

---

[37] A este tema se refiere Ricardo Falla en su libro *Quiché rebelde. Estudio de un movimiento de conversión religiosa rebelde a las creencias tradicionales, en San Antonio Ilotenango, Quiché (1948-1970)* (Colección Realidad Nuestra 7; Guatemala: Editorial Universitaria, 1978).

dicionalistas prefirieron unirse a las iglesias protestantes que a las nuevas organizaciones promovidas por la Iglesia católica.[38] En muchos poblados el conflicto tuvo manifestaciones violentas y enfrentamientos con los miembros de Acción Católica. La mayoría de las veces la reacción de la jerarquía católica fue "castigar" a la comunidad dejándola sin párroco por largos periodos, lo cual facilitó la penetración protestante o la reafirmación de la vieja jerarquía.

Por otra parte, a escala nacional la jerarquía católica fue bastante conservadora y en su perspectiva anticomunista resultó incapaz de tener un programa popular y sindical, dejando ese campo a los líderes comunistas. Aunque no existió unidad dentro del catolicismo durante la década revolucionaria,[39] predominó la política ultraconservadora del arzobispo Rossell Arellano. Después de su muerte, en 1964, lo sustituyó el arzobispo Mario Casariego, también relativamente conservador. Sin embargo, diferían en otros aspectos, como la actitud menos favorable del primero hacia el clero extranjero y los problemas que tuvo con los nuncios apostólicos, lo cual lo debilitó notoriamente ante el Vaticano.[40] Casa-

---

[38] Douglas E. Brintnall, *Revolt Against the Dead: The Modernization of a Mayan Community in the Highlands of Guatemala* (Nueva York: Gordon and Breach, 1979).

[39] Blake D. Pattridge, "The Catholic Church in Revolutionary Guatemala, 1944-1954: A House Divided", *Journal of Church and State* (1994), 527-540. También de este autor puede verse "The Catholic Church and the Closed Corporate Community during the Guatemalan Revolution, 1944-1954", *The Americas*, 52:1 (julio, 1995), 25-42.

[40] Francisco Javier Gómez Díez, "Factores de tensión en la Iglesia católica de Guatemala: el informe de monseñor Rossell a la Santa Sede (1954-1956)", *Anuario de Estudios Americanos*, 52:2 (1995), 179-197. Véase también Bruce J. Calder; "Influencia extranjera en la

riego, en cambio, de origen español, fue más favorable al clero extranjero, pero no pudo evitar los enfrentamientos entre éste y algunos sacerdotes nacionales, ni el surgimiento, cada vez más numeroso, de religiosos partidarios de la Teología de la Liberación y de un compromiso más directo con los pobres y las causas populares. Durante su episcopado se agudizó la lucha subversiva y la violencia, en la cual participaron activamente diversos grupos de religiosos o sacerdotes en lo individual, lo cual dividió profundamente a la Iglesia.

Tras la muerte del cardenal Casariego, en 1983, la nueva jerarquía católica buscó una posición más equidistante: no comprometerse ni con el gobierno ni con la insurgencia, pero mantener una identificación directa con las causas de los más débiles y los afectados por la violencia. Además, ante la agresión y persecución de que fueron víctimas muchos religiosos católicos, la Iglesia organizó en forma cada vez más definida un programa de defensa y denuncia en contra de la persecución política y religiosa, y de protección de los derechos humanos, lo cual la llevó a situaciones de tensión con el ejército en particular y con el gobierno en general. Entre los católicos hubo descontento de los feligreses más tradicionalistas y de estratos sociales altos, que se alejaron de su Iglesia e incluso se convirtieron al protestantismo. En resumen, la Iglesia católica no sólo ha perdido fieles, sino también influencia y hoy se halla dividida buscando nuevos rumbos que respondan a la

Iglesia católica", en *Historia general de Guatemala*, Jorge Luján Muñoz, director general; tomo VI: *Época contemporánea: 1945 a la actualidad*, J. Daniel Contreras, director del tomo (Guatemala: Asociación de Amigos del País-Fundación para la Cultura y el Desarrollo, 1997), 279-288.

situación mundial y local y que le den una posición no comprometida políticamente pero sí con su esfuerzo pastoral general.

Surgimiento del movimiento político maya

Uno de los fenómenos más importantes y evidentes en el último cuarto de siglo en Guatemala es el surgimiento de una dirigencia indígena nacional que tiene una nueva actitud en cuanto a la posición de los grupos indígenas y de su papel en el país. Las raíces de este proceso venían desde antes y pueden rastrearse desde 1945 y las décadas siguientes.[41] La nueva vida política que entonces se planteó dio oportunidad a que los jóvenes indígenas participaran en política y fueran electos a cargos locales, fuera del rígido sistema tradicional de la jerarquía cívico-religiosa. De hecho, en muchos casos se dieron tensiones y hasta enfrentamientos entre los que participaban como dirigentes políticos y aquellos que defendían el viejo sistema.

Aunque en 1954 se suprimieron los partidos políticos revolucionarios, continuaron las elecciones nacionales y municipales y pronto se establecieron nuevas filiales de partidos que buscaban dirigentes locales para optar a los cargos municipales. La DCG le prestó especial atención al activismo político en las regiones predominantemente indígenas. Además, se abrieron más oportunidades educativas, tanto de nivel medio como

---

[41] Un estudio pionero de este proceso es el de Ricardo Falla, "El movimiento indígena", *Estudios Centroamericanos*, 356-357 (junio-julio 1978), 437-461.

superior, que permitieron a algunos indígenas ocupar cargos de responsabilidad y desempeñar profesiones de prestigio. También hubo quienes tuvieron éxito empresarial, agrícola y comercial, quienes acumularon poder y riqueza cada vez mayores. Asimismo, se dieron cambios en la vida religiosa que tuvieron efectos internos en las comunidades indígenas: por un lado, la política católica de debilitar la jerarquía tradicional de cargos y cofradías, sobre todo a través de Acción Católica, que provocó fisuras en la vida religiosa católica comunal, y, por otro, el incremento de la labor de diversos grupos protestantes que en algunas poblaciones lograron, según se vio, avances y conversiones, a la vez que contribuían también a debilitar el sistema religioso tradicional y todas sus festividades y cargos.[42]

Aunque no es factible señalar la fecha exacta de cuándo surgió este movimiento de afirmación maya, y menos aún que ello sea válido para todas las regiones, no hay duda de que después del terremoto de 1976 se evidenció una nueva situación, a la vez que se incrementaba la violencia y la guerrilla en muchas zonas del altiplano indígena. En esa misma época ocurrieron numerosas conversiones a diversas denominaciones protestantes y se hizo evidente la presencia de dirigentes indígenas instruidos que planteaban una nueva conciencia o postura indígena, que desembocó, poco a poco, en planteamientos; muchos de los cuales coinci-

---

[42] Richard N. Adams, "El surgimiento de la identidad maya", en *Historia general de Guatemala*, Jorge Luján Muñoz, director general; tomo VI: *Época contemporánea: 1945 a la actualidad*, J. Daniel Contreras, director del tomo (Guatemala: Asociación de Amigos del País-Fundación para la Cultura y el Desarrollo, 1997), 317-346.

dían o provenían de corrientes de identidad étnica que se daban simultáneamente en muchas partes del planeta. Al mismo tiempo, la guerrilla buscaba apoyos entre los indígenas y surgieron organizaciones como el Comité de Unidad Campesina (CUC), que hacia 1977 inició sus esfuerzos de defensa y reivindicación étnica en coordinación con la guerrilla.

De esa manera fue formándose una dirigencia indígena nacional, que planteaba nuevas posturas, estrategias y reivindicaciones. Hasta entonces los indígenas se identificaban a sí mismos en términos de la comunidad en que habían nacido; así eran "sololatecos", "santiagueños", "sanjuaneros", etcétera. A lo sumo, algunos de los más preparados y políticamente conscientes hacían referencia al grupo lingüístico; de esa forma surgió, por ejemplo, en Quezaltenango, la Academia de la Lengua Maya-Quiché (promovida por el profesor Adrián Inés Chávez), o se sentían "mames", "kaqchikeles", "q'eqchi'es". Sin embargo, no existía una noción de pertenencia a una identidad general indígena. Eso es lo que intentan determinados líderes que han venido construyendo y proponiendo la "identidad maya", que si bien es todavía algo que no tiene aceptación generalizada, parece que se está abriendo paso y que es una opción que ha encontrado cierta aceptación, lo mismo que oposición, tanto entre los propios indígenas como entre los guatemaltecos no indígenas.

Es innegable que existe una nueva generación de líderes indígenas guatemaltecos de diversas procedencias étnicas, cada vez más notorios y articulados a escala nacional, que buscan afanosamente construir una nueva posición para los mayas o mayenses guatemaltecos, y que existen cada vez más organizaciones que representan, con sus variantes, las posturas y estrategias de estas tendencias. En general, estos dirigentes mayas rechazan por su supuesta connotación peyorativa e inexacta los vocablos "indio", "indígena", "aborigen" o "natural", y plantean que el término correcto para referirse a todos ellos es "maya".

Están intentando, pues, construir su identidad étnica a través de ciertos rasgos culturales e históricos que los identifique como tales. Por un lado, salvo unos pocos xincas y garífunas, todos los idiomas aborígenes que todavía se hablan en Guatemala son mayenses, provenientes de un mismo tronco "proto-maya", por lo que plantean como nombre común el de "maya". En 1984 constituyeron la Academia de las Lenguas Mayas de Guatemala, que obtuvo su personería jurídica en 1991 y que puede considerarse como el núcleo de sus esfuerzos. Además, han aprobado una nueva forma de escribir en caracteres latinos sus idiomas, que consideran responde sin forzamientos a sus propias características lingüísticas, y luchan por su conservación y defensa, a la vez que buscan su oficialización y utilización en todos los niveles. Está todavía lejos de haber unanimidad y aceptación, ya que hay grupos lingüísticos que rechazan total o parcialmente el nuevo alfabeto y no hay acuerdo sobre la variante dialectal que se está usando para la "normatividad" de cada uno de los idiomas, que a lo largo de los últimos siglos han evolucionado con claras diferencias dialectales que ahora son difíciles de solventar en algunos casos (por ejemplo el kaqchikel y el mam, no así en el q'eqchi' que acepta como dialecto común el de Cobán).

Por otro lado, este proceso ocurre en una época de conversión religiosa hacia el protestantismo, en un contexto de crisis y resistencia en el catolicismo, esfuerzos por el reconocimiento y la valoración de la religión propia a través de lo que llaman la "cosmovisión maya". Al mismo tiempo hay un creciente bilingüismo (español-idioma vernáculo), e incluso hay indígenas o mayas que se resisten a los esfuerzos por apoyar los idiomas mayenses. También es todavía difícil saber las consecuencias que han tenido entre los desplazados de sus comunidades en cuanto a su postura cultural y qué sucede con los que han vuelto del exilio en México y otros países, e incluso de diversas regiones de Guatemala.

En esta etapa de intensos cambios y coyunturas en el país, también entre los indígenas se han producido profundas transformaciones que buscan mayor participación política en el manejo de sus comunidades y en la articulación de una identidad maya nacional, a la vez que luchan por defender sus valores y tradiciones. Aunque todavía no es posible saber cómo evolucionará este proceso, no hay duda de que hay modificaciones que están produciendo una transformación de las relaciones interétnicas en Guatemala. Todo ello tiene manifestaciones muy variadas y, a veces, contradictorias. Hay indicios de que están desapareciendo (al menos en muchas poblaciones) los trajes distintivos, pero a la vez surge un traje maya o moda "panmaya", que es indicativa de esa identidad o actitud "maya".[43] Sin embar-

---

[43] Linda Asturias de Barrios y Dina Fernández García, "Indumentaria indígena", en *Historia general de Guatemala*, Jorge Luján Muñoz, director general, tomo VI: *Época contemporánea: 1945 a la actualidad*,

go, todavía es difícil evaluar los efectos de la conversión protestante, el debilitamiento de la identidad comunal y de la jerarquía cívico-religiosa local; al mismo tiempo que otros buscan reforzar la "cosmovisión y la práctica religiosa maya". Además, en muchas regiones hay desde hace varias décadas una prosperidad y una transformación de la economía tradicional hacia formas nuevas de producción agrícola para el mercado nacional e internacional, que también modifica la situación. A la vez, es innegable el avance en el uso del español como lengua franca nacional y el debilitamiento de algunos idiomas minoritarios mayas, simultáneamente que se vitalizan los cuatro idiomas mayenses mayoritarios y se afirman otros en el altiplano occidental.

Si bien entre algunos indígenas hay un cierto menosprecio o resentimiento hacia los ladinos y su identidad cultural (que algunos de ellos incluso niegan), entre muchos no indígenas hay una apreciación de la tradición indígena, una mayor conciencia de que ésta forma parte de la tradición histórico-cultural guatemalteca y de que se deben superar las formas de discriminación y de racismo que tradicionalmente han existido en el país. Los mayas guatemaltecos poseen y tienen un activismo intelectual y político inéditos. Su esfuerzo por hacerse oír y por plantear sus nuevas posiciones recibe apoyos nacionales e internacionales que les permiten publicar y ampliar su auditorio. Esas nuevas organizaciones formadas por los mayas (por ejemplo el Consejo de Comunidades Étnicas Rujunel Junam [CERJ],

J. Daniel Contreras, director del tomo (Guatemala: Asociación de Amigos del País-Fundación para la Cultura y el Desarrollo, 1997), 347-354.

la Coordinadora Nacional de Viudas de Guatemala [Conavigua], el Centro de Investigación y Documentación Maya [CIDM], el Consejo de Organizaciones Mayas de Guatemala [COMG], la Coordinadora Nacional Indígena y Campesina [Conic], la Asociación de Escritores Mayenses de Guatemala [AEMG], el Centro de Investigaciones Sociales Mayas [Cisma], entre otros), son expresiones cada vez más efectivas para defender una nueva identidad maya en Guatemala que tiene que ser tomada en cuenta y que debe encontrar un espacio en la elaboración de un proyecto nacional diferente y más representativo.[44]

CONTINUACIÓN DE LA GUERRA INTERNA

Ya en nuevos teatros de operaciones, los diferentes grupos guerrilleros iniciaron sus actividades dentro de la estrategia de "guerra popular revolucionaria prolongada". El EGP, establecido en la selva de Ixcán y en la Sierra de Los Cuchumatanes, en Quiché y Huehuetenango, realizó su primera acción pública en junio de 1974, que si bien fue de poca importancia militar tuvo mucho significado político: la toma de la finca La Perla, en la zona Ixil, y el asesinato del propietario, el agricultor José Luis Arenas Barrera, quien había sido un conocido liberacionista. En un área de alrededor de 2 000 kilóme-

[44] Sobre el tema de las organizaciones mayas deben verse los dos estudios de Santiago Bastos y Manuela Camús: *Quebrando el silencio. Organizaciones del pueblo maya y sus demandas (1986-1992)* (Guatemala: FLACSO, 1993), y *Abriendo caminos. Las organizaciones mayas desde el Nobel hasta el Acuerdo de Derechos Indígenas* (Guatemala: FLACSO, 1995).

tros cuadrados apenas había en 1976 unos 50 combatientes distribuidos en tres núcleos, pero ya contaban con el apoyo de miles de campesinos indígenas. Las FAR, por su parte, trataron de mantener su presencia en el área del Río Usumacinta en Petén, así como en la costa sur y en la capital, buscando bases de apoyo obreras y campesinas, así como en los sectores medios. La preparación de la ORPA fue más prolongada, su zona era desde el volcán Tacaná, en San Marcos, hasta el Lago de Atitlán. Todavía no había realizado ninguna acción cuando se produjo el terremoto del 4 de febrero de 1976 que los obligó a interrumpir su actividad organizativa e incorporarse en los esfuerzos por ayudar a los damnificados. Con habilidad, aprovecharon la oportunidad para infiltrarse en los grupos de ayuda oficiales del Comité Nacional de Reconstrucción, aunque actuando con suficiente independencia. Meses después del terremoto reiniciaron su labor de base y de proselitismo. El largo lapso de instalación y asentamiento no se debió sólo al terremoto, sino a las dificultades que les planteaba superar la presencia en una zona que desconocían y en la que los indígenas desconfiaban de los ladinos.[45]

[45] Sigo en este tema el ya citado artículo de G. Aguilera Peralta "La guerra interna, 1960-1994". También hay información proveniente de Alfonso Yurrita Cuesta, "El ejército", en *Historia general de Guatemala*, Jorge Luján Muñoz, director general; tomo VI: *Época contemporánea: 1945 a la actualidad*, J. Daniel Contreras, director del tomo (Guatemala: Asociación de Amigos del País-Fundación para la Cultura y el Desarrollo, 1997), 109-134. Asimismo, se tomaron en cuenta dos libros de Mario Payeras, el ya citado *El trueno en la ciudad*, y *Los fusiles de octubre. Ensayos y artículos militares sobre la Revolución guatemalteca* (México: Juan Pablos Editor, 1991).

Mientras tanto, el PGT mantuvo como pudo sus esfuerzos en la capital y en la costa sur, pero dando prioridad al trabajo de proselitismo de masas sobre las acciones militares. En 1978 se produjo un rompimiento interno en dicho partido por la decisión de realizar o no acciones armadas. Un sector formó una facción conocida como Núcleo de Dirección Nacional del PGT, que estaba descontento porque consideraba que no se avanzaba suficientemente en la guerra. El otro sector, mayoritario, trató de incorporarse a la guerra. Estas disensiones hicieron que la contribución del PGT en esta nueva etapa guerrillera fuera limitada. La ORPA inició sus acciones militares hasta septiembre de 1979, con la toma de la finca Mujuliá, en Colomba, Costa Cuca, Quezaltenango.

También el ejército había ido adaptándose y reaccionando ante la información con que contaba. Por un lado realizó un despliegue en las áreas que veía amenazadas, aumentando no sólo las tradicionales bases militares, sino estableciendo brigadas, puestos de comando avanzado y bases de patrulla. Además, se reorganizaron las unidades aéreas y navales en función de la contrainsurgencia. Se hizo énfasis en la guerra irregular, con efectivos debidamente preparados; ante la falta de ayuda estadunidense, se estableció una fábrica de municiones, se modernizó el armamento con fusiles Galil israelitas, se adquirió artillería moderna, se construyeron localmente carros de combate blindados (los llamados *Armadillos*) y se incorporaron nuevas unidades aéreas (aviones de propulsión A37B, aviones *Pilatus* y *Arava* y varios tipos de helicópteros artillados). También se crearon centros de formación de tropas especiales para superar la falta de acceso a los cursos tradicionales en escuelas estadunidenses, a la vez que se establecieron o incrementaron los vínculos militares con Israel, Taiwan y Argentina.

La que se puede llamar la tercera fase de la lucha guerrillera, la guerra en el altiplano indígena, se coordinó con otras actividades en diversas regiones del país, especialmente la capital, en la que se reactivaron los movimientos obreros y populares a través del Consejo Nacional de Unidad Sindical (CNUS), uno de cuyos grupos más combativos fue la Central Nacional de Trabajadores (CNT).

En el sector campesino fue muy activo el Comité de Unidad Campesina (CUC), con estrechas vinculaciones con el EGP. También se hizo evidente la participación de sacerdotes y laicos católicos, activistas de la Teología de la Liberación, que colaboraron en diversas actividades, incluso como combatientes. El optimismo de la subversión era evidente ante los resultados favorables que iban teniendo en otras partes del mundo los "movimientos revolucionarios", como en Vietnam, Angola, Mozambique, Guinea-Bissau, Etiopía e Irán, y en América Latina los triunfos de la izquierda en Jamaica y Granada, e incluso en 1979 la culminación de la lucha contra Somoza en Nicaragua, además del Frente Farabundo Martí para la Liberación Nacional (FMLN) en El Salvador.

El ejército se alarmó y reaccionó violentamente ya en los días finales del gobierno de Laugerud, cuando ocurrió la mencionada matanza de campesinos q'eqchi'es en Panzós, Alta Verapaz. A la vez se incrementaron los asesinatos de dirigentes políticos de izquierda como Alberto Fuentes Mohr y Manuel Colom Argueta, el abogado Manuel Andrade Roca, el sindicalista Mario Mújica Córdova, entre otros. La oposición formó el Frente Democrático contra la Represión (FDCR), compuesto por diversas organizaciones populares y dos partidos políticos. Se incrementaron las denuncias nacionales e internacionales, que contribuyeron al aislamiento del gobierno. En 1979 la ONU incluyó a Guatemala entre las naciones sujetas a investigación en la Comisión de Derechos Humanos. Fueron numerosas las organizaciones que se formaron en distintos países para denunciar la situación guatemalteca y pedir el cese de las ayudas de cualquier tipo al gobierno de Guatemala.

Las organizaciones guerrilleras efectuaron acciones muy variadas y en escenarios muy diversos. A la vez que afirmaban sus vínculos populares internos y efectuaban contactos internacionales, realizaron varios secuestros como el del embajador de El Salvador, Eduardo Casanova, en mayo de 1977, a cambio de cuya liberación se difundió un pronunciamiento de condena a una reunión del BID que se efectuaba en Guatemala; en enero de 1978 secuestraron al dirigente del MLN y rico empresario, ex ministro de Relaciones Exteriores y de Gobernación durante la administración de Arana, Roberto Herrera Ibargüen; en octubre de 1979, al empresario y pariente del presidente Lucas, Jorge Raúl García Granados (por ambos se pagaron importantes rescates), y en ese mismo mes al viceministro de Relaciones Exteriores, Alfonso Alonso Lima, por el que lograron la difusión de un pronunciamiento.

A principios de 1980, el EGP inició una etapa de ampliación de la guerra en la región de Ixcán, para lo que organizó varias unidades regulares y enfrentó al ejército por medio de emboscadas y ataques a objetivos concretos. En la capital asesinó al empresario Alberto Habie, presidente del CACIF. En el frente urbano llevaron a cabo la toma de la embajada de España el 31 de enero, con el resultado que ya se dijo antes. En ese año desaparecieron en la capital la periodista Irma Flaquer y la escritora Alaíde Foppa.[46]

La estrategia rural del EGP había ido por etapas; primero instalaron bases locales de operaciones y en los inicios de 1981 buscaron disputarle territorio al ejército, derrotarlo localmente a través del desarticulamiento de unidades y apoderarse de armamento, expulsándolo de zonas específicas que serían "territorio liberado", y lograr internacionalmente legitimidad y reconocimiento. Inicialmente parecieron tener éxito. El EGP abrió siete frentes. Su mayor operación fue el ataque en Ixcán al destacamento militar de Cuarto Pueblo, el 19 de enero de 1981, que realizó una columna que de la sierra bajó a la selva. Aunque causaron numerosas bajas a la guarnición no pudieron capturarla y hubieron de retirarse con graves perdidas.[47] Los otros frentes estaban en el propio Quiché, en el norte de Huehue-

---

[46] De acuerdo con la información que ahora se conoce, la periodista Flaquer aparentemente fue eliminada por la guerrilla, de la cual formaba parte, ante la sospecha de que era doble agente; la señora Foppa fue secuestrada por el ejército.

[47] Según M. Payeras, *El trueno en la ciudad*, p. 17, esta acción, que calificó como "el primer y único combate" de este grupo, fue un error y constituyó una "victoria pírrica", ya que si bien causaron cerca de 100 bajas al ejército, tuvieron que retirarse cuando llegó la aviación, situación que no previeron; además perdieron a un importante oficial, el teniente Elder, y no pudieron obtener armas.

tenango, en partes de Izabal, Alta Verapaz y Chimaltenango. La ORPA, por su parte, tenía seis frentes en San Marcos, Quezaltenango, Sololá, Retalhuleu, Suchitepéquez y la capital, y las FAR tenían cinco frentes. También hubo acciones en áreas de Chiquimula y Zacapa. Con diversa intensidad efectuaron acciones de propaganda, sabotaje, y emboscadas. Las principales acciones se llevaron a cabo en diversos lugares del altiplano. Los mayores niveles de control los lograron en Huehuetenango y Quiché, aunque también tuvieron algunos otros en San Marcos, Quezaltenango, Sololá y Chimaltenango (véase el mapa XIII.1).

Hubo casos en que llegaron a organizar comunidades con Comités Clandestinos Locales y lograron reclutar a parte de la población como combatientes regulares o unidades de apoyo, llamadas Fuerzas Irregulares Locales. En su etapa de mayor éxito hablaban de varias "zonas liberadas" (en las que esperaban establecer el gobierno guerrillero), así como "zonas de disputa". Incluso a comienzos de 1981 lanzaron lo que llamaron la "ofensiva final", anunciada internacionalmente, la cual en abril era obvio que había fracasado. Entonces los guerrilleros se vieron obligados a abandonar algunas zonas, en las que entró el ejército y dirigió acciones para identificar y acabar con los colaboradores de la guerrilla. En algunos lugares se aplicó la estrategia de "tierra arrasada", y en otros la de infundir terror para evitar cualquier nuevo apoyo a los subversivos. Hubo muchas masacres de las que en los últimos años se han ido localizando los cementerios y tumbas colectivas clandestinas, donde quedaron los asesinados, muchas veces mujeres y niños.

MAPA XIII.1. *Localización aproximada de las áreas de acción de los frentes guerrilleros en 1982*

Al principio los grupos guerrilleros carecían de coordinación entre sí, salvo al distribuirse los frentes. En 1979 el EGP, las FAR y una facción del PGT establecieron una instancia de comunicación y coordinación que llamaron tripartita y que al año siguiente pasó a ser cuatripartita con la incorporación de la ORPA.

La contraofensiva del ejército se intensificó en casi todos los frentes rurales en la segunda mitad de 1981, empleándose siete batallones de infantería. Primero se concentraron en Chimaltenango, para luego continuar con los departamentos de Quiché, Huehuetenango, Quezaltenango, San Marcos, las Verapaces y Petén. Numerosas personas y comunidades, que se encontraron entre dos fuegos, salieron huyendo de sus comunidades, unas hacia varias regiones del país y otras hacia México. Se habla de unas 50 000 muertes y alrededor de 440 comunidades, aldeas o caseríos afectados.[48] La guerrilla no pudo resistir la ofensiva y tuvo que abandonar muchas regiones que había controlado previamente.

En resumen, la guerrilla fue derrotada porque sobreestimó su fuerza militar, se había extendido demasiado y se vieron desbordados y abandonados por muchos que creían que los apoyarían. En los meses finales de 1981 el ejército comenzó a organizar las primeras Patrullas de Autodefensa Civil (PAC), como medio de obtener apoyo campesino local y, a la vez, aislar a los frentes guerrilleros de la mayoría de la población residente. En el frente urbano, en diciembre de 1981, la guerrilla asesinó al rector de la Universidad de San Carlos, el

---

[48] En diversas fuentes se dan cifras variables de muertes y más o menos el mismo número de "poblados desaparecidos", pero no queda claro a cuáles se refieren, su ubicación, nombres, tamaño, etcétera.

biólogo Mario Dary, quien había desplazado del control de la institución a los comunistas.[49] Fue una especie de advertencia para quienes se atrevían a desafiar los cotos que la subversión consideraba propios.

Cuando la orientación de la guerra se inclinaba en favor del ejército se produjo, en marzo de 1982, el golpe de Estado que derrocó al presidente Lucas, que vino a cambiar notoriamente la situación interna del ejército y del país, a la vez que se comenzó a transformar la mala imagen externa y el aislamiento internacional de Guatemala. También a principios de 1982 se anunció la formación de la Unidad Revolucionaria Nacional de Guatemala (URNG) como estructura y frente político unitario de todas las fuerzas subversivas. Es decir, que paradójicamente la URNG se formó cuando era evidente el fracaso de la estrategia guerrillera de "liberación" territorial.

A partir de marzo de 1982 se puede hablar de una cuarta etapa en la evolución de la guerra interna, en la que la iniciativa, en buena medida, la asumió el ejército a través de la organización y el dominio de las zonas arrebatadas a la guerrilla por medio de las ya citadas "aldeas modelo" y los "polos de desarrollo" que dependían del ejército para llevar a cabo sus actividades productivas, sociales y políticas. A partir de entonces se redujeron paulatinamente las áreas insurgentes (véase el mapa XIII.2).

Después del golpe de Estado de 1982, el ejército re-

---

[49] S. Velásquez, M. González y E. Blanck, "Los crímenes de la guerrilla", *Crónica*, 8 de agosto de 1997, p. 18. También se atribuye a la insurgencia el asesinato, dos años después, del licenciado Lionel Carrillo Reeves, quien fue rector interino de la USAC.

MAPA XIII.2. *Localización aproximada de las áreas de los frentes guerrilleros en 1985*

visó su estrategia contrainsurgente, la cual se plasmó en el llamado Plan de Seguridad y Desarrollo, con programas anuales que se adecuaban a las circunstancias y a los cambios en objetivos militares, políticos y sociales. Primero se dio el Plan Victoria 82, a fin de separar a la guerrilla de la población y organizar ésta en apoyo del ejército; después siguieron la campaña Firmeza 83, para consolidar lo anterior y mejorar la presencia gubernamental; Reencuentro Institucional 84, que perseguía reformas políticas ante las elecciones a la Constituyente; Estabilidad Nacional 85, que buscó la reorganización militar con base en las experiencias recientes y ante las elecciones generales; luego, Consolidación 86 en la misma orientación, y Fortaleza 87, vinculada a la ayuda y recuperación de los refugiados.

Si bien la guerrilla estaba segura de que su posibilidad de triunfo era imposible, mantuvo por más de una década una capacidad operatoria y destructiva limitada, a la vez que reforzaba su presencia externa y su imagen internacional. Tras la caída de los regímenes comunistas en Europa y la desaparición de la Unión Soviética, reforzó su estrategia de presión internacional sobre el gobierno para la firma de la paz y realizó ajustes para lograrla lo antes posible. Sin embargo, internamente fue difícil para el ejército aceptar que era imposible la victoria y que debía buscarse una paz negociada. La lentitud de las pláticas y los contactos, durante una década, demuestran las dificultades en ese sentido y lo doloroso que fue para muchos sectores nacionales el que se tuviera que negociar con la insurgencia.

El primer encuentro directo entre el gobierno guatemalteco y la URNG se llevó a cabo en Madrid en agosto de 1987. La delegación oficial argumentó que la nueva legitimidad gubernamental eliminaba las causas de la guerra y pidió la deposición de la lucha. La URNG insistió en que antes debían acordarse cambios políticos, económicos y sociales estructurales, y que sólo entonces abandonarían la lucha armada. Durante el gobierno de la DCG no cambiaron las posiciones y la negociación no avanzó. Sin embargo, internamente funcionó la Comisión Nacional de Reconciliación (bajo la presidencia del obispo de Zacapa, monseñor Rodolfo Quezada Toruño), que se reunió con la URNG en Oslo y auspició encuentros en otros lugares con diversos grupos del país.

Al asumir la presidencia Jorge Serrano se reiniciaron los contactos directos al irse venciendo las resistencias internas y se estableció una agenda que separó los temas "estructurales" o sustantivos de los "operativos" o militares. Al superarse los primeros sería factible concluir la guerra. El proceso se prolongó todavía varios años, si bien se fueron resolviendo, por separado, aspectos políticos o de "democratización"; los referentes a "derechos humanos", que fueron muy difíciles, por ejemplo. Durante el gobierno de Ramiro de León se llegó a los acuerdos sobre derechos humanos, refugiados y desplazados, se formó una comisión para el esclarecimiento histórico (sin capacidad de juzgar), la instancia llamada Asamblea de la Sociedad Civil y, finalmente, el acuerdo sobre la identidad y derechos de los pueblos indígenas.

Durante el primer año de gobierno del presidente Álvaro Arzú se aceleraron los últimos acuerdos sobre temas económicos, sociales y agrarios (en mayo) y en diciembre se firmaron los últimos, en Oslo y Madrid, hasta culminar con la firma final de un "Acuerdo de Paz Firme y Duradera" el 29 de diciembre de 1996. Ya desde varios meses atrás habían cesado, de común acuerdo, los enfrentamientos armados. En el curso de 1997 se inició el cumplimiento de la desmovilización y entrega de armamento, bajo la supervisión de fuerzas de la ONU.

XIV. REFLEXIONES FINALES

A PARTIR de 1954 se constituyó un "bloque anticomunista" para el control del poder y del gobierno, formado por el ejército, la Iglesia católica, los finqueros y empresarios y los partidos políticos autorizados, que mantuvo como eje de su concepción la exclusión de la izquierda (comunista y no comunista) y la supresión o el dominio de las organizaciones sindicales y populares. Con algunas modificaciones, dicho bloque se mantuvo hasta los inicios de los años ochenta. Se afianzó con la lucha guerrillera, que fortaleció el papel del ejército y la posición de los dirigentes anticomunistas intransigentes, quienes postulaban la necesidad de perseguir sin contemplaciones no sólo a los insurgentes sino a cualquier oposición legal y a todo grupo que no fuera abiertamente contrario al comunismo. En algunos periodos relativamente cortos (pareciera que en aquellos en los que el MLN no tuvo participación en el gobierno: en parte de los gobiernos de Ydígoras, Méndez Montenegro y Laugerud), en medio de la violencia y la falta de democracia, hubo alguna aceptación de posturas de oposición moderada; pero en los gobiernos de Peralta, Arana y Lucas, dichos resquicios se cerraron. A finales de los años setenta e inicios de los ochenta, especialmente durante el gobierno de Lucas, ante el avance interno de la guerrilla y el triunfo sandinista en Nicaragua y los avances insurgentes en El Salvador, la postura se hizo más intolerante y violenta y cualquier crítica u oposición se percibió como enemiga y se le atacó despiadadamente.

La primera en retirarse o excluirse del "bloque anticomunista" fue la Iglesia católica que, poco a poco, asumió una postura de identificación con los pobres y crítica de la ausencia de reformas, así como de la violencia de Estado. También lo hizo la DCG, que "evolucionó" hacia el centro-zquierda. Además, surgieron nuevos partidos políticos de orientación centrista o de centro-izquierda, que no eran claramente anticomunistas, a la vez que por el desgaste y el desprestigio desaparecieron o perdieron fuerza los partidos del pacto (MLN-PID-CAN-PR). Por otra parte, en la iniciativa privada surgieron nuevas generaciones de líderes que buscaban otras soluciones, a la vez que perdían fuerza los grupos agroexportadores más conservadores y tomaban posiciones rectoras los industriales y los financieros, menos rígidos y duros. Como resultado, el gobierno se quedó sólo con el ejército y los partidos oficialistas. Pero también las fuerzas armadas estaban divididas, ya que había oficiales que propugnaban por una revisión de su papel ante la grave situación en el país.

Durante la Guerra Fría, tanto el comunismo como el anticomunismo extremos impusieron como método el terrorismo ideológico, psicológico y represivo. Uno fue terrorismo insurgente, el otro terrorismo de Estado, pero igualmente intolerantes con el adversario. En ese "diálogo" de fanáticos, cada respuesta o reacción fue más brutal, destructiva e intimidatoria que la anterior. Se pretendía imponer la ideología y la solución propia por el terror; ambas eran minorías, eso sí muy articuladas, que con pasión atacaban al contrario y atemorizaban a las mayorías no comprometidas. En esa época se aplicó en muchos países latinoamericanos, incluido Guatemala, la misma tónica que en los países comunistas: condenar a la muerte física o política, a la extralegalidad y a la represión, a quien no fuera del partido o del gobierno. Como en la Inquisición, el acusado de ser comunista por unos, o capitalista o fascista por los otros, era culpable por la simple sospecha o denuncia. Los regímenes se cargaron de contenidos confesionales y dogmáticos, a base de obediencia ciega; se sospechaba de cualquier disidente librepensador y se perseguía el pluralismo ideológico. Se veía al disidente o al opositor como enemigo y traidor, en una defensa emocional y fanática cargada de clima persecutorio. En ninguno de los bandos había tolerancia ni aceptación del verdadero juego político, porque la tiranía era la única forma de asegurar la derrota de los contrarios.

Tras más de cuatro décadas de la caída de Arbenz, aquellos acontecimientos siguen marcando la vida política guatemalteca, pero cada vez con menos fuerza y emocionalidad. Por un lado, en general disminuye la "idealización" de la década revolucionaria, que ya hoy se evalúa en lo positivo y lo negativo y no se habla de lo que habría sido nuestra historia sin la Liberación; a la vez desaparece el sentimiento de revancha o venganza de los derrotados (la mayoría de ellos desaparecidos o desplazados por la edad), y se ha transformado el sentido de la lucha antiimperialista y antiestadunidense en Latinoamérica y en el mundo.

Actualmente no sólo están presentes nuevos actores (sociales, políticos, económicos y culturales), que no participaron en los hechos del 54, sino que éstos buscan superar el doble fracaso evidente: el de la solución revolucionaria insurgente y violenta, y el de los gobiernos "anticomunistas", corruptos, incapaces y violentos. Hoy se impone la necesidad de nuevas soluciones basadas en otros métodos y actitudes.

Ahora que ha terminado la guerra interna y que se aprecia la evolución guatemalteca a partir de 1983, en especial después de 1986, es evidente que se ha venido superando la polarización del país en dos bandos: la insurgencia y la contrainsurgencia. Han surgido y se han afirmado otras fuerzas y tendencias que muestran posiciones menos extremas y que son más tolerantes. Se ha ampliado el espectro de organizaciones civiles (laborales, étnicas, populares, empresariales, políticas, etcétera) que muestran su distanciamiento de ambos polos y que buscan soluciones alternativas. También el gobierno (incluido el ejército) y la URNG han cambiado su talante y ya no sostienen posiciones intolerantes, ni se sienten poseedores exclusivos de la verdad. Conforme se conozcan los detalles de los abusos y excesos que cometieron, es probable que se afecte su imagen y se les hará más difícil que la población en general los vea como alternativa de gobierno; afortunadamente, al mismo tiempo han surgido otras organizaciones y grupos que trabajan y velan por la transición democrática y la legalidad.

En la posguerra interna, ya sin la inseguridad que implicaban los enfrentamientos militares de los dos bandos, se están haciendo evidentes los problemas socioeconómicos, al lado de los de seguridad y delincuencia común, así como la incapacidad del gobierno y sus fuerzas de seguridad para resolverlos, además de la pésima situación del organismo judicial, tanto en capacidad como honestidad, para proporcionar un sistema de justicia pronta y efectiva. También se ha hecho evidente la corrupción generalizada y la complicidad de muchos sectores en el contrabando y el narcotráfico, lo mismo que el temor, la desconfianza y el pesimismo ante el futuro. Todos ellos son problemas intolerables en un sistema de legalidad, que necesariamente deberán resolverse a fin de afirmar y potencializar la transformación real del país y su democratización. El talante de la posguerra interna es hostil a las soluciones militares (de la insurgencia o de su contraparte), pero siguen existiendo quienes creen en ese tipo de métodos y pueden volver a intentarlos.

El nuevo papel del indígena

Hasta hace pocos años el indígena sólo había participado marginalmente en los procesos históricos del país. Fragmentado en pueblos o comunidades, su actuación se limitaba a lo local o, cuando mucho, a lo regional. Su presencia en la vida política tuvo importancia municipal y departamental, con limitadas proyecciones a escala nacional. Sin embargo, ya en la década de 1970 la DCG demostró la importancia de ganar votantes en los departamentos con mayoría indígena, y la actuación insurgente en esas mismas zonas tuvo consecuencias a largo plazo.

La lucha de la dirigencia maya por el reconocimiento de su identidad ha supuesto la ruptura o superación de la vieja estructura municipal y la búsqueda "de una etnicidad genérica y abierta". Ahora no se trata de defender la comunidad autónoma y cerrada, sino de construir una identidad panindia o maya, en la cual la defensa y la negociación no sea a nivel local, sino de todos los indígenas mayas. De esa manera se intenta constituir un proyecto o propuesta de integración en el país, en el que el modelo nacional incluya necesariamente no la participación marginal o subordinada de los indígenas, sino en igualdad.[1]

Se debe elaborar un nuevo modelo nacional no discriminatorio ni exclusivo, sin condicionantes de superioridad-inferioridad ni prejuicios, sino respetuoso tanto de la tradición indígena (con sus constituyentes españoles y no mayas), como de la tradición ladina (con sus constituyentes indígenas y occidentales), en su configuración semejante al resto de Centroamérica e Hispanoamérica en que hay grandes contingentes aborígenes.

Sin embargo, el tema étnico no debe verse aislado de otras situaciones que invitan a la pluralidad. Guatemala no sólo es multiétnica, sino también plurirreligiosa, y requiere verdadera tolerancia; es decir, debe ser una sociedad con una estructura más igualitaria en todos los aspectos, sin discriminaciones ni prejuicios culturales, étnicos o de cualquier otro tipo. Además, es indispensable resolver el problema del excesivo crecimiento demográfico, a fin de sentar las bases para una sociedad que pueda mejorar la calidad de vida de sus habitantes y en la que sea posible resolver sus problemas económicos.

---

[1] Yvon Le Bot, "¿Se puede hablar de actores étnicos en América Latina?", *Polémica*, IV época, núm. 1 (enero-junio 1996), 74-75.

Reforma económica

Guatemala lleva más de una década en que su crecimiento económico ha sido insuficiente y hasta negativo, lo cual es un obstáculo para la democratización. El dinero del narcotráfico y del contrabando, así como las remesas de los emigrantes a los Estados Unidos han escondido o disminuido la manifestación de la difícil situación económica en el país. Aunque hay dudas sobre sus verdaderas dimensiones, la mayoría reconoce que los índices de pobreza han aumentado. Incluso se puede hablar de que ésta se ha hecho urbana, especialmente en el área metropolitana, en donde es notorio el rápido crecimiento del sector informal. En dicha área se sigue acumulando una población de origen rural, con mínima educación o sin ella, que no puede desempeñar sino labores informales no calificados, que lucha por subsistir en un mercado de trabajo saturado, con lo que engrosa los sectores desempleados o subempleados.

La capacidad económica del país para crear empleo es muy inferior a la de la población que lo requiere; muchos agricultores carecen de tierra y se mantiene el excesivo crecimiento demográfico. Esa población desempleada y pobre ha quedado excluida de servicios y recursos básicos mínimos y el Estado se encuentra imposibilitado para ampliar la atención de salud y educación, pues los servicios que se dan por otras fuentes son insuficientes.

Si la crisis económica no logra superarse puede convertirse en un lastre tanto para el desarrollo del país como para cimentar la democratización. La economía enfrenta problemas serios y complejos, que no favorecen la inversión productiva y la competitividad internacional de nuestros productos. Un obstáculo muy visible es el elevado nivel de las tasas de interés real, las cuales derivan, entre otros factores, de la alta deuda pública interna existente en el mercado abierto, que no sólo absorbe recursos del sector privado y capitales externos no productivos, sino que encarece el crédito y presiona el tipo de cambio a la baja. Ello, a su vez, incentiva las importaciones y va en contra de la productividad nacional, ya que la apreciación del tipo de cambio promueve mayor apertura comercial. La solución parcial al problema de la deuda interna puede darse con la privatización de algunas empresas estatales, pero también requiere resolver el problema de los bajos ingresos fiscales, que se produce por las ineficiencias en la recaudación impositiva y en las inversiones públicas, ya que no se ejecutan los gastos de inversión. Es, pues, necesario aumentar los ingresos tributarios, evitar la corrupción y los gastos innecesarios y mejorar la eficiencia de la inversión gubernamental. El gasto público medido en relación con el PIB es uno de los más bajos del mundo.

El sector privado guatemalteco se ha opuesto sistemáticamente a las llamadas "reformas tributarias", que suponen elevar la carga impositiva, por la falta de confianza en la ejecución del gasto por parte del sector público. Una política macroeconómica moderna exige la colaboración y la mutua confianza entre el sector privado y el público. Uno de los requisitos en la consolidación democrática requiere una administración responsable, eficiente y transparente. Sólo así se obtendrá la confianza general para que aumente la inversión y la productividad.

La realidad social guatemalteca es actualmente tanto o más injusta que cuando se inició la guerra interna hace más de tres décadas. Sin embargo, ahora hay un clima de diálogo y un afán de colaborar dentro de un juego democrático y de respeto que no existía entonces y la mayoría de los sectores buscan la reconciliación y la cooperación. Sin duda, tenemos en mente la experiencia de esos terribles años, quizá los más destructivos y violentos de nuestra historia moderna, en que los bandos extremos quisieron imponer sus soluciones. La vía del odio y de la guerra no dio frutos, sino destrucción y mayor rezago socioeconómico. Por eso hoy debemos evitar las soluciones que nos confronten, de imposición y de ruptura, y adoptar una metodología negociadora y tolerante, participativa, solidaria y consensuada, en un sistema que acabe con el autoritarismo y promueva la descentralización.

Para construir una auténtica experiencia democrática se requiere la participación de todos los sectores y corrientes. No debe marginarse a nadie. No se han acabado las discrepancias, pero han de canalizarse por sendas legales, respetuosas y no destructivas. Debe reconocerse que los gobiernos anticomunistas fueron violentos contra la izquierda y que la insurgencia fue violenta contra los que no eran marxistas. Por ello es alentador que se acepte la competencia y la lucha respetuosa, que todos se sometan a los procesos políticos legales y consultivos a través del voto y el ejercicio de la discusión y la negociación.

Creo que la opción que ahora se abre para Guatemala es, política y socialmente, más factible que la que se planteó en 1944, cuando se carecía de la experiencia cívico-política y se tenía un lamentable rezago (ideológico, cívico-político y de tolerancia), con una profunda tradición autocrática. Además, hoy, tras tantos años de destrucción y enfrentamientos, de intransigencia e intolerancia, se plantean tendencias favorables al entendimiento y la paz, y, a la vez, hay un mejor clima internacional, sin Guerra Fría. Actualmente parece más factible que nunca en nuestra historia reciente la posibilidad de un "pacto social" permanente que haga viable la evolución constructiva de Guatemala. Sin embargo, hay que tener en cuenta que los problemas (sociales, económicos, políticos y culturales) son más graves que hace 50 años y más urgente su solución.

Es insostenible tanto la postura que se aferraba a mantener lo establecido, refutando o rechazando cualquier opción de cambio, como la de los insurgentes que querían imponer violentamente sus ideologías revolucionarias. Hay que usar la negociación para llevar a cabo los cambios pausada y paulatinamente, a fin de modernizar el país y lograr mayor bienestar para toda la población. No es aceptable ninguna postura dogmática (de izquierda o de derecha) que pretenda ser poseedora exclusiva de los caminos hacia la libertad, la justicia, el progreso, el respeto étnico-cultural o la modernización. La evolución social proviene mejor de la negociación, la síntesis, y no de la imposición; es decir, tratando de encontrar lo bueno de todas las corrientes en un clima de paz, respeto y cooperación.

CRONOLOGÍA

1493	Revuelta interna contra los señores de Iximché.
1502-1503	Colón explora la costa centroamericana en su cuarto viaje.
1506	Juan Díaz Solís y Vicente Yáñez llegan a la Bahía de Amatique.
1514	Incendio de Iximché.
1519-1520	Epidemia de influenza, viruela o sarampión en Los Altos de Guatemala.
1521	Los kaqchikeles declaran la guerra a los de Panatacat (Escuintepeque) – Revuelta tz'utujil contra los k'iche's.
1523	Sale de México la expedición de Pedro de Alvarado a Guatemala.
1524	Inicio de la conquista de Guatemala – Incendio de Utatlán – Llegada a Iximché – Expedición de conquista a la costa sur oriental y Cuscatlán – Fundación de Santiago de Guatemala (Iximché) – Se inicia la rebelión kaqchikel contra los españoles.
1525	Cortés inicia su expedición de México a Honduras – Conquista de Zaculeu.
1526	Retorno de Cortés a Nueva España.
1527	Se incorpora Chiapas a la Gobernación de Guatemala – Fundación de Santiago de Guatemala en Almolonga – La Corona concedió a Pedro de Alvarado el título de adelantado.
1528	Entrada contra los indios q'eqchie's.
1529	Levantamiento indígena en Uspantán – Primer Juicio de Residencia a Pedro de Alvarado.

1529-1530	Conquista de parte de la región pokomchi'.
1530	Francisco Marroquín fue nombrado cura de Guatemala – Expedición de Diego de Alvarado contra los pokomchí'es – Sublevación en la región oriental de Guatemala – Derrota de los uspantecos e ixiles – Rebeliones kaqchikeles de Sacatepéquez contra los españoles – Fin de la rebelión kaqchikel.
1532	Muerte del rey de los kaqchikeles, Beleheb Cat – Epidemia general de sarampión.
1533	Fundación del convento dominico de Sacapulas.
1534	Expedición de Pedro de Alvarado a Perú – Llegada de los primeros evangelizadores.
1534–1565	Obispado de Francisco Marroquín.
1535	Segundo Juicio de Residencia a Pedro de Alvarado.
1536	Primera tasación en Guatemala – Alvarado funda San Pedro Sula, toma posesión como gobernador de Honduras y después viaja a España.
1537	Pacto secreto entre Las Casas y Alonso de Maldonado para la conquista pacífica de Tezulutlán.
1538	Erección de la diócesis de Chiapas – Pedro de Alvarado obtiene la Gobernación de Guatemala.
1539	Alvarado retorna a Guatemala casado con Beatriz de la Cueva.
1541	Alvarado ordena la muerte de los señores kaqchikeles – Muerte de Pedro de Alvarado – Destrucción de Santiago por inundación y temblores.
1542	Se establece la Audiencia de los Confines (Gracias).
1542-1548	Presidencia de Alonso de Maldonado.
1543	Primera reunión del cabildo en Panchoy.
1543-1548	Segunda tasación de tributarios en Guatemala.
1544	Llegan los frailes dominicos a Cobán – El cabil-

	do de Santiago apela contra la aplicación de las Leyes Nuevas.
1545	Epidemia general de *cumatz* o tabardillo.
1547	Fundación del corregimiento de Atitlán.
1548	Epidemia de *cumatz* – Traslado de la Audiencia de Gracias a Santiago.
1548-1555	Presidencia de Alonso López de Cerrato.
1549	Abolición de la esclavitud indígena – Inicio de la reducción de los indios a pueblos.
1550	Establecimiento de los barrios indígenas en Santiago.
1552	Fundación del convento dominico de Cobán – Erupción del Volcán de Fuego.
1555-1558	Presidencia de Antonio Rodríguez de Quezada.
1558	Expedición contra los lacandones – Epidemia de viruela, sarampión o tabardillo.
1559	Erección de la diócesis de Verapaz.
1559-1563	Presidencia de Juan de Núñez de Landecho.
1560	Tabasco y Yucatán son separados de la Audiencia de los Confines.
1562	Epidemia de peste – Se establece la Alcaldía Mayor de Verapaz.
1563	Muerte del obispo Francisco Marroquín – Se ordena el traslado de la Audiencia a Panamá, lo que se efectúa el año siguiente.
1563-1570	Gobierno de Francisco Briseño de Coca.
1564	Epidemia de viruela.
1564-1569	Bernardino de Villalpando, obispo de Guatemala.
1565	La Corona autorizó el repartimiento de indios en los pueblos cercanos a Santiago de Guatemala.
1566	Sismos fuertes en Guatemala.
1570	Creación de la Audiencia de Guatemala.
1570-1573	Presidencia de Antonio González.
1571	Gran erupción volcánica.

1573	Epidemia en la provincia de Guatemala.
1573-1578	Presidencia de Pedro de Villalobos.
1574-1598	Gómez Fernández de Córdoba, obispo de Guatemala.
1575	Terremoto general.
1576-1578	Epidemia general de viruela, sarampión o tabardillo – Peste bubónica.
1577	Temblores en Santiago de Guatemala.
1578-1588	Presidencia de García de Valverde.
1580	Temblores en Santiago de Guatemala.
1581	Gran erupción del Volcán de Fuego.
1585	Sismos en Guatemala – Epidemia general de viruela, sarampión o tabardillo.
1586	Terremoto en Santiago de Guatemala.
1587	Se establece la Inquisición en Guatemala – Terremoto en Santiago.
1588	Epidemia de viruela.
1588-1594	Presidencia de Pedro Mallén de Rueda.
1590	Epidemia caracterizada por escalofríos, tos y fiebre.
1594-1596	Presidencia de Francisco de Sandé.
1594	Quirio Cataño esculpe la imagen del Cristo de Esquipulas.
1596-1598	Presidencia de Álvaro Gómez de Abáuza.
1597	Inauguración en Santiago del Seminario Tridentino.
1598-1611	Presidencia de Alonso Criado de Castilla.
1601-1609	Fray Juan Ramírez de Arellano, obispo de Guatemala.
1604	Apertura del puerto de Santo Tomás de Castilla – Se inicia el cobro de la alcabala en Santiago de Guatemala.
1607	Epidemia general de viruela y tifus – Terremoto en Guatemala – Supresión de la diócesis de Verapaz, que se une a la de Guatemala.

1609	Nuevo terremoto en Guatemala.
1610	Epidemia en el Valle de Guatemala.
1611–1627	Presidencia de Antonio Peraza de Ayala Castilla y Rojas, conde de La Gomera.
1612	Epidemia en varios pueblos.
1612–1615	Juan Cabezas Altamirano, obispo de Guatemala.
1614	Epidemia en Santiago de Guatemala.
1618	Epidemia en Chiapas.
1620–1621	Epidemia general de viruela.
1620–1630	Juan de Zapata Sandoval, obispo de Guatemala.
1626	Llega a Guatemala Thomas Gage, fraile dominico.
1627–1634	Presidencia de Diego de Acuña.
1631	Epidemia general de tifus.
1643–1650	Bartolomé González Soltero, obispo de Guatemala.
1644	Ataques de piratas en el Golfo Dulce y Roatán.
1649–1652	Presidencia de Antonio de Lara Mogrovejo.
1650	Construcción del baluarte de San Felipe – Desalojo de los ingleses de Roatán – Peste bubónica.
1651	Terremoto en Santiago de Guatemala – Llega a Guatemala Pedro de Bethancourt.
1652–1654	Presidencia de Jerónimo Garcés Carrillo de Mendoza, conde de Priego.
1654–1657	Presidencia de Fernando de Altamirano y Velasco, conde de Santiago de Calimaya.
1655	Erupción volcánica cerca de Santiago.
1659–1667	Presidencia de Martín Carlos de Mencos.
1659–1668	Fray Payo de Rivera, obispo de Guatemala.
1660	Plaga de langosta – Llega la primera imprenta a Santiago – Epidemia de sarampión.
1663	*Explicatio Apologetica*, primer libro impreso en Santiago.
1667	Muerte del beato hermano Pedro de Bethancourt.

1667–1670	Presidencia de Sebastián Álvarez Alfonso Rosica de Caldas.
1668–1675	Juan de Santo Mathía Sáenz de Mañosca, obispo de Guatemala.
1669	Se inicia la construcción de la nueva catedral.
1670–1672	Presidencia del obispo Juan de Santo Mathía.
1671	Se organizan las milicias permanentes en Santiago de Guatemala.
1672–1678	Presidencia de Fernando Francisco de Escobedo y Cabrera.
1676	Aprobación de la fundación de la Universidad de San Carlos.
1676–1682	Juan de Ortega Montañés, obispo de Guatemala.
1677	Sublevación en El Maché.
1678	Epidemia de viruela – Erupción volcánica.
1678–1681	Presidencia de Lope de Sierra Osorio.
1679	Motín en San Miguel Totonicapán.
1680	Inauguración de la catedral de Santiago.
1681	Se inician las clases en la Universidad de San Carlos.
1681–1683	Presidencia de Juan Miguel de Augurto y Alava.
1683–1688	Presidencia de Enrique Enríquez de Guzmán.
1683–1700	Fray Andrés de las Navas y Quevedo, obispo de Guatemala.
1685	Se autoriza el comercio de vino con Perú.
1686	Piratas incendian el castillo de San Felipe – Epidemia de tifus.
1687	Ataques de piratas a las bodegas del Golfo y a Olancho – Erupción volcánica cerca de Santiago.
1688	Entrada contra itzaes y lacandones.
1688–1691	Presidencia de Jacinto de Barrios Leal.
1689	Sismos en el Corregimiento del Valle.
1691–1693	Presidencia de Fernando López de Ursino y Orbaneja.

1693	Levantamiento en Tuxtla, Chiapas – Epidemia de viruela.
1693–1695	Nueva presidencia de Jacinto de Barrios Leal.
1695	Expedición al Lacandón del presidente Barrios Leal.
1696	Motín en San Francisco El Alto.
1696–1702	Presidencia de Gabriel Sánchez de Berrospe.
1697–1699	Expedición contra los lacandones e itzaes desde Yucatán y Guatemala.
1701	Transcripción y traducción del *Popol Vuh* por Francisco Ximénez – Controversia entre el presidente Sánchez de Berrospe y el visitador Francisco Gómez de la Madrid.
1706-1711	Obispado de fray Mauro de Larreátegui y Colón.
1706–1716	Presidencia de Toribio de Cossío y de la Campa.
1708	Epidemia en Guatemala.
1712	Revuelta de los zendales en Chiapas.
1712–1724	Obispado de fray Juan Bautista Álvarez de Toledo.
1713	Se prohíbe el comercio entre Guatemala y Perú.
1714	Prohibición de la venta de aguardiente de caña.
1716–1724	Presidencia de Francisco Rodríguez de Rivas.
1717	Terremotos de San Miguel en Santiago de Guatemala.
1721	Hambruna en el Corregimiento del Valle.
1722	Litigio de tierras entre Jilotepeque y Comalapa.
1723	Epidemia de viruela y plaga de langosta en Guatemala.
1724	Expulsión de los ingleses de Belice.
1724–1733	Presidencia de Pedro Antonio de Echevers y Subiza.
1725–1726	Obispado de Nicolás Gómez de Cervantes.
1728	Epidemia de sarampión.
1729–1731	Primera época de la *Gazeta de Guatemala*.

1729–1736	Obispado del doctor Juan Gómez de Parada.
1730	Establecimiento del estanco de naipes – Litigio de tierras entre Aguacatán y Sacapulas.
1731	Fundación de la Casa de Moneda.
1732	Hambruna y plaga de langosta en la provincia de Guatemala.
1733	Primeras acuñaciones de moneda en Santiago – Epidemia de viruela.
1733–1742	Presidencia de Pedro Rivera y Villalón.
1735	Revueltas en San Juan Chamelco y San Pedro Carchá.
1737	Hambruna en Guatemala.
1738–1751	Obispado de Pedro Pardo de Figueroa.
1738	La Corona autoriza el empleo de indios en los obrajes de añil.
1742	Terremoto en Suchitepéquez.
1742–1748	Presidencia de Juan de Rivera y Santa Cruz.
1743	Elevación de la diócesis de Guatemala a arzobispado – Sublevación en Santa Catarina Ixtahuacán.
1746	Los ingleses invaden Roatán – Hambruna en Guatemala – Epidemia de tabardillo.
1748	Se constituye la Compañía de Comercio de Guatemala.
1748–1751	Presidencia de José de Araujo y Río.
1749–1759	Construcción del templo de Esquipulas.
1750	El Corregimiento del Valle se divide en las Alcaldías Mayores de Chimaltenango y de Sacatepéquez–Amatitanes.
1751	Terremoto en el centro de Guatemala.
1752	Establecimiento del estanco del aguardiente – Hambruna en Guatemala – Epidemia de viruela.
1752–1753	Presidencia de José Vázquez Prego.
1753–1765	Arzobispado de José de Figueredo y Victoria.
1754	Fracasa una expedición desde Petén para ocupar Belice.

1754–1760	Presidencia de Alonso de Arcos y Moreno.
1755	Los ingleses construyen un fuerte en Belice.
1756	Se establece el estanco de la nieve.
1759	Sublevación en San Francisco Tecpán Guatemala.
1761	Proyecto de creación de un virreinato en Guatemala – Epidemia de viruela.
1761–1764	Presidencia de Alonso Fernández de Heredia.
1762	Inundación en Petapa.
1765	Creación del estanco del tabaco – Terremoto en el oriente de Guatemala, que destruyó Chiquimula.
1765–1771	Presidencia de Pedro de Salazar Nátera.
1766	Desórdenes en Santiago de Guatemala contra la prohibición de venta de licores – Establecimiento del estanco de la pólvora.
1767	Se autoriza el repartimiento de indios para obrajes de añil.
1768	Litigio de tierras entre Jilotepeque y Comalapa.
1768–1779	Arzobispado de Pedro Cortés y Larraz.
1769	Epidemia de sarampión.
1770	Epidemia de tifus – Litigio de tierras entre Santa Marta Chiquimula y San Antonio Ilotenango.
1771–1773	Gobierno interino de Juan González Bustillo.
1773–1779	Presidencia de Martín de Mayorga.
1773	Terremotos de Santa Marta en Santiago de Guatemala.
1774	Traslado provisional al Valle de La Ermita – Epidemia de tabardillo o tifus, se organiza la primera Junta de Salubridad para controlarla – Epidemia de sarampión – Sublevación en San Juan Comalapa.
1775	Se recibe en Guatemala real cédula que aprueba el traslado de la capital al Valle de La Ermita – Concluye la construcción del castillo de San

	Fernando de Omoa – Conflictos entre San Cristóbal y San Miguel Totonicapán – Fuerte erupción del volcán Pacaya – Plaga de langosta.
1776	Cabildo municipal se asienta en el Valle de La Ermita.
1777	Sublevación indígena en Santa María Chiquimula.
1779–1783	Presidencia de Matías de Gálvez.
1779–1792	Arzobispado de Cayetano Francos y Monroy.
1780	Epidemia de viruela.
1781	Litigio de tierras entre Joyabaj y Santa Cruz del Quiché.
1782	Por real orden se establece vacunación obligatoria contra la viruela en el reino de Guatemala.
1783	Se restablece el estanco de aguardiente de caña suprimido en 1779.
1783–1789	Presidencia de José de Estachería.
1785	Litigio de tierras entre indios de Rabinal y los dominicos – Sublevación en Quezaltenango.
1787	Entran en vigor, en el reino de Guatemala, las Ordenanzas de Intendentes de Nueva España, promulgadas en 1786.
1789	Epidemia de viruela.
1789–1794	Presidencia de Bernardo Troncoso y Martínez del Rincón.
1790	Litigio de tierras entre Santa María Chiquimula y San Pedro Jocopilas.
1793	Se autoriza el Consulado de Comercio – Rebelión indígena en Santa María Nebaj.
1794	Empieza a funcionar el Consulado de Comercio – Fundación de la Sociedad Económica de Amigos del País.
1794–1800	Arzobispado de Félix de Villegas.
1794–1801	Presidencia de José Domás y Valle.

1795	Comienza a funcionar oficialmente la Sociedad Económica de Amigos del País – Brote de viruela.
1796	Ingleses ocupan nuevamente las Islas de la Bahía e introducen negros caribes de la Isla de San Vicente.
1797	Primer número de la segunda *Gazeta de Guatemala* – Garífunas se establecen en Roatán – La Sociedad Económica abre una escuela de dibujo.
1799	Plaga de langosta.
1800	Se aplica la supresión de la Sociedad Económica.
1801–1811	Presidencia de Antonio González Saravia.
1802	Sublevación en Santa María Chiquimula.
1802–1806	Arzobispado de Luis Peñalver y Cárdenas.
1803	Sublevación en Cobán.
1804	Primer ensayo de la vacuna contra la viruela.
1805	Junta de la Vacuna.
1808	Motín de artesanos en la ciudad de Guatemala.
1808–1809	Arzobispado de Rafael de la Vera de la Madrid.
1810	Ayuntamiento de Guatemala elige al doctor Antonio Larrazábal diputado a Cortes – Fundación del Colegio de Abogados – Publicación del libro *Guatemala por Fernando VII*.
1811	Temblores el 3 de mayo en la Nueva Guatemala – Litigio de tierras entre Chiquimula y Momostenango – Insurrecciones en San Salvador, León y Granada.
1811–1829	Arzobispado de Ramón Casaus y Torres.
1811–1817	Presidencia de José de Bustamante y Guerra.
1812	Jura de la Constitución – Elección de ayuntamientos constitucionales en el reino de Guatemala.
1813	Litigio de tierras entre San Miguel Totonicapán y Santo Tomás Chichicastenango – Supresión de los estancos – Conjuración de Belén.

1814	Junta de Salubridad en Guatemala – Domingo Juarros publica el primer tomo del *Compendio de la historia de la ciudad de Guatemala*.
1815	Revuelta en San Juan Chamelco – Restablecimiento del tributo.
1816	Fuertes temblores en el occidente de Guatemala y Chiapas.
1817	Se restablece la Inquisición.
1817–1821	Presidencia de Carlos Urrutia y Montoya.
1818	Temblores en Quetzaltenango – Sublevación indígena en Santa María Chiquimula – Se publica el segundo tomo del *Compendio* de Juarros.
1819	El presidente Urrutia y Montoya autoriza el comercio con Belice.
1820	Levantamiento indígena en Totonicapán – Publicación de los periódicos *El Editor Constitucional* (1820–1821) y *El Amigo de la Patria* (1820–1822).
1821	Gavino Gaínza asume como jefe político superior – Temblores en el occidente de Guatemala – Proclamación de la independencia del reino de Guatemala, el 15 de septiembre – Quezaltenango se declara provincia autónoma dentro del imperio mexicano – Levantamiento indígena en Salamá, Verapaz.
1822–1823	Anexión a México.
1823	Vicente Filísola triunfa en San Salvador – Se inicia la Asamblea Nacional Constituyente – Independencia absoluta de Centroamérica de España y México – Establecimiento ilegal de la diócesis en El Salvador – Salida de las tropas mexicanas – Asonada de Ariza.
1824	Juan Barrundia y Cirilo Flores son elegidos jefe y vicejefe del Estado de Guatemala – Entra en vigor la Constitución de la República de Centro América.

1825	Se decreta la primera Constitución política del estado de Guatemala – El Congreso federal declara a Manuel José Arce presidente de la República – José Matías Delgado electo obispo de El Salvador por el Congreso del estado – Préstamo concedido por la Casa Barclay, Herring & Richardson, que después se convirtió en la llamada deuda inglesa.
1825–1828	Presidencia de Manuel José Arce.
1826	Se instala la primera legislatura del estado – El presidente de la República destituye al jefe del estado de Guatemala – Cirilo Flores, vicejefe del estado de Guatemala es asesinado en Quezaltenango – Supresión del Consulado de Comercio – Epidemia de sarampión en Santiago Atitlán – Manuel José Arce se une al bando conservador – El presidente Arce convoca a un Congreso Nacional extraordinario en Cojutepeque.
1826–1829	Guerra civil.
1827	Batalla de Arrazola entre tropas salvadoreñas y guatemaltecas – Erupción del volcán Atitlán – Batalla de Milingo entre fuerzas guatemaltecas y salvadoreñas.
1827–1829	Mariano de Aycinena, jefe del estado de Guatemala.
1828	Sublevación militar en Jalpatagua – Conjuración en Quezaltenango contra las autoridades del estado de Guatemala – Manuel José Arce se separa temporalmente de la presidencia de la República y asume el vicepresidente Mariano Beltranena – Capitulación del ejército federal en Mejicanos, El Salvador.
1828–1829	Presidencia federal de Mariano Beltranena.
1829	Ejército Aliado Protector de la Ley, comandado

por Francisco Morazán, ocupa la ciudad de Guatemala – La Asamblea de Guatemala decreta el cierre de los establecimientos monásticos masculinos, la expulsión de las órdenes religiosas y del arzobispo – Se suprime el Consulado de Comercio – Expulsión de Centroamérica de los ex presidentes Manuel José Arce y Mariano Beltranena, así como del arzobispo Ramón Casaus y Torres y otros conservadores.

1829–1830   Presidencia federal provisional de José Francisco Barrundia.

1830   Se establece la Sociedad Económica de Amigos del estado de Guatemala – Terremoto en la ciudad de Guatemala y sus alrededores – Plaga de orugas en las nopaleras de grana – Ingleses se apoderan de la Isla de Roatán (Honduras).

1830–1834   Primer periodo presidencial de Francisco Morazán.

1831–1838   Mariano Gálvez, jefe del estado.

1832   Intento de invasión comandada por Manuel José Arce desde México – El Congreso federal decreta la tolerancia de cultos.

1833   El Congreso federal convoca a una nueva Constituyente.

1834   El estado de Guatemala otorga a una compañía inglesa la concesión para colonizar la zona atlántica del estado – Traslado de la capital federal a Sonsonate y después a San Salvador – José del Valle electo presidente de la federación, pero muere antes de tomar posesión.

1835   Sublevación en Chiquimula contra el gobierno de Gálvez – El Congreso federal decreta nueva Constitución política.

1835–1839   Segundo periodo presidencial de Francisco Morazán.

1836	Se inicia la colonización inglesa en Verapaz.
1837	Promulgación de Códigos de Lívingston – Epidemia general de cólera – Levantamiento en Mita comandado por Rafael Carrera – Sublevación en San Juan Ostuncalco.
1838	Rafael Carrera amenaza tomar la ciudad de Guatemala pero es derrotado en Villa Nueva – Renuncia Mariano Gálvez como jefe del estado, lo sustituye el vicejefe Pedro José Valenzuela – Creación del estado de Los Altos – Tratado de El Rinconcito – P. J. Valenzuela entrega la jefatura del estado de Guatemala a Mariano Rivera Paz, presidente del Consejo del estado.
1838–1839	Mariano Rivera Paz, jefe provisional del estado.
1838–1840	Estado de Los Altos.
1839	Elección del general Carlos Salazar como jefe del estado de Guatemala – Aprobación de la Ley de Garantías – Carrera toma la ciudad de Guatemala y repone a Rivera Paz como jefe del estado – Guatemala se separa de la federación.
1839–1844	Mariano Rivera Paz, primer presidente del estado de Guatemala.
1840	Francisco Morazán ocupa nuevamente la ciudad de Guatemala, pero es derrotado por tropas de Rafael Carrera y sale exiliado hacia Panamá – Carrera invade Quezaltenango y reincorpora el estado de Los Altos al estado de Guatemala.
1841	Anulación de la concesión inglesa de Santo Tomás – Del 3 de agosto al 1º de octubre ejerce la presidencia Bernardino Lemus – Se prohíbe la libre introducción y circulación de libros.
1842	Mariano Rivera Paz entrega el mando a Venancio López, de febrero a mayo – Inicio de la colonización belga en Santo Tomás.
1844	Asume como arzobispo coadjutor, con derecho

	a sucesión, Francisco García Peláez – Convenio de Paz de Quesada.
1844–1848	Primer periodo de Rafael Carrera como presidente, primero del estado y luego de la República de Guatemala.
1845	Joaquín Durán ejerce como presidente del estado de Guatemala, de enero a junio – Es expulsado el vendedor de biblias protestantes Federico Crowe – Fallece en La Habana el arzobispo Ramón Casaus y Torres – Temblores en el centro del país.
1845–1867	Arzobispado de Francisco de Paula García Peláez.
1846	Fuertes lluvias arruinan las cosechas – Se concluye la construcción del Fuerte de San José – Fallida conjura contra Rafael Carrera.
1847	Fundación de la República de Guatemala – Rafael Carrera asume como primer presidente de la República.
1848	Después de la renuncia de Rafael Carrera asume la presidencia, de agosto a noviembre, Juan Antonio Martínez – La asamblea declara a Carrera fuera de la ley, bajo pena de muerte si regresa al país – Restablecimiento efímero del estado de Los Altos – José Bernardo Escobar asume la presidencia de Guatemala el 27 de noviembre.
1849	José Bernardo Escobar renuncia a la presidencia y la asume Mariano Paredes – Rafael Carrera retorna a Guatemala y suprime el estado de Los Altos.
1849–1851	Presidencia de Mariano Paredes.
1850	Rafael Carrera sofoca una sublevación en el Fuerte de San José – Fuerzas comandadas por José Dolores Nufio invaden Guatemala.
1851	Batalla de La Arada – Los jesuitas retornan a Guatemala.

1851–1865	Segundo periodo presidencial de Rafael Carrera.
1852	Concordato con la Santa Sede – Ley Pavón sobre educación – Creación de los departamentos de Jutiapa y Santa Rosa.
1853	Terremoto en Los Altos – Pérdidas en la cosecha de cochinilla por intensas lluvias.
1854	Rafael Carrera es nombrado presidente vitalicio – Quezaltenango jura fidelidad al presidente Rafael Carrera – Sismos en varias zonas del altiplano.
1855	Epidemia de viruela en Los Altos.
1856	Se envían tropas para pelear contra los filibusteros en Nicaragua.
1857	Regresan a Guatemala las tropas que combatieron a los filibusteros en Nicaragua – Nueva epidemia de cólera.
1858	Se restablece el fuero militar.
1859	Tratado Aycinena-Wyke – Conclusión del Teatro Carrera.
1860	Gerardo Barrios, presidente de El Salvador, visita Guatemala.
1862	Rompimiento de relaciones con El Salvador – Movimientos sísmicos en casi todo el país.
1863	Guerra entre Guatemala y El Salvador, llamada de la "nacionalidad" – Tratado de Reconocimiento, Paz y Amistad entre España y Guatemala.
1865	Muerte de Rafael Carrera – Vicente Cerna es nombrado presidente.
1865–1871	Presidencia de Vicente Cerna.
1866	Epidemia de influenza – Los distritos de Amatitlán, Huehuetenango, Izabal, Petén y San Marcos pasan a la categoría de departamentos.
1867	Levantamiento armado de Serapio Cruz en Sanarate.

1868	Construcción de muelle en el Puerto de San José.
1868–1881	Arzobispado de Bernardo Piñol y Aycinena.
1869	La asamblea reelige presidente a Vicente Cerna – Se aprueba el sistema decimal en la moneda – Empréstito por £500 000 con Inglaterra.
1870	El general Serapio Cruz es derrotado y muere en Palencia – Cuilapa es severamente dañada por un terremoto.
1871	Invasión de Miguel García Granados y J. Rufino Barrios desde México, Acta de Patzicía – Triunfo de la Revolución Liberal – Expulsión del arzobispo Bernardo Piñol y Aycinena – Se deroga el sistema decimal de la moneda – Supresión del diezmo – Se crea el departamento de Zacapa.
1871–1873	Presidencia de Miguel García Granados.
1872	Nacionalización de los bienes de las órdenes religiosas – Creación del departamento de Quiché – Expulsión de los jesuitas.
1873	La asamblea elige presidente a Justo Rufino Barrios – Creación de la Escuela Politécnica – Desamortización de los bienes eclesiásticos – Extrañamiento del gobernador del arzobispado, quien es sustituido por Manuel Francisco Barrutia – Creación del departamento de Jalapa.
1873–1885	Presidencia de J. Rufino Barrios.
1874	El Colegio Seminario es agregado a la Universidad Nacional – Asume como gobernador del arzobispado Juan Bautista Raúll y Bertrán – Exclaustración por orden del gobierno de los conventos de monjas.
1875	El fotógrafo Edward Muybridge trabaja en Guatemala – Guatemala reconoce a Cuba como país independiente.
1876	Guerra contra El Salvador – Levantamiento

	indígena en Momostenango – Promulgación del Código Civil.
1877	Barrios ordena fusilar a indígenas de Quiché, acusados de sublevarse – Complot Kopewski contra J. Rufino Barrios – Se abren los registros Civil y de la Propiedad – Código de Comercio – Se separa Verapaz en dos departamentos – Creación del departamento de Retalhuleu.
1878	Muerte de Miguel García Granados.
1878–1887	Aparece el primer tomo de la *Reseña histórica de Centro América*, de L. Montúfar.
1879	Promulgación de la Constitución de la República – Aparece el tomo I de la *Historia de la América Central*, de José Milla.
1880	Primer Censo Nacional – Inauguración del ferrocarril San José-Escuintla – Inicio oficial de las nuevas instalaciones de la Fábrica de Hilados y Tejidos Cantel.
1881	Se restablece el sistema decimal en la moneda – Inauguración del Cementerio General de la ciudad de Guatemala – Supresión de la Sociedad Económica de Guatemala – Fallece en La Habana el arzobispo Bernardo Piñol.
1882	Llegada de los primeros misioneros presbiterianos – Tratado de límites entre Guatemala y México – Inauguran transporte urbano por medio de tranvías en la ciudad de Guatemala.
1883	Atentado de la Bomba contra Barrios.
1884	Firma de un concordato entre Guatemala y la Santa Sede – Inauguración del ferrocarril Escuintla–Guatemala – Epidemia de sarampión.
1885	Decreto de Unión de Centroamérica – Muerte de Justo Rufino Barrios en Chalchuapa (El Salvador) – Asume la presidencia Manuel Lisandro Barillas – No se aprueba el concordato con la

	Santa Sede – Después de reformas constitucionales Barillas es electo presidente – Fallecimiento de Juan B. Raúll y Bertrán, gobernador del arzobispado.
1885–1892	Presidencia de Manuel Lisandro Barillas.
1886	Sublevación en Chiantla, Huehuetenago.
1886–1913	Arzobispado de Ricardo Casanova y Estrada.
1887	Manuel Lisandro Barillas disuelve la Asamblea Legislativa – Reformas constitucionales que suprimen la vicepresidencia y aumentan el periodo presidencial a seis años – Fusilamiento del ex vicepresidente Vicente Castañeda después de un levantamiento en Chiantla – Sediciones en el occidente del país – Firma del tratado entre Guatemala y el imperio alemán – Expulsión del arzobispo Ricardo Casanova.
1888	Inauguración de la Academia Guatemalteca de la Lengua.
1889	Empréstito para la construcción del Ferrocarril del Norte.
1890	Muerte de Martín Barrundia en el barco Acapulco.
1891	Fundación del Banco Comercial de Guatemala.
1892	Fundación del Colegio Alemán – Inauguración de la penitenciaría.
1892–1898	Presidencia de José María Reina Barrios.
1894	Construcción del primer templo evangélico – Ley Agraria General – Reanudación de la construcción del Ferrocarril del Norte.
1896	Amnistía a todos los desterrados – Inauguración del Ferrocarril Verapaz – El Ferrocarril del Norte llega a Zacapa.
1897	Reina Barrios inicia las gestiones para la ampliación de su periodo – Disolución de la Asamblea Legislativa – Regresa al país el arzobispo Ricar-

	do Casanova – Revoluciones en el occidente y en el oriente contra Reina Barrios, que fracasan – Exposición Centroamericana.
1898	Edgar Zollinger asesina al presidente Reina Barrios – Manuel Estrada Cabrera asume la presidencia – Elecciones presidenciales que gana Estrada Cabrera – Rebelión indígena en San Juan Ixcoy – Inauguración del ferrocarril hacia Ocós – Inicio de las fiestas de Minerva – Primer levantamiento armado contra Estrada Cabrera, encabezado por Próspero Morales.
1898–1920	Gobierno de Manuel Estrada Cabrera.
1900	Estrada Cabrera es nombrado "Benemérito de la Patria".
1901	Se inaugura en la capital el Templo de Minerva definitivo.
1901–1902	Erupciones del volcán Santa María.
1902	Terremoto en Quezaltenango.
1903	Nueva crisis en los precios del café.
1904	Primera reelección del presidente Estrada Cabrera – Finaliza la construcción de Puerto Barrios – Estrada Cabrera otorga el Ferrocarril del Norte a concesionarios estadunidenses.
1905	Epidemia de fiebre amarilla en Zacapa.
1906	El presidente de El Salvador, Tomás Regalado, invade Guatemala – Guerra del Totoposte, muere el general Regalado.
1907	Atentado de la Bomba contra Estrada Cabrera – Asesinato de Manuel Lisandro Barillas en México – Pactos de Washington – Fundación de la Corte de Justicia Centroamericana en Costa Rica.
1908	Se termina de construir el ferrocarril entre Puerto Barrios y la ciudad de Guatemala, al inaugurarse el tramo de El Rancho a la capital – Atentado de los cadetes contra Estrada Cabrera,

	cierre de la Escuela Politécnica – Fundación del departamento de El Progreso.
1909	El periódico *La República* introduce el uso de la linotipia.
1910	Establecimiento del programa de vacunación general obligatoria contra la viruela – Segunda reelección de Estrada Cabrera.
1911	Fundación del Asilo Maternidad Joaquina – Realización de un congreso de periodistas centroamericanos en Guatemala.
1912	Apertura de la Academia Militar – Establecimiento de la empresa Ferrocarriles Internacionales de Centro América.
1913	Fallecimiento del arzobispo R. Casanova – Primera huelga de trabajadores.
1914	Designación de fray Julián Raimundo Riveiro y Jacinto como arzobispo de Guatemala – Guatemala declara neutralidad en relación con la guerra europea.
1914–1920	Arzobispado de Julián Raimundo Riveiro.
1915	El doctor Rodolfo Robles establece la etiología de la oncocercosis – El café guatemalteco gana el premio único en la Exposición de San Francisco, California.
1916	Tercera reelección de Estrada Cabrera.
1917	Caída del precio del café – Guatemala rompe relaciones con Alemania – Terremotos en la ciudad de Guatemala.
1918	Continúan los movimientos sísmicos – Declaración de guerra a Alemania – Intervención de los bienes alemanes y nacionalización de la Empresa Eléctrica – Organización de la universidad con el nombre de Universidad Estrada Cabrera – Inicio de una epidemia de influenza, que se prolonga los primeros meses del año siguiente.

1919	Graduación de la primera mujer en la Universidad Estrada Cabrera – Fundación del Partido Unionista – Sermones del obispo José Piñol y Batres y su posterior expulsión del país – El departamento de El Progreso se llama Estrada Cabrera.
1920	Semana Trágica – Estrada Cabrera es derrocado – Carlos Herrera es nombrado presidente – Nueva abolición del sistema de mandamientos – Sale del país voluntariamente el arzobispo Riveiro y posteriormente presenta su renuncia.
1920–1921	Presidencia de Carlos Herrera Luna.
1921	Es nombrado administrador apostólico del arzobispado, monseñor Rafael Álvarez – Se levanta embargo de bienes alemanes – Primera celebración del Día del Trabajo – Censo nacional – Es consagrado arzobispo monseñor Luis Javier Muñoz y Capurón – Golpe de Estado de los generales José María Orellana, José María Lima y Miguel Larrave – Orellana asume la jefatura del estado.
1921–1926	Presidencia del general José María Orellana.
1921–1927	Arzobispado de Francisco J. Muñoz y Capurón.
1922	Elecciones presidenciales en las que resulta ganador J. M. Orellana – Creación del Partido Comunista – Disturbios en San José del Golfo, Palencia y Escuintla, que el gobierno atribuyó al Partido Conservador – Frustrada revuelta en los departamentos de Guatemala, Amatitlán, Sacatepéquez, Santa Rosa, Chimaltenango, Escuintla – Poco después fue expulsado del país el arzobispo Muñoz, asumiendo de nuevo como administrador apostólico Rafael Álvarez.
1923	Formación de la Liga Obrera – Creación de la Caja Reguladora Bancaria.
1924	Entra en vigor la reforma monetaria – Muerte de

	Manuel Estrada Cabrera – Alza en los precios del café – Contrato entre Guatemala y Allgemeine Elektrizitaets Gesellschaft, para la construcción del Ferrocarril de Los Altos y la Hidroeléctrica de Santa María – Convenio de comercio entre Alemania y Guatemala.
1925	Emisión de Ley de Instituciones de Crédito – Establecimiento de la diócesis de Quezaltenango – Creación de la Dirección General de Salubridad – Inauguración de la Empresa Eléctrica de Zacapa – Huelgas y manifestaciones obreras.
1926	Establecimiento del Banco Central de Guatemala – Primera huelga de mujeres obreras – Muerte de José María Orellana; asume el primer designado, general Lázaro Chacón, quien después gana las elecciones.
1926–1930	Presidencia del general Lázaro Chacón.
1927	Fallece en el exilio, en Bogotá, el arzobispo F. J. Muñoz y Capurón – Entra en uso la Hidroeléctrica de Santa María – Reforma constitucional – Renegociación de la deuda inglesa.
1928	Creación de la Oficina Central del Café – Caída del precio del café – Se abren colegios alemanes en Quetzaltenango y Cobán – Es designado arzobispo Luis Durou y Sure.
1928–1938	Arzobispado de Luis Durou y Sure.
1929	Revolución de enero – Creación del Sindicato de Maestros de Educación – Erupción del volcán Santa María – Creación de El Crédito Hipotecario Nacional de Guatemala – Primer servicio aéreo a Petén.
1930	Grupo Tepeus de escritores y artistas – Lázaro Chacón enferma y deja la presidencia, muere poco después – Problemas limítrofes entre Honduras y Guatemala.

1931–1944	Presidencia del general Jorge Ubico.
1932	Establecimiento de la Cédula de Vecindad.
1933	Emisión de la Ley de Vialidad – Tropical Radio Telegraph inicia sus servicios internacionales de radiotelegrafía y radiotelefonía.
1934	Inauguración del Palacio del Congreso – Abolición de las habilitaciones y del peonaje por deuda – Ley contra la Vagancia – Plaga de langosta en la Costa Sur – Surge la Radio Morse y la TGW, La Voz de Guatemala.
1935	Aprobación de reforma constitucional – Primera reelección de Ubico – Creación de la diócesis de la Verapaz.
1936	Contrato con la Compañía Agrícola de Guatemala – Se reconoce el gobierno de Francisco Franco en España – Guatemala se retira de la Sociedad de las Naciones – Llega a Guatemala el primer nuncio Alberto Levame.
1937	Regresan los jesuitas – Inicio del segundo periodo presidencial de Jorge Ubico – Inauguración del servicio telefónico automático en la capital – Creación de la Facultad de Ciencias Económicas de la Universidad Nacional.
1937–1943	Construcción del Palacio Nacional.
1938	Inauguración del Palacio de Comunicaciones, la Corte Suprema de Justicia y el Palacio de la Policía Nacional – Inauguración de la primera sinagoga – Fallece el arzobispo L. Durou y Sure.
1939	Se termina de construir el edificio de la Tipografía Nacional – Mariano Rosell Arellano es consagrado arzobispo – Fusionados servicios de correos y telégrafos.
1939–1964	Arzobispado de Mariano Rosell Arellano.
1940	Creación de la Facultad de Odontología – V Censo de Población, cuyos resultados son alterados

	por orden presidencial – Firma del Convenio Internacional del Café.
1941	El gobierno sustituye el término "obrero" por el de "empleado" – Erupción del volcán Tajumulco – Declaración de guerra a Japón, al Reich alemán e Italia.
1942	Intervención de bienes de extranjeros enemigos – Deportación de nacionales alemanes – Estados Unidos establece tres bases aéreas en Guatemala – Guatemala hace reserva de sus derechos sobre Belice.
1943	El gobierno adquiere la Central America Plantation Company (Capco) – Fundación de la Asociación de Estudiantes Universitarios – Inauguración del Palacio Nacional.
1944	Movimiento de protesta contra Ubico – Petición de renuncia de los 311 – Muerte de María Chinchilla – Expropiación de bienes alemanes y del Ferrocarril Verapaz – Cancelación de la "deuda inglesa" – Renuncia del presidente Ubico – El general Federico Ponce asume la presidencia – Convocatoria a elecciones – Revolución de Octubre e instalación de la Junta Revolucionaria de Gobierno – Masacre en Patzicía – Derogatoria de la Constitución de la República – Instalación de la nueva Asamblea Legislativa – Elecciones presidenciales.
1945	Instalación de la Asamblea Constituyente – Promulgación de la nueva Constitución – Toma de posesión del presidente Juan José Arévalo – Fundación del Instituto Indigenista Nacional – Proyecto de colonización de Petén – Publicación de *Ecce Pericles!*, de R. Arévalo Martínez – Fundación de la Facultad de Humanidades.
1945–1951	Presidencia de Juan José Arévalo Bermejo.

1946	Ley de Fomento Industrial – Censo escolar – Formación del Grupo Saker–Ti – Fundación del Instituto de Antropología e Historia – Reforma monetaria y bancaria – Fundación del Banco de Guatemala – Publicación de *El señor presidente* de Miguel Ángel Asturias.
1947	Ley Mordaza – Establecimiento de la APG – Primer Código del Trabajo – Fundación del Instituto Guatemalteco de Seguridad Social (IGSS).
1948	Creación del INFOP – Nuevo Museo Nacional de Arqueología y Etnología – Motín en Momostenango.
1949	Asesinato del coronel Francisco Javier Arana – Ley de Arrendamiento Forzoso – Ley de Cooperativas – I Censo de Vivienda Urbana.
1950	VI Censo de Población y I Censo Agropecuario – Celebración en Guatemala de los VI Juegos Deportivos Centroamericanos y del Caribe – Fundación de la Confederación Nacional Campesina – Organización del Partido Obrero Revolucionario de Guatemala – Creación de la Facultad de Agronomía – Primer Congreso de Cooperativas – Elecciones presidenciales.
1951	Gennaro Verolino, nuevo nuncio – J. Arbenz asume la presidencia de la República – Congreso de Unidad Sindical – Huelga ferroviaria – Muere, en París, Enrique Muñoz Meany.
1951–1954	Presidencia de Jacobo Arbenz Guzmán.
1952	Ley de Reforma Agraria – Fundación del Partido Guatemalteco del Trabajo – Erección de las diócesis de Zacapa, Jalapa, Sololá y San Marcos.
1953	Asonada en Salamá – Fundación del Banco Nacional Agrario – Llegada del Opus Dei.
1954	X Conferencia Interamericana en Caracas, que emite una condena contra el comunismo en el

hemisferio – Llegada de armas compradas en Checoslovaquia – El arzobispo Rossell emite la carta pastoral "Sobre los avances del comunismo en Guatemala" – Invasión del Ejército de Liberación – Jacobo Arbenz renuncia a la presidencia – Asumen sucesivamente varias Juntas de Gobierno – Rebelión de los cadetes de la Escuela Politécnica – Disolución de los sindicatos y los partidos políticos – Creación del Comité de Defensa Nacional contra el Comunismo – Ley Preventiva Penal contra el Comunismo – Carlos Castillo Armas asume la presidencia.

1954–1957 Gobierno de Carlos Castillo Armas.

1955 Surge el Consejo Sindical de Guatemala (CSG) – Fundación de la Asociación Guatemalteca de Productores de Algodón – Creación de la Empresa Portuaria Nacional de Champerico – Finalización del Puerto Santo Tomás de Castilla.

1956 Nueva Constitución de la República – Primera embajada ante la Santa Sede – Fundación de GINSA – Primeras perforaciones petroleras.

1957 Creación del CACIF – El nuncio G. Verolino es declarado *non grato* – Asesinato de C. Castillo Armas, asume el primer designado – Creación de la Facultad de Medicina Veterinaria y Zootecnia – Elecciones presidenciales – Protestas contra los resultados – Triunvirato militar – Asume el segundo designado.

1958 Miguel Ydígoras Fuentes asume la presidencia – Creación de la Policía Militar Ambulante – Inauguración del palacio municipal de la capital.

1958–1963 Presidencia de Miguel Ydígoras Fuentes.

1959 Se termina de construir la Ruta del Atlántico – Ataque aéreo a barcos pesqueros mexicanos en aguas territoriales guatemaltecas – Creación

	del INDE – Establecimiento de FYDEP – Inauguración de la terminal de autobuses y el mercado de la zona 4 – Fundación de la Cámara de Industria.
1960	Creación del Instituto Nacional de Transformación Agraria (INTA) – Creación de la Asociación Nacional del Café (ANACAFE) – Levantamiento el 13 de noviembre.
1961	Fundación de la Universidad Rafael Landívar – Organización de Conferencia de Religiosos de Guatemala – Surge la Misión Cristiana Elim – Constitución de la FLOMERCA.
1962	Jornadas de marzo y abril contra el gobierno de Ydígoras – Formación del MR–13 de Noviembre de las FAR – Establecimiento de Centro de Formación Antiguerrillera en Mariscos, Izabal – Emisión de la Ley de Transformación Agraria – Fundación del Banco Inmobiliario.
1963	Regreso de J. J. Arévalo como candidato presidencial – Golpe de Estado del coronel Enrique Peralta Azurdia – Derogatoria de la Constitución – Entra en vigor el Impuesto sobre la Renta – Cese de operaciones del Ferrocarril Verapaz – Fundación de la FENACOAC – Repatriación de los restos del ex Presidente Jorge Ubico.
1963–1966	Gobierno de Enrique Peralta Azurdia.
1964	Muere el arzobispo Mariano Rossell Arellano – Mario Casariego es consagrado arzobispo – Establecimiento de la Conferencia Episcopal – VII Censo de Población y I Censo Agropecuario Nacional – Establecimiento del Banco Industrial – Fundación de APROFAM – Frente guerrillero en la Sierra de Las Minas.
1964–1983	Arzobispado de Mario Casariego.
1965	Guerrilla urbana – Se promulga nueva Consti-

	tución de la República – Formación de la Asociación Nacional Guatemalteca de Iglesias Bautistas – Convocatoria a elecciones generales – Fallece Mario Méndez Montenegro.
1966	Secuestro del presidente de la Corte Suprema, vicepresidente del Congreso y secretario de Publicidad – Fundación de la Universidad del Valle de Guatemala y de la Universidad Mariano Gálvez – Elecciones generales, gana J. C. Méndez Montenegro – Detención de Víctor Manuel Gutiérrez y 27 sindicalistas, ninguno de los cuales aparece – Creación de GUATEL – Miguel Ángel Asturias recibe el Premio Lenin de la Paz – Fallece Luis Turcios Lima – Inauguración del edificio del Banco de Guatemala, en el Centro Cívico.
1966–1970	Presidencia de Julio César Méndez Montenegro.
1967	El Estado adquiere la Empresa Eléctrica de Guatemala – Inauguración de la hidroeléctrica de Jurún–Marinalá – Miguel Ángel Asturias recibe el Premio Nobel de Literatura – Muerte del poeta Otto René Castillo – Expulsión de los religiosos Maryknoll Marian Peters y Thomas Melville – La guerrilla se retira de la Sierra de Las Minas.
1968	Asesinato por la guerrilla de los agregados militar y naval de los Estados Unidos – Secuestro del arzobispo Mario Casariego – Good Year adquiere la GINSA – La IRCA pasa a propiedad del gobierno, FEGUA inicia operaciones – Inauguración de la nueva terminal aérea – Las FAR asesinan al embajador de los Estados Unidos, John Gordon Mein.
1969	El Vaticano nombra cardenal a monseñor Mario Casariego – Fundación de la Codesgua.

1970	Secuestro de Alberto Fuentes Mohr – Elecciones generales, gana Carlos Arana – Asesinato del embajador alemán Karl von Spretti por las FAR –Fundación de Bandesa – Establecimiento del INDECA – Creación de la FIASA.
1970–1974	Presidencia de Carlos Manuel Arana Osorio.
1971	Muere en México Jacobo Arbenz – Asesinato del diputado Adolfo Mijangos López – El Ministerio de Hacienda y Crédito Público se transforma en Ministerio de Finanzas Públicas – Se detecta la broca del café.
1972	Surgimiento del Ejército Guerrillero de los Pobres (EGP) – Bandegua compra plantaciones de United Brands.
1973	Fundación de la Cámara del Agro – Creación del Instituto de Ciencia y Tecnología Agrícola (ICTA).
1974	Kjell Laugerud García es electo, con fraude, presidente de la República – Asesinato de Huberto Alvarado, secretario general del PGT – Muere Miguel Ángel Asturias en Madrid y Raúl Leiva en México.
1974–1978	Presidencia de Kjell Laugerud García.
1975	EGP en la finca La Perla en el Triángulo Ixil asesina a José Luis Arenas – Muere el escritor Rafael Arévalo Martínez – Desaparición del escritor José María López Valdizón.
1976	Terremoto en el que mueren más de 25 000 personas – El sacerdote Guillermo Woods, director de la Cooperativa Ixcán Grande, fallece en accidente aéreo – Masacre de Chisec.
1977	Secuestro del embajador de El Salvador Eduardo Casanova – Asesinato del abogado laboralista y profesor universitario Mario López Larrave y de los líderes estudiantiles Robin García y Leo-

	nel Cevallos – Marcha de los mineros de Ixtahuacán-Huehuetenango hacia la ciudad capital.
1978	Inauguración del Teatro Nacional – Romeo Lucas García gana elecciones presidenciales en forma fraudulenta – Manifestaciones populares en la capital por el aumento al precio del transporte urbano – Masacre de indígenas en Panzós – El sacerdote Hermógenes López es asesinado en San José Pinula – Asesinatos de Oliverio Castañeda de León, secretario general de la AEU; de Manuel Andrade Roca, asesor jurídico sindical, y del sindicalista Mario Mujía Córdoba – Formación del Frente Democrático contra la Represión – Secuestro de Roberto Herrera Ibargüen.
1978–1982	Presidencia de Fernando Romeo Lucas García.
1979	Asesinato de los líderes socialdemócratas Manuel Colom Argueta y Alberto Fuentes Mohr – Desaparición del dirigente sindical bancario Benvenuto Serrano – Primeras acciones de la Organización Revolucionaria del Pueblo en Armas (ORPA) – Organización del Comité de Unidad Campesina (CUC) – Secuestro del empresario Jorge Raúl García Granados – Terremoto en Jutiapa y Santa Rosa.
1980	Toma e incendio en la embajada de España – Huelga en plantaciones de la costa sur – Masacre de 70 campesinos en San Juan Cotzal – Sacerdotes católicos abandonan la diócesis de Quiché por la represión militar – EGP generaliza la guerra en Ixcán – Aparece la roya del café – Formación del grupo Cristianos Revolucionarios Vicente Menchú y del Frente Popular 31 de Enero (FP–31) – La guerrilla asesina a Alberto Habié, presidente del CACIF, y a Mario Ribas

Montes, periodista de *El Imparcial* – Asesinato del asesor de la rectoría de la USAC, H. Rolando Melgar y director del IIES, Julio A. Figueroa – El rector de la USAC sale al exilio – Renuncia del vicepresidente Villagrán – Una bomba explota en el exterior del Palacio Nacional y mata a ocho personas – Desaparición de la periodista Irma Flaquer y de la escritora Alaíde Foppa – Beatificación del hermano Pedro de Bethancourt en Roma.

1981   Operaciones de contrainsurgencia en Chimaltenango y Quiché – El EGP ataca cuartel militar de Cuarto Pueblo, Quiché – Masacre en el Cantón Chupol, Chichicastenango – El ejército organiza patrullas civiles en Santa Cruz del Quiché – El ex jesuita Luis Fernando Pellecer acusa a religiosos y estudiantes católicos de pertenecer a la subversión – IX Censo de Población – Belice, país independiente – La guerrilla asesina a Mario Dary Rivera, rector de la USAC, también secuestra y asesina a empresarios.

1982   Se generalizan las Patrullas de Autodefensa Civil (PAC) – Desaparición de Victoria de la Roca, religiosa guatemalteca, dirigente popular de Esquipulas – Asesinato de Carlos Morales, fraile dominico – Elecciones fraudulentas producen golpe de Estado contra el presidente Lucas García y se integra triunvirato encabezado por Efraín Ríos Montt – Aumentan los refugiados guatemaltecos en Chiapas – El ejército inicia campaña de tierra arrasada en Huehuetenango – Plan Nacional de Seguridad y Desarrollo – Masacre de 352 personas en la finca San Francisco, Quiché – Constitución de la URNG – El ejército inicia el Plan Victoria 82, el programa

	"Fusiles y frijoles", y los campamentos de refugiados internos, aldeas modelo y polos de desarrollo – Celebración del centenario de la llegada del protestantismo al país.
1982–1983	Gobierno de Efraín Ríos Montt.
1983	A instancia de Panamá, surge el Grupo de Contadora para promover la paz en Centroamérica, compuesto por el país anfitrión, Colombia, México y Venezuela – El ejército realiza la Campaña Firmeza 83 – Visita del papa Juan Pablo II – Muere el arzobispo Mario Casariego – Primera reunión del Grupo de Contadora con los países centroamericanos – El Banco de Guatemala suscribe acuerdo con el FMI – Creación del Ministerio de Energía y Minas – Ley de Hidrocarburos – Inauguración de Puerto Quetzal – El ejército depone a Ríos Montt y nombra como jefe de Estado al general Óscar Mejía Víctores – Supresión de los Tribunales de Fuero Especial – El sacerdote Augusto Ramírez Monasterio es asesinado en la Antigua Guatemala – La Junta Monetaria autoriza al Banco de Guatemala la emisión de Bonos de Estabilización (Best).
1983–1986	Gobierno de Óscar Humberto Mejía Víctores.
1983	Arzobispado de Próspero Penados.
1984	Elecciones para Asamblea Nacional Constituyente – Refugiados guatemaltecos en Chiapas son reasentados en Tabasco, Campeche y Quintana Roo – Fundación del Grupo de Apoyo Mutuo (GAM) – Se autorizan tres mercados cambiarios: oficial, libre y de licitaciones – Supresión del monopolio de AVIATECA – Guatemala y España reanudan relaciones diplomáticas, rotas en 1980 – Asesinato del diputado Santos Hernández – Mueren, en México, Carlos Mérida, y en

	La Habana, Manuel Galich – Ricardo Bresani obtiene en México el Premio Mundial de Ciencias Albert Einstein 1984, por sus trabajos sobre nutrición.
1985	Se finaliza el establecimiento de cinco polos de desarrollo y 52 aldeas modelo – Se constituye el Grupo de Apoyo a Contadora, en que participan Argentina, Brasil, Perú y Uruguay – Aprobación de la nueva Constitución de la República – Marco Vinicio Cerezo Arévalo gana elecciones presidenciales.
1986	Entra en vigor la Constitución – Toma de posesión del presidente Cerezo Arévalo – Retorno del primer grupo de refugiados – Por iniciativa del presidente Cerezo los presidentes centroamericanos firman la Declaración de Esquipulas I – Fundación de la Academia de las Lenguas Mayas de Guatemala – Integración de la Comisión Permanente de Refugiados Guatemaltecos en México (CCPP) – Creación de la Comisión Especial de Ayuda a Refugiados (CEAR) – Ley de Protección del Medio Ambiente.
1986–1990	Presidencia de Marco Vinicio Cerezo Arévalo.
1987	Cumbre Centroamericana de Esquipulas II – Ley de Consejos de Desarrollo Urbano y Rural – Supresión del FYDEP – Primer encuentro oficial entre el gobierno y la URNG en Madrid – Establecimiento de la Confederación Nacional Campesina (CNC).
1988	Nuevo Código Municipal – La Conferencia Episcopal emite la carta pastoral "Clamor por la Tierra" – Intento de golpe militar – Cierre del semanario *La Época* – Creación de la Comisión Nacional de Tierras (Conatierra) – Creación del Centro de Estudios Estratégicos del Ministerio

	de Defensa – Primera aparición pública del CONAVIGUA – Masacre de El Aguacate, Chimaltenango.
1989	El gobierno rechaza reunión con la URNG en Caracas – Monseñor P. Penados publica carta pastoral acerca de los grupos no católicos – Nueva intentona militar contra el gobierno – Privatización de AVIATECA – Encuesta sociodemográfica – Huelga magisterial en julio y agosto – Flotación del quetzal – Ley de promoción de la maquila.
1990	Se firma en Oslo, Noruega, el acuerdo básico para la búsqueda de la paz por medios políticos entre URNG y gobierno de Guatemala – Muerte del ciudadano estadunidense Michael De Vine en Petén – Asesinato de la antropóloga Mirna Mack – La URNG anuncia que reanudará sabotajes – Fallecimiento de Juan José Arévalo – Reunión de la URNG con representantes de las iglesias en Quito, Ecuador – Se declara ilegal la candidatura presidencial de E. Ríos Montt – Elecciones presidenciales y generales – Protesta de los habitantes en Santiago Atitlán contra el destacamento militar en la localidad.
1991	Jorge A. Serrano gana la segunda vuelta de las elecciones y toma posesión de la presidencia – Pláticas en Campeche para el retorno de los refugiados – Firma en México del acuerdo marco sobre la democracia entre la URNG y gobierno – Establecimiento de relaciones diplomáticas con Belice – Acuerdo de Querétaro entre la URNG y gobierno – Asesinato del religioso marista Moisés Cisneros Rodríguez.
1991–1993	Presidencia de Jorge Serrano Elías.
1992	La Comandancia General de la URNG presenta el

	documento de negociación "Una paz justa y democrática", que el gobierno rechaza – Nueva reunión gobierno-URNG – Muere en México Luis Cardoza y Aragón – Acuerdo para el retorno de los refugiados desde México – Rigoberta Menchú Tum recibe el Premio Nobel de la Paz.
1993	Nuevo Plan de Paz de la URNG – Condena de Noel Beteta por el asesinato de M. Mack – Retornan de México 2 400 refugiados – El mediador monseñor Rodolfo Quezada declara un *impasse* en las negociaciones entre el gobierno y la URNG, posteriormente critica la intransigencia de ambas partes – Fracaso del intento de golpe de Estado de Jorge Serrano Elías, quien es destituido – El Congreso elige presidente a Ramiro de León Carpio – Asesinato del dirigente político Jorge Carpio Nicolle en Quiché.
1993-1996	Presidencia de Ramiro de León Carpio.
1994	Firma del Acuerdo Global sobre Derechos Humanos entre el gobierno y la URNG – Acuerdo sobre el establecimiento de la comisión para el esclarecimiento histórico de las violaciones a los derechos humanos entre la URNG y el gobierno – Instalación de la Misión de las Naciones Unidas para Guatemala (Minugua) – Asesinato del sacerdote Alfonso Stessel – Asesinato de Epaminondas González Dubón, ex presidente de la Corte de Constitucionalidad – En consulta popular son aprobadas 37 reformas a la Constitución de la República – La Conferencia Episcopal resuelve reintegrarse al proceso de paz y monseñor R. Quezada inicia contactos para integrar la Asamblea de la Sociedad Civil – Entra en vigor el nuevo Código Procesal Penal – Elevación a diócesis de la prelatura de Escuintla.

1995 Firma del Acuerdo sobre Identidad y Derechos de los Pueblos Indígenas entre la URNG y el gobierno de Guatemala – Masacre de Xamán, en Chisec, Alta Verapaz – Repatriación de los restos del ex presidente Jacobo Arbenz Guzmán – La Conferencia Episcopal de Guatemala retira a monseñor Rodolfo Quezada de la Asamblea de la Sociedad Civil – La Iglesia católica presenta el Proyecto de Recuperación de la Memoria Histórica – Elecciones generales y presidenciales, la URNG pide votar, por primera vez en 34 años de conflicto armado.

1996 Álvaro Arzú Irigoyen gana la segunda vuelta y asume la presidencia – El Vaticano crea la Arquidiócesis de Los Altos y nombra a Víctor Hugo Martínez como primer arzobispo – Visita del papa Juan Pablo II – Fallece el ex presidente Julio César Méndez Montenegro – Se acelera la negociación entre el gobierno y la URNG – El Congreso suprime las PAC – Firma del Acuerdo de Paz Firme y Duradera.

ABREVIATURAS

AAP	Asociación de Amigos del País, Guatemala
AAGHG	*Anales de la Academia de Geografía e Historia de Guatemala*
ACAS	Asociación Centroamericana de Sociología, Guatemala
AEC	*Anuario de Estudios Centroamericanos*, Universidad de Costa Rica
AGHG	Academia de Geografía e Historia de Guatemala
ASGHG	*Anales de la Sociedad de Geografía e Historia de Guatemala*
CECMA	Centro de Estudios de la Cultura Maya, Guatemala
CIGDA	Comisión Interuniversitaria Guatemalteca de Conmemoración del Quinto Centenario del Descubrimiento de América
CIRMA	Centro de Investigaciones Regionales de Mesoamérica, Antigua Guatemala, Guatemala
ECA	*Estudios Centroamericanos*, Universidad Centro Americana, José Simeón Cañas, San Salvador, El Salvador
EDUCA	Editorial Universitaria Centroamericana, San José, Costa Rica
ESC	*Estudios Sociales Centroamericanos*, CSUCA, Costa Rica
EU	Editorial Universitaria, Guatemala
FCE	Fondo de Cultura Económica, México
FCD	Fundación para la Cultura y el Desarrollo, Guatemala

FLACSO	Facultad Latinoamericana de Ciencias Sociales, San José, Costa Rica y Guatemala
HAHR	*Hispanic American Historical Review*
HG de G	*Historia general de Guatemala*, AAP
IDAEH	Instituto de Antropología e Historia, Guatemala
IDESAC	Instituto para el Desarrollo Económico y Social de Centroamérica, Guatemala
IGE	Iglesia Guatemalteca en el Exilio
IIES	Instituto de Investigaciones Económicas y Sociales, Facultad de Ciencias Económicas, USAC
LARR	*Latin American Research Review*, Latin American Studies Association
MARI	*Middle American Research Institute*, Tulane University, Nueva Orleans
SGHG	Sociedad de Geografía e Historia de Guatemala (hoy AGHG)
SIECA	Secretaría de la Integración Económica de Centroamérica, ciudad de Guatemala
SISG	Seminario de Integración Social Guatemalteca
UNAM	Universidad Nacional Autónoma de México
URNG	Unidad Revolucionaria Nacional Guatemalteca
USAC	Universidad de San Carlos de Guatemala

BIBLIOGRAFÍA

La bibliografía que se presenta a continuación incluye toda la citada en el texto y la que se considera importante para el mejor conocimiento de la historia de Guatemala. Como cualquier selección, esta bibliografía es discutible y representa las preferencias y puntos de vista del autor. Probablemente quedaron fuera algunas obras importantes, que inadvertidamente se olvidaron, pero se trató de incluir no sólo todos aquellos trabajos importantes en la historiografía sobre Guatemala, sino también las fuentes de época que contienen información valiosa sobre la situación del país en las diferentes etapas de su evolución.

En idioma español no existe una obra completa equivalente a la que aquí se presenta, que trate todas las épocas, desde la Conquista hasta la actualidad, aunque sí hay dos o tres en inglés, que se incluyen aquí. La obra más completa para el estudio sistemático y moderno de la evolución de Guatemala es la *Historia general de Guatemala*, en seis tomos, de la cual se citan numerosos artículos a lo largo del texto.

La bibliografía pudo haberse clasificado por épocas o por temas, pero ante la dificultad, por la superposición en ambos criterios y las repeticiones que ello habría supuesto se optó por ordenarla exclusivamente en forma alfabética.

Adams, Richard N. (1956), *Encuesta sobre la cultura de los ladinos en Guatemala,* traducción de Joaquín Noval, publicación núm. 2, Guatemala: SISG.

——— (1957), "Receptivity to Communist-Fomented Agitation in Rural Guatemala", en *Economic Development and Cultural Change,* 5-4:360.

——— (1970), *Crucifixion by Power, Essays on Guatemala National Social Structure 1944-1966,* Austin: University of Texas Press.

——— (1989), "Internal and External Ethnicities: with Special Reference to Central America", en *Estado, democratización y desarrollo en Centroamérica y Panamá,* pp. 475-499, Guatemala: ACAS.

——— (1990), "Algunas observaciones sobre el cambio étnico en Guatemala", *AAGHG,* 64:197-224.

——— (1991-1992), "Las masacres de Patzicía de 1944: una reflexión", en *Winak Boletín Intercultural,* vol. 7, núms. 1-4 (junio-marzo), pp. 3-40.

——— (1994), "Ladinización e historia: el caso de Guatemala", *Mesoamérica* 28, pp. 289-304.

——— (1996a), "La epidemia de influenza de 1918-1919", en *HG de G,* Jorge Luján Muñoz, director general; tomo V: *Época contemporánea: 1898-1944,* J. Daniel Contreras, director del tomo, Guatemala: AAP-FCD; pp. 313-338.

——— (1996b), "La población indígena en el Estado liberal", en *HG de G,* Jorge Luján Muñoz, director general; tomo V: *Época contemporánea: 1898-1944,* J. Daniel Contreras R., director del tomo, Guatemala: AAP-FCD; pp. 173-198.

——— (1997), "El surgimiento de la identidad maya", en *HG de G,* Jorge Luján Muñoz, director general;

tomo VI: *Época contemporánea: 1945 a la actualidad,* J. Daniel Contreras R., director del tomo, Guatemala: AAP-FCD; pp. 317-346.

Acuerdos de Paz (1997), Guatemala: Universidad Rafael Landívar-Instituto de Investigaciones Económicas y Sociales.

Adler, John H. [Eugene R. Schlesinger; Ernest C. Olson] (1952), *Las finanzas públicas y el desarrollo económico de Guatemala,* traducción de Carlos A. D'Ascoli. México: FCE.

Aguilar de León, Juan de Dios (1986), *José María Orellana, presidente de Guatemala 1922-1926,* Guatemala: Delgado Impresos.

Aguilera Peralta, Gabriel (1971), *La violencia en Guatemala como fenómeno político,* México: CIDOC

―――― [Jorge Romero Imery] (1981), *Dialéctica del terror en Guatemala,* San José, Costa Rica: EDUCA.

―――― (1997), "La guerra interna, 1960-1994", en *HG de G,* Jorge Luján Muñoz, director general; tomo VI: *Época contemporánea: 1945 a la actualidad,* J. Daniel Contreras R., director del tomo, Guatemala: AAP-FCD.

Aguirre Cinta, Rafael (1899), *Lecciones de historia general de Guatemala desde los tiempos primitivos hasta nuestros días,* Guatemala: Tipografía Nacional.

Alvarado, Pedro de (1934), "Primera carta-relación a Hernán Cortés", en *Libro viejo de la fundación de Guatemala y papeles relativos a don Pedro de Alvarado,* Biblioteca Goathemala 12, Guatemala: SGHG; pp. 271-274.

Alvarado A., Huberto (1961), *Exploración de Guatemala,* Colección Letras de Guatemala, Guatemala: Ediciones Revista de Guatemala.

Alvarado A., Huberto (1967), *Preocupaciones. Ensayos,* Colección Amanecer 3, Guatemala: Ediciones Vanguardia.

——— (s. f.), *Por un arte nacional, democrático y realista,* Guatemala: Talleres Gráficos Guatemala.

Alvarado Silva, Óscar Enrique (1978), *Problemas fronterizos entre Guatemala y México durante el gobierno de los 30 años,* tesis de licenciatura en historia, USAC.

Amaro, Nelson (comp.) (1970), *El reto del desarrollo en Guatemala. Un enfoque multidisciplinario,* Guatemala: IDESAC.

——— (1992), *Guatemala: historia despierta,* Guatemala: IDESAC.

Americas Watch Committee (1984), *Guatemalan Refugees in Mexico, 1980-1984,* Washington, D. C.: Americas Watch Committee.

Ameringer, Charles D. (1996), *The Caribbean Legion: Patriots, Politians, Soldiers of Fortune, 1946-1950,* University Park, Pennsylvania: Pennsylvania State University.

Amnesty International USA (1989), *Guatemala. Human Rights Violations Under the Civilian Government,* Nueva York: Amnesty International USA.

Amurrio G., Jesus Julián (1970), *El positivismo en Guatemala,* Guatemala: EU.

Anderson, Thomas P. (1976), *El Salvador 1932. Los sucesos políticos,* traducción de Juan Mario Castellanos, San José, C. R.: EDUCA.

Arévalo Bermejo, Juan José (1945a), *El presidente electo, al pueblo de la República,* Guatemala: Tipografía Nacional.

——— (1945b), *Discurso al asumir la presidencia de la República,* Guatemala: Tipografía Nacional.

Arévalo Bermejo, Juan José (1953), *Escritos políticos y discursos,* La Habana: Editorial Cultura.

――― (1963), *Carta política al pueblo de Guatemala, con motivo de haber aceptado la candidatura presidencial,* México: Costa Amic.

――― (1980), *Memorias de aldea,* 2ª ed., Guatemala: EDITA.

――― (1984), *El candidato Blanco y el huracán. 1944-1945,* Guatemala: Editorial Académica Centroamericana.

Arévalo Martínez, Rafael (1971), *Ecce Pericles!,* 2ª ed., San José, C. R.: EDUCA.

Arias de Blois, Jorge (1976), *La población de Guatemala,* Series CICRED, Guatemala: ICAITI-UVG.

――― (1977), "La mortalidad en Guatemala hacia fines del siglo XIX", *ASGHG,* 50, pp. 133-149.

――― (1980), "Historia censual de Guatemala", en *Economía de Guatemala 1750-1940,* Jorge Luján Muñoz (comp.), tomo I, pp. 171-186, Guatemala: Departamento de Publicaciones, Facultad de Humanidades-USAC.

――― (1991), *La vejez en Guatemala (un estudio demográfico),* Guatemala: UVG.

――― (1996), "Demografía", en *HG de G,* Jorge Luján Muñoz, director general; tomo V: *Época contemporánea: 1898-1944,* J. Daniel Contreras, director del tomo, Guatemala: AAP-FCD; pp. 137-152.

――― (1997), "Demografía", en *HG de G,* Jorge Luján Muñoz, director general; tomo VI: *Época contemporánea: 1945 a la actualidad,* J. Daniel Contreras, director del tomo, Guatemala: AAP-FCD; pp. 195-212.

Asturias, Miguel Ángel (1923), *Sociología guatemalteca:*

el problema social del indio. Guatemala: Universidad Nacional de Guatemala.

Asturias, Miguel Ángel (1948), *El señor presidente,* Buenos Aires: Editorial Losada.

Bancroft, Hubert H. (1882-1890), *History of Central America,* 3 tomos, San Francisco: The History Company Publisher.

Barber, Willard y C. Neale Roning (1966), *Internal Security and Military Power: Counterinsurgency and Civic Action in Latin America,* Athens: University of Ohio Press.

Bataillon, Marcel (1951), "La Vera Paz Roman et Histoire", *Bulletin Hispanique,* 63 (1951), pp. 235-300.

Batres Jáuregui, Antonio (1915), *La América Central ante la historia,* tomo I, Guatemala: Imprenta de Marroquín Hermanos.

——— (1920), *La América Central ante la historia,* tomo II, Guatemala: Tipografía Sánchez & de Guise.

——— (1949), *La América Central ante la historia, 1821-1921. Memorias de un siglo,* tomo III, Guatemala: Tipografía Nacional.

——— (1975), *El doctor Mariano Gálvez y su época,* 2ª ed., Colección Biblioteca de Cultura Popular 15 de Septiembre, núm. 15, Guatemala: Editorial del Ministerio de Educación.

Bell, John Patrick (1993), "El proyecto arevaliano para el Petén", AEC, 19:1, pp. 23-35.

Belzunegui O., Bernardo (1992), *Pensamiento económico y reforma agraria en el reino de Guatemala, 1797-1812,* Guatemala: CIGDA.

Bendaña Perdomo, Ricardo (1996), *La Iglesia en Guatemala. Síntesis histórica del catolicismo,* Guatemala: Artemis-Editer.

Berlín, Heinrich (1952), *Historia de la imaginería colonial en Guatemala,* Guatemala: IDAEH.

—— [Jorge Luján Muñoz] (1983), *Los túmulos funerarios en Guatemala,* publicación especial núm. 25, Guatemala: AGHG.

—— (1988), *Ensayos sobre la historia del arte en Guatemala y México,* publicación especial núm. 32, Guatemala: AGHG.

Borah, Woodrow W. y Sherburne F. Cook (1963), *The Aboriginal Population of Central Mexico on the Eve of the Spanish Conquest,* Iberoamericana 45, Berkeley: University of California Press.

Brintnall, Douglas E. (1979), *Revolt Against the Dead: the Modernization of a Mayan Comunity in Highland Guatemala,* Nueva York: Gordon and Breach.

Browning, John (1986), *Vida e ideología de Antonio José de Irisarri,* Colección EU 74, Guatemala: EU.

—— (1995), "El despertar de la conciencia nacional", en *HG de G,* Jorge Luján Muñoz, director general; tomo III: *Siglo XVIII hasta la Independencia,* Cristina de Luján, directora del tomo, Guatemala: AAP-FCD; pp. 627-640.

—— (1996), "Corrientes filosóficas y políticas", en *HG de G,* Jorge Luján Muñoz, director general; tomo IV: *Desde la República federal hasta 1898,* Alberto Herrarte, director del tomo, Guatemala: AAP-FCD; pp. 747-766.

Buitelaar, Rudolf y Juan Alberto Fuentes (1997), "Guatemala: políticas con impacto sobre el sector industrial", en *Políticas de competitividad industrial. América Latina y el Caribe en los años noventa,* Wilson Peres (comp.), México, D. F.: Siglo Veintiuno Editores; pp. 168-187.

Bulmer-Thomas, Víctor (1987), *The Political Economy of Central America since 1920,* Cambridge Latin American Studies 63, Nueva York: Cambridge University Press.

——— (1989), *La economía política de Centroamérica desde 1920,* San José, Costa Rica: BCIE-EDUCA.

Bumgartner, Louis E. (1961), "Carta de José del Valle a José Bustamante y Guerra, 28 de mayo de 1815. Documentos de la Independencia", *Antropología e historia de Guatemala,* 13:2 (julio).

——— (1963), *Jose del Valle of Central America,* Durham, N. C.: Duke University Press.

——— (1966), "The Expulsion of Archbishop Ramón Casaus y Torres from Central America", *The Americas,* 22:421-423.

Burgess, Paul (1946), *Justo Rufino Barrios,* Quezaltenango, Guatemala: El Noticiero Evangélico.

——— (1972), *Justo Rufino Barrios,* versión española de Ricardo Letona-Estrada, Colección Rueda del Tiempo, San José, C. R. y Guatemala: EDUCA-EU.

Burgos, Elizabeth (1983), *Me llamo Rigoberta Menchú y así me nació la conciencia,* Barcelona: Editorial Argos Vergara.

Burns, E. Bradford (1980), *The Poverty of Progress. Latin America in the Nineteenth Century,* Berkeley: Universtiy of California Press.

——— (1986), *Eadweard Muybridge in Guatemala, 1875, the Photographer as Social Recorder,* Berkeley: University of California Press.

Calder, Bruce J. (1970), *Crecimiento y cambio en la Iglesia católica guatemalteca, 1944-1966,* Estudios Centroamericanos 6, Guatemala: SISG.

Calder, Bruce J. (1997), "Influencia extranjera en la

Iglesia católica", en *HG de G*, Jorge Luján Muñoz, director general; tomo VI: *Época contemporánea: 1945 a la actualidad*, J. Daniel Contreras, director del tomo, Guatemala: AAP-FCD; pp. 279-288.

Calvert, Peter (1985), *Guatemala, a Nation in Turmoil*, Boulder, Colorado: Westview Press.

Cardoza y Aragón, Luis (1955a), *Guatemala, las líneas de su mano*, Colección Tierra Firme, núm. 60, México, D. F.: FCE.

——— (1955b), *La Revolución guatemalteca*, México, D. F.: Cuadernos Americanos.

Carmack, Robert M. (1979a), *Evolución del reino quiché*, Danilo A. Palma, traductor, Guatemala: Editorial Piedra Santa.

——— (1979b), *Historia social de los quichés*, publicación núm. 38, Guatemala: SISG.

——— (1981), *The Quiche-Mayas of Utatlán, the Evolution of the Highland Guatemala Kingdom*, Norman: University of Oklahoma Press.

——— (1983), "Spanish-Indian Relations in Highland Guatemala", en *Spaniards and Indians in Southeastern Mesoamerica*, Murdo MacLeod y Robert Wasserstrom (comps.), Lincoln: University of Nebraska Press; pp. 215-252.

——— (comp.) (1988), *Harvest of Violence: The Maya Indians and the Guatemalan Crisis*, Norman: University of Oklahoma Press.

——— (1990), "State and Community in Nineteenth Century Guatemala: The Momostenango Case", en *Guatemalan Indians and The State: 1540 to 1988*, Carol Smith (comp.), pp. 116-136, Austin: University of Texas Press.

Cardoza y Aragón, Luis (comp.) (1991), *Guatemala: cosecha de violencia,* San José, Costa Rica: FLACSO.

Carranza, Jesús (1897), *Un pueblo de Los Altos: apuntamientos para su historia,* Totonicapán, Guatemala: Establecimiento Tipográfico Popular.

Carrera, Rafael (1979), *Memorias, 1837 a 1840,* 2ª ed., publicación especial núm. 12, Guatemala: IDAEH.

Casaús Arzú, Marta Elena (1992), *Guatemala: linaje y racismo,* San José, Costa Rica: FLACSO.

―――― y Teresa García Giráldez (1994), "La crisis de dominación y la remodelación de las élites de poder en Guatemala (1980-1990)", en *Centroamérica. Balance de la década de los 80. Perspectiva por países,* M. E. Casaús y T. García Giráldez (comps.), Madrid: Fundación Cedeal; pp. 23-89.

Castellanos Cambranes, Julio César (1977), *El imperialismo alemán en Guatemala. El Tratado de Comercio de 1887,* Guatemala: EU.

―――― (1978), *Introducción a la historia agrícola de Guatemala,* Guatemala: Facultad de Agronomía, USAC.

―――― (1980), "El desarrollo socioeconómico y político del país previo a 1871", en *Economía de Guatemala, 1750-1940,* Jorge Luján Muñoz (comp.), tomo I, pp. 119-168, Guatemala: Sección de Publicaciones-Facultad de Humanidades-USAC.

―――― (1985a), "Los empresarios agrarios modernos y el estado de Guatemala", *Mesoamérica* 10, pp. 243-291.

―――― (1985b), *Café y campesinos en Guatemala, 1853-1897,* Guatemala: EU.

―――― (comp.) (1992), *500 años de lucha por la tierra. Estudios sobre la propiedad rural y reforma agraria en Guatemala,* Guatemala: FLACSO; 1:279-347.

Cazali Ávila, Augusto (1968), *El desarrollo del cultivo del café y su influencia en el régimen del trabajo agrícola. Época de la reforma liberal (1871-1885)*, tesis de licenciatura en historia: USAC.

——— (1992), *Bibliografía de historia de Guatemala: siglo XX*, Guatemala: EU.

Clegern, Wayne M. (1958), "Nueva luz sobre la disputa de Belice", sobretiro y traducción de *The American Journal of International Law*, 52(2):279-298.

——— (1976), "Tránsito del conservatismo al liberalismo en Guatemala (1865-1871)", *Revista del Pensamiento Centroamericano*, 31:60-65.

——— (1994), *Origins of Liberal Dictatorship in Central America: Guatemala, 1865-1873*, Boulder: University Press of Colorado.

Colón, Hernando (1947), *Vida del almirante don Cristóbal Colón*, edición de Ramón Iglesia, México, D. F.: FCE.

Comité Guatemalteco de Defensa de los Derechos Humanos (1969), *La violencia en Guatemala*, México, D. F.: Fondo de Cultura Popular.

——— (1971), "¡Terror en Guatemala!", en *Guatemala. La violencia III*, dossier 5/11, Comité de Defensa de los Derechos Humanos en Guatemala, Cuernavaca, México: Centro Intercultural de Documentación.

Conferencia Episcopal de Guatemala (CEG) (1962), *Carta pastoral del episcopado guatemalteco sobre los problemas sociales y el peligro comunista en Guatemala*, Guatemala: CEG.

——— (1976) *Carta pastoral "Unidos en la esperanza"*, Guatemala: CEG.

——— (1988), *Carta pastoral colectiva de los obispos guatemaltecos, "El clamor por la tierra"*, Guatemala: CEG.

Contreras Reinoso, J. Daniel (1951a), *Breve historia de Guatemala,* Guatemala: Ministerio de Educación Pública.

——— (1951b), *Una rebelión indígena en el partido de Totonicapán en 1820. El indio y la Independencia,* tesis de licenciatura en historia: USAC.

——— (1962), "Fundación de la ciudad del Señor Santiago", *Humanidades,* 3:8.

——— (1971), "Notas para la historia de la Conquista", *Estudios* 4, Guatemala, pp. 19-27.

——— (1998), "Origen del nombre Guatemala", en *HG de G,* Jorge Luján Muñoz, director general; tomo I: *Época precolombina,* Marion Popenoe de Hatch, directora del tomo, Guatemala: AAP-FCD; pp. 87-92.

Coronado Aguilar, Manuel (1975), *Apuntes históricos guatemalenses,* 2ª ed., Guatemala: Editorial José de Pineda Ibarra.

Cortés, Hernán (1960), *Cartas de relación,* Colección Sepan Cuantos..., 7, México: Editorial Porrúa.

Cosío Villegas, Daniel (1960), *Historia moderna de México. El Porfiriato. La vida política exterior. Primera parte,* México, D. F.: Editorial Hermes.

"Cuatro versiones diferentes a la versión oficial: AEU, CIC, 1978, Comité Pro Justicia y Paz, y Sacerdotes y Religiosas de Alta Verapaz. La verdad sobre la masacre de Panzós", *ECA,* 356-357 (junio-julio), pp. 544-551.

Chamorro, Pedro Joaquín (1951), *Historia de la federación de la América Central 1823-1840,* Madrid: Ediciones de Cultura Hispánica.

Chandler, David L. (1988), *Juan José de Aycinena, idealista conservador de la Guatemala del siglo XIX,* Serie Monográfica 4, La Antigua Guatemala: CIRMA.

Chea Urruela, José Luis (1988), *Guatemala: la cruz fragmentada*, Colección Sociología de la Religión, San José, Costa Rica: Departamento Económico de Investigaciones.

Chinchilla Aguilar, Ernesto (1953), *La Inquisición en Guatemala*, Guatemala: IDAEH

——— (1961), *El ayuntamiento colonial en la ciudad de Guatemala*, Guatemala: EU.

——— (1965), *Historia del arte en Guatemala. Arquitectura, pintura y escultura*, Guatemala: Editorial José de Pineda Ibarra.

——— (1972), *Compendio de historia moderna de Centroamérica*, Guatemala: Unión Tipográfica.

——— (1977), *La vida moderna en Centroamérica*, publicación núm. 36, Guatemala: SISG.

Dary Fuentes, Claudia (1993), "Los protestantes en Guatemala (1898-1944)", *Estudios Interétnicos*, 1(1), pp. 79-102.

Davis, Shelton H. (1970), *Land of Our Ancestors. A Study of Land Tenure and Inheritance in the Highlands of Guatemala*, tesis doctoral, Harvard University.

——— (1995), *La tierra de nuestros antepasados*, La Antigua Guatemala: CIRMA.

De León Aragón, Óscar (1950), *Los contratos de la United Fruit Company y las compañías muelleras en Guatemala. Estudio histórico-jurídico*, prólogo de Manuel Galich, Guatemala: Editorial del Ministerio de Educación.

——— (1995), *Caída de un régimen. Jorge Ubico-Federico Ponce. 20 de octubre*, Guatemala: FLACSO.

Del Cid Fernández, Enrique (1963), "Plan Pacífico para la Independencia de la Provincia de Guatemala", *El Imparcial*, 14 de septiembre.

Del Cid Fernández, Enrique (1966), *Grandezas y miserias de la vida diplomática,* Guatemala: Editorial del Ejército.

—— (1970), *La presidencia vitalicia del general Rafael Carrera,* Guatemala: Editorial del Ejército.

De los Ríos, Efraín (1962), *Hombres contra hombres,* 3ª ed., Guatemala: Tipografía Nacional.

Del Valle, José C. (1825), *El redactor general,* Guatemala.

—— (1929-1930), *Obras completas de José Cecilio del Valle,* José del Valle y Jorge del Valle Matheu (comps.), 2 tomos, Guatemala: Tipografía Sánchez & de Guise.

—— (1969), *El amigo de la patria,* Guatemala: Editorial José de Pineda Ibarra.

—— (1981a), *Escritos de José Cecilio del Valle. Una selección,* Carlos Meléndez Chaverri (comp.), Washington, D. C.: Secretaría General de la OEA.

—— (1981b), *José del Valle. Antología,* Ramón Oquelí (comp.), Tegucigalpa: Editorial Universitaria.

—— (1982a), *Obra escogida,* Jorge Mario García Laguardia (comp.), Caracas: Biblioteca Ayacucho.

—— (1982b), *Elogio de Bentham,* Tegucigalpa: Banco Central de Honduras.

Del Valle Matheu, Jorge, *La verdad sobre el "caso de Guatemala",* s. l.: s. e., s. f.

Díaz Castillo, Roberto (comp.) (1973), *Legislación económica de Guatemala durante la reforma liberal (catálogo),* Guatemala: EU.

Díaz O., J. Lizardo (1946), *De la democracia a la dictadura. La Revolución de septiembre de 1897 en occidente. Sus motivos, sus hombres, su fracaso,* Guatemala: Imprenta Hispania.

Díaz O., J. Lizardo (1962), *Estrada Cabrera, Barillas y Regalado: la Revolución entre Guatemala, El Salvador y Honduras en 1906,* Guatemala: Editorial San Antonio.

Digesto Constitucional de Guatemala (1944), en *Revista de la Facultad de Ciencias Jurídicas de Guatemala,* época III, vol. VII, núms. 2-4 (julio-diciembre).

Dobson, Narda (1979), *A History of Belize, Trinidad and Jamaica:* Longman Caribbean.

Domínguez, Mauricio T. (1970), *The Development of Technological and Scientific Coffee Industry in Guatemala, 1830-1930,* tesis doctoral, Tulane University.

Dosal, Paul J. (1987), *Dependency, Revolution, and Industrial Development in Guatemala, 1821-1986,* tesis doctoral, Tulane University.

——— (1990), "La política económica de la industrialización guatemalteca, 1871-1948: la carrera de Carlos F. Novella", AAGHG, 66:119-152.

——— (1993), *Doing Business with the Dictators: A Political History of United Fruit in Guatemala, 1899-1944,* Latin American Silhouettes: Studies in History and Culture, Wilmington: Scholarly Resources.

——— (1995), *Power in Transition. The Rise of Guatemala's Industrial Oligarchy, 1871-1994,* Westport, Connecticut: Praeger.

——— (1997), "Industria", en HG de G, Jorge Luján Muñoz, director general; tomo VI: *Época contemporánea, 1945 a la actualidad,* J. Daniel Contreras R., director del tomo, Guatemala: AAP-FCD; pp. 413-430.

Dubois, Juan Mauricio (1996), *La historia de un coronel,* Guatemala: Centro Impresor Piedra Santa.

Dunn, Henry (1829), *Guatimala, or the Republic of Central America, in 1827-1828; being Sketches and Memo-*

randum Made during a Twelve Months Residence, 2ª ed., London: James Nisbet.

Early, John D. (1974), "Revision of Ladino and Maya Census Population of Guatemala 1950 and 1964", *Demography,* 11(1), pp. 105-117.

────── (1982), *The Demographic Structure and Evolution of a Peasant System: The Guatemalan Population,* Boca Raton: University Presses of Florida.

Ejército de Guatemala (1963), *Manifiesto del Ejército de Guatemala, 31 de marzo,* Guatemala: Editorial del Ejército.

────── (1983), "Razones del ejército sobre las patrullas civiles", *Revista Militar,* 28.

────── (1985), *Filosofía desarrollista. Polos de desarrollo,* Guatemala: Editorial del Ejército.

────── (1987), *27 años de lucha por la libertad,* Estado Mayor de la Defensa Nacional, Guatemala: Editorial del Ejército.

────── (1988), *Tesis de la estabilidad nacional,* Guatemala: Estado Mayor del Ejército.

England, Nora C. [Stephen R. Elliot] (comp.) (1990), *Lecturas sobre lingüística maya,* La Antigua, Guatemala: CIRMA.

Estrada Monroy, Agustín (1974-1979), *Datos para la historia de la Iglesia en Guatemala,* 3 tomos, Guatemala: Sociedad de Geografía e Historia.

Facio Brenes, Rodrigo (1965), *La federación de Centro América. Sus antecedentes, su vida y su disolución,* 2ª ed., San José, Costa Rica: Escuela Superior de Administración Pública de América Central.

Fajardo Maldonado, Arturo, Fernando Andrade Díaz-Durán y Francisco Villagrán de León (1997), "Relaciones entre Guatemala y Estados Unidos, 1954-1990", en *HG de G*, Jorge Luján Muñoz, director general; tomo VI; *Época contemporánea, 1945 a la actualidad*, J. D. Contreras R., director del tomo, Guatemala: AAP-FCD; pp. 177-190.

Falla, Ricardo (1978a), *Quiché rebelde. Estudio de un movimiento de conversión religiosa rebelde a las creencias tradicionales, en San Antonio Ilotenango, Quiché (1948-1970)*, Guatemala: EU.

——— (1978b), "El movimiento indígena", *ECA*, 356-357 (junio-julio), pp. 437-461.

——— (1992), *Masacres de la selva*, Guatemala: EU.

Fauriol, Georges A. [Eva Loser] (1986), *Guatemalan Election Report, 1985*, CSIS Latin American Studies Series, Washington, D. C.: The Center for Strategic Studies.

——— (1988), *Guatemala's Political Puzzle*, New Brunswick, Nueva Jersey: Transaction Books.

Fernández Fernández, José Manuel (1988), *El Comité de Unidad Campesina: origen y desarrollo*, Cuaderno 2, Guatemala: Centro de Estudios Rurales Centroamericanos.

Fernández Hernández, Bernabé (1993), *El reino de Guatemala durante el gobierno de Antonio González Saravia 1801-1811*, Guatemala: CIGDA.

Figueroa Marroquín, Horacio (1957), *Enfermedades de los conquistadores*, San Salvador: Ministerio de Cultura.

Figueroa Ibarra, Carlos (1976), *El proletariado rural en el agro guatemalteco*, 2ª ed., Guatemala: IIES-USAC.

——— (1977), "Contenido de clase y participación obrera en el movimiento antidictatorial de 1920",

Política y Sociedad, 2ª época, núm. 4 (julio-diciembre), pp. 5-52.

Figueroa Ibarra, Carlos (1991), *El recurso del miedo. Ensayo sobre el Estado y el terror en Guatemala,* Serie de Investigaciones 5, Programa Centroamericano de Investigaciones, Secretaría General de CSUCA, San José, Costa Rica: EDUCA.

Filísola, Vicente (1911), *La cooperación de México en la Independencia de Centro América,* 2 tomos, México: Librería de la Vda. de Ch. Bouret.

FLACSO-Guatemala y Fundación Friedrich Ebert (1988a), *Conferencia sobre la cuestión étnica,* Guatemala: FLACSO

——— (1988b) *Seminario sobre las relaciones interétnicas en Guatemala,* Guatemala: FLACSO.

Flemion, Philip F. (1969), *Manuel José Arce and the Formation of the Federal Republic of Central America,* tesis doctoral, University of Florida.

Flores Alvarado, Humberto (1969), *La estructura social guatemalteca,* Guatemala: Editorial Rumbos Nuevos.

Flores, Marco Antonio (1994), *Fortuny: un comunista guatemalteco,* Guatemala: Editoriales Óscar de León Palacios-Palo de Hormigo-Universitaria.

Floyd, Troy S. (1959), *Salvadorean Indigo and the Guatemalan Merchants: A Study in Central American Socio-Economic History 1750-1700,* tesis doctoral, University of California, Berkeley

——— (1980), "Los comerciantes guatemaltecos, el gobierno y los provincianos, 1750-1700", en *Economía de Guatemala, 1750-1940. Antología de lecturas y materiales,* Jorge Luján Muñoz (comp.), I:289-317, Guatemala: Sección de Publicaciones-Facultad de Humanidades, USAC I, pp. 289-317.

Fonseca, Elizabeth (1996), *Centroamérica: su historia*, San José, Costa Rica: FLACSO-EDUCA.

Frankel, Anita (1969), *Political Development in Guatemala, 1944-1954: The Impact of Foreign, Military, and Religious Elites*, tesis doctoral, University of Connecticut.

Fry, Michael F. (1988a), *Agrarian Society in the Guatemala Montaña: 1700-1840*, tesis doctoral, Tulane University.

——— (1988b), "Política agraria y reacción campesina en Guatemala: la región de La Montaña, 1821-1838", *Mesoamérica*, 15, pp. 25-46.

Fuentes y Guzmán, Francisco Antonio de (1932-1933), *Recordación Florida. Discurso historial y demostración natural, material, militar y política del reyno de Guatemala*, 3 tomos, Biblioteca Goathemala 6-8, Guatemala: SGHG.

Gage, Thomas (1946), *Nueva relación que contiene los viajes de Tomás Gage en la Nueva España*, Biblioteca Goathemala 18, Guatemala: SGHG.

——— (1987), *Viajes por la Nueva España y Guatemala*, edición de Dionisia Tejera, Crónicas de América 30, Madrid: Historia 16.

Galich, Manuel (1949), *Del pánico al ataque*, Guatemala: Tipografía Nacional.

——— (1956), *Por qué lucha Guatemala: Arévalo y Arbenz, dos hombres contra un imperio*, Buenos Aires: Elmer Editor.

——— (1971), "La guerra antiimperialista de 1885. Un episodio de la historia canalera de Centroamérica", *Estudios* 4, pp. 111-123.

——— (1994), *La Revolución de Octubre. Diez años de lucha por la democracia en Guatemala, 1944-1954*, Guatemala: EU.

Gall, Francis (comp.) (1961), *Diccionario geográfico de Guatemala,* 1ª ed., 2 tomos, Guatemala: Dirección Nacional de Cartografía.

——— (1976-1983), *Diccionario geográfico de Guatemala,* 2ª ed., 4 tomos, Guatemala: Instituto Geográfico Nacional.

García Añoveros, Jesús María (1981) *Estructura agraria y poder político en Guatemala: la reforma agraria de Arbenz,* tesis doctoral en historia de América, Universidad Complutense.

——— (1987a), *La reforma agraria de Arbenz en Guatemala,* Madrid: Instituto de Cooperación Iberoamericana.

——— (1987b), *Jacobo Arbenz,* Protagonistas de América, Madrid: Historia 16.

——— (1987c), *Población y estado sociorreligioso de la diócesis de Guatemala en el último tercio del siglo XVIII,* Guatemala: EU.

García Bauer, Carlos (1958), *La controversia sobre el territorio de Belice y el procedimiento "ex-aequo et bono",* Guatemala: EU.

García Granados, Jorge (1949), *Así nació Israel,* Buenos Aires: Biblioteca Oriente.

García Laguardia, Jorge Mario (1971a), *La génesis del constitucionalismo guatemalteco. Estudio preliminar,* Guatemala: EU.

——— (1971b), *Orígenes de la democracia constitucional en Centroamérica,* San José, Costa Rica: EDUCA.

——— (1972a), *La reforma liberal en Guatemala. Vida política y orden constitucional,* Guatemala: EDUCA

——— (1972b), *La reforma liberal, un ensayo de interpretación,* Guatemala: Editorial Municipal de Guatemala.

García Laguardia, Jorge Mario (1977a), *El pensamiento liberal de Guatemala (antología)*, San José, Costa Rica: EDUCA.

——— (1977b), *Política y Constitución en Guatemala*, Guatemala: Serviprensa Centroamericana.

——— (1985) *La reforma liberal en Guatemala. Vida política y orden constitucional*, 3ª ed., Guatemala: EU.

——— (1993), *Política y Constitución en Guatemala. La Constitución de 1985*, Guatemala: Procurador de los Derechos Humanos.

García Peláez, Francisco de Paula (1856), *Discurso pronunciado el 15 de septiembre de 1856, XXXV aniversario de la Independencia de Guatemala, por el excelentísimo arzobispo de esta Santa Iglesia doctor don Francisco de Paula García Peláez*, Guatemala: Tipografía de La Paz.

——— (1968-1973), *Memorias para la historia del antiguo reino de Guatemala*, 3ª ed., Biblioteca Goathemala 21-23, 3 tomos, Guatemala: SGHG.

Garrard Burnett, Virginia (1986), *A History of Protestantism in Guatemala*, tesis doctoral, Tulane University.

——— (1989), "Protestantism in Rural Guatemala, 1972-1954", *LARR*, 24, pp. 127-142.

——— (1990a) "Las misiones protestantes en la Guatemala revolucionaria, 1944-1954", *AAGHG*, 64:153-168.

——— (1990b), "Positivismo, liberalismo e impulso misionero: misiones protestantes en Guatemala, 1880-1920", *Mesoamérica*, 19, pp. 13-31.

——— 1997 "El protestantismo, 1954-1990", en *HG de G*, Jorge Luján Muñoz, director general; tomo VI: *Época contemporánea: 1945 a la actualidad*, J. Daniel Contreras R., director del tomo, Guatemala: AAP-FCD; pp. 265-278.

Gauld, Charles A. (1964), *The Last Titan. Percival Farquhar, American Entrepeneur in Latin America*, Stanford: Institute of Hispanic American and Luso-Brazilian Studies, Stanford University.

Gellert, Gisela (1990), "Desarrollo de la estructura espacial de la ciudad de Guatemala desde su fundación a la revolución de 1944", AEC, 16(1):31-55.

——— (1995), *Ciudad de Guatemala. Factores determinantes en su desarrollo urbano (desde su fundación hasta la actualidad)*, Colección Debate 31, Guatemala: FLACSO.

Gleijeses, Piero (1991), *Shattered Hope, the Guatemalan Revolution and The United States, 1944-1954*, Princeton: Princeton University Press.

Goicolea Villacorta, Alcira (1997), "La Iglesia católica, 1956-1990", en HG de G, Jorge Luján Muñoz, director general; tomo VI: *Época contemporánea: 1945 a la actualidad*, J. Daniel Contreras R., director del tomo, Guatemala: AAP-FCD; pp. 251-264.

Gómez Carrillo, Agustín (1885), *Estudio histórico de la América Central*, 2ª ed., Guatemala: Imprenta de Arenales.

——— (1895-1905), *Historia de la América Central desde el descubrimiento del país por los españoles (1502) hasta su independencia de España (1821)*, 3 tomos, Guatemala: Tipografía Nacional.

Gómez Díez, Francisco Javier (1995), "La política guatemalteca en los orígenes de la década revolucionaria: la Asamblea Constituyente de 1945", *Revista de Indias*, 203, pp. 127-147.

González Davison, Fernando (1987a), *El régimen liberal en Guatemala (1871-1944)*, Guatemala: EU.

González Davison, Fernando (1987b) *Guatemala 1500-1970. Reflexiones sobre su desarrollo histórico*, Colección Realidad Nuestra 13, Guatemala: EU.

González, Magda Leticia (1994), "Revueltas indígenas (1712-1820)", en HG de G, Jorge Luján Muñoz, director general; tomo III: *Siglo XVIII hasta la Independencia*, M. Cristina Zilbermann de Luján, directora del tomo, Guatemala: AAP-FCD; pp. 163-176.

González, Nancie L. (1979), *La estructura del grupo familiar entre los caribes negros: un estudio de migración y modernización*, Flavio Rojas Lima, traductor, publicación núm. 39, Guatemala.

González Orellana, Carlos (1970), *Historia de la educación en Guatemala*, 2ª ed., Guatemala: Editorial José Pineda Ibarra.

Goubaud Carrera, Antonio (1945), "Del conocimiento del indio guatemalteco", *Revista de Guatemala*, núm. 1 (julio-septiembre), pp. 86-104.

—— (1956), "Adaptación del indígena a la cultura nacional moderna", en *Cultura indígena de Guatemala. Ensayos de antropología social*, pp. 235-244, publicación núm. 1, Guatemala: SISG.

Gramajo, José Ramón (1931), *Reproducción de los datos históricos de la Revolución de Guatemala en 1897*, San Salvador: Talleres Gráficos Cisneros.

—— (1934), *Monografías históricas. Las traiciones militares del 97*, Coatepeque: Tipografía Torres Hnos.

Gramajo, Héctor Alejandro (1986), "Contrainsurgencia en Guatemala: un caso de estudio", *Military Review*, 66(11), pp. 86-96.

—— (1989), *Tesis de la estabilidad nacional*, Guatemala: Editorial del Ejército.

Gramajo, Héctor Alejandro (1995), *De la guerra... a la guerra. La difícil transición política en Guatemala,* Guatemala: Fondo de Cultura Editorial.

Grieb, Kenneth J. (1970), "American Involvement in the Rise of Jorge Ubico", *Caribbean Studies,* 10:5-21.

——— (1971), "The U. S. and General Jorge Ubico's Retention of Power", *Revista de Historia de América* (enero-junio).

——— (1976), "The Guatemalan Military and the Revolution of 1944", *The Americas* 32(4):525-543.

——— (1977), "Guatemala and World War II", *Ibero-Americanisches Archiv,* 3:377-394.

——— (1979), *Guatemalan Caudillo, the Regime of Jorge Ubico. Guatemala 1931-1944,* Athens, Ohio: Ohio University Press.

——— (1997), "El gobierno de Jorge Ubico", en HG de G, Jorge Luján Muñoz, director general; tomo VI: *Época contemporánea: 1945 a la actualidad,* J. Daniel Contreras R., director del tomo, Guatemala: AAP-FCD; pp. 43-60.

Griffith, William J. (1958), "Santo Tomás, anhelado emporio del comercio en el Atlántico", AAGHG, 31:40-62.

——— (1959), *Santo Tomás, anhelado emporio del comercio en el Atlántico,* Guatemala: Tipografía Nacional.

——— (1965), *Empires in the Wilderness. Foreign Colonization and Development in Guatemala, 1834-1844,* Chapel Hill, North Carolina: University of North Carolina Press.

——— (1972), *Attitudes toward Foreign Colonization: the Evolution of Nineteenth-Century Guatemala Inmmigration Policy,* Nueva Orleans: MARI.

——— (1995), "Proyectos de colonización", en HG de G,

Jorge Luján Muñoz, director general; tomo IV: *Desde la República federal hasta 1898*, Alberto Herrarte, director del tomo, Guatemala: AAP-FCD; pp. 317-338.

Grupo Saker-Ti (1948), *Siete afirmaciones*, Guatemala: Ediciones Saker-Ti.

——— (1950), *El artista y los problemas de nuestro tiempo*, Guatemala: Ediciones Saker-Ti.

Gudmundson, Lowell [Héctor Lindo Fuentes] (1995), *Central America, 1821-1871: Liberalism before Liberal Reform*, Tuscaloosa, Alabama: University of Alabama.

Guerra-Borges, Alfredo (1969), *Geografía económica de Guatemala*, 2 tomos, Guatemala: EU.

——— (1971), "Realizaciones económicas del gobierno de Justo Rufino Barrios", *Alero*, suplemento 5.1, pp. 29-41.

——— (1984a), "La cuestión agraria, cuestión clave en la crisis social guatemalteca", *Cuadernos Americanos* 1.

——— (1986), *Compendio de geografía económica y humana de Guatemala*, 2ª ed., Guatemala: EU.

——— (1987), "Guatemala: tres tiempos de una historia inconclusa", *Centroamérica: una historia sin retoque*, México: Instituto de Investigaciones Económicas de la UNAM; pp. 115-154.

——— (1988), "Apuntes para una interpretación de la Revolución guatemalteca y de su derrota en 1954", *AEC*, 14:1-2, pp. 109-120.

——— (1996), "El sistema bancario", en *HG de G*, Jorge Luján Muñoz, director general; tomo V: *Época contemporánea: 1898-1944*, J. Daniel Contreras, director del tomo, Guatemala: AAP-FCD; pp. 429-440.

Guerra-Borges, Alfredo (1996), "La deuda externa", en *HG de G*, Jorge Luján Muñoz, director general;

tomo v: *Época contemporánea: 1898-1944,* J. Daniel Contreras, director del tomo, Guatemala: AAP-FCD.

Guerra-Borges, Alfredo (1997), entrevista, Ciudad de Guatemala, 14 de abril.

Guzmán Böckler, Carlos [Herbert Jean-Loup] (1970), *Guatemala: una interpretación histórico-social,* México: Siglo Veintiuno.

Handy, Jim (1984), *Gift of the Devil: A History of Guatemala,* Boston, Massachusetts: South end Press.

——— (1988), "The Most Precious Fruit of the Revolution: the Guatemalan Agrarian Reform", HAHR, 68:4 (noviembre).

——— (1994), *Revolution in the Contryside: Rural Conflict and Agrarian Reform in Guatemala, 1944-1954,* Chapel Hill: University of North Carolina Press.

Hernández de León, Federico (1940-1943), *Viajes presidenciales: breves relatos de algunas expediciones administrativas del general don Jorge Ubico, presidente de la República,* 2 tomos, Guatemala: Publicaciones del Partido Liberal Progresista.

——— (1958), *La deuda inglesa, su origen, desarrollo y cancelación. Ensayo histórico,* Guatemala: Tipografía Nacional.

Herrarte, Alberto (1963), *La unión de Centroamérica: tragedia y esperanza. Ensayo político social sobre la realidad de Centro América,* 2ª ed., Colección Documentales 26, Guatemala: Ministerio de Educación.

——— (1972), *El federalismo en Centroamérica,* Guatemala: Editorial José de Pineda Ibarra.

——— (1979), *Colonialismo territorial en América. El caso de Belice. Voto razonado del embajador Alberto Herrarte González en relación a la resolución aprobada por el Comi-*

té Jurídico Interamericano, Guatemala: Editorial José de Pineda Ibarra.

Herrarte, Alberto (1980), *El caso de Belice y la mediación de Estados Unidos,* Guatemala: Editorial Académica Centroamericana.

——— (1996), "Los intentos de reunificación en Centro América", en HG de G, Jorge Luján Muñoz, director general; tomo V: *Época contemporánea: 1898-1944,* J. Daniel Contreras R., director del tomo, Guatemala: AAP-FCD; pp. 88-90.

Herrick, Thomas R. (1974), *Desarrollo económico y político de Guatemala durante el periodo de Justo Rufino Barrios (1871-1885),* traducción de Rafael Piedra-Santa, Guatemala: EU.

Hill, Robert M. [John Monaghan] (1987), *Continuities in Highland Maya Social Organization: Ethnohistory in Sacapulas, Guatemala,* Philadelphia: Pennsylvania University Press.

Holleran, Mary P. (1949), *Church and State in Guatemala,* Nueva York: Columbia University Press.

Hubner, Manuel Eduardo (1992), *Guatemala en la historia: un pueblo que se resiste a morir,* Enrique Parrilla Barascout (comp.), Guatemala: Fotopublicaciones.

Huxley, Aldous (1934), *Beyond the Mexique Bay,* London: Chatto & Windus.

Iglesia Guatemalteca en el Exilio (IGE) (1984), *Compendio 1980-1982,* mimeografiado, Managua: IGE.

——— (1985), *Las Coordinadoras Interinstitucionales,* boletín especial 5(2), Guatemala: IGE.

——— (1987), *Guatemala: refugiados y repatriación,* 7(2), Managua, Nicaragua: IGE.

Immerman, Richard (1982), *The CIA in Guatemala, the*

Foreign Policy of Intervention, Austin: The University of Texas Press.

Ingersoll, Hazel Marylyn Bennett (1972), *The War of the Mountain. A Study of Reactionary Peasant Insurgency in Guatemala 1837-1873*, tesis doctoral, George Washington University.

Isagoge histórica apologética de las Indias Occidentales y especial de la provincia de San Vicente de Chiapa y Guatemala de la orden de Predicadores (1935), Biblioteca Goathemala 13, Guatemala: Sociedad de Geografía e Historia.

Jonas, Susanne [David Tobis] (comps.) (1976), *Guatemala: una historia inmediata*, México: Siglo Veintiuno.

Jonas, Susanne (1981), *Guatemala: plan piloto para el continente*, San José, Costa Rica: EDUCA.

——— (1991), *The Battle for Guatemala. Rebels, Death Squads and US Power*, Boulder, Colorado: Westview Press.

——— (1994), "Dialéctica de la Revolución y la contrarrevolución guatemalteca", en *Centroamérica. Balance de la década de los 80. Perspectiva por países*, Marta Elena Casaús y Teresa García Giraldez (comps.), Madrid: Fundación Cedeal; pp. 91-115.

Jones, Chester L. (1940), *Guatemala, Past and Present*, Minneapolis: University of Minnesota Press.

——— (1980), "La deuda pública", en *Economía de Guatemala, 1750-1940*, Jorge Luján Muñoz (comp.), tomo II, pp. 111-136, Guatemala: Sección de Publicaciones-Facultad de Humanidades, USAC.

Juarros, Domingo (1808-1818), *Compendio de la historia de la ciudad de Guatemala*, Edición Príncipe, 2 tomos, Guatemala: Imprenta de don Ignacio Beteta.

Karlen, Stefan (1996), "Orden y progreso en el gobierno de Ubico: realidad o mito", en *HG de G*, Jorge Luján Muñoz, director general; tomo V: *Época contemporánea: 1898-1944*, J. Daniel Contreras R., director del tomo, Guatemala: AAP-FCD; pp. 43-60.

Karnes, Thomas L. (1965), *Los fracasos de la unión*, traducción de Braulia T. de Solórzanúm, San José, Costa Rica: Instituto Centroamericano de Administración Pública.

Krehm, William (1949), *Democracias y tiranías en el Caribe*, prólogo de Vicente Sáenz, México: Unión Democrática Centroamericana, Departamento Editorial.

La Farge, Oliver (1956), "Etnología maya: secuencia de las culturas", en *Cultura indígena de Guatemala. Ensayos de antropología social*, publicación núm. 1, Guatemala: SISG; pp. 25-40.

—— (1994), *La costumbre en Santa Eulalia, Huehuetenango en 1932*, traducción de Fernando Peñalosa, Rancho Palos Verdes, California-Guatemala: Ediciones Yax Te, Editorial Cholsamaj.

La muerte de Tecún Umán (1963), Guatemala: Editorial del Ejército.

Lainfiesta, Francisco (1980), *Mis memorias*, publicación especial núm. 21, Guatemala: AGHG.

Langenberg, Inge (1979), "Urbanización y cambio social. El traslado de la ciudad de Guatemala y sus consecuencias para la población urbana al fin de la época colonial (1773-1824)", *Anuario de Estudios Americanos*, 36, pp. 351-374.

Láscaris Conmeno, Constantino (1971), *Historia de las ideas en Centro América*, San José, Costa Rica: EDUCA.

Le Bot, Ivon (1993), "El palimpsesto maya. Violencia, comunidad y territorio en el conflicto guatemalteco", en *Representación del espacio político en las tierras altas de Guatemala,* Alain Breton (comp.), pp. 17-28, Cuadernos de Estudios Guatemaltecos, México-Guatemala: CECMA.

Le Bot, Ivon (1995), *La guerra en tierras mayas. Comunidad, violencia y modernidad en Guatemala (1970-1992),* traducción de María Antonieta Neira Bigorra, México, D. F.: FCE.

——— (1996), "¿Se puede hablar de actores sociales étnicos en América Latina?", *Polémica* (Guatemala), 4ª época, núm. 1 (enero-junio), pp. 71-75.

Leonard, Thomas M. (1984), *The United States and Central America. 1944-1949. Perceptions of Political Dynamics,* Tuscaloosa: University of Alabama.

——— (1986), "The United States and Central America, 1955-1960", *The Valley Forge Journal,* 3:56-72.

——— (1988), "Keeping the Europeans Out: the United States and Central America since 1823", en *Central America. Historical Perspectives on the Contemporary Crisis,* Ralph Lee Woodward, Jr. (comp.), pp. 5-19. Nueva York: Greenwood Press.

López de Velasco, Juan, *Geografía y descripción universal de las Indias,* Biblioteca de Autores Españoles 248, Madrid: Ediciones Atlas.

Lovell, W. George (1985a), *Conquest and Survival in Colonial Guatemala. A Historical Geography of the Cuchumatan Highlands 1500-1821,* Kingston, Canadá: McGill-Queens University Press.

——— (1985b), "La tenencia de tierra en la América Central española: modelos de propiedad y actividad en las tierras altas de Los Cuchumatanes de Guatemala, 1563-1821", *AAGHG.*

Lovell, W. George (1988a), "Surviving Conquest: The Maya of Guatemala in Historical Perspective", *LARR*, 23(2), pp. 25-58.

——— (1988b), "Resisting Conquest: Development and the Guatemalan Indian", en *Central America, Democracy, Development and Change*, John M. Kirk y George W. Schuyler (comps.), pp. 101-106, Nueva York: Praeger.

——— (1989), "Supervivientes de la Conquista: los mayas de Guatemala en perspectiva histórica", *AEC*, 1(1):5-27.

——— (1990a), *Conquista y cambio cultural. La Sierra de Los Cuchumatanes de Guatemala, 1500-1821*, Serie Monográfica 6, La Antigua Guatemala: CIRMA.

——— (1990b), "Maya Survival in Ixil Country Guatemala", *CSQ*, 14(4), pp. 10-12.

——— (1994), "Epidemias y despoblación, 1519-1632", en *HG de G*, Jorge Luján Muñoz, director general; tomo II: *Dominación española: Desde la Conquista hasta 1700*, Ernesto Chinchilla Aguilar, director del tomo, Guatemala: AAP-FCD; pp. 327-336.

Luján Muñoz, Jorge (1968), *Inicios del dominio español en Indias*, Guatemala: Universidad de San Carlos de Guatemala.

——— (1972), "Aportaciones al estudio social de la independencia de Centroamérica", *ESC*, 3:7-36.

——— (1974), "Algunas apreciaciones sobre la anexión de Centroamérica a México", *Latinoamérica. Anuario de Estudios Latinoamericanos*, 7:225-244.

——— (1975), *La Independencia y la anexión de Centroamérica a México*, Guatemala: EU.

——— (comp.) (1980), *Economía de Guatemala 1950-*

1940. Antología de lecturas y materiales, 2 tomos, Guatemala: Departamento de Publicaciones, Facultad de Humanidades-USAC.

Luján Muñoz, Jorge (1982), "La Asamblea Nacional Constituyente", *Revista de Historia de América* 94 (julio-diciembre), pp. 225-243.

—————— (1984), *El ordenamiento del notariado en Guatemala desde la Independencia hasta finales del siglo XIX,* Guatemala: Instituto Guatemalteco de Derecho Notarial.

—————— (1988), *Agricultura, mercado y sociedad en el corregimiento del valle de Guatemala 1670-80,* Guatemala: Dirección General de Investigación, USAC.

—————— (1989), "Los partidos políticos en Guatemala desde la Independencia hasta el fin de la federación", AAGHG, 63:29-80.

—————— (1991), *Aportaciones al estudio social de la Independencia de Centroamérica,* Guatemala: Ministerio de Cultura y Deportes.

—————— (1992a) "Un ejemplo de uso de la tradición clásica en Guatemala: las 'minervalias' establecidas por el presidente Manuel Estrada Cabrera", *Revista de la Universidad del Valle de Guatemala* 2 (mayo), pp. 25-33.

—————— (1992b), "Las iglesias y los procesos políticos centroamericanos con especial atención en Guatemala", en *Relaciones del Estado con las iglesias,* México, D. F.: Editoral Porrúa-UNAM; pp. 145-168.

—————— (1994a) "Hace medio siglo", *Revolución 1944-1994,* Guatemala: Anahté; pp. 5-11.

—————— (1994b), "Centro y periferia en el reino de Guatemala durante la dominación española", *Actas del II Congreso de Academias Iberoamericanas de la Historia. Factores de Diferenciación e Instancias Integradoras en la Experiencia del Mundo Iberoamericano,* pp. 335-349, Madrid: 8 al 13 de noviembre de 1992, Madrid: Real Academia de la Historia-Comisión nacional V Centenario-Consorcio Madrid Capital Europea de la Cultura.

Luján Muñoz, Jorge (1994c), "Estratificación social", en *HG de G,* Jorge Luján Muñoz, director general; tomo III: *Siglo XVIII hasta la Independencia,* Ma. Cristina Zilbermann de Luján, directora del tomo, Guatemala: AAP-FCD.

——— (1995a), "Definición político administrativa", en *HG de G,* Jorge Luján Muñoz, director general; tomo IV: *Desde la República federal hasta 1898,* Alberto Herrarte, director del tomo, Guatemala: AAP-FCD; pp. 11-34.

——— (1995b), "El gobierno de Manuel José Arce", en *HG de G,* Jorge Luján Muñoz, director general; tomo IV: *Desde la República federal hasta 1898,* Alberto Herrarte, director del tomo, Guatemala: AAP-FCD; pp. 43-60.

——— (1995c), "Estratificación social", en *HG de G,* Jorge Luján Muñoz, director general; tomo IV: *Desde la República federal hasta 1898,* Alberto Herrarte, director del tomo, Guatemala: AAP-FCD; pp. 415-428.

Luján Muñoz, Luis (1972), *Síntesis de la arquitectura en Guatemala,* Guatemala: EU.

——— (1981), *Jaime Sabartés en Guatemala: 1904-1927,* Guatemala: Dirección General de Cultura y Bellas Artes.

——— (1983), *Carlos Mérida, Rafael Yela Günther, Carlos Valenti, Jaime Sabartés y la plástica contemporánea de Guatemala,* Guatemala: Serviprensa Centroamericana.

Luján Muñoz, Luis (1984), *Fotografías de Eduardo Santiago Muybridge en Guatemala (1875)*, Guatemala: Biblioteca Nacional y Museo Nacional de Historia.

——— (1985), *Carlos Mérida, precursor del arte contemporáneo latinoamericano,* Cuadernos de la Tradición Guatemalteca, Guatemala: Comisión Permanente para la Exaltación de la Obra del Maestro Carlos Mérida-ESSO.

——— (1987), *Máscaras y morerías de Guatemala,* Guatemala: Museo Popol Vuh, UFM.

Lutz, Christopher H. (1984), *Historia sociodemográfica de Santiago de Guatemala, 1541-1773,* La Antigua Guatemala: CIRMA

——— [W. George Lovell] (1990), "Core and Periphery in Colonial Guatemala", en *Guatemalan Indians and the State: 1540 to 1988,* Carol Smith y Marilyn M. Moors (comps.) Austin: University of Texas Press, pp. 35-51.

——— (1994a), "Evolución demográfica de la población no indígena", en HG *de* G, Jorge Luján Muñoz, director general; tomo II: *Dominación española: Desde la Conquista hasta 1700,* Ernesto Chinchilla Aguilar, director del tomo, Guatemala: AAP-FCD; pp. 249-258.

——— (1994b), *Santiago de Guatemala, 1541-1773. City, Caste and the Colonial Experience,* Norman: University of Oklahoma Press.

——— (1995a), "Evolución demográfica de la población ladina", en HG *de* G, Jorge Luján Muñoz, director general; tomo III: *Siglo XVIII hasta la Independencia,* Ma. Cristina Zilbermann de Luján, directora del tomo, Guatemala: AAP-FCD; pp. 119-134.

MacLeod, Murdo J. (1973), *Spanish Central America.*

A Socioeconomic History, 1520-1720, Berkeley: University of California Press.

MacLeod, Murdo J. (1980), *Historia socioeconómica de la América Central española (1520-1720)*, traducción de Irene Piedra Santa, Guatemala: Editorial Piedra Santa.

Mariñas Otero, Luis (1958), *Las constituciones de Guatemala*, Madrid: Instituto de Estudios Políticos.

Marroquín Rojas, Clemente (1965), *Francisco Morazán y Rafael Carrera*, Guatemala: Marroquín Hermanos.

Martí, José (1952), *Guatemala*, Colección Biblioteca de Cultura Popular 20 de Octubre 36, Guatemala: Editorial del Ministerio de Educación.

Martínez Durán, Carlos (1964), *Las ciencias médicas en Guatemala. Origen y evolución*, 3ª ed., Guatemala: EU.

Martínez Peláez, Severo (1971), *La patria del criollo. Ensayo de interpretación de la realidad colonial guatemalteca*, Colección Realidad Nuestra 1, Guatemala: EU.

——— (1985), *Motines de indios (la violencia colonial en Centroamérica y Chiapas)*, Cuadernos de la Casa Presno 3, Puebla: Universidad Autónoma de Puebla.

Marure, Alejandro (1913), *Bosquejo histórico de las revoluciones de Centro América desde 1811 hasta 1834*, 2 tomos, París: Librería de la Vda. de Ch. Bouret.

McBryde, Felix W. (1946), "Influenza in America During the Sixteenth Century Guatemala, 1523, 1559-1562, 1596", *Bulletin of the History of Medicine* 8, pp. 296-302.

——— (1969), *Geografía cultural histórica del suroeste de Guatemala*, publicaciones núms. 24 y 25, Guatemala: SISG.

McCreery, David J. (1981), *Desarrollo económico y política nacional. El Ministerio de Fomento de Guatemala*, Guatemala: CIRMA.

McCreery, David J. (1982), "La estructura del desarrollo en la Guatemala liberal: café y clases sociales", *AAGHG*, 56:211-227.

——— (1983), *Development and the State in Reforma Guatemala, 1871-1885*, Athens: Ohio University Center for International Studies.

——— (1986), "Una vida de miseria y vergüenza: prostitución femenina en la ciudad de Guatemala, 1880-1920", *Mesoamérica*, 11:35-59.

——— (1989), "Tierra, trabajo y conflicto en San Juan Ixcoy, Huehuetenango, 1890-1940", *AAGHG*, 65:101-112.

——— (1992), "Guatemala City", en *The 1918-1919 Pandemic of Influenza: the Urban Impact in the Western World*, Fred R. van Hartesveldt (comp.) Lewinston, N. Y. Queenston, Ontario-Lampeter, Wales: The Edwin Mellen Press; pp. 161-183.

——— (1994a), "El impacto del café en las tierras de las comunidades indígenas: Guatemala: 1870-1930", en *Tierra, café y sociedad. Ensayos sobre historia agraria centroamericana*, Héctor Pérez Brignoli y Mario Samper (comps.) San José, Costa Rica: FLACSO; pp. 227-278.

——— (1994b), *Rural Guatemala, 1760-1940*, Stanford: Stanford University Press.

——— (1995a), "Agricultura, 1821-1860", en *HG de G*, Jorge Luján Muñoz, director general; tomo IV: *Desde la República federal hasta 1898*, Alberto Herrarte, director del tomo, Guatemala: AAP-FCD; pp. 481-502.

McCreery, David J. (1995b), "El café y sus efectos en la sociedad indígena", en *HG de G*, Jorge Luján Muñoz, director general; tomo IV: *Desde la República federal hasta 1898,* Alberto Herrarte, director del tomo, Guatemala: AAP-FCD; pp. 503-534.

Medina, José Toribio (1960), *La imprenta en Guatemala,* 2 tomos, 2ª ed., Guatemala: Tipografía Nacional.

Meers, Sharon I. (1988), *Guatemala in the Prologue to Suez. British Decline and the Fall of Jacobo Arbenz,* B. A, tesis, Harvard University.

——— (1997), "Triángulo de las relaciones entre Guatemala, Estados Unidos y Gran Bretaña", en *HG de G,* Jorge Luján Muñoz, director general; tomo VI: *Época contemporánea, 1945 a la actualidad,* J. Daniel Contreras, director del tomo, Guatemala: AAP-FCD; pp. 41-58.

Melville, Thomas [Marjorie Melville] (1971), *Guatemala: The Politics of Land Ownership,* Nueva York: The Free Press.

——— (1975), *¿Para quién es el cielo?,* traducción de Teresa Pamies, México, D. F.: Roca.

Memorial de Sololá. Anales de los cakchiqueles (1950), traducción, edición y notas de Adrián Recinos, México, D. F.: FCE.

Méndez Montenegro, Julio César (1960), "444 años de legislación agraria, 1513-1957", *Revista de la Facultad de Ciencias Jurídicas y Sociales,* IV época, núms. 9-12 (enero-diciembre 1960).

Mijangos López, Adolfo (1967-1968), "La Constitución guatemalteca de 1965", *Revista de la Facultad de Ciencias Jurídicas y Sociales de la Universidad de San Carlos de Guatemala,* VI época, núms. 2-5 (1967), pp. 79-114, y 3:6 (1968).

Milla y Vidaurre, José (1879-1882), *Historia de la América Central desde el descubrimiento del país por los españoles (1502) hasta su independencia de la España (1821),* 2 tomos, Guatemala: Tipografía de El Progreso.

Milla y Vidaurre, José (1937), *Historia de la América Central desde su descubrimiento por los españoles (1502) hasta su independencia de la España (1821)*, 2ª ed., 2 tomos, Colección Juan Chapín 11-12, Guatemala: Tipografía Nacional.

Miller, Hubert J. (1971), "Positivismo y reformas educativas en Guatemala, 1871-1885", *El Maestro*, Guatemala, 19, pp. 75-79, y 20, pp. 76-80.

—— (1972), "La expulsión de los jesuitas de Guatemala en 1871", *Estudios* 5, USAC; pp. 37-56.

—— (1973), "La Iglesia católica y el Estado en la Constitución guatemalteca de 1879", *Anuario Universidad de San Carlos*, 4, pp. 35-40.

—— (1976), *La Iglesia y el Estado en tiempo de Justo Rufino Barrios*, Jorge Luján Muñoz y Cristina Zilbermann de Luján, traductores, Guatemala: EU.

—— (1988), "Catholic Leaders and Spiritual Socialism during the Arévalo Administration in Guatemala, 1945-1951", en *Central America: Historical Perspectives on the Contemporary Crises*, Ralph Lee Woodward Jr. (comp.), Nueva York: Greenwood Press, pp. 85-105.

—— (1997a), "La Iglesia católica y el protestantismo, 1945-1956", en *HG de G*, Jorge Luján Muñoz, director general; tomo VI: *Época contemporánea: 1945 a la actualidad*, J. Daniel Contreras R., director del tomo, Guatemala: AAP-FCD; pp. 235-250.

—— (1997b) "Church-State Relations in Guatemala, 1927-1944. Decline of Anticlericalism". Trabajo presentado en la reunión de la Latin American Studies Association, Guadalajara, México, 17-19 de abril.

—— (e. p.), "The Anticlerical Liberal Legacy and its

Constitutional Unraveling in Guatemala, 1954-1965", en *Struggle for Souls: Religion and Ethnicity in Guatemala, 1520-1990,* Edward H. Mosley (comp.).

Ministerio de Gobernación (1955), *Decretos emitidos desde el 3 de julio al 31 de diciembre de 1954,* Guatemala: Tipografía Nacional.

Ministerio de Relaciones Exteriores (1976), *La circunscripción geográfica guatemalteca,* Guatemala: Dirección de Asuntos de Límites y Aguas Internacionales.

Mobil, José Antonio [Ariel Déleon] (1991), *Guatemala: su pueblo y su historia,* Guatemala: Serviprensa.

Monteforte Toledo, Mario (1959), *Guatemala, monografía sociológica,* México, D. F.: Universidad Nacional Autónoma de México.

——— (1971), "La Revolución de Guatemala, 1944-1954", en *Mirada sobre Latino América,* San José, Costa Rica: EDUCA; pp. 195-224,

——— (1972), *Centroamérica: subdesarrollo y dependencia,* 2 tomos, México, D. F.: UNAM.

——— (1989), *Las formas y los días (el barroco en Guatemala),* Madrid-Guatemala: Turner, USAC.

Montúfar, Lorenzo (1878-1887), *Reseña histórica de Centro América,* 7 tomos, Guatemala: Tipografía de El Progreso.

——— (1982), *Morazán,* prólogo de Rafael Montúfar, 3ª ed., Colección Biblioteca de Cultura Popular "15 de Septiembre", núm. 115, Guatemala: Editorial José de Pineda Ibarra.

Montúfar y Coronado, Manuel (1934), *Memorias para la historia de la Revolución de Centro América,* Guatemala: Tipografía Sánchez & de Guise.

Morales de la Cruz, Baltazar (1958), *Derrocamiento de*

una tiranía. La caída de Jorge Ubico, 2ª ed., Guatemala: Tipografía Nacional.

Morazán, Francisco (1986), *Memorias. Manifiesto de David. Testamento,* Honduras: Secretaría de Cultura y Turismo.

Mosk, Sanford A. (1980), "Economía cafetalera de Guatemala durante el periodo 1850-1918. Su desarrollo y signos de inestabilidad", en *Economía de Guatemala 1750-1940. Antología de lecturas y materiales,* Jorge Luján Muñoz (comp.), tomo I, pp. 347-366, Guatemala: Sección de Publicaciones-Facultad de Humanidades-USAC.

Náñez Falcón, Guillermo (1970), *Erwin Paul Dieseldorff, German Entrepreneur in the Alta Verapaz of Guatemala, 1889-1937,* tesis doctoral, Tulane University.

Navarrete, Carlos (1982), "Documentos guatemaltecos, I: Un fichero sobre revoluciones, asonadas y motines en Guatemala y Chiapas, en el Archivo General de Centroamérica, Guatemala", *Tlalocan* 9, pp. 313-338.

Naylor, Robert A. (1988), *Influencia británica en el comercio centroamericano durante las primeras décadas de la Independencia (1821-1851)*, Julio C. Cambranes, traductor, La Antigua Guatemala: CIRMA.

────── (1989), *Penny Ante Imperialism. The Mosquito Shore and the Bay of Honduras, 1600-1914. A Case Study in British Informal Empire,* Rutherford-Londres: Fairleigh Dickinson University Press-Associated University Presses.

Obando Sánchez, Antonio (1978), *Memorias: la historia del movimiento obrero en Guatemala en este siglo,* edición corregida y aumentada, Colección Popular Mario López Larrave, Guatemala: EU.

Osegueda, Raúl (1958), *Operación Centroamérica $£OK£$*, Santiago de Chile: Prensa Latinoamericana.

Palacios, Enrique [Pío Casal] (1981), *Reseña de la situación general de Guatemala, 1863,* Jorge Luján Muñoz, edición, introducción y notas, publicación especial núm. 22, Guatemala: AGHG.

Palma Murga, Gustavo (comp.) (1993), *La administración político-territorial en Guatemala. Una aproximación histórica,* Guatemala: IIHAA, Escuela de Historia-USAC.

Paredes Moreira, José Luis (1963), *Reforma agraria: una experiencia en Guatemala,* Guatemala: Imprenta Universitaria

——— (1964), *Aplicación del decreto 900.* Guatemala: IIES-USAC.

Pastor, Rodolfo (1988), *Historia de Centroamérica,* México, D. F.: El Colegio de México.

Peinado, José María (1810), *Instrucciones para la constitución fundamental de la monarquía española y su gobierno que ha de tratarse en las próximas cortes generales de la nación, dadas por el ayuntamiento de Guatemala a su diputado señor doctor don Antonio Larrazábal, formadas por el señor don José María Peinado,* Guatemala.

Perera, Víctor (1993), *Unfinished Conquest, the Guatemalan Tragedy,* Berkeley: University of California Press.

Pérez Brignoli, Héctor (1985), *Breve historia de Centroamérica,* Madrid: Alianza Editorial.

——— (1994), "Crecimiento agroexportador y regímenes políticos en Centroamérica: un ensayo de historia comparada", en *Tierra, café y sociedad. Ensayos sobre historia agraria centroamericana,* Héctor Pérez Brignoli y Mario Samper Kutschbach (comps.), San José, Costa Rica: FLACSO; pp. 25-54.

Pérez Valenzuela, Pedro (1956), *Santo Tomás de Castilla. Apuntes para la historia de las colonizaciones en la costa atlántica,* Guatemala: Tipografía Nacional.

Piedra Santa Arandi, Rafael (1977), *Introducción a los problemas económicos de Guatemala,* Guatemala: Ediciones Superiores.

Piel, Jean (1995), *El departamento del Quiché bajo la dictadura liberal (1880-1920),* Guatemala: FLACSO-CEMCA.

Pineda de Mont, Manuel (1869-1872), *Recopilación de las leyes de Guatemala,* 3 tomos, Guatemala: Imprenta de La Paz.

Pinto Soria, Julio César (1980), *Raíces históricas del Estado en Centroamérica,* Colección Textos 9, Guatemala: EU.

——— (1981), *Estructura agraria y asentamiento en la capitanía general de Guatemala,* Guatemala: EU.

——— (1986), *Centroamérica, de la Colonia al Estado nacional (1800-1840),* Colección Textos 16, Guatemala: EU.

——— (1988a), *El Valle Central de Guatemala (1524-1821). Un análisis del origen histórico-económico del regionalismo en Centroamérica,* Colección Estudios Universitarios, Guatemala: EU.

——— (1988b) *Guatemala en la década de la Independencia,* 3ª reimp., Guatemala: EU.

Plan de Tegucigalpa, (1954) Guatemala: Publicación del Comité de Estudiantes Anticomunistas.

Polo Sifontes, Francis (1988), *Historia de Guatemala: visión de conjunto de su desarrollo político y cultural,* Guatemala: Everest-Guatemala.

Pompejano, Daniele (1990), *Centro América. La Crisi dell'Ancien Régime Guatemala 1839-1871,* Milán: Franco Angeli.

Quesada Saldaña, Flavio José (1983), *Estructuración y desarrollo de la administración política y territorial de Guatemala en la Colonia y época independiente*, Colección Aula, Guatemala: EU.

Real Consulado de Comercio (1811), *Apuntamientos sobre la agricultura y comercio del reino de Guatemala*, Guatemala: Imprenta de Manuel Arévalo.

Recinos, Adrián (1954), *Monografía del departamento de Huehuetenango*, 2ª ed. corregida, Guatemala: Editorial del Ministerio de Educación Pública.

——— (1957), *Crónicas indígenas de Guatemala*, Guatemala: EU.

Recopilación de las leyes de Guatemala. 1881-1946, tomos I-LXV, Guatemala: Tipografía Nacional.

——— "Reforma a la Constitución de la República de Guatemala decretada el 5 de noviembre de 1887", (1944), en *Digesto Constitucional de Guatemala, Revista de la Facultad de Ciencias Jurídicas y Sociales de Guatemala*, IV época, tomo VII, núms. 2-4 (julio-diciembre), pp. 207-212.

——— "Reformas a la Ley Constitutiva de la República de Guatemala decretadas a 20 de octubre de 1885" (1944), en *Digesto Constitucional de Guatemala, Revista de la Facultad de Ciencias Jurídicas y Sociales de Guatemala*, III época, tomo VII, núms. 2-4 (julio-diciembre).

Remesal, Antonio de (1932), *Historia general de Indias Occidentales, y particular de la Gobernación de Chiapa y Guatemala*, 2ª ed., Colección Goathemala 4 y 5, Guatemala: SGHG.

Rendón, Catherine (1996), "El gobierno de Manuel Estrada Cabrera", en *HG de G*, Jorge Luján Muñoz, director general; tomo V: *Época contemporánea, 1898-*

1944, J. Daniel Contreras, director del tomo, Guatemala: AAP-FCD; pp. 15-36.

Reyes M., José Luis (1951), *Datos curiosos sobre la demarcación política de Guatemala,* Guatemala: Tipografía Nacional.

Rippy, J. Fred (1971), "La unión de Centroamérica, el canal de Nicaragua y Justo Rufino Barrios", *Estudios* 4, pp. 103-110.

Rodríguez, Mario (1955), "The Livingston Codes in the Guatemalan Crisis of 1837-1838", en *Applied Enlightenment: 19th Century Liberalism,* 23(1), pp. 1-32. Nueva Orleans: MARI.

——— (1964), *A Palmerstonian Diplomat in Central America. Frederick Chatfield, Esq,* Tucson: The University of Arizona Press.

——— (1965), *Central America,* Englewood Cliffs, N. J.: Prentice-Hall.

——— (1967), *América Central,* México, D. F.: Diana.

——— (1970), *Chatfield, cónsul británico en Centro América,* Raúl Cáliz Pavón, traductor, Tegucigalpa: Banco Central de Honduras.

——— (1978), *The Cádiz Experiment in Central América, 1808 to 1826,* Berkeley: University of California Press.

——— (1982), *El experimento gaditano en Centroamérica, 1808-1826,* México, D. F.: FCE.

——— (1995), "Presencia inglesa en la federación y en Guatemala (1823-1852)", en *HG de G,* Jorge Luján Muñoz, director general; tomo IV: *Desde la República federal hasta 1898,* Alberto Herrarte, director del tomo, Guatemala: AAP-FCD; pp. 123-164.

Rodríguez, Guillermo (1920), *Guatemala en 1919,* Guatemala: Tipografía Sánchez & de Guise.

Rodríguez Beteta, Virgilio (1963), *La política inglesa en Centro América durante el siglo XIX*, Guatemala: Editorial José Pineda Ibarra.

——— (1969), *No es guerra de hermanos sino de bananos. Cómo evité la guerra en Centroamérica en 1928*, Estudios Universitarios 13, Guatemala: EU.

Rodríguez Cabal, Juan (1967), "Conquista de la Vera Paz", *Missionalia Hispánica* 70, pp. 53-116.

Rodríguez Cerna, José (1938), *Nuestro derecho internacional*, Guatemala: Tipografía Nacional.

Rodríguez Senén, Carmen (1988), *Negociaciones diplomáticas entre España y Guatemala tendientes a un tratado de reconocimiento, paz y amistad*, tesis de licenciatura en historia, Universidad del Valle de Guatemala.

——— (1995), "Relaciones entre España y Guatemala", en *HG de G*, Jorge Luján Muñoz, director general; tomo IV: *Desde la República federal hasta 1898*, Alberto Herrarte, director del tomo, Guatemala: AAP-FCD; pp. 165-172.

Rojas Lima, Flavio (1988), *La cofradía, reducto cultural indígena*, publicación núm. 46, Guatemala: SISG.

——— (1992), *Los indios de Guatemala. El lado oculto de la historia*, Colecciones MAPFRE 1492, Colección Indios de América II-9, Madrid: Editorial MAPFRE.

Romero, Matías (1877), *Bosquejo histórico de la agregación a México de Chiapas y Soconusco, y de las negociaciones sobre límites entabladas por México con Centro América y Guatemala*, México: Imprenta del Gobierno en el Palacio.

Rosenthal, Mario (1962), *Guatemala, the Story of an Emergent Latin American Democracy*, Nueva York: Twayne Publishers.

Rossell Arellano, Mariano (1944a), *Carta-circular del excelentísimo señor arzobispo de Guatemala a sus sacerdotes y declaración de principios acerca de la presente situación,* Guatemala: Arzobispado de Guatemala.

────── (1944b), *Exhortación pastoral del excelentísimo señor arzobispo de Guatemala con ocasión de últimos acontecimientos,* Guatemala: Arzobispado de Guatemala.

────── (1948), *Instrucción pastoral al pueblo católico de Guatemala sobre el deber y condiciones del sufragio,* Guatemala: Arzobispado de Guatemala.

────── (1954), *Carta pastoral del excelentísimo y reverendísimo monseñor Mariano Rossell Arellano, arzobispo de Guatemala sobre los avances del comunismo en Guatemala,* Guatemala: Arzobispado de Guatemala.

────── (1958), *Pseudo anticomunismo. Oración fúnebre pronunciada en la catedral metropolitana por los caídos en la lucha contra el comunismo hace cuatro años,* Guatemala: Arzobispado de Guatemala.

Rubio Sánchez, Manuel (1976), *Historia del añil o xiquilite en Centroamérica,* San Salvador: Ministerio de Educación.

────── (1994), *Historial del cultivo de la grana o cochinilla en Guatemala,* Guatemala: Tipografía Nacional.

Sáenz de Santa María, Carmelo (1958), "La fantasía lascasiana en el experimento de la Vera Paz", *Revista de Indias* 73, pp. 609-626.

Sáenz de Santa María, Carmelo (1964), *El licenciado don Francisco Marroquín, primer obispo de Guatemala (1499-1563). Su vida, sus escritos,* Madrid: Ediciones de Cultura Hispánica.

Saint-Lu, André (1968), *La Vera Paz, esprit evangelique et colonisation,* París: Institut d'Etudes Hispaniques-Centre de Recherches Historiques.

Saint-Lu, André (1978), *Condición colonial y conciencia criolla en Guatemala (1524-1821)*, Guatemala: EU.

Salazar, Ramón A. (1897), *Historia del desenvolvimiento intelectual de Guatemala. Época colonial,* Guatemala: Tipografía Nacional.

―――― (1928), *Historia de veintiún años. La Independencia de Guatemala,* Guatemala: Tipografía Nacional.

―――― (1952), *Manuel José Arce (hombres de la Independencia),* Biblioteca de Cultura Popular, vol. 21, Guatemala: Ministerio de Educación Pública.

―――― (1957), *Tiempo viejo. Recuerdos de mi juventud,* 2ª ed., Biblioteca de Cultura Popular 15 de Septiembre", núm. 14, Guatemala: Editorial del Ministerio de Educación.

Salvatierra, Sofonías (1939), *Contribución a la historia de Centro América,* Monografías Documentales, 2 tomos, Managua: Tipografía de El Progreso.

Samandú, Luis E. (1989a), "Breve reseña histórica del protestantismo en Guatemala", en *El protestantismo en Guatemala,* Cuadernos de Investigación 2-89, pp. 7-16, Guatemala: DIGI-USAC.

―――― (1989b), "La Iglesia del Nazareno en Alta Verapaz", en *El protestantismo en Guatemala,* Cuadernos de Investigación 2-89, pp. 17-47, Guatemala: DIGI-USAC.

―――― (1990), "Estrategias evangélicas hacia la población indígena de Guatemala", en *Protestantismos y procesos sociales en Centroamérica,* Luis E. Samandú (comp.), San José, Costa Rica: EDUCA; pp. 67-110.

Samayoa Chinchilla, Carlos (1950), *El dictador y yo. Relato verídico sobre la vida del general Ubico,* Guatemala: Imprenta Iberia.

Samayoa Guevara, Héctor Humberto (1960), *Implanta-*

ción del régimen de intendencias en el reino de Guatemala, Guatemala: IDAEH.

Samayoa Guevara, Héctor Humberto (1962), *Los gremios de artesanos en la ciudad de Guatemala,* Guatemala: EU.

——— (1972), *Ensayos sobre la independencia de Centroamérica,* Guatemala: Editorial José de Pineda Ibarra.

Samper Kutschbach, Mario (1993), "Café, trabajo y sociedad en Centroamérica (1870-1930): una historia común y divergente", en *Historia general de Centroamérica,* tomo IV: *Las repúblicas agroexportadoras (1870-1945),* Víctor Hugo Acuña (comp.), Madrid: Comunidades Europeas-Sociedad Estatal Quinto Centenario-FLACSO; pp. 11-110.

——— (1994), "Los paisajes sociales del café. Reflexiones comparadas", en *Tierra, café y sociedad. Ensayos sobre historia agraria centroamericana,* Héctor Pérez Brignoli y Mario Samper Kutschbach (comps.), San José, Costa Rica: FLACSO; pp. 9-24.

Schneider, Ronald M. (1958), *Communism in Guatemala 1944-1954,* Nueva York: Praeger.

——— (1959), *Comunismo en Latinoamérica. El caso de Guatemala,* Buenos Aires: Editorial Agora.

Schoonover, Thomas (1991), *The United States in Central America, 1860-1911: Episodes of Social Imperialism and Imperial Rivalry in the World System,* Durham, North Carolina: Duke University Press.

Schwartz, Norman B. (1990), *Forest Society. A Social History of Peten, Guatemala,* Philadelphia: University of Pennsylvania Press.

Shattuck, George C. (1938), *A Medical Survey of the Republic of Guatemala,* publicación núm. 499, Washington, D. C.: Carnegie Institution of Washington.

Simpson, Lesley Byrd (1959), "A Seventeenth-Century Encomienda: Chimaltenango, Guatemala", *The Americas*, 15:4; pp. 393-402.

SIECA, *Series Estadísticas Seleccionadas de Centroamérica* (varios años), *Boletín Estadístico* (varios números).

Skinner-Klée, Jorge (comp.) (1954), *Legislación indigenista de Guatemala,* México: Instituto Indigenista Interamericano.

———— (1971), *Revolución y derecho. Una investigación sobre el problema de la Revolución en el derecho guatemalteco,* publicación núm. 29, Guatemala: SISG.

Smith, Carol A. (1976), "Causes and Consequences of Central-Place Types in Western Guatemala", en *Economic Systems. Regional Analysis,* Carol A. Smith (comp.), Nueva York: Academic Press, 1:255-300.

———— (1978), "Beyond Dependency Theory: National and Regional Patterns of Underdevelopment in Guatemala", *American Ethnologist,* 5(3), pp. 574-615.

———— (1984), "El desarrollo de la primacía urbana, la dependencia en la exportación y la formación de clases de Guatemala", *Mesoamérica* 8, pp. 195-278.

———— [Marilyn M. Moors] (comps.) (1990a), *Guatemalan Indians and the State: 1540-1988,* Austin: University of Texas Press.

Smith, Carol A. (1990b) "Social Relations in Guatemala over Time and Space", en *Guatemalan Indians and the State: 1540-1988,* Carol Smith (comp.), Austin: University of Texas Press, pp. 1-34.

———— (1990c), "Conclusion: History and Revolution in Guatemala", en *Guatemalan Indians and the State: 1540-1988.* Carol Smith (comp.), Austin: University of Texas Press, pp. 163-182.

Smith, Carol A. (1990d), "Class Position and Class Consciousness in an Indian Community: Totonicapán in the 1970's", en *Guatemalan Indians and the State: 1540 to 1988,* Carol A. Smith (comp.), Austin: University of Texas Press, pp. 205-229.

Smith, Robert S. (1959), "Indigo Production and Trade in Colonial Guatemala", HAHR, 39(2), pp. 181-211.

——— (1963), "Financing the Central American Federation, 1821-1838", HAHR, 43(4), pp. 483-510.

——— (1980), "La producción y el comercio del añil en el reino de Guatemala", en *Economía de Guatemala 1750-1940. Antología de lecturas y materiales,* Jorge Luján Muñoz (comp.), Guatemala: Sección de Publicaciones, Facultad de Humanidades-USAC, I, pp. 215-286.

Solano, Francisco de (1974), *Los mayas del siglo XVIII. Pervivencia y transformación de la sociedad indígena guatemalteca durante la administración borbónica,* Madrid: Cultura Hispánica.

——— (1977), *Tierra y sociedad en el reino de Guatemala,* Colección Realidad Nuestra 6, Guatemala: EU.

Solares, Jorge (comp.) (1993), *Estado y nación. Las demandas de los grupos étnicos en Guatemala,* Guatemala: FLACSO-FFE.

Solís, Ignacio (1978-1979), *Memorias de la Casa de la Moneda de Guatemala y del desarrollo económico del país,* 6 tomos, Guatemala: Publicación del Ministerio de Finanzas Públicas.

Solórzano Fernández, Valentín (1947), *Historia de la evolución económica de Guatemala,* tesis de licenciatura en economía, México, D. F.: UNAM.

Soto Hall, Máximo (1917), *La deuda inglesa de Guate-*

mala. Su origen y su historia, reproducción de la serie de artículos publicados en la revista *La Actualidad,* Guatemala: Marroquín Hermanos.

Stanley, Diane K. (1994), *For the Record: The United Fruit Company's Sixty-six years in Guatemala,* Guatemala: Centro Impresor Piedra Santa.

Stephens, John Lloyd (1841), *Incidents of Travel in Central America, Chiapas and Yucatan,* 2 tomos, Nueva York: Harper & Brothers.

——— (1843), *Incidents of Travel in Yucatán,* 2 tomos, Nueva York: Harper & Brothers.

Stone, Samuel (1990), *The Heritage of the Conquistadores. Ruling Classes in Central America from the Conquest to the Sandinistas,* Lincoln, Nebraska: University of Nebraska Press.

Szaszdi, Adam (1958), *Nicolás Raoul y la República Federal de Centroamérica,* Madrid: Seminario de Estudios Americanistas, Universidad de Madrid.

Taracena Arriola, Arturo (1982a), *Los orígenes del movimiento obrero en Guatemala (1878-1932),* tesis doctoral, Universidad de París.

——— (1982b) "Contribución al estudio del vocablo 'ladino' en Guatemala (siglos XVI-XIX)", en *Historia y antropología. Ensayos en honor de J. Daniel Contreras R.,* Jorge Luján Muñoz (comp.), Guatemala: Sección de Publicaciones-Facultad de Humanidades, USAC; pp. 89-104.

——— (1984), "La Confederación Obrera Centroamericana (COCA): 1921-1928", *AEC,* 10, pp. 81-93.

——— (1988), "Presencia anarquista en Guatemala entre 1920-1932", *Mesoamérica* 15, pp. 1-23.

Taracena Arriola, Arturo (1989), "El primer partido

comunista de Guatemala (1922-1932). Diez años de una historia olvidada", *AEC*, 15(1), pp. 49-63.

Taracena Arriola, Arturo (1990), "Cochinilla y clases sociales en la Guatemala del siglo XIX", *Estudios*, III época, 1/90, pp. 43-59.

——— (1991), "El desarrollo económico y las fronteras de Guatemala: el estado de Los Altos 1770-1838", en *Territorio y sociedad en Guatemala, tres ensayos históricos,* Guatemala: CEUR, USAC; pp. 37-57.

——— (1993), "Estado de Los Altos, indígenas y régimen conservador. Guatemala, 1838-1851", *AEC*, 19(1), pp. 37-53.

Thompson, George Alexander (1829), *Narrative of an Official Visit to Guatemala from México (1825),* London: John Murray.

——— (1926-1927), "Narración de una visita oficial a Guatemala viniendo de México en el año de 1825", Ricardo Fernández Guardia, traductor, *AAGHG*, 3, pp. 51-90, 191-229, 325-366, 429-467.

Thompson, Nora Belle (1977), *Delfino Sánchez: Guatemala Statesman,* Ardmore, Pensilvania: edición de la autora.

Título de los señores Coyoy (1993), traducción de A. Efraín Tzaquitzal Zapeta, Guatemala: CIGDA.

Tobar Cruz, Pedro (1959), *Los montañeses*, 2ª ed., Biblioteca Guatemalteca de Cultura Popular 30, Guatemala: Editorial del Ministerio de Educación.

——— (1971), *Los montañeses: la facción de los Lucíos y otros acontecimientos históricos 1846-1851,* Guatemala: EU.

Toledo Palomo Ricardo (1977), *Las artes y las ideas de arte durante la Independencia, 1794-1821,* publicación especial núm. 19, Guatemala: SGHG.

Toriello, Guillermo (1955), *La Batalla de Guatemala*. México, D. F.: Ediciones Cuadernos Americanos.

——— (1976), *Tras la cortina del banano*, México, D. F.: FCE.

——— (1979), *Más de 20 años de traición (1954-1979)*, Colección Popular Mario López Larrave 5, Guatemala: EU.

Torres Rivas, Edelberto (1971), *Interpretación del desarrollo social centroamericano: procesos y estructuras de una sociedad dependiente*, San José, Costa Rica: EDUCA.

——— (1977), "Crisis y coyuntura crítica: la caída de Arbenz y los contratiempos de la revolución burguesa", *Política y Sociedad* 4 (julio-diciembre).

——— (comp.) (1993), *Historia general de Centroamérica*, 6 tomos, Madrid: Sociedad Estatal del Quinto Centenario-FLACSO.

Townsend Ezcurra, Andrés (1973), *Las provincias unidas de Centroamérica: fundación de la República*, San José, Costa Rica: Editorial Costa Rica.

Tribunal Permanente de los Pueblos. Sesión Guatemala. Madrid (1984), 27 al 31 de enero de 1983, Madrid: Iepala Editorial.

Unión Revolucionaria Nacional Guatemalteca (URNG) (1982), *Proclama unitaria de las organizaciones revolucionarias EGP, FAR, ORPA y PGT al pueblo de Guatemala*, enero, Guatemala: URNG.

——— (1987), "Propuesta de la comandancia de la URNG al gobierno, a los partidos y fuerzas políticas democráticas y a todos los sectores sociales de nuestro pueblo, sobre un diálogo nacional para construir la paz y la democracia", *Prensa Libre*, 10 de agosto.

——— (1988), *La línea política de los revolucionarios gua-*

temaltecos, Colección La Lucha por el Poder, México, D. F.: Editorial Nuestro Tiempo.

Valle, Rafael Heliodoro (1946), *La anexión de Centro América a México,* 6 tomos, México, D. F.: Secretaría de Relaciones Exteriores.

Van Oss, Adriaan C. (1982), "El régimen autosuficiente de España en Centro América", *Mesoamérica,* 7, pp. 161-179.

——— (1986), *Catholic Colonialism. A Parish History of Guatemala, 1524-1821,* Cambridge: Cambridge University Press.

Vázquez, Francisco (1937-1944), *Crónica de la provincia del santísimo nombre de Jesús de Guatemala,* 4 tomos, Biblioteca Goathemala 14-17, Guatemala: SGHG.

Vela, David (1943), *Literatura guatemala,* 2 tomos, Guatemala: Unión Tipográfica.

——— (1957), *Barrundia ante el espejo de su tiempo,* 2 tomos, Guatemala: EU.

Vela, Manuel (1970), "Informe del ministro tesorero de las Reales Cajas de Guatemala", en *Economía de Guatemala 1750-1940,* Jorge Luján Muñoz (comp.), tomo I, Guatemala: Departamento de Publicaciones, Facultad de Humanidades-USAC; pp. 83-118.

Villacorta C., J. Antonio (1942), *Historia de la capitanía general de Guatemala,* Guatemala: Tipografía Nacional.

——— (1960), *Historia de la República de Guatemala (1821-1921),* Guatemala: Tipografía Nacional.

Villagrán, Francisco (1950), "Deuda externa en Guatemala. Historia de la deuda inglesa", *Revista de la Facultad de Ciencias Jurídicas y Sociales de Guatemala,* IV época, núms. 6-7 (enero-junio).

Villagrán Kramer, Francisco (1993), *Biografía política de Guatemala. Los pactos políticos de 1944 a 1970,* Guatemala: FLACSO.

Wade, Kit (1993), "The Unionist Experiment in Guatemala, 1920-1921", *The Americas,* 50:1 (julio), pp. 31-64.

Wagner, Regina (1987), "Actividades empresariales de los alemanes en Guatemala, 1870-1920", *Mesoamérica* 13, pp. 87-123.

——— (1991), *Los alemanes en Guatemala,* Guatemala: Asociación de Educación y Cultura Alejandro von Humboldt.

——— (1995), "La inmigración alemana", en *HG de G,* Jorge Luján Muñoz, director general; tomo IV: *Desde la República federal hasta 1898,* Alberto Herrarte, director del tomo, Guatemala: AAP-FCD; pp. 443-456.

——— (1996), "Los alemanes", en *HG de G,* Jorge Luján Muñoz, director general; tomo V: *Época contemporánea, 1898-1944,* J. Daniel Contreras, director del tomo, Guatemala: AAP-FCD; pp. 267-282.

Wasserstrom, Robert (1975), "Revolution in Guatemala: Peasants and Politics under the Arbenz Government", *Comparative Studies in Society and History* 17 (octubre), pp. 443-478.

Whetten, Nathan L. (1961), *Guatemala, the Land and the People,* New Haven: Yale University Press.

Woodward, Jr., Ralph Lee (1962), *The Consulado de Comercio of Guatemala, 1793-1871,* tesis doctoral, Tulane University.

——— (1966), *Class, Privilege and Economic Development: The Consulado de comercio of Guatemala, 1793-1871,* Chapel Hill: University of North Carolina Press.

Woodward, Jr., Ralph Lee (1972), "Social Revolution in Guatemala: The Carrera Revolt", en *Applied Enlightenment: Nineteenth-Century Liberalism*, Nueva Orleans: Tulane University, MARI; pp. 45-70.

——— (1974), "Orígenes económicos y sociales de los partidos políticos guatemaltecos (1773-1823)", AEC, 1, pp. 61-85.

——— (1981), *Privilegio de clase y desarrollo económico, Guatemala: 1793-1871*, San José, Costa Rica: EDUCA.

——— (1983), "Population and Development in Guatemala, 1840-1870", *Journal of the Southeastern Council on Latin America Studies* 4, pp. 5-18.

——— (1985), *Central America. A Nation Divided*, 2ª ed., Nueva York: Oxford University Press.

——— (1990), "Changes in the Nineteenth-Century Guatemalan State and Its Indian Policies", en *Guatemalan Indians and the State: 1540 to 1988*, Carol A. Smith (comp.), Austin: University of Texas Press, pp. 52-71.

——— (1993), *Rafael Carrera and the Emergence of the Republic of Guatemala*, Athens, Georgia: The University of Georgia Press.

——— (1995), "El régimen conservador y la fundación de la República", en HG de G, Jorge Luján Muñoz, director general; tomo IV: *Desde la República federal hasta 1898*, Alberto Herrarte, director del tomo, Guatemala: AAP-FCD; pp. 97-122.

Wortman, Miles L. (1973), *La Fédération d'Amerique Centrale, 1823-1839*, tesis, París: L'Ecole Practique Des Hautes Études.

——— (1975a), "Bourbon Reforms in Central America, 1750-1786", *The Americas* 32, pp. 222-238.

Wortman, Miles L. (1975b), "Government Revenue and Economic Trends in Central America, 1787-1819", *HAHR*, 55:2; pp. 251-286.

——— (1982), *Government and Society in Central America, 1680-1840,* Nueva York: Columbia University Press.

——— (1991), *Gobierno y sociedad en Centro América, 1680-1840,* Tegucigalpa: Banco Centroamericano de Integración Económica.

Wyld Ospina, Carlos (1929), *El autócrata: ensayo políticosocial,* Guatemala: Tipografía Sánchez & de Guise.

Ydígoras Fuentes, Miguel (1963), *My War with Communism,* Englewood Cliffs, N. J.: Prentice Hall.

Young, John Parke (1925), *Central American Currency and Finance,* Princeton, N. J.: Princeton University Press.

——— (1980), "Moneda y finanzas en Guatemala: 1821-1924", en *Economía de Guatemala, 1750-1940,* Jorge Luján Muñoz (comp.), Guatemala: Sección de Publicaciones-Facultad de Humanidades, USAC, II, pp. 137-186.

Yurrita Cuesta, Alfonso (1990), "The Transition from Military to Civilian Rule in Guatemala", en *The Military and Democracy. The Future of Civil-Military Relations in Latin America,* Louis W. Goodman, Juan Rial y Johanna Mendelson (comps.), Lexington, Massachusetts: D. C. Heath & Co.; pp. 75-89.

——— (1997), "El ejército", en *HG de G,* Jorge Luján Muñoz, director general; tomo VI: *1945 a la actualidad,* J. Daniel Contreras, director del tomo, Guatemala: AAP-FCD; pp. 267-282.

Zamora Acosta, Elías (1986), "Resistencia maya a la colonización: levantamientos indígenas en Guatemala durante el siglo XVI", en *Los mayas de los tiempos tardíos,* M. Rivera y A. Ciudad (comps.), Madrid: Sociedad Española de Estudios Mayas-Instituto de Cooperación Iberoamericana; pp. 197-214.

Zapata Arceyuz, Virgilio (1982), *Historia de la Iglesia evangélica en Guatemala,* Guatemala: Génesis Publicidad.

Zeceña, Mariano (1957), *La Revolución de 1871 y sus caudillos,* 3ª ed., Colección Biblioteca de Cultura Popular 15 de Septiembre, núm. 17, Guatemala: Editorial del Ministerio de Educación.

Zilbermann de Luján, María Cristina (1981), *Aspectos socioeconómicos del traslado de la ciudad de Guatemala (1773-1783),* Guatemala: AGHG.

Zorrilla, Luis G. (1984), *Relaciones de México con la República de Centro América y con Guatemala,* Colección Porrúa 82, México, D. F.: Editorial Porrúa.

ÍNDICE

Introducción 9

I. *Inicios de la sociedad colonial. La Conquista* . . 13
   Las sociedades del sur de Mesoamérica
   hacia 1500 13
   Llegada de Colón y de las primeras expediciones 15
   Avanzadas de la Conquista 16
   La expedición de Pedro de Alvarado . . . 18
   Ampliación de la Conquista 24
   Conquista de la Verapaz 29
   Balance de la Conquista 32

II. *Organización del orden colonial. La sociedad española-ladina* 35
    La Audiencia 35
    Gobierno eclesiástico 36
    Fundación de poblados 37
    La encomienda 38
    División sociopolítica: las dos repúblicas . . 40
    Los españoles, 42; Relaciones entre peninsulares y criollos, 43; Los ladinos, 48; Los negros, 50; Estratificación social, 51
    Sumario 54

III. *La sociedad indígena durante la Colonia* . . . 56
     El pueblo de indios 56

Evolución demográfica 59
Defensa y resistencia, 71

IV. *La economía durante la Colonia* 80
    Agricultura comercial 80
    Agricultura de consumo interno 86
    Evolución de la propiedad de la tierra . . 88
    Comercio y transporte 91
    El problema monetario 93
    Real Hacienda 95
    Sumario 97

V. *La Independencia y la unión a México* 99
    El clima ideológico y su evolución 99
    Insurrecciones y conjuraciones 102
    La última etapa, 1820-1821 103
    El Plan de Iguala y el Plan Pacífico de Independencia 106
    La unión a México 109
    Declaración de la anexión 111
    Oposición a la anexión 113
    Interpretación social de la Independencia y la anexión 115

VI. *La República Federal de Centro América* . . . 120
    La Asamblea Nacional Constituyente . . . 120
    El caso de Chiapas y Soconusco 123
    Las primeras autoridades 126
    El gobierno de Mariano Gálvez 130
    El estado de Los Altos 136
    Presencia inglesa 138

Situación económica 141
El porqué del fracaso de la federación . . 143

VII. *El gobierno de los treinta años* 149
Las reivindicaciones de Carrera 150
La fundación de la República 152
La crisis de 1848 157
El triunfo conservador definitivo 160
El cultivo de la grana 163
Relaciones con México 169
La sucesión de Rafael Carrera 170
Sumario y análisis 171

VIII. *La reforma liberal, 1871-1885* 175
La reforma religiosa 180
Expansión del café 184
Inicio de los ferrocarriles 188
Intentos constitucionales 190
El tratado de límites con México 192
La política unionista 195
Sumario y análisis 200

IX. *Los herederos del liberalismo. Primera parte,*
1885-1920 203
Gobierno de Manuel Lisandro Barillas . . 203
Gobierno de José María Reina Barrios . . 207
Gobierno de Manuel Estrada Cabrera . . . 210
La economía 214
El café, 214; El banano, 216; Reparto de tierras, 218; Problemas monetarios y presupuestarios, 219
Demografía y sociedad 221

X.	*Los herederos del liberalismo. Segunda parte, 1920-1944*	224
	La caída de Ubico	237
	Demografía	240
	Economía	242
	Conclusión	252
XI.	*La década revolucionaria, 1944-1954.*	254
	Gobierno de Juan José Arévalo, 1945-1951	256
	Gobierno de Jacobo Arbenz Guzmán, 1951-1954	267
	La caída de Arbenz	280
	Economía	286
	Cultura	291
	Comentarios y conclusiones	293
XII.	*La contrarrevolución y sus herederos, 1954-1974*	296
	El gobierno liberacionista	297
	Gobierno de Ydígoras Fuentes	304
	Gobierno de Peralta	308
	Gobierno de Julio César Méndez Montenegro	314
	Gobierno de Carlos Arana Osorio	319
	Demografía	322
	Economía	324
	La guerra interna	329
XIII.	*Historia inmediata, de 1974 a la actualidad*	334
	Gobierno de Kjell Laugerud García	335
	Gobierno de Romeo Lucas García	339
	Gobiernos de los generales Ríos Montt y Mejía Víctores	348
	Gobierno de Vinicio Cerezo Arévalo	355

Gobiernos de Serrano Elías y De León Carpio 360
  El gobierno de Álvaro Arzú Irigoyen y la
     firma de la paz 366
  Demografía 367
  Economía 371
  Transformaciones religiosas 378
  Crecimiento protestante, 378; Cambios en la
  Iglesia católica, 385
  Surgimiento del movimiento político maya 390
  Continuación de la guerra interna 396

XIV. *Reflexiones finales* 410
  El nuevo papel del indígena 414
  Reforma económica 416
  Perspectivas 418

Cronología 421
Abreviaturas 459
Bibliografía 461

Este libro se terminó de imprimir y encuadernar en el mes de julio de 2002 en Impresora y Encuadernadora Progreso, S. A. de C. V. (IEPSA), Calz. de San Lorenzo, 244; 09830 México, D. F. Se tiraron 1 500 ejemplares.